Hands-On Large Language Models

핸즈온 LLM

| 표지 설명 |

표지 동물은 붉은캥거루(학명: *Osphranter rufus*)입니다. 캥거루 중에 가장 커서 몸 길이가 150 cm를 웃돌고 꼬리가 91 cm까지 자랍니다. 매우 빨라서 시속 56 km로 달릴 수 있습니다. 약 180 cm까지 점프하고 한 번에 약 8 m 거리를 뛸 수 있습니다. 양쪽 눈이 300도로 벌어져 시야가 넓습니다.

붉은캥거루라는 이름은 털의 색깔에서 유래했습니다. 이 이름은 털이 짧고 적갈색인 수컷에게 어울리며, 암컷은 전체적으로 갈색이 감도는 청회색에 가깝습니다. 털이 붉은색을 띠는 것은 피부의 땀샘에서 붉은 기름이 분비되기 때문입니다. 호주 사람들은 붉은캥거루 수컷을 '빅 레드big red'라고 부릅니다. 암컷은 수컷보다 빨라 '블루 플라이어blue flier'라고 부릅니다.

붉은캥거루는 나무 그늘이 있는 탁 트이고 건조한 지역을 좋아하기 때문에 북부, 남서부, 동부 해안 지역을 제외한 호주 본토 전역에서 볼 수 있습니다. 주변 환경 조건이 번식에 영향을 미칠 수 있습니다. 암컷은 주변 조건이 나아질 때까지 임신이나 출산을 보류하거나 지연할 수 있습니다. 이 같은 능력을 발휘해 앞서 태어난 새끼(조이joey라고 합니다)가 캥거루 주머니를 떠날 때까지 다음 새끼의 출산을 미룹니다.

표지 그림은 카셀Cassell의 『파퓰러 자연사Popular Natural History』에 나오는 고전적인 선각 판화를 기반으로 캐런 몽고메리Karen Montgomery가 그렸습니다.

핸즈온 LLM
프롬프트 엔지니어링부터 임베딩, 시맨틱 검색, 미세 튜닝까지, 손에 잡히는 LLM 개념

초판 1쇄 발행 2025년 6월 10일
초판 2쇄 발행 2025년 8월 25일

지은이 제이 알아마르, 마르턴 흐루턴도르스트 / **옮긴이** 박해선 / **펴낸이** 전태호
펴낸곳 한빛미디어(주) / **주소** 서울시 서대문구 연희로2길 62 한빛미디어(주) IT출판2부
전화 02-325-5544 / **팩스** 02-336-7124
등록 1999년 6월 24일 제25100-2017-000058호 / **ISBN** 979-11-6921-351-6 93000

책임편집 박지영 / **기획 · 편집** 이민혁 / **교정** 김묘선
디자인 표지 윤혜원 내지 박정우 / **전산편집** 김민정
영업마케팅 송경석, 김형진, 장경환, 조유미, 한종진, 이행은, 김선아, 고광일, 성화정, 김한솔 / **제작** 박성우, 김정우

이 책에 대한 의견이나 오탈자 및 잘못된 내용은 출판사 홈페이지나 아래 이메일로 알려주십시오.
파본은 구매처에서 교환하실 수 있습니다. 책값은 뒤표지에 표시되어 있습니다.
한빛미디어 홈페이지 www.hanbit.co.kr / 이메일 ask@hanbit.co.kr

© 2025 Hanbit Media, Inc.
Authorized Korean translation of the English edition of **Hands-On Large Language Models**
ISBN 9781098150969 © 2024 Jay Alammar and Maarten Pieter Grootendorst

This translation is to be published and sold by permission of O'Reilly Media, Inc., the owner of all rights to publish and sell the same.

이 책의 저작권은 오라일리와 한빛미디어(주)에 있습니다.
저작권법에 의해 보호를 받는 저작물이므로 무단 전재와 무단 복제를 금합니다.

지금 하지 않으면 할 수 없는 일이 있습니다.
책으로 펴내고 싶은 아이디어나 원고를 메일(writer@hanbit.co.kr)로 보내주세요.
한빛미디어(주)는 여러분의 소중한 경험과 지식을 기다리고 있습니다.

Hands-On
Large Language Models

핸즈온 LLM

지은이 소개

지은이 제이 알아마르 Jay Alammar

코히어Cohere(대규모 언어 모델을 API로 제공하는 선두 업체)의 이사이자 엔지니어링 펠로fellow 입니다. 언어 모델을 실용적으로 사용하는 방법을 기업과 개발자 커뮤니티에 조언하고 교육하는 일을 합니다. 유명한 그의 AI/ML 블로그(https://jalammar.github.io)를 통해 수백만 명의 연구자와 엔지니어들이 머신러닝 도구는 물론이고 (넘파이와 판다스 같은 패키지 문서에 수록된) 기본 지식부터 (트랜스포머, BERT, GPT-3, 스테이블 디퓨전 같은) 최신 개념까지 폭넓게 이해하는 데 도움을 주고 있습니다. Deeplearning.ai와 Udacity에서 인기 있는 머신러닝 코스와 자연어 처리 코스를 제작한 이력도 있습니다.

지은이 마르턴 호루턴도르스트 Maarten Grootendorst

IKNL Netherlands Comprehensive Cancer Organization의 선임 임상 데이터 과학자입니다. 조직 심리학, 임상 심리학, 데이터 과학 분야의 석사 학위를 받았으며 복잡한 머신러닝 개념을 대중에게 전달하고 있습니다. 잘 알려진 그의 블로그(https://newsletter.maartengrootendorst.com)를 통해 수백만 독자에게 인공지능의 기초 개념을 주로 심리학 관점에서 설명했습니다. BERTopic, PolyFuzz, KeyBERT 같은 대규모 언어 모델을 활용한 여러 오픈 소스 패키지의 창시자이자 메인테이너입니다. 그의 패키지는 수백만 번 다운로드되었고 전 세계 데이터 전문가와 조직에서 사용되고 있습니다.

● 옮긴이 소개

옮긴이 박해선 haesun.park@tensorflow.blog

기계공학을 전공했지만 졸업 후엔 줄곧 코드를 읽고 쓰는 일을 했습니다. Microsoft AI MVP, Google AI/Cloud GDE입니다. 텐서 플로우 블로그(`tensorflow.blog`)를 운영하고 있고, 머신러닝과 딥러닝에 관한 책을 집필하고 번역하면서 소프트웨어와 과학의 경계를 흥미롭게 탐험하고 있습니다.

『혼자 만들면서 공부하는 딥러닝』(한빛미디어, 2025), 『혼자 공부하는 머신러닝+딥러닝(개정판)』(한빛미디어, 2025), 『챗GPT로 대화하는 기술』(한빛미디어, 2023), 『혼자 공부하는 데이터 분석 with 파이썬』(한빛미디어, 2023), 『Do it! 딥러닝 입문』(이지스퍼블리싱, 2019)을 집필했습니다.

『머신 러닝 Q & AI』(길벗, 2025), 『개발자를 위한 필수 수학』(한빛미디어, 2024), 『실무로 통하는 ML 문제 해결 with 파이썬』(한빛미디어, 2024), 『머신러닝 교과서: 파이토치 편』(길벗, 2023), 『스티븐 울프럼의 챗GPT 강의』(한빛미디어, 2023), 『핸즈온 머신러닝 3판』(한빛미디어, 2023), 『만들면서 배우는 생성 AI』(한빛미디어, 2023), 『코딩 뇌를 깨우는 파이썬』(한빛미디어, 2023), 『트랜스포머를 활용한 자연어 처리』(한빛미디어, 2022), 『케라스 창시자에게 배우는 딥러닝 2판』(길벗, 2022), 『개발자를 위한 머신러닝&딥러닝』(한빛미디어, 2022), 『XGBoost와 사이킷런을 활용한 그레이디언트 부스팅』(한빛미디어, 2022), 『구글 브레인 팀에게 배우는 딥러닝 with TensorFlow.js』(길벗, 2022), 『파이썬 라이브러리를 활용한 머신러닝(개정2판)』(한빛미디어, 2022), 『머신러닝 파워드 애플리케이션』(한빛미디어, 2021), 『파이토치로 배우는 자연어 처리』(한빛미디어, 2021), 『머신러닝 교과서 3판』(길벗, 2021)을 비롯해 여러 권의 책을 우리말로 옮겼습니다.

추천사

언어 모델의 세계와 해당 업계의 실용적인 애플리케이션을 소개하는 뛰어난 가이드입니다. 언어 모델을 활용한 생성, 표현, 검색 애플리케이션을 풍부한 시각 자료를 곁들여 설명하므로 독자들이 LLM을 빠르게 이해하고, 사용하고, 발전시킬 수 있을 것입니다. 추천합니다!

닐스 라이머스 Nils Reimers, 코히어의 머신러닝 담당 이사이자 sentence-transformers 창시자

제이와 마르턴은 복잡한 주제를 아름다운 삽화와 통찰력 있는 설명으로 펼쳐 보입니다. 코드 예시, 언어 모델의 역사와 더불어 주요 논문을 참고한 이 책은 대규모 언어 모델의 핵심 기술을 이해하고 싶은 모든 이에게 귀중한 자료입니다.

앤드류 응 Andrew Ng, Deeplearning.AI 설립자

지금 읽어야 할 다른 책이 떠오르지 않을 만큼 중요한 책입니다. 책장을 넘길 때마다, 요즘 같은 언어 모델 시대에 성공을 견인하기 위해 갖춰야 할 결정적인 무언가를 배웁니다.

조쉬 스타머 Josh Starmer, StatQuest

LLM에 관한 모든 것을 빠르게 배우고 싶다면 다른 곳을 뒤질 필요가 없습니다! 이 놀라운 책에서 제이와 마르턴은 여러분을 초보에서 대규모 언어 모델의 역사를 거쳐 최신 기술의 전문가로 이끕니다. 직관적인 설명, 실전 예제, 명확한 삽화, 광범위한 코드 예시를 통해 트랜스포머 모델, 토크나이저, 시맨틱 검색, RAG, 그 밖에 다양하고도 복잡한 최신 기술을 쉽게 설명합니다. 최신 AI 기술에 흥미 있는 모두가 읽어야 할 책입니다!

루이스 세라노 Luis Serrano, Serrano Academy 설립자 겸 CEO

언어 모델의 실전 경험을 원하는 이들에게 시의적절한 길잡이가 될 책입니다.

에미르 무뇨스 Emir Muñoz, Genesys

빠르게 진화하는 생성 AI 분야에 관심 있는 사람이라면 누구나 이 책을 읽어야 합니다. 텍스트 임베딩과 시각 임베딩에 초점을 맞추면서 알고리즘의 발전, 이론적 엄격함, 실용적 가이드가 훌륭한 조화를 이룹니다. 학생, 연구자, 업계 전문가 모두에게 생성 AI의 지식을 한 단계 높여 주는 사용 사례와 솔루션을 제시합니다. 탁월합니다!

크리스 프레글리 Chris Fregly, AWS 생성 AI 수석 솔루션 아키텍트

GenAI 혁명의 한가운데에서 필독서로 자리매김한 이 가이드는 이론과 실무를 절묘하게 안배하여 광대한 대규모 언어 모델의 세계를 탐험합니다. 독자들이 AI 분야에서 혁신적인 영향을 즉각적으로 미치기에 충분한 지식의 보고입니다.

타룬 나라야난 벵카타찰람 Tarun Narayanan Venkatachalam, 워싱턴 대학교 AI 연구원

AI에 대한 과대광고를 걷어 내고 명확하고 실용적인 예제를 선별했습니다. 설명이 명료하며 훌륭한 다이어그램과 시각 자료가 풍부합니다. 여느 책과 달리 예시와 코드가 구체적입니다. 처음에는 기초적인 내용을 다루다가 점차 영역을 넓혀 갑니다. 마지막 장에 다다르면 자신만의 대규모 언어 모델을 미세 튜닝하고 구축할 수 있을 것입니다.

릴런드 매킨스 Leland McInnes, Tutte 수학 및 컴퓨팅 연구소

대규모 언어 모델을 피상적으로 다루는 데 만족하지 않고 이해하기 쉽고 매력적인 접근 방식으로 배경 기술을 빈틈없이 살펴봅니다. 저자들이 심혈을 기울여 구성한 완벽 가이드는 이 분야가 빠르게 발전한다 해도 필독서로 길이 남을 것입니다.

로만 에거 Roman Egger 박사, 모듈 대학교 비엔나 교수, Smartvisions.at CEO

옮긴이의 말

요즘엔 인공지능이라고 하면 대부분 사람이 ChatGPT를 떠올립니다. 대규모 언어 모델을 업무에 활용하기 위한 프롬프트를 소개하는 책이 정말 많습니다. 하지만 언어 모델이 얼마나 다재다능한지 알게 된다면 좀 더 큰 모험을 할 용기를 얻을 수 있습니다. 분류, 클러스터링, 토픽 모델링, 검색, RAG는 물론 자신만의 모델을 미세 튜닝할 수도 있습니다.

이 책은 이런 모험을 떠나고 싶은 사람을 위한 것입니다. 언어 모델의 기초부터 고급 응용까지 전반을 다루는 책으로 손색이 없습니다. 더욱이 이론보다는 이해와 응용에 초점을 맞추기 때문에 입문자도 비교적 쉽게 읽을 수 있습니다. 대규모 언어 모델에 대한 안목을 높이고 싶은 모든 분께 자신 있게 추천합니다.

좋은 책을 맡겨 주신 한빛미디어와 멋지게 마무리해 주신 이민혁 님께 감사드립니다. 언제나 명랑한 우리 가족 주연이와 진우에게도 고맙고 사랑한다는 말을 전합니다.

이 책의 정오표는 블로그(*https://tensorflow.blog/handson-llm*)에 등록해 놓겠습니다. 책을 보기 전에 꼭 확인해 주세요. 이 책에 관한 이야기라면 무엇이든 환영합니다. 언제든지 블로그나 이메일로 알려 주세요.

2025년 5월
박해선

지은이의 말

이 책을 쓰는 건 놀라운 경험이자 협업이고 여행이었습니다.

대규모 언어 모델 분야는 오늘날 가장 역동적인 기술 영역 중 하나입니다. 이 책을 쓰는 기간에도 예상치 못한 발전이 계속 일어났습니다. 하지만 빠른 변화 속도에도 불구하고 기본 원리가 일관되게 유지되어 글을 쓰는 과정이 흥미로웠습니다. 이런 전환점에 이 분야를 깊게 탐구할 기회를 갖게 되어 감사할 따름입니다.

오라일리 팀과 일하는 것은 놀라운 경험입니다! 특히 첫날부터 엄청난 피드백과 지원, 열정을 보여 준 Michele Cronin에게 감사합니다. 그녀보다 더 유능한 편집자는 없을 것입니다. Michele, 당신은 대단한 사람이에요! 이 책을 시작한 후 집필 기간 내내 작업이 체계적으로 진행되도록 도와준 Nicole Butterfield에게 감사합니다. 탁월한 표지를 만들어 준 Karen Montgomery에게 감사합니다. 우리는 캥거루를 사랑합니다! 여러 차례에 걸쳐 일러스트 수백 개를 만들며 무한히 인내해 준 Kate Dullea에게 감사합니다. 또 Clare Laylock이 제때에 초기 버전을 출시한 것이 이 작업이 완성되어 가는 과정을 지켜보는 데 도움이 되고 큰 동기 부여가 되었습니다. 감사해요. 이 책의 마지막 단계 개발을 담당한 Ashley Stussy와 Charles Roumeliotis, 그리고 이 책에 기여해 준 오라일리의 모든 분께 감사드립니다.

저자 일동

변함없는 지지와 영감을 준 가족에게 깊이 감사드립니다. 특히 부모님 Abdullah와 Mishael, 그리고 두 이모님 Hussah와 Aljoharah께 감사드립니다.

이 책에 담긴 까다로운 개념을 이해하고 설명할 수 있도록 도와준 친구와 동료에게 감사드립니다. 또한 배움과 지식 공유의 장을 마련해 준 코히어 동료들에게 감사합니다.

공동 저자인 마르턴의 뛰어난 재능과 끊임없는 노력이 없었다면 책의 수준을 이렇게 높이지 못했을 것입니다. 기술적인 상세 사항(임포트의 종속성을 고정하는 것부터 LLM의 최신 양자화 기술까지)을 거듭해서 파악하고 세계 최고의 시각화를 만들어 내는 마르턴의 능력은 정말 위대합니다.

지은이의 말

마지막으로 커피와 자정까지 집중할 수 있는 좋은 장소를 공유하는 사우디 아라비아 리야드 Riyadh의 카페 문화에 경의를 표합니다. 그곳에서 대부분의 논문을 읽고 이해한 바를 정리했습니다(지금은 엘릭서 번 Elixir Bunn[1]에 있습니다).

제이 알아마르

먼저 공동 저자인 제이에게 깊이 감사드립니다. 제이의 통찰력 덕분에 이 작업이 가능했으며 이를 통해 엄청난 성취감을 얻었습니다. 이 여정은 경이로움 그 자체였고 제이와의 협업은 정말 즐거웠습니다.

여정 내내 지속적으로 지원한 IKNL의 훌륭한 동료들에게 깊이 감사드립니다. 특별히 월요일 아침 커피 타임에 이 책에 대해 이야기하며 끊임없이 용기를 북돋아 준 Harm에게 감사합니다.

한결같은 지지를 보내 준 가족과 친구들, 특히 부모님께 감사드립니다. 어려운 상황 속에서도 내가 정말 필요로 할 때 곁에 있어 준 아버지, 감사합니다. 작가를 꿈꾸며 어머니와 나눈 대화는 감동적이었고 당신이 생각했던 것보다 훨씬 큰 동기 부여가 되었습니다. 끊임없는 지지와 격려를 보내 준 두 분께 감사드립니다.

마지막으로 사랑하는 아내 Ilse에게는 고마움을 말로 다 표현할 수 없습니다. Lieverd의 지칠 줄 모르는 열정과 인내는 전설이 될 것입니다. 특히 최신 LLM 개발에 관해 몇 시간째 대화를 이어갈 때 말입니다. 당신은 내게 가장 큰 후원자입니다. 사랑스러운 딸 Sarah에게 미안하다는 말을 전합니다. 겨우 두 살인데 보통 사람이 대규모 언어 모델에 대해 평생 들을 말보다 더 많은 말을 들었거든요! 이제는 영원한 놀이 시간과 모험으로 보상해 줄게.

마르턴 흐루턴도르스트

---

1 옮긴이_ 엘릭서 번은 사우디 아라비아의 유명 커피 체인입니다.

이 책에 대하여

대규모 언어 모델은 세상에 광범위하고 심오한 영향을 미쳤습니다. 기계가 사람의 언어를 잘 이해하고 생성할 수 있게 되면서 LLM은 AI 분야에 새로운 가능성을 열고 산업 분야 전체에 영향을 주었습니다.

이 책은 포괄적이며 매우 시각적으로 LLM의 세상을 소개합니다. 기초 개념과 실용적 애플리케이션을 모두 다룹니다. 딥러닝 시대 이전의 단어 표현부터 (이 글을 쓰는 시점에) 최신 트랜스포머 구조까지 LLM의 역사와 진화를 탐험할 것입니다. LLM의 내부 작동 방식을 이해하고, 구조와 훈련 방법, 미세 튜닝 기법을 탐험하겠습니다. 텍스트 분류, 클러스터링, 토픽 모델링, 챗봇, 검색 엔진 등 다양한 LLM 애플리케이션을 조사하겠습니다.

직관적인 구성과 애플리케이션, 삽화가 독특하게 배합된 이 책이 흥미로운 LLM 세상을 탐험하려는 사람들에게 이상적인 기반을 제공하기를 바랍니다. 입문자이든 전문가이든 LLM으로 무언가를 만들기 시작한 이 여행에 여러분을 초청합니다.

직관 우선의 철학

이 책의 핵심 목표는 LLM 분야를 직관할 감각을 제공하는 것입니다. 언어 AI 분야는 발전 속도가 엄청 빨라서 최신 기술을 따라잡기가 매우 어렵습니다. 그래서 LLM의 기초에 초점을 맞추고 재미있고 쉬운 학습 과정을 구성했습니다.

직관 우선의 철학을 실천하고자 시각 자료를 자유롭게 활용합니다. 삽화를 통해 LLM 학습 과정의 주요 개념과 처리 과정을 독창적으로 표현했습니다.[1] 세상을 변화시키고 있는 흥미로운 이 분야를 스토리텔링 방식으로 안내하겠습니다.

책에서는 표현 언어 모델과 생성 언어 모델의 차이를 명확하게 구분합니다. 표현 모델은 텍스트 생성이 아니라 분류와 같은 특정 작업에 사용되는 LLM입니다. 반면 생성 모델은 GPT 모델

---

[1] Alammar, J. (2021). Machine learning research communication via illustrated and interactive web articles. Beyond Static Papers: Rethinking How We Share Scientific Understanding in ML, ICLR 2021 Workshop.

이 책에 대하여

과 같이 텍스트를 생성하는 LLM입니다. LLM을 생각할 때 일반적으로 생성 모델이 먼저 떠오르지만 표현 모델이 사용되는 경우가 여전히 많습니다. 대규모 언어 모델에서는 '대규모'란 단어를 엄격하게 정의하지 않습니다. 크기에 대한 기준이 다소 임의적이며 항상 모델의 능력을 대변하는 것은 아니므로 종종 단순히 언어 모델이라고 칭하겠습니다.

선수 지식

이 책은 독자들이 파이썬 프로그래밍 경험이 있고 머신러닝 기초를 잘 알고 있다고 가정합니다. 수학 공식을 유도하는 것이 아니라 확실한 직관을 구축하는 것에 초점을 맞추겠습니다. 따라서 삽화와 코드를 합쳐 학습과 예제를 안내할 것입니다. 파이토치나 텐서플로 같은 인기 있는 딥러닝 프레임워크나 생성 모델링에 대한 선수 지식은 가정하지 않습니다.

파이썬에 익숙하지 않다면 파이썬 기초를 닦을 수 있는 튜토리얼이 많이 수록된 Learn Python(https://oreil.ly/arcIm)이 좋은 출발점입니다.[2] 학습 과정이 용이하도록 구글 코랩$^{Google\ Colab}$(https://oreil.ly/kSuc0)을 기반으로 모든 코드를 제공합니다. 코랩을 사용하면 자신의 컴퓨터에 어떤 것도 설치할 필요 없이 브라우저만으로 코드를 실행할 수 있습니다.

이 책의 구성

크게 세 부분으로 나눕니다. [그림 P-1]에 책의 전체 구조를 선보였습니다. 각 장을 독립적으로 읽어도 되므로 잘 아는 내용은 자유롭게 건너뛰어도 좋습니다.

---

2 옮긴이_ 파이썬 입문 도서로 『혼자 공부하는 파이썬(개정판)』(한빛미디어, 2022), 『코딩 뇌를 깨우는 파이썬』(한빛미디어, 2023)을 추천합니다.

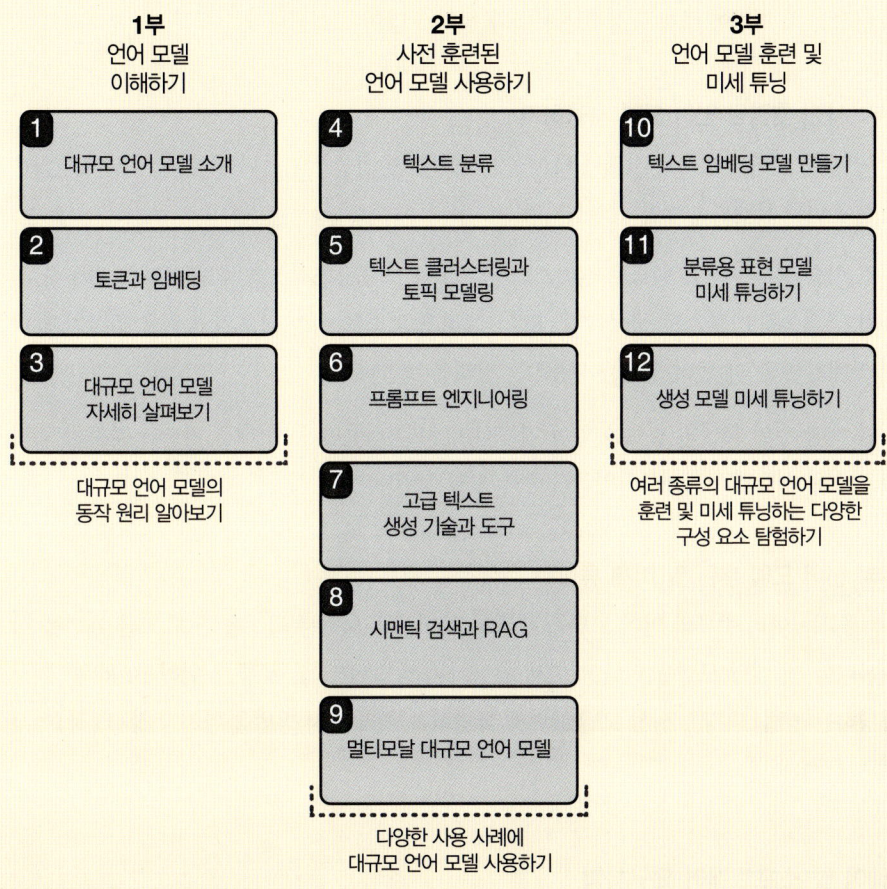

그림 P-1 세 부로 구성된 책의 전체 장

1부: 언어 모델 이해하기

1부에서는 소규모 및 대규모 언어 모델의 내부 동작을 살펴봅니다. 이 분야의 개요와 일반적인 기법(1장)으로 시작해서 언어 모델의 두 가지 핵심 요소인 토큰화와 임베딩(2장)을 알아봅니다. 1부의 마지막에서는 제이가 만든 유명한 Illustrated Transformer (https://oreil.ly/UI4lN)를 보완, 확장한 버전으로 언어 모델의 구조를 자세히 살펴봅니

이 책에 대하여

다(3장). 책 전반에 걸쳐 등장하는 용어와 정의가 많이 소개됩니다.

2부: 사전 훈련된 언어 모델 사용하기

2부에서는 일반적인 사용 사례에 LLM을 사용하는 방법을 살펴봅니다. 미세 튜닝하지 않은 사전 훈련된 모델의 능력을 알아봅니다.

지도 학습 분류(4장), 텍스트 클러스터링과 토픽 모델링(5장), 임베딩 모델을 활용한 시맨틱 검색(6장), 텍스트 생성(7장, 8장) 그리고 텍스트 생성 모델의 능력을 확장하여 비전 도메인(9장)에 언어 모델을 사용하는 방법을 배웁니다.

이런 개별 언어 모델의 능력을 알아 가면서 LLM을 사용한 문제 해결 기술을 갖추고 점점 더 발전된 시스템과 파이프라인을 구축하게 될 것입니다.

3부: 언어 모델 훈련 및 미세 튜닝

3부에서는 여러 종류의 언어 모델을 훈련하고 미세 튜닝하는 과정을 통해 고급 개념을 살펴봅니다. 임베딩 모델을 만들고 미세 튜닝하는 방법(10장), 분류를 위해 BERT를 미세 튜닝하는 방법(11장), 생성 모델을 미세 튜닝하는 여러 가지 방법을 마지막 장(12장)에서 살펴보겠습니다.

하드웨어 및 소프트웨어 요구사항

생성 모델을 실행하는 작업은 일반적으로 컴퓨팅 자원을 많이 소모하므로 GPU가 장착된 컴퓨터가 필요합니다. 모든 독자가 이런 컴퓨터를 보유하지는 않기 때문에 이 책의 모든 예제는 온라인 플랫폼인 구글 코랩(https://oreil.ly/HQawv)에서 실행할 수 있도록 만들었습니다. 이 글을 쓰는 시점에 코랩에서 제공하는 NVIDIA GPU(T4)를 무료로 사용해 코드를 실행할 수 있습니다. 이 GPU는 16GB의 VRAM(GPU의 메모리)이 탑재되었습니다. 이는 책의 예제를 실행하기 위해 필요한 최소한의 VRAM 용량입니다.

> **NOTE**
> 모든 장에서 필요한 최소한의 메모리가 16G VRAM인 것은 아닙니다. 훈련과 미세 튜닝 같은 예제는 프롬프트 엔지니어링 같은 작업보다 컴퓨팅 자원이 많이 필요합니다.

예제에서 사용한 모든 코드는 책의 깃허브 저장소(*https://github.com/rickiepark/handson-llm*)에 있습니다.[3]

API 키

예제에서 오픈 소스 모델과 독점 모델을 사용해 각각의 장단점을 살펴봅니다. 독점 모델의 경우 오픈AI와 코히어^{Cohere}를 사용하므로 무료 계정이 필요합니다.

- 오픈AI(*https://oreil.ly/M4nAa*)
  웹 사이트에서 'sign up'을 클릭해 무료 계정을 만드세요. 무료 계정으로 GPT-3.5를 사용할 수 있는 API 키를 만들 수 있습니다. 그다음 'API keys'를 클릭해 보안 키를 만드세요.

- 코히어(*https://oreil.ly/T63GA*)
  웹 사이트에서 무료 계정을 만드세요. 그다음 'API keys'를 클릭해 보안 키를 만드세요. 두 계정은 사용량 제한이 있으므로 무료 API 키를 사용하는 경우 분당 호출 횟수가 제한됩니다. 오픈 소스 모델의 경우 2장의 Llama 2 모델을 제외하고는 계정을 만들 필요가 없습니다. 이 모델을 사용하려면 허깅 페이스 계정이 있어야 합니다.

- 허깅 페이스(*https://oreil.ly/_uV3A*)
  허깅 페이스 웹 사이트에서 'sign up'을 클릭해 무료 계정을 만드세요. 그다음 'Settings'→'Access Tokens'로 이동하여 특정 LLM을 다운로드하는 데 사용할 토큰을 만드세요.

---

[3] 옮긴이_ 원서 저장소는 https://github.com/HandsOnLLM/Hands-On-Large-Language-Models입니다.

목차

지은이 소개 · 4
옮긴이 소개 · 5
추천사 · 6
옮긴이의 말 · 8
지은이의 말 · 9
이 책에 대하여 · 11

1부 언어 모델 이해하기

1장 대규모 언어 모델 소개

1.1 언어 AI란? · 28
1.2 언어 AI의 최근 역사 · 29
    1.2.1 BoW로 언어 표현하기 · 30
    1.2.2 밀집 벡터 임베딩으로 더 나은 표현 만들기 · 32
    1.2.3 임베딩의 종류 · 35
    1.2.4 어텐션을 사용한 문맥 인코딩과 디코딩 · 35
    1.2.5 Attention Is All You Need · 39
    1.2.6 표현 모델: 인코더 기반 모델 · 42
    1.2.7 생성 모델: 디코더 기반 모델 · 45
    1.2.8 생성 AI의 해 · 47
1.3 '대규모 언어 모델'의 정의 · 49
1.4 대규모 언어 모델의 훈련 패러다임 · 49
1.5 대규모 언어 모델 애플리케이션: 왜 유용한가요? · 51
1.6 책임 있는 LLM 개발과 사용 · 52
1.7 자원이 부족해도 괜찮습니다 · 52

1.8 대규모 언어 모델 인터페이스	53
1.8.1 독점 및 비공개 모델	53
1.8.2 오픈 모델	54
1.8.3 오픈 소스 프레임워크	56
1.9 첫 번째 텍스트 생성하기	57
1.10 요약	59

2장 토큰과 임베딩

2.1 LLM 토큰화	62
2.1.1 토크나이저가 언어 모델의 입력을 준비하는 방법	62
2.1.2 LLM 다운로드하고 실행하기	63
2.1.3 토크나이저가 텍스트를 분할하는 방법	67
2.1.4 단어 토큰, 부분단어 토큰, 문자 토큰, 바이트 토큰	68
2.1.5 훈련된 LLM 토크나이저 비교하기	70
2.1.6 토크나이저 속성	80
2.2 토큰 임베딩	81
2.2.1 토크나이저의 어휘사전에 대한 임베딩을 내장한 언어 모델	82
2.2.2 언어 모델로 문맥을 고려한 단어 임베딩 만들기	83
2.3 텍스트 임베딩(문장과 전체 문서)	86
2.4 LLM을 넘어 활용되는 단어 임베딩	88
2.4.1 사전 훈련된 단어 임베딩 다운로드하기	88
2.4.2 word2vec 알고리즘과 대조 훈련	89
2.5 추천 시스템을 위한 임베딩	93
2.5.1 임베딩으로 노래 추천하기	93
2.5.2 노래 임베딩 모델 훈련하기	95
2.6 요약	97

● **목차**

3장 대규모 언어 모델 자세히 살펴보기

3.1 트랜스포머 모델 개요 ··· 100
    3.1.1 훈련된 트랜스포머 LLM의 입력과 출력 ············ 100
    3.1.2 정방향 계산의 구성 요소 ····························· 103
    3.1.3 확률 분포로부터 하나의 토큰 선택하기(샘플링/디코딩) ···· 106
    3.1.4 병렬 토큰 처리와 문맥 크기 ························· 108
    3.1.5 키와 값을 캐싱하여 생성 속도 높이기 ············· 111
    3.1.6 트랜스포머 블록 내부 ································· 113
3.2 트랜스포머 아키텍처의 최근 발전 사항 ················· 123
    3.2.1 효율적인 어텐션 ··· 123
    3.2.2 트랜스포머 블록 ·· 128
    3.2.3 위치 임베딩(RoPE) ····································· 129
    3.2.4 그 외 실험적 구조와 개선 사항 ····················· 132
3.3 요약 ··· 133

2부 사전 훈련된 언어 모델 사용하기

4장 텍스트 분류

4.1 영화 리뷰 데이터셋 ·· 138
4.2 표현 모델로 텍스트 분류하기 ····························· 140
4.3 모델 선택 ··· 141
4.4 작업에 특화된 모델 사용하기 ····························· 143
4.5 임베딩을 활용하여 분류 작업 수행하기 ················ 147
    4.5.1 지도 학습 분류 ·· 148
    4.5.2 데이터에 레이블이 없는 경우 ······················· 151

4.6 생성 모델로 텍스트 분류하기 ·· **155**
    4.6.1 T5 모델 사용하기 ··· **156**
    4.6.2 ChatGPT로 분류하기 ··· **160**
4.7 요약 ·· **164**

5장   텍스트 클러스터링과 토픽 모델링

5.1 아카이브 논문: 계산 및 언어 ·· **167**
5.2 텍스트 클러스터링을 위한 파이프라인 ································ **167**
    5.2.1 문서 임베딩 ··· **168**
    5.2.2 임베딩 차원 축소하기 ··· **169**
    5.2.3 축소된 임베딩 클러스터링 ····································· **171**
    5.2.4 클러스터 조사 ··· **173**
5.3 텍스트 클러스터링에서 토픽 모델링으로 ···························· **176**
    5.3.1 BERTopic: 모듈화된 토픽 모델링 프레임워크 ················ **177**
    5.3.2 특수 레고 블록 추가하기 ······································ **188**
    5.3.3 텍스트 생성 레고 블록 ··· **193**
5.4 요약 ·· **197**

6장   프롬프트 엔지니어링

6.1 텍스트 생성 모델 사용하기 ·· **199**
    6.1.1 텍스트 생성 모델 선택하기 ····································· **200**
    6.1.2 텍스트 생성 모델 로드하기 ····································· **200**
    6.1.3 모델 출력 제어하기 ··· **202**
6.2 프롬프트 엔지니어링 소개 ·· **205**
    6.2.1 프롬프트의 기본 구성 요소 ····································· **206**
    6.2.2 지시 기반 프롬프트 ··· **208**

목차

6.3 고급 프롬프트 엔지니어링 ······ **210**
    6.3.1 프롬프트의 잠재적 복잡성 ······ **210**
    6.3.2 문맥 내 학습: 예시 제공 ······ **213**
    6.3.3 프롬프트 체인: 문제 쪼개기 ······ **216**
6.4 생성 모델을 사용한 추론 ······ **218**
    6.4.1 CoT: 답변하기 전에 생각하기 ······ **219**
    6.4.2 자기 일관성: 출력 샘플링 ······ **222**
    6.4.3 ToT: 중간 단계 탐색 ······ **223**
6.5 출력 검증 ······ **225**
    6.5.1 예시 제공 ······ **226**
    6.5.2 문법: 제약 샘플링 ······ **228**
6.6 요약 ······ **232**

7장   고급 텍스트 생성 기술과 도구

7.1 모델 I/O: 랭체인으로 양자화된 모델 로드하기 ······ **234**
7.2 체인: LLM의 능력 확장하기 ······ **237**
    7.2.1 단일 체인: 프롬프트 템플릿 ······ **238**
    7.2.2 여러 템플릿을 가진 체인 ······ **241**
7.3 메모리: 대화를 기억하도록 LLM 돕기 ······ **245**
    7.3.1 대화 버퍼 ······ **246**
    7.3.2 윈도 대화 버퍼 ······ **248**
    7.3.3 대화 요약 ······ **251**
7.4 에이전트: LLM 시스템 구축하기 ······ **255**
    7.4.1 에이전트 이면의 원동력: 단계별 추론 ······ **256**
    7.4.2 랭체인의 ReAct ······ **258**
7.5 요약 ······ **262**

8장 시맨틱 검색과 RAG

- **8.1** 시맨틱 검색과 RAG 소개 ········· 264
- **8.2** 언어 모델을 사용한 시맨틱 검색 ········· 266
  - 8.2.1 밀집 검색 ········· 266
  - 8.2.2 리랭킹 ········· 280
  - 8.2.3 검색 평가 지표 ········· 284
- **8.3** RAG ········· 289
  - 8.3.1 검색에서 RAG로 ········· 290
  - 8.3.2 예: LLM API를 사용한 근거 기반 생성 ········· 292
  - 8.3.3 예: 로컬 모델을 사용한 RAG ········· 293
  - 8.3.4 고급 RAG 기술 ········· 296
  - 8.3.5 RAG 평가 ········· 298
- **8.4** 요약 ········· 299

9장 멀티모달 대규모 언어 모델

- **9.1** 비전 트랜스포머 ········· 302
- **9.2** 멀티모달 임베딩 모델 ········· 305
  - 9.2.1 CLIP: 텍스트와 이미지 연결 ········· 307
  - 9.2.2 CLIP이 멀티모달 임베딩을 생성하는 방법 ········· 307
  - 9.2.3 OpenCLIP ········· 310
- **9.3** 텍스트 생성 모델을 멀티모달로 만들기 ········· 316
  - 9.3.1 BLIP-2: 모달리티 간극 메꾸기 ········· 317
  - 9.3.2 멀티모달 입력 전처리 ········· 321
  - 9.3.3 사용 사례 1: 이미지 캡셔닝 ········· 324
  - 9.3.4 사용 사례 2: 채팅 기반 멀티모달 프롬프트 ········· 327
- **9.4** 요약 ········· 330

목차

3부 언어 모델 훈련 및 미세 튜닝

10장 텍스트 임베딩 모델 만들기

- 10.1 임베딩 모델 … 335
- 10.2 대조 학습이란? … 338
- 10.3 SBERT … 340
- 10.4 임베딩 모델 만들기 … 342
  - 10.4.1 대조 샘플 생성하기 … 342
  - 10.4.2 모델 훈련 … 344
  - 10.4.3 심층 평가 … 347
  - 10.4.4 손실 함수 … 349
- 10.5 임베딩 모델 미세 튜닝 … 357
  - 10.5.1 지도 학습 방법 … 358
  - 10.5.2 증식 SBERT … 360
- 10.6 비지도 학습 … 366
  - 10.6.1 TSDAE … 366
  - 10.6.2 TSDAE를 사용한 도메인 적응 … 371
- 10.7 요약 … 372

11장 분류용 표현 모델 미세 튜닝하기

- 11.1 지도 분류 … 373
  - 11.1.1 사전 훈련된 BERT 모델 미세 튜닝하기 … 375
  - 11.1.2 층 동결하기 … 378
- 11.2 퓨샷 분류 … 384
  - 11.2.1 SetFit: 소량의 샘플로 효율적인 미세 튜닝하기 … 385
  - 11.2.2 퓨샷 분류를 위한 미세 튜닝 … 389

11.3 마스크드 언어 모델링으로 미세 튜닝 계속하기		**392**
11.4 개체명 인식		**398**
11.4.1 개체명 인식을 위해 데이터 준비하기		399
11.4.2 개체명 인식을 위해 미세 튜닝하기		406
11.5 요약		**408**

12장 생성 모델 미세 튜닝하기

12.1 LLM 훈련의 세 단계		**409**
12.1.1 언어 모델링		409
12.1.2 미세 튜닝 1(지도 학습 미세 튜닝)		410
12.1.3 미세 튜닝 2(선호도 튜닝)		411
12.2 지도 학습 미세 튜닝		**411**
12.2.1 전체 미세 튜닝		412
12.2.2 파라미터 효율적인 미세 튜닝		414
12.3 QLoRA를 사용한 지시 기반 튜닝		**422**
12.3.1 지시 데이터 템플릿		422
12.3.2 모델 양자화		424
12.3.3 LoRA 설정		425
12.3.4 훈련 설정		426
12.3.5 훈련		428
12.3.6 가중치 병합		428
12.4 생성 모델 평가		**429**
12.4.1 단어 수준 지표		430
12.4.2 벤치마크		431
12.4.3 리더보드		432
12.4.4 자동 평가		433
12.4.5 사람 평가		433

목차

12.5 선호도 튜닝/정렬/RLHF **435**

12.6 보상 모델을 사용한 선호도 평가 자동화 **436**

    12.6.1 보상 모델의 입력과 출력 437

    12.6.2 보상 모델 훈련 437

    12.6.3 비보상 모델 훈련 441

12.7 DPO를 사용한 선호도 튜닝 **442**

    12.7.1 정렬 데이터에 템플릿 적용하기 443

    12.7.2 모델 양자화 444

    12.7.3 훈련 설정 445

    12.7.4 훈련 446

12.8 요약 **447**

    마치며 448

    찾아보기 449

1부
언어 모델 이해하기

1부

언어 모델의 이해

1장 대규모 언어 모델 소개
2장 토큰과 임베딩
3장 대규모 언어 모델 자세히 살펴보기

1장
대규모 언어 모델 소개

인류는 전환점에 서 있습니다. 2012년 이후 (심층 신경망을 사용한) AI 시스템 개발이 가속화되었고 10년이 지나서 사람이 쓴 것 같은 글을 생성하는 최초의 소프트웨어 시스템이 탄생했습니다. 이 시스템은 GPT-2$^{\text{Generative Pre-trained Transformer 2}}$라 부르는 AI 모델입니다. 2022년에 출시된 ChatGPT는 정보와 기술을 활용하는 방식에 혁신을 일으켰습니다. 5일 만에 활성 사용자 수가 백만 명에 도달했고 두 달 안에는 1억 명에 이르렀습니다. 이 새로운 AI 모델은 사람 수준의 챗봇으로 시작했지만 빠르게 발전하여 번역, 텍스트 생성, 요약 등과 같은 일반적인 작업을 처리하는 방식에 기념비적인 변화를 이루어 냈습니다. 결국 프로그래머, 교육자, 연구자에게 매우 귀중한 도구로 자리 잡았습니다.

전례가 없는 성공으로 ChatGPT 이면의 기술, 즉 대규모 언어 모델$^{\text{large language model}}$(LLM)에 대한 연구가 활발해졌습니다. 독점 모델과 오픈 소스 모델이 꾸준히 출시되어 ChatGPT의 성능에 가까워지더니 결국 따라잡았습니다. 세상의 모든 관심이 LLM에 집중되었다고 해도 과언이 아닙니다.

그 결과 2023년은 언어 인공 지능$^{\text{language artificial intelligence}}$(Language AI) 분야를 크게 변화시킨 해로 (적어도 우리에게는) 기억될 것입니다. 언어 인공 지능은 인간의 언어를 이해하고 생성할 수 있는 시스템을 개발하는 분야입니다.

하지만 LLM은 오래전부터 있었으며 작은 모델들도 여전히 오늘날까지 사용됩니다. LLM은 하나의 모델 이상이며, 언어 AI 분야에는 탐구할 가치가 있는 기술과 모델이 많이 있습니다.

이 책의 목표는 독자들이 LLM과 언어 AI 분야의 기초를 확실히 이해하도록 돕는 것입니다. 이 장은 나머지 부분의 얼개 역할을 하며 다른 장에서 사용할 개념과 용어를 소개합니다.

이 장에서는 다음과 같은 질문의 답을 찾고자 합니다.

- 언어 AI는 무엇인가요?
- 대규모 언어 모델은 무엇인가요?
- 대규모 언어 모델을 사용하는 일반적인 사례와 애플리케이션에는 어떤 것이 있나요?
- 대규모 언어 모델을 어떻게 사용할 수 있나요?

1.1 언어 AI란?

인공 지능artificial intelligence(AI)이란 용어는 음성 인식, 언어 번역, 시각 인식과 같이 인간 지능에 가까운 작업을 수행하는 컴퓨터 시스템을 묘사하는 데 자주 사용됩니다. 즉 사람의 지능이 아니라 소프트웨어 지능을 말합니다. 다음은 인공 지능 이론의 창시자 중 한 명인 존 매카시John McCarthy가 내린 정의입니다.[1]

> [인공 지능은] 지능적인 기계, 특히 지능적인 컴퓨터 프로그램을 만드는 과학과 공학입니다. 인공 지능 분야는 컴퓨터를 활용해 인간 지능이 어떻게 작동하는지 이해하려고 연구합니다. 하지만 AI가 생물학적으로 관찰되는 방법에만 국한되지 않습니다.
>
> — 존 매카시, 2007[2]

AI가 계속 발전하는 덕분에 이 용어는 다양한 시스템을 설명하는 데 사용되었습니다. 그중 일부는 지능적인 동작이 전혀 없기도 합니다. 예를 들어, 컴퓨터 게임의 NPC^{non-playable character}는 대부분 if-else 로직에 불과하지만 종종 AI로 언급됩니다.

언어 AI Language AI는 인간 언어를 이해, 처리, 생성할 수 있는 기술을 개발하는 데 초점을 맞춘 AI의 하위 분야입니다. 언어 AI란 용어는 종종 **자연어 처리**natural language processing(NLP)와 혼용되어 사용됩니다. 머신러닝 방법이 언어 처리 문제에서 계속해서 성과를 내고 있기 때문입니다.

---

[1] 옮긴이_ 인공지능이란 용어는 1956년 다트머스 대학(Dartmouth College)에서 존 매카시가 주최한 다트머스 회의(Dartmouth workshop)에서 소개되었습니다.

[2] McCarthy, J. (2007). What is artificial intelligence? https://oreil.ly/C7sja, https://oreil.ly/n9X80

이 책에서는 기술적으로 LLM은 아니지만 이 분야에 큰 영향을 미친 기술까지 포괄하기 위해 언어 AI란 용어를 사용하겠습니다. 예를 들어, 검색 시스템$^{\text{retrieval system}}$은 LLM에 뛰어난 능력을 부여할 수 있습니다(8장 참조).

이 책 전반에 걸쳐 언어 모델 분야에서 중요한 역할을 했던 모델에 초점을 맞추려고 합니다. 이는 LLM만 살펴보는 것 이상을 의미합니다. 하지만 다음과 같은 질문이 생깁니다. 대규모 언어 모델이란 무엇일까요? 이 장에서 이 질문에 대한 답을 얻기 위해 먼저 언어 AI의 역사를 살펴보겠습니다.

1.2 언어 AI의 최근 역사

언어 AI의 역사에는 [그림 1-1]에 나타난 것처럼 언어를 표현하고 생성하기 위한 많은 알고리즘과 모델이 출현했습니다.

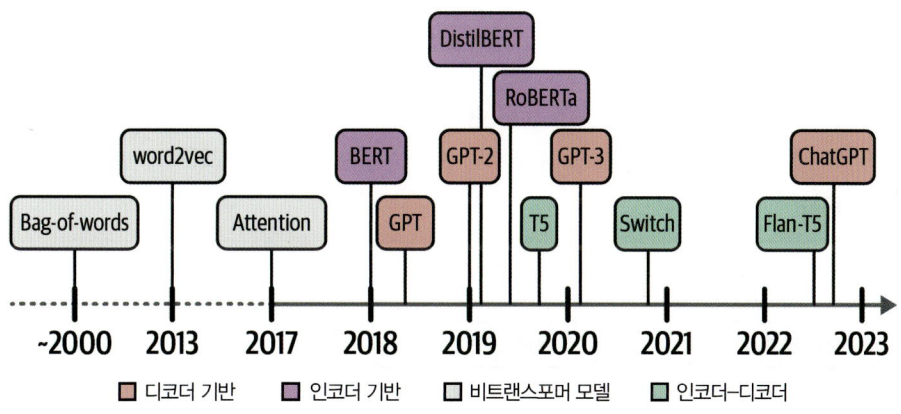

그림 1-1 언어 AI의 역사

하지만 언어는 컴퓨터에게 어려운 개념입니다. 텍스트는 태생적으로 비구조적이고 (개별 문자인) 0과 1로 표현될 때 의미를 잃습니다. 결과적으로 언어 AI의 역사에는 컴퓨터가 쉽게 사용할 수 있도록 언어를 구조적인 방식으로 표현하는 데 많은 관심이 집중되었습니다. [그림 1-2]는 이런 언어 AI 작업의 예입니다.

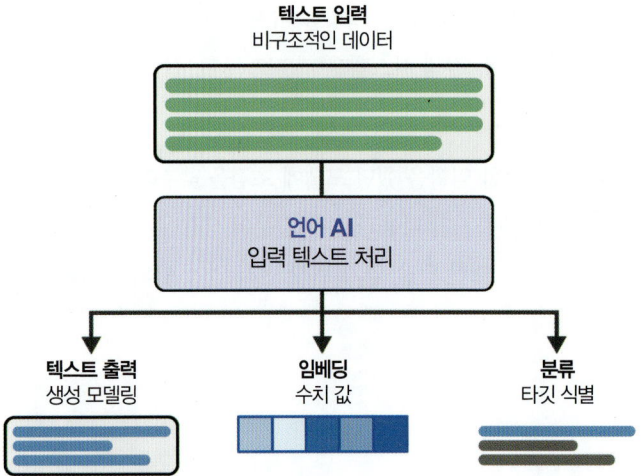

그림 1-2 언어 모델은 텍스트 입력을 처리해 많은 작업을 수행할 수 있습니다.

1.2.1 BoW로 언어 표현하기

언어 모델의 역사는 비구조적인 텍스트를 표현하는 한 방법인 BoW$^{bag-of-words}$라는 기법으로 시작합니다.[3] 1950년대에 처음 언급되었지만 2000년대가 되어서야 인기를 얻었습니다.

BoW의 작동 방식은 다음과 같습니다. 수치 표현을 만들려는 두 개의 문장이 있다고 가정해 보죠. BoW 모델의 첫 번째 단계는 문장을 개별 단어나 부분단어^{subword}(**토큰**^{token})로 분할하는 과정인 **토큰화**^{tokenization}입니다(그림 1-3).

그림 1-3 공백을 기준으로 각 문장을 단어(토큰)로 분할합니다.

---

[3] Sebastiani, F. (2002). Machine learning in automated text categorization. ACM Computing Surveys, 34(1), 1–47. https://doi.org/10.1145/505282.505283

가장 널리 사용되는 토큰화 방법은 공백을 기준으로 개별 단어로 분할하는 것입니다. 하지만 개별 단어 사이에 공백이 없는 중국어 같은 언어에는 이 같은 방법이 불리합니다. 다음 장에서 토큰화에 대해 자세히 알아보고 이 기술이 언어 모델에 어떤 영향을 끼치는지 살펴보겠습니다. [그림 1-4]에서 보듯이 토큰화 다음에 각 문장의 고유한 단어를 모두 합쳐서 어휘사전vocabulary을 만듭니다. 이를 사용해 문장을 표현할 수 있습니다.

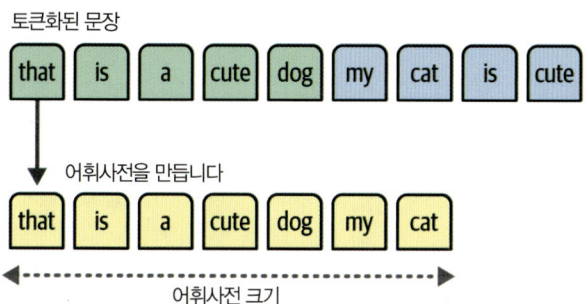

그림 1-4 두 문장에 걸쳐 고유한 단어를 모두 합쳐 어휘사전을 만듭니다.

어휘사전을 사용하여 각 문장에 단어가 얼마나 많이 등장하는지 헤아립니다. 그래서 이 방법을 단어 가방bag of words이라고 합니다. 결국 BoW는 [그림 1-5]와 같이 벡터 또는 벡터 표현이라 부르는 수치의 형태로 텍스트를 표현하는 것이 목표입니다. 이 책에서는 이런 모델을 **표현 모델**representation model이라 부르겠습니다.

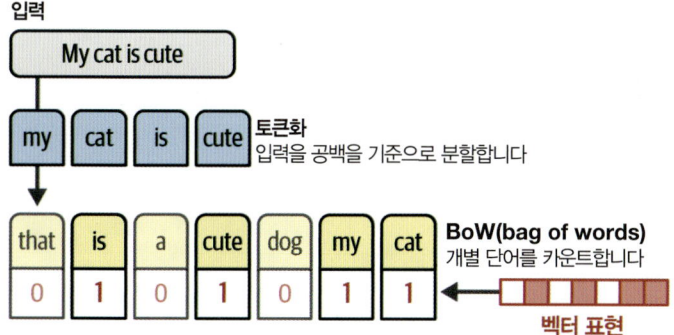

그림 1-5 개별 단어를 카운트하여 BoW를 만듭니다. 이런 값을 벡터 표현이라 부릅니다.

BoW가 고전적인 방법이지만 완전히 쓸모가 없는 것은 아닙니다. 5장에서 최신 언어 모델을 보완하는 데 사용하는 방법을 알아보겠습니다.

1.2.2 밀집 벡터 임베딩으로 더 나은 표현 만들기

BoW의 접근 방식은 우아하지만 단점이 있습니다. 언어를 글자 그대로 가방에 담긴 단어의 모음 이상으로 생각하지 않으며 텍스트의 본질과 의미를 무시합니다.

2013년에 개발된 word2vec은 **임베딩**embedding으로 텍스트의 의미를 포착하는 데 성공한 첫 번째 시도였습니다.[4] 임베딩은 데이터의 의미를 포착하기 위한 벡터 표현입니다. 이렇게 하기 위해 word2vec은 위키백과와 같은 방대한 텍스트 데이터에서 훈련하여 단어의 의미를 나타내는 표현을 학습합니다.

word2vec은 **신경망**neural network을 사용해 의미 표현을 생성합니다. 이 신경망은 여러 층이 서로 연결되어 구성되며, 각 층은 정보를 처리하는 여러 노드로 이루어져 있습니다. [그림 1-6]에 나타나 있듯이 신경망은 여러 개의 층으로 구성될 수 있으며, 한 층의 노드와 다음 층의 노드를 잇는 연결에는 입력값에 따라 특정 가중치가 부여됩니다. 이런 가중치를 종종 모델의 **파라미터**parameter라고 부릅니다.

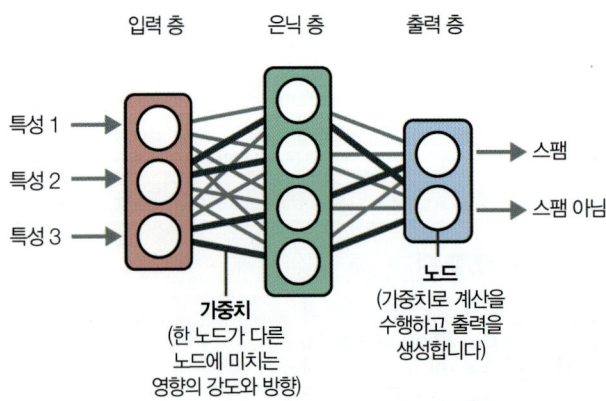

그림 1-6 신경망은 노드로 연결된 층으로 구성됩니다. 각각의 연결은 하나의 선형 방정식입니다.

---

4 Mikolov et al. (2013). Efficient estimation of word representations in vector space. arXiv.org. *https://arxiv.org/abs/1301.3781*

word2vec은 신경망을 사용해 주어진 문장에서 다음에 어떤 단어가 등장하는지를 살펴봄으로써 단어 임베딩을 생성합니다. 먼저 어휘사전에 있는 모든 단어에 대해서 랜덤하게 초기화된 일련의 값(예를 들면 50개의 값)을 단어 임베딩으로 할당합니다.[5] 그다음 [그림 1-7]에 나타나 있듯이 훈련 스텝마다 훈련 데이터에서 단어 쌍을 가져와서 모델이 문장 안에서 단어 쌍이 이웃에 나타날 가능성이 있는지 예측하게 합니다.

훈련 과정 동안 word2vec은 단어 사이 관계를 학습하고 이 정보를 임베딩에 저장합니다. 두 단어가 이웃에 나타날 가능성이 높다면 두 단어의 임베딩은 서로 매우 가까워집니다. 그 반대도 마찬가지입니다. 2장에서 word2vec의 훈련 과정을 자세히 살펴보겠습니다.

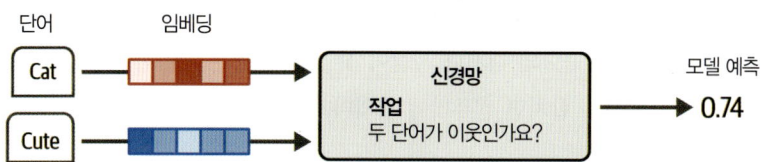

그림 1-7 두 단어가 이웃인지 예측하도록 신경망을 훈련합니다. 이 과정 동안 임베딩이 정답과 가까워지도록 업데이트됩니다.

이렇게 만들어진 임베딩은 단어의 의미를 포착합니다. 하지만 정확히 무슨 뜻일까요? 이 현상을 설명하기 위해 아주 단순화하여 'apple', 'baby' 같은 단어의 임베딩이 있다고 가정해보죠. 임베딩은 단어의 속성을 표현함으로써 의미를 포착합니다. 예를 들어 단어 'baby'는 'newborn'과 'human' 속성에서 높은 점수를 가질 수 있지만 'apple'은 이런 속성에서 낮은 값을 가질 수 있습니다.

[그림 1-8]에서 보듯이 임베딩은 단어의 의미를 표현하기 위해 여러 속성을 가질 수 있습니다. 임베딩의 크기가 고정이기 때문에 임베딩의 속성은 단어의 정신적 표상^{mental representation}을 만들도록 선택됩니다.

---

5 옮긴이_ 임베딩 크기는 사용자가 지정해야 하는 하이퍼파라미터입니다. 예를 들어 구글이 공개한 사전 훈련된 word2vec 모델의 임베딩은 300차원입니다(https://bit.ly/4d6L1i4).

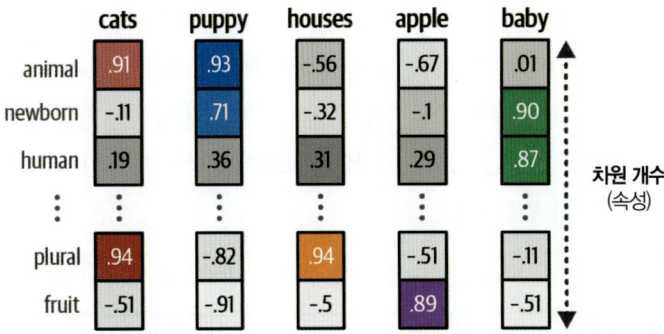

그림 1-8 임베딩의 값은 단어를 표현하는 데 사용할 수 있는 속성을 나타냅니다. (사실은 그렇지 않지만) 차원이 개념을 나타낸다고 상상하면 지나치게 단순화한 것입니다. 하지만 이 아이디어를 설명하는 데 도움이 됩니다.

실제로 이런 속성은 매우 모호하여 하나의 객체나 사람이 식별할 수 있는 개념과 좀처럼 연관되지 않습니다. 하지만 이런 속성을 합치면 컴퓨터에게 의미가 있으며 사람의 언어를 컴퓨터 언어로 바꾸는 좋은 방법이 됩니다.

임베딩은 단어 사이에 있는 의미의 유사성을 측정할 수 있기 때문에 매우 유용합니다. 다양한 거리 측정 방법을 사용해 한 단어가 다른 단어와 얼마나 가까운지 판단할 수 있습니다. [그림 1-9]처럼 임베딩을 2차원 표현으로 압축하면 비슷한 의미의 단어가 가깝게 나타나는 경향을 볼 수 있습니다. 5장에서 임베딩을 n차원 공간으로 압축하는 방법을 알아보겠습니다.

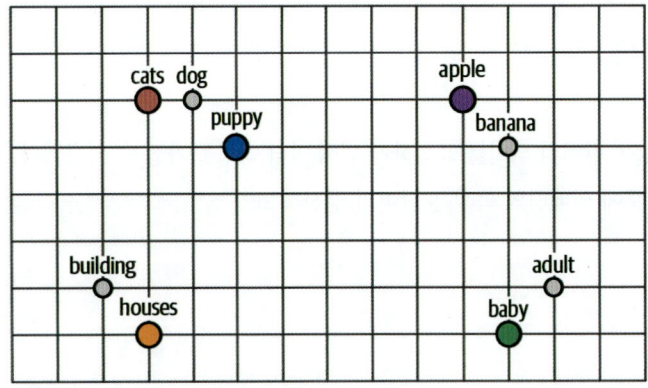

그림 1-9 단어 임베딩을 2차원 공간에 표현하면 의미가 비슷한 단어가 서로 가깝게 위치합니다.

1.2.3 임베딩의 종류

임베딩의 종류는 많습니다. [그림 1-10]에서 보듯이 단어 임베딩과 문장 임베딩은 다른 수준 (단어 vs 문장)의 추상화에 사용됩니다.

예를 들어 BoW는 전체 문서를 표현하므로 문서 수준에서 임베딩을 만듭니다. 반면에 word2vec은 단어에 대한 임베딩만 생성합니다.

이 책에서 임베딩은 분류(4장), 클러스터링(5장), 시맨틱 검색$^{semantic\ search}$과 RAG$^{retrieval-augmented\ generation}$(8장) 등 많은 곳에서 사용되기 때문에 핵심적인 역할을 담당합니다. 2장에서 먼저 토큰 임베딩에 대해 자세히 알아보겠습니다.

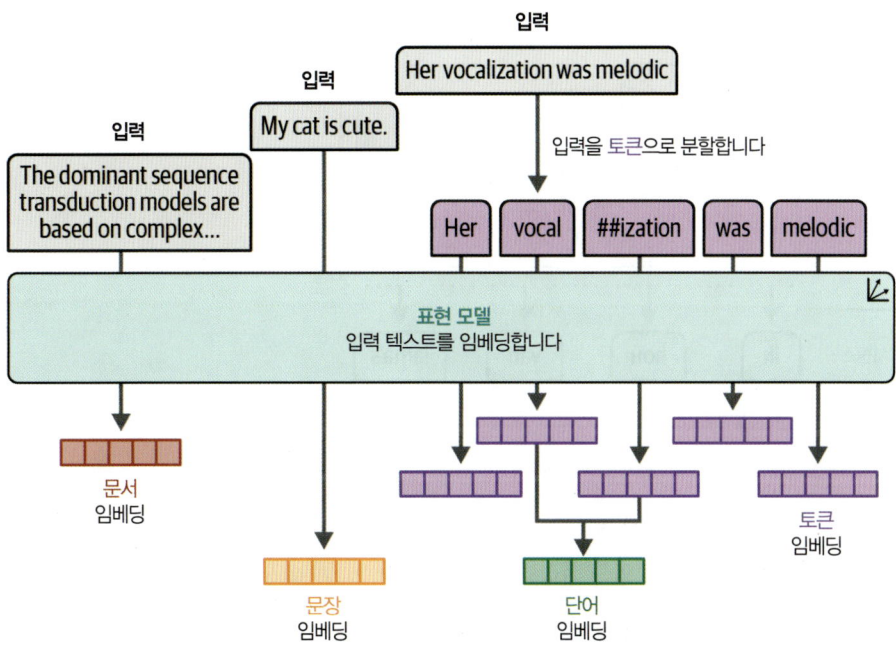

그림 1-10 다양한 형태의 입력에 대해 임베딩을 만들 수 있습니다.

1.2.4 어텐션을 사용한 문맥 인코딩과 디코딩

word2vec의 훈련 과정은 정적이고 다운로드 가능한 단어 표현을 만듭니다. 예를 들어, 단어 'bank'는 문맥에 상관없이 항상 임베딩이 동일합니다. 하지만 'bank'가 은행이나 강둑을 의미할 수 있습니다. 의미, 즉 임베딩은 문맥에 따라 달라져야 합니다.

이런 텍스트를 인코딩하는 단계는 순환 신경망recurrent neural network(RNN)으로 달성되었습니다. RNN은 연속적인 입력으로 시퀀스sequence를 모델링할 수 있는 신경망의 한 종류입니다.

이렇게 하기 위해 RNN을 두 개의 작업에 사용합니다. 입력 문장을 **인코딩**encoding 또는 표현하고, 출력 문장을 **디코딩**decoding 또는 생성하는 작업입니다. [그림 1-11]은 이 개념을 설명하기 위해 'I love llamas'란 문장을 네덜란드어 'Ik hou van lama's'로 번역하는 방법을 보여 줍니다.

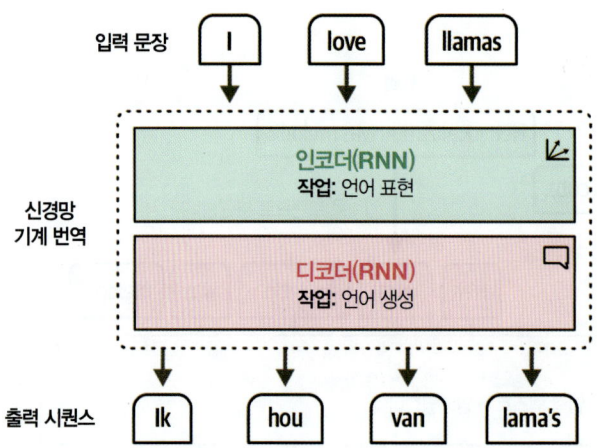

그림 1-11 입력 시퀀스를 영어에서 네덜란드어로 번역하는 두 개의 순환 신경망(인코더와 디코더)

이 구조에서 각 단계는 **자기회귀적**autoregressive입니다. 즉, [그림 1-12]에서 보듯이 이전에 생성한 모든 단어를 사용해 다음 단어를 생성합니다.

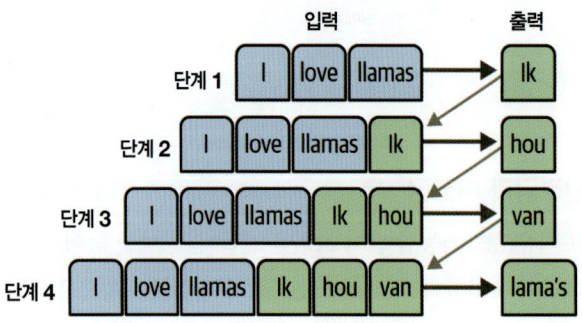

그림 1-12 이전에 출력된 단어를 입력으로 사용하여 다음 단어를 생성합니다.

인코딩 단계의 목표는 입력을 가능한 한 잘 표현하여 디코더의 입력으로 사용되는 임베딩의 형태로 문맥을 생성하는 것입니다. 이 표현을 생성하기 위해 단어에 대한 입력으로 임베딩을 사용합니다. 즉 초기 표현으로 word2vec을 사용할 수 있습니다. [그림 1-13]에서 이 과정을 볼 수 있습니다. 입력은 물론 출력도 한 번에 하나씩 순차적으로 처리됩니다.

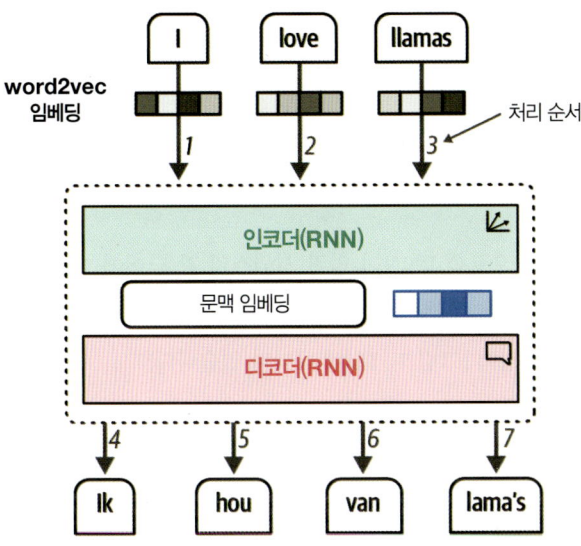

그림 1-13 word2vec 임베딩을 사용해 전체 시퀀스를 표현하는 문맥 임베딩을 생성합니다.

하지만 문맥 임베딩은 하나의 임베딩으로 전체 입력을 표현하기 때문에 긴 문장을 처리하기 어렵습니다. 2014년 이 구조를 크게 개선한 **어텐션**attention이라 불리는 방법이 소개되었습니다.[6] [그림 1-14]에 나타난 어텐션을 사용하면 입력 시퀀스에서 서로 관련 있는 부분에 모델이 초점을 맞추고 해당 신호를 증폭할 수 있습니다. 어텐션은 주어진 문장에서 어떤 단어가 가장 중요한지 선택적으로 결정합니다.

예를 들어, 출력 단어 'lama's'는 'llamas'에 해당하는 네덜란드어입니다. 따라서 두 단어 사이의 어텐션이 높습니다. 마찬가지로 단어 'lama's'와 'I'는 관련이 없기 때문에 어텐션이 낮습니다. 3장에서 어텐션 메커니즘에 대해서 자세히 살펴보겠습니다.

---

[6] Bahdanau et al. (2014). Neural machine translation by jointly learning to align and translate. arXiv.org. *https://arxiv.org/abs/1409.0473*

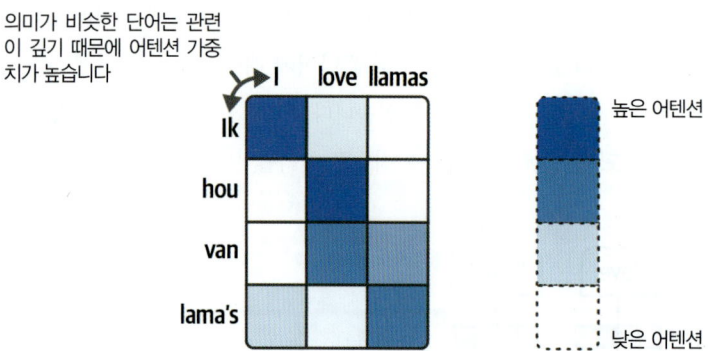

그림 1-14 어텐션을 사용해 모델은 서로 관련이 있는 시퀀스의 특정 부분에 주의를 기울일 수 있습니다.

어텐션 메커니즘을 디코더 단계에 추가함으로써 RNN이 입력 시퀀스의 각 단어에 대해 출력 가능성에 관련된 신호를 생성할 수 있습니다. 문맥 임베딩을 디코더에 전달하는 대신 모든 입력 단어의 은닉 상태가 전달됩니다. 이 과정이 [그림 1-15]에 나타나 있습니다.

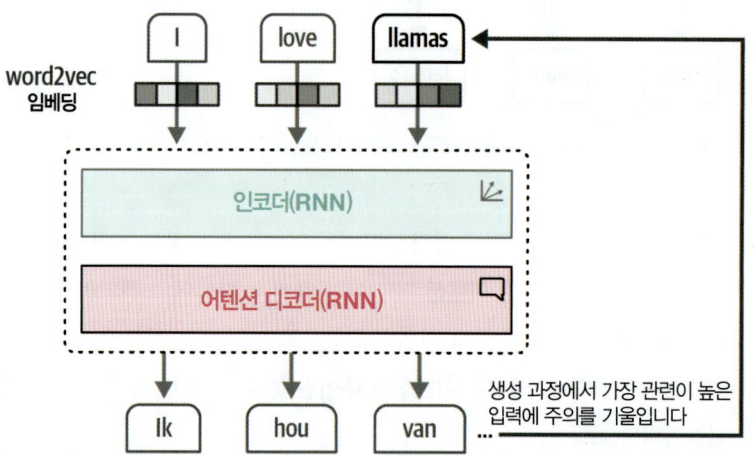

그림 1-15 단어 'Ik', 'hou', 'van'을 생성한 후 네덜란드 번역('lama's')을 생성하기 전에 디코더의 어텐션 메커니즘이 단어 'llamas'에 초점을 맞춥니다.

결과적으로 'Ik hou van lama's'를 생성하는 동안 RNN이 번역을 수행하기 위해 가장 주의를 기울일 단어를 추적합니다. word2vec과 비교하면 이 구조는 텍스트의 순차적 특징과 전체 문장에 주의를 기울임으로써 텍스트의 문맥을 표현할 수 있습니다. 하지만 이런 순차적 특징은 모델 훈련을 병렬화하는 데 방해가 됩니다.

1.2.5 Attention Is All You Need

어텐션의 진정한 힘과, 대규모 언어 모델의 놀라운 능력을 만들어 낸 동력은 2017년에 발표된 유명한 〈Attention is all you need〉 논문[7]에서 소개되었습니다. 논문의 저자들은 어텐션 메커니즘만 사용하고 순환 신경망을 제거한 **트랜스포머**Transformer라는 신경망 구조를 제안했습니다. 순환 신경망과 비교하면 트랜스포머는 병렬로 훈련할 수 있어 훈련 속도를 크게 높일 수 있습니다.

트랜스포머에서 인코더와 디코더는 [그림 1-16]과 같이 차곡차곡 쌓여 있습니다.[8] 트랜스포머도 자기회귀적이어서 이전에 생성된 모든 단어를 사용해서 새로운 단어를 생성합니다.

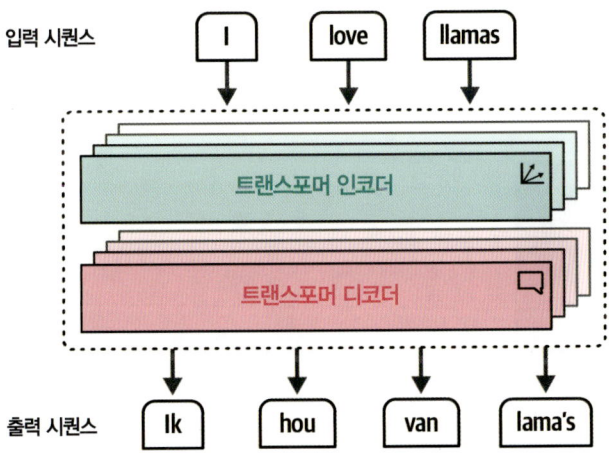

그림 1-16 트랜스포머는 인코더 블록과 디코더 블록을 쌓은 것입니다. 입력은 각각의 인코더와 디코더를 통과합니다.

인코더와 디코더 블록은 어텐션 기능이 포함된 RNN을 활용하는 대신 어텐션을 중심으로 구동됩니다. 트랜스포머의 인코더 블록은 [그림 1-17]에서 보듯이 **셀프 어텐션**self-attention과 **피드포워드 신경망**feedforward neural network 두 부분으로 구성됩니다.

---

7 Vaswani et al. (2017). Attention is all you need. arXiv.org. *https://arxiv.org/abs/1706.03762*

8 옮긴이_ [그림 1-16]에서 트랜스포머 인코더 블록이 중첩되어 그려졌지만 하나의 블록씩 순차적으로 실행됩니다. 디코더 블록도 마찬가지입니다.

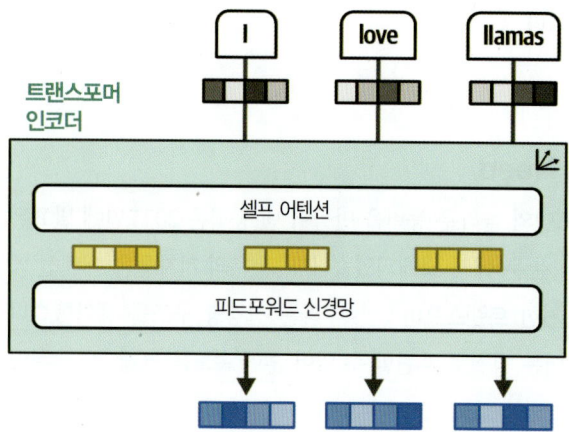

그림 1-17 인코더 블록은 셀프 어텐션을 중심으로 작동하며 중간 표현을 생성합니다.

이전 어텐션 방법과 비교하면 셀프 어텐션은 한 시퀀스 안의 다른 위치에 주의를 기울입니다. 따라서 [그림 1-18]처럼 입력 시퀀스를 더 쉽고 정확하게 표현할 수 있습니다. 한 번에 하나의 토큰을 처리하지 않고 전체 시퀀스를 한 번에 처리할 수 있습니다.

그림 1-18 셀프 어텐션은 입력 시퀀스의 모든 부분에 주의를 기울입니다. 따라서 한 시퀀스의 앞부분과 뒷부분을 모두 참조할 수 있습니다.

인코더와 달리 디코더는 (입력에서 관련된 부분을 찾기 위해) 인코더의 출력에 주의를 기울이는 별도의 층이 추가됩니다. [그림 1-19]에 나타나 있듯이 이 과정은 앞서 소개한 RNN의 어텐션 디코더와 비슷합니다.

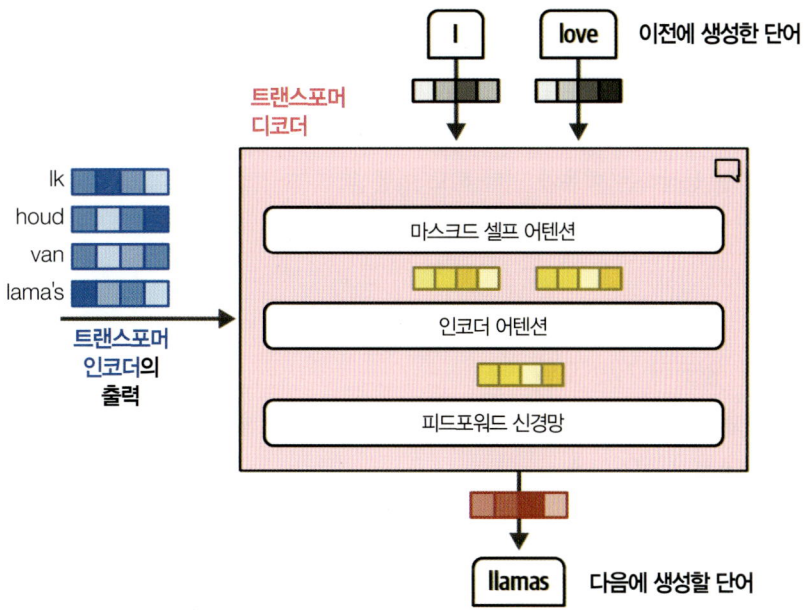

그림 1-19 디코더는 인코더의 출력에 주의를 기울이는 어텐션 층을 추가로 가지고 있습니다.

[그림 1-20]에서 보듯이 디코더의 셀프 어텐션 층은 미래의 위치를 마스킹^{masking}합니다.[9] 따라서 출력을 생성할 때 정보 누출을 방지하기 위해 앞선 위치에만 주의를 기울일 수 있습니다.

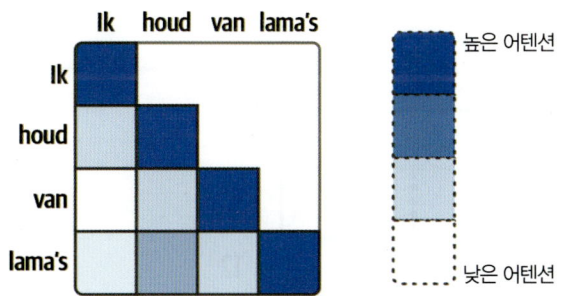

그림 1-20 미래를 참조하지 못하도록 이전 토큰에만 주의를 기울입니다.

이런 구성 요소가 합쳐져서 트랜스포머 구조가 만들어집니다. 이 구조는 나중에 이 장에서 소

---

[9] 옮긴이_ 이는 디코더가 자기회귀적으로 동작한다고 가정하기 때문입니다. 즉, 각 위치에서 다음 위치의 정보를 사용하지 않고 디코더 블록의 출력을 만들어야 합니다.

개할 BERT와 GPT-1 같이 언어 AI 분야에 영향을 끼친 많은 모델의 기반을 이룹니다. 이 책에서 다루는 대부분 모델은 트랜스포머 기반 모델입니다.

지금까지 살펴본 것 이외에도 트랜스포머 구조에는 알아야 할 것이 많습니다. 2장과 3장에서 트랜스포머 모델이 잘 동작하는 이유와 멀티 헤드 어텐션multi-head attention, 위치 임베딩positional embedding, 층 정규화layer normalization 등을 자세히 알아보겠습니다.

1.2.6 표현 모델: 인코더 기반 모델

원본 트랜스포머 모델은 인코더-디코더 구조라서 번역 작업에는 잘 맞지만 텍스트 분류와 같은 작업에는 쉽게 사용할 수 없습니다.

2018년에 BERTBidirectional Encoder Representations from Transformers라는 새로운 구조가 소개되었습니다.[10] 이는 다양한 작업에 활용되며 차후 몇 년간 언어 AI의 기반이 되었습니다. [그림 1-21]에 나와 있듯이 BERT는 언어를 표현하는 데 초점을 맞춘 인코더 기반 구조입니다. 인코더 기반 구조란 인코더만 사용하고 디코더는 사용하지 않는다는 의미입니다.

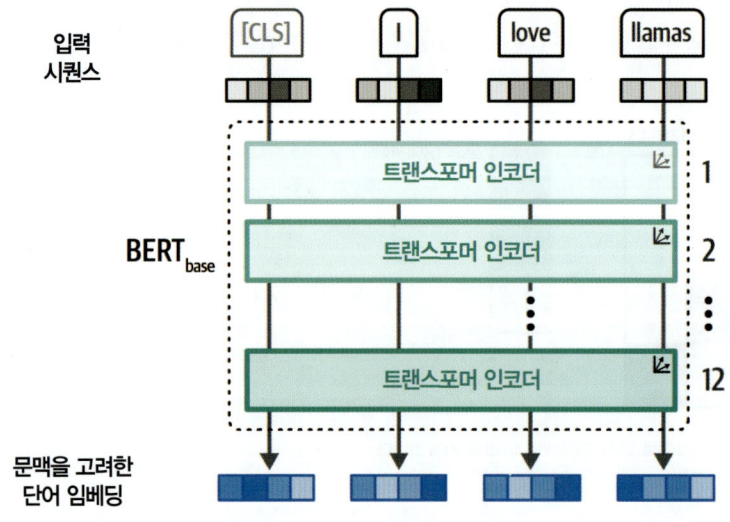

그림 1-21 12개의 인코더를 가진 BERT 베이스base 모델의 구조

---

10 Devlin et al. (2018). BERT: Pre-training of Deep Bidirectional Transformers for Language Understanding. arXiv.org. https://arxiv.org/abs/1810.04805

인코더 블록은 이전에 보았던 것과 같습니다. 셀프 어텐션 다음에 피드포워드 신경망이 나옵니다. 입력에는 추가적으로 [CLS] 토큰 또는 분류 토큰이 포함됩니다. 이 토큰을 전체 입력에 대한 표현으로 사용합니다. 종종 분류와 같은 특정 작업에서 모델을 미세 튜닝$^{fine-tuning}$하기 위해 [CLS] 토큰을 입력의 임베딩으로 사용합니다.

이런 인코더 스택^{stack}을 훈련하는 것은 어려운 작업일 수 있습니다. BERT는 **마스크드 언어 모델링**$^{masked\ language\ modeling}$이라는 기법을 적용했습니다(2장과 11장 참조). [그림 1-22]에서 보듯이 이 방법은 모델이 예측할 입력의 일부분을 마스킹합니다. 이런 예측 작업은 어렵지만 BERT가 더 정확한 입력에 대한 (중간) 표현을 만들 수 있도록 돕습니다.

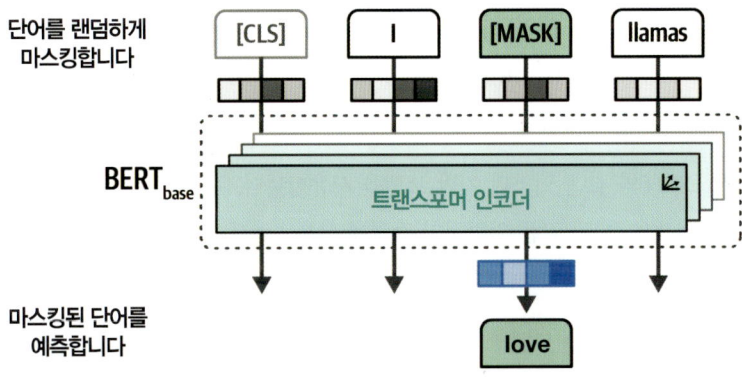

그림 1-22 마스크드 언어 모델링을 사용하여 BERT 모델 훈련하기

이런 구조와 훈련 방법 덕분에 BERT와 이와 유사한 구조가 언어의 문맥을 표현하는 데 놀라운 성능을 냅니다. BERT와 같은 모델은 일반적으로 **전이 학습**$^{transfer\ learning}$에 사용됩니다. 먼저 언어 모델링을 위해 모델을 사전 훈련^{pretraining}하고 그다음 구체적인 작업을 위해 미세 튜닝합니다. 예를 들어, 위키백과 전체로 BERT 모델을 훈련하여 텍스트의 의미와 맥락을 이해하는 방법을 학습합니다. 그다음 [그림 1-23]에서 보듯이 사전 훈련된 모델을 사용해 텍스트 분류와 같은 특정 작업을 위해 미세 튜닝할 수 있습니다.

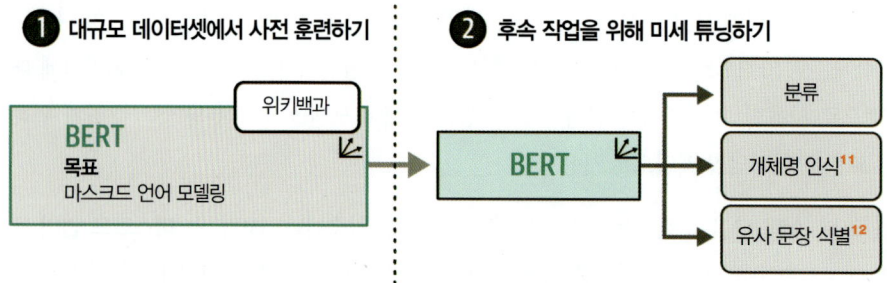

그림 1-23 마스크드 언어 모델링으로 BERT를 사전 훈련한 후에 특정 작업을 위해 미세 튜닝합니다.

사전 훈련 모델의 장점은 대부분의 훈련이 이미 완료되었다는 것입니다. 특정 작업을 위한 미세 튜닝은 일반적으로 컴퓨팅 자원과 데이터를 적게 사용합니다. 또한 BERT 같은 모델은 거의 모든 단계에서 임베딩을 생성합니다.[13] 따라서 BERT 모델을 특정 작업에서 미세 튜닝할 필요 없이 특성 추출기로 사용할 수 있습니다.

이 책의 많은 부분에서 BERT와 같은 인코더 기반 모델을 사용합니다. 수년간 분류(4장), 클러스터링(5장), 시맨틱 검색(8장)과 같은 일반적인 작업에 사용되었으며 여전히 사용되고 있습니다.

이 책에서는 인코더 기반 모델을 **표현 모델**representation model이라 부르고, 디코더 기반 모델을 **생성 모델**generative model이라 하겠습니다. 모델의 구조와 작동 방식이 주요한 차이점이 아닙니다. 표현 모델은 임베딩 생성처럼 주로 언어를 표현하는 데 초점을 맞추며 텍스트를 생성하지 않습니다. 반대로 생성 모델은 주로 텍스트를 생성하는 데 초점을 맞추며, 임베딩을 생성하도록 훈련되지 않습니다.

표현 모델과 생성 모델의 차이와 구성 요소는 대부분의 이미지에도 표시됩니다. (벡터와 임베딩에 초점을 맞춘다는 것을 나타내기 위해) 표현 모델은 작은 벡터 아이콘이 있는 청록색으로 표시되며, (생성 능력을 나타내기 위해) 생성 모델은 작은 채팅 아이콘이 있는 핑크색으로 표시됩니다.

---

11 옮긴이_ 개체명 인식(named entity recognition)은 문장에서 사람, 장소, 제품 등과 같이 특정한 이름을 가진 개체를 식별하는 작업입니다.
12 옮긴이_ 유사 문장 식별(paraphrase identification)은 두 문장의 의미가 같은지 판별하는 작업입니다.
13 옮긴이_ 트랜스포머 기반 모델에서 인코더 블록과 셀프 어텐션 층의 출력 크기가 단어 임베딩 차원과 같습니다. 디코더 블록의 경우도 마찬가지입니다.

1.2.7 생성 모델: 디코더 기반 모델

BERT의 인코더 기반 구조와 비슷하게 2018년 생성 작업을 위한 디코더 기반 구조가 제안되었습니다.[14] 생성 능력 때문에 이 구조를 GPT$^{\text{Generative Pre-trained Transformer}}$라고 불렀습니다(후속 버전과 구별하기 위해 이 모델을 GPT-1이라 합니다). [그림 1-24]에서 보듯이 인코더를 쌓은 BERT와 비슷하게 디코더 블록을 쌓아 구성합니다.

GPT-1은 7,000권의 책과 대규모 웹 페이지 데이터셋인 커먼 크롤$^{\text{Common Crawl}}$로 구성된 말뭉치에서 훈련되었습니다. 이 모델은 1억 1700만 개 파라미터로 구성됩니다. 각 파라미터는 어떤 수치 값이며 이를 통해 모델의 언어 이해를 나타냅니다.

모든 것이 동일하다면 많은 파라미터가 언어 모델의 능력과 성능에 영향을 미칠 거라 기대합니다. 그래서 점점 더 큰 모델이 꾸준히 출시되었습니다. [그림 1-25]에서 보듯이 GPT-2는 15억 개의 파라미터를 가지고[15] GPT-3는 1750억 개의 파라미터를 가집니다.[16]

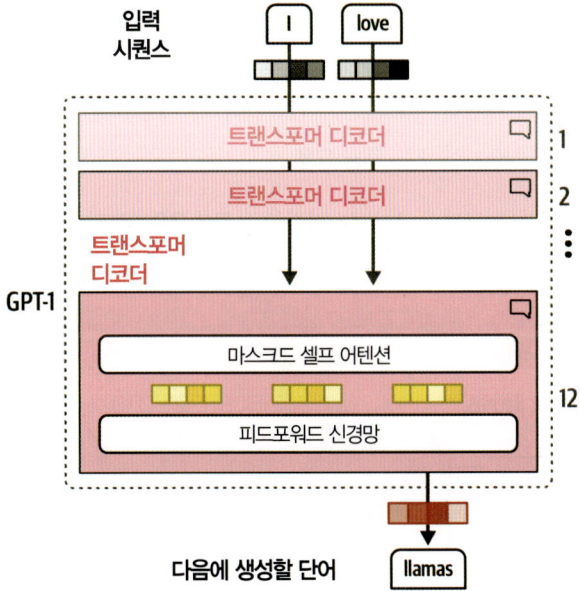

그림 1-24 GPT-1의 구조. 디코더 기반 구조를 사용하며 인코더 블록이 없습니다.

---

[14] Radford, A., et al. (2018). Improving language understanding by generative pre-training. *https://oreil.ly/8ry5b*

[15] Radford, A., et al. (2019). Language models are unsupervised multitask learners. OpenAI Blog, 1(8), 9.

[16] Brown, T., et al. (2020). Language models are few-shot learners. Advances in Neural Information Processing Systems, 33, 1877-1901.

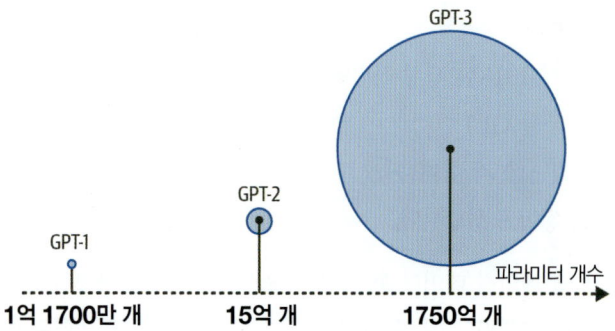

그림 1-25 GPT 모델은 버전이 거듭될수록 빠르게 파라미터 개수가 증가했습니다.

이런 디코더 기반 생성 모델, 특히 대규모 모델을 대규모 언어 모델$^{\text{large language models}}$(LLM)이라고 부릅니다. 나중에 이 장에서 보겠지만 LLM은 (디코더 기반의) 생성 모델만이 아니라 (인코더 기반의) 표현 모델도 지칭합니다.

시퀀스-투-시퀀스$^{\text{sequence-to-sequence}}$ 모델로서 생성 LLM은 어떤 텍스트를 받아 이를 자동으로 완성합니다. 유용한 기능이지만 이 모델의 진정한 힘은 챗봇^{chatbot}으로 훈련되었을 때 빛을 발했습니다. 텍스트를 완성하는 대신 질문에 대답하도록 훈련하면 어떨까요? 이런 모델을 미세 튜닝하여 지시를 따르는 **인스트럭트 모델**$^{\text{instruct model}}$ 또는 **채팅 모델**$^{\text{chat model}}$을 만들 수 있습니다.

[그림 1-26]에 나타나 있듯이 이렇게 만든 모델은 사용자 쿼리^{query}(**프롬프트**^{prompt})를 입력받고, 이 프롬프트를 따르는 응답을 출력할 수 있습니다. 따라서 종종 생성 모델을 **완성 모델**$^{\text{completion model}}$이라고도 합니다.

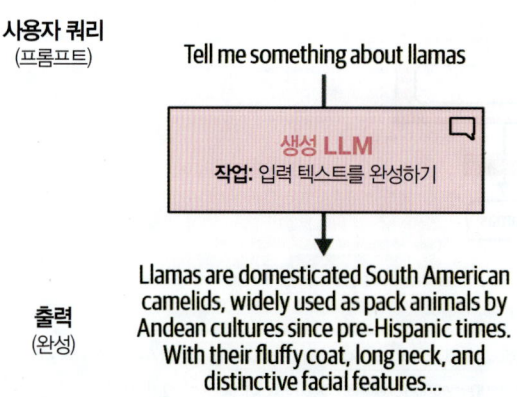

그림 1-26 생성 LLM은 어떤 입력을 받아 이를 완성합니다. 인스트럭트 모델은 자동완성에 그치지 않고 질문에 대한 대답을 할 수 있습니다.

완성 모델에서 중요한 부분은 **문맥 길이**context length 또는 **문맥 윈도**context window입니다. [그림 1-27]에서 보듯이 문맥 길이는 모델이 처리할 수 있는 최대 토큰 수를 나타냅니다. 문맥 길이가 크면 LLM에 문서를 통째로 전달할 수 있습니다. 이런 모델은 자기회귀 성질을 가지고 있기 때문에 새로운 토큰이 생성됨에 따라 현재의 문맥 길이가 늘어납니다.

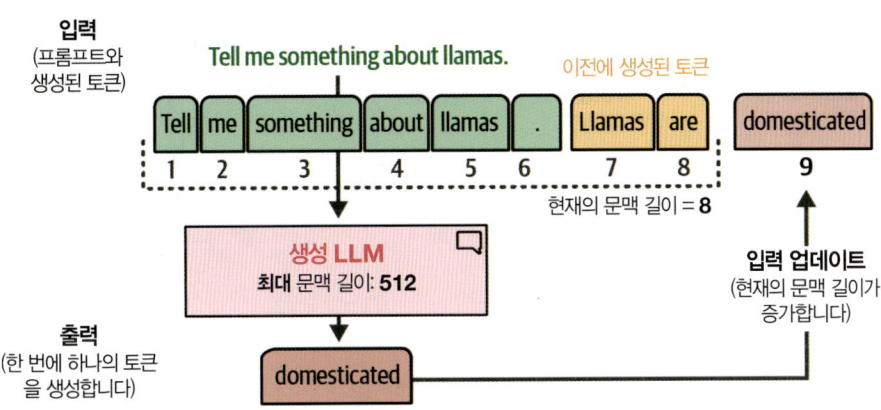

그림 1-27 문맥 길이는 LLM이 다룰 수 있는 최대 토큰 수입니다.

1.2.8 생성 AI의 해

LLM은 인공지능 분야에 엄청난 영향을 미쳤으며 사람들은 2023년을 '생성 AI의 해'라고 부릅니다. ChatGPT(GPT-3.5)가 출시되어 다양한 분야에 적용되었고 매일 언론에 등장했습니다. ChatGPT라고 하면 모델이 아니라 제품을 의미합니다. ChatGPT가 처음 출시되었을 때는 GPT-3.5 LLM을 사용했습니다. 그 이후로 GPT-4[17]와 같이 더 성능이 뛰어난 후속 모델로 구동됩니다.

생성 AI의 해에 영향을 끼친 모델은 GPT-3.5뿐만이 아니었습니다. [그림 1-28]에서 보듯이 오픈 소스 LLM과 독점적인 LLM이 놀라운 속도로 사용자들에게 공개되었습니다. 이런 오픈 소스 베이스 모델을 종종 **파운데이션 모델**foundation model이라고 하며 명령 수행과 같은 특정 작업을 위해 미세 튜닝할 수 있습니다.

---

[17] OpenAI. (2023). GPT-4 technical report. arXiv.org. *https://arxiv.org/abs/2303.08774*

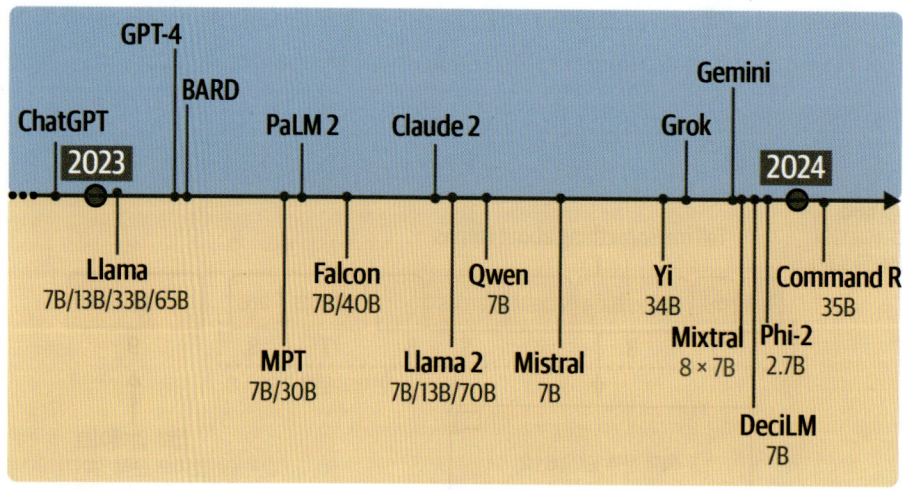

그림 1-28 생성 AI의 타임라인. 이 그림에 표시되지 않은 모델이 많이 있습니다![18]

인기가 많은 트랜스포머 구조 외에도 Mamba[19,20]와 RWKV[21] 같은 새로운 아키텍처가 등장했습니다. 이런 새로운 구조는 트랜스포머에 필적하는 성능을 달성하는 것은 물론 큰 문맥 윈도 또는 빠른 추론과 같은 장점을 추가로 가지고 있습니다.

이런 발전은 이 분야가 진화하고 있다는 것을 보여 주며 2023년을 AI에 있어서 정말 바쁜 한 해로 만들었습니다. 언어 AI 안팎의 많은 발전을 따라잡는 데 정말 많은 노력이 필요했습니다.

따라서 이 책은 최신 LLM만 다루지 않습니다. 임베딩 모델, 인코더 기반 모델, 심지어 BoW 같은 모델이 LLM의 성능을 높이는 데 어떻게 활용되는지 살펴보겠습니다.

---

18 옮긴이_ 최근에 출시된 오픈 소스 모델로는 구글의 Gemma, 딥시크의 DeepSeek 등이 있습니다. 다양한 오픈 소스 LLM의 구조에 대해 알고 싶다면 『혼자 만들면서 공부하는 딥러닝』(한빛미디어, 2025)을 참고하세요.

19 Gu, A., & Dao, T. (2023). Mamba: Linear–Time Sequence Modeling with Selective State Spaces. arXiv.org. https://arxiv.org/abs/2312.00752

20 트랜스포머 아키텍처의 대안인 Mamba에 대해 그림과 함께 설명한 'A Visual Guide to Mamba and State Space Models' (https://oreil.ly/ikVmy)를 참고하세요.

21 Peng, B. et al. (2023). RWKV: Reinventing RNNs for the transformer era. arXiv.org. https://arxiv.org/abs/2305.13048

1.3 '대규모 언어 모델'의 정의

언어 AI의 최근 역사를 살펴보면 주로 디코더 기반의 (트랜스포머) 생성 모델을 일컬어 **대규모 언어 모델**large language model이라 합니다. 특히 규모가 큰 모델일 때 그렇습니다. 실제로 이런 설명은 다소 제한적입니다.

GPT-3와 동일한 성능을 내지만 10배나 작은 모델을 만들었다면 어떨까요? 이런 모델이 대규모 언어 모델 범주 밖에 있을까요?

비슷하게 텍스트 분류를 정확하게 수행하지만 텍스트 생성 기능은 없는 GPT-4 크기의 모델을 출시했다면 어떨까요? 핵심 기능이 언어 생성이 아니지만 텍스트 표현을 다루는 모델이 대규모 언어 모델이 아닐까요?

이런 식의 정의는 유능한 모델을 제외한다는 점에서 문제가 됩니다. 모델에 어떤 이름을 붙이든 모델의 동작이 바뀌지는 않습니다.

'대규모 언어 모델'이란 용어의 정의는 새로운 모델이 출시됨에 따라 진화합니다. 따라서 이 책에서 언급하는 대규모 언어 모델이 어떤 의미인지 정확히 밝히겠습니다. '대규모'라는 용어의 정의는 임의적이므로 오늘날 대규모 모델이라고 간주되는 것이 미래에 소규모로 생각될 수 있습니다. 동일한 것을 가리키는 이름이 많이 있습니다. 우리에게는 텍스트를 생성하지 않고 사용자의 하드웨어에서 실행할 수 있는 모델도 '대규모 언어 모델'에 속합니다.

따라서 이 책은 생성 모델 외에 10억 개 이하의 파라미터를 가지고 텍스트를 생성하지 않는 모델도 다룹니다. 임베딩 모델, 표현 모델, BoW 같은 여타 모델이 어떻게 LLM에 활용될 수 있는지 살펴보겠습니다.

1.4 대규모 언어 모델의 훈련 패러다임

전통적인 머신러닝machine learning은 분류와 같은 특정 작업을 위해 모델을 훈련합니다. [그림 1-29]에서 보듯이 이를 한 단계로 구성된 과정으로 간주합니다.

그림 1-29 전통적인 머신러닝은 분류나 회귀와 같이 특정 작업을 위해 모델을 훈련하는 하나의 단계를 가집니다.

이와 달리 LLM을 만드는 것은 일반적으로 적어도 두 단계로 구성됩니다.

1. **언어 모델링:** 첫 번째 단계는 **사전 훈련**pretraining이라 부르며 대부분의 계산과 훈련 시간이 소요됩니다. 인터넷에서 수집한 대규모 텍스트 말뭉치에서 LLM을 훈련시켜 모델이 문법, 맥락, 언어 패턴을 학습할 수 있습니다. 광범위한 이 훈련 단계는 다음 단어를 예측하는 것[22] 외에 아직 특정 작업이나 애플리케이션에 맞춰져 있지 않습니다. 이렇게 만들어진 모델을 종종 파운데이션 모델 또는 **베이스 모델**base model이라 부릅니다. 이런 모델은 일반적으로 명령을 따르지 못합니다.

2. **미세 튜닝:** 두 번째 단계는 **미세 튜닝**fine-tuning 또는 이따금 **사후 훈련**post-training이라 부릅니다. 이전에 훈련된 모델을 사용해 구체적인 작업에 맞춰 추가로 훈련합니다. 이를 통해 LLM이 특정 작업에 적응하거나 원하는 행동을 수행할 수 있습니다. 예를 들어, 베이스 모델을 미세 튜닝하여 분류 작업을 수행하거나 명령을 따르게 할 수 있습니다. 이는 막대한 양의 자원을 절약시켜 줍니다. 사전 훈련 단계는 비용이 많이 들고 대부분의 사람과 조직에게는 감당하지 못할 만큼의 데이터와 컴퓨팅 자원이 필요하기 때문입니다. Llama 2는 2조 개의 토큰으로 구성된 데이터셋에서 훈련되었습니다.[23] 이 모델을 만들기 위해 얼마나 많은 컴퓨팅 자원이 필요할지 상상해 보세요! 12장에서 자신만의 데이터셋으로 파운데이션 모델을 미세 튜닝하는 몇 가지 방법을 소개하겠습니다.

미세 튜닝된 모델도 포함해 첫 번째 단계인 사전 훈련을 통과한 모든 모델을 **사전 훈련된 모델**pretrained model이라 간주합니다. 이 두 단계의 훈련 방법이 [그림 1-30]에 나타나 있습니다.

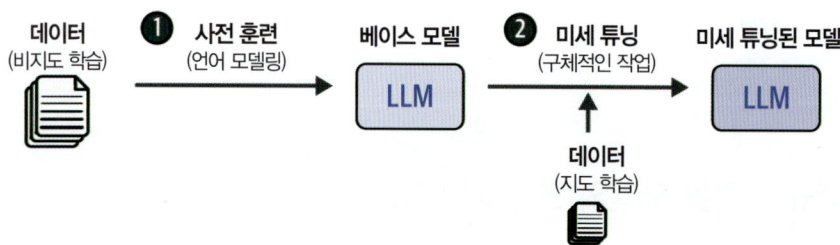

그림 1-30 전통적인 머신러닝과 달리 LLM 훈련은 다단계 방식입니다.

---

22 옮긴이_ 이는 디코더 기반 모델의 사전 훈련을 예로 든 것입니다. 앞서 언급했듯이 BERT 같은 인코더 기반 모델은 다른 사전 훈련 방식을 사용합니다.

23 Touvron et al. (2023). Llama 2: Open foundation and fine-tuned chat models. arXiv.org. *https://arxiv.org/abs/2307.09288*

12장에서 보겠지만 사용자의 기호에 모델을 맞추기 위해 미세 튜닝 단계가 추가될 수 있습니다.

1.5 대규모 언어 모델 애플리케이션: 왜 유용한가요?

LLM은 특성상 광범위한 작업에 잘 맞습니다. 텍스트 생성과 프롬프트 덕분에 상상력이 유일한 제약인 것처럼 보입니다. 이해를 돕기 위해 몇 가지 작업과 기술을 살펴보겠습니다.

- **고객이 남긴 리뷰가 긍정적인지 부정적인지 식별하기**
  분류 문제(지도 학습)입니다. 사전 훈련(4장 참조)하거나 미세 튜닝(11장 참조)한 인코더 기반 또는 디코더 기반의 모델로 처리할 수 있습니다.

- **이슈 티켓에서 자주 발생하는 주제를 찾는 시스템 개발하기**
  미리 정의된 레이블이 없는 분류 문제(비지도 학습)입니다. 인코더 기반 모델을 활용하여 분류를 수행하고 디코더 기반 모델을 사용해 주제 레이블을 할당할 수 있습니다(5장 참조).

- **관련 문서 검색과 조사를 위한 시스템 개발하기**
  언어 모델 시스템의 핵심 요소 중 하나는 외부 정보를 추가하는 능력입니다. 시맨틱 검색을 사용해 LLM이 정보에 쉽게 접근하고 검색하는 시스템을 구축할 수 있습니다(8장 참조). 사용자 정의 임베딩 모델(12장 참조)을 만들거나 미세 튜닝하여 시스템을 개선할 수 있습니다.

- **도구와 문서 같은 외부 자원을 활용할 수 있는 LLM 챗봇 만들기**
  여러 기술을 조합해 구현하며, 추가적인 도구를 접목하여 진정한 LLM의 능력을 보여 줄 수 있습니다. 프롬프트 엔지니어링(6장 참조), RAG(8장 참조), LLM 미세 튜닝(12장 참조)과 같은 방법들이 모두 LLM의 퍼즐 조각입니다.

- **냉장고 안을 찍은 사진을 기반으로 요리 레시피를 작성하는 LLM 구축하기**
  멀티모달multimodal 작업입니다. LLM이 이미지를 입력받아 이미지에 담긴 내용을 추론해야 합니다(9장 참조). LLM은 비전과 같은 다른 유형의 입력에 적용되고 있습니다. 이를 통해 다양하고 흥미로운 적용 사례가 생겨나고 있습니다.

LLM 애플리케이션을 만들면 그 결과에 매우 만족할 것입니다. 상상할 수 있는 대로 만들 수 있기 때문입니다. 이런 모델의 성능이 더 향상되면서 롤플레잉role-playing이나 동화책 쓰기와 같은 창의적인 작업에 사용하는 것이 점점 더 즐거운 일이 되고 있습니다.

1.6 책임 있는 LLM 개발과 사용

LLM이 널리 적용되면서 미치는 영향이 커졌으며 앞으로도 계속 중요할 것입니다. LLM의 놀라운 능력을 살펴볼 때 사회적, 윤리적 의미를 염두에 두는 것이 중요합니다. 몇 가지 고려할 핵심 포인트는 다음과 같습니다.

- **편향과 공정성**: LLM은 대규모 데이터에서 훈련됩니다. 이런 데이터에는 편향이 포함될 수 있습니다. LLM이 이런 편향을 학습하고, 이를 재현하며, 잠재적으로 증폭시킬 수 있습니다. LLM 훈련에 사용된 데이터는 잘 공유되지 않습니다. 따라서 LLM을 테스트하지 않는 이상 어떤 편향을 내재하는지 확실히 알 수 없습니다.
- **투명성과 책임성**: LLM의 뛰어난 능력 때문에 대화 상대가 사람인지 LLM인지 구분할 수 없습니다. 따라서 사람의 감독 없이 LLM이 사람을 상대하면 의도하지 않은 결과를 낼 수 있습니다. 예를 들어, 의료 분야에 사용되는 LLM 애플리케이션은 환자의 건강에 영향을 미칠 수 있기 때문에 의료 기기로 규제를 받을 수 있습니다.
- **유해 콘텐츠 생성**: LLM이 항상 올바른 콘텐츠를 생성하지는 않으며 잘못된 텍스트를 진짜인 것처럼 출력할 수 있습니다. 또한 가짜 뉴스, 가짜 글, 오해의 소지가 있는 정보를 생성할 수 있습니다.
- **지적 재산권**: LLM의 출력이 여러분의 재산인가요? 아니면 LLM 제작자의 소유인가요? 출력이 훈련 데이터에 있는 글과 비슷하면 지적 재산권이 그 글을 쓴 저자에게 속하나요? 훈련 데이터를 확인하지 않고서는 저작권이 있는 자료를 LLM에 사용했는지 알 수 없습니다.
- **규제**: LLM의 엄청난 영향력 때문에 정부는 상업적인 애플리케이션을 규제하기 시작했습니다. LLM을 포함한 파운데이션 모델의 개발과 배포를 규제하는 EU 인공지능법^{European AI Act}(https://oreil.ly/nYgi5)이 그 일례입니다.

LLM을 개발하고 사용할 때 윤리적 중요성을 강조하고, 안전하고 책임 있게 LLM과 AI 시스템을 사용하는 방법에 대해 자세히 알아보세요.

1.7 자원이 부족해도 괜찮습니다

앞서 여러 번 언급한 컴퓨팅 자원은 일반적으로 시스템에 장착된 GPU와 관련이 있습니다. 고성능 GPU(그래픽 카드)를 활용하면 훨씬 효율적이고 빠르게 LLM을 훈련하고 사용할 수 있습니다.

GPU 선택에서 중요한 요소는 가용한 VRAM^{video random-access memory}의 양입니다. 이는 GPU에서 여러분이 사용할 수 있는 메모리의 총량을 의미합니다. 실제로 VRAM이 많을수록 좋습니다. 그 이유는 몇몇 모델은 충분한 VRAM이 없으면 전혀 사용할 수 없기 때문입니다.

LLM 훈련과 미세 튜닝은 매우 많은 비용이 듭니다. 그래서 강력한 GPU가 없는 사람들을 GPU-거지(GPU-poor)라고 부릅니다. 이런 말은 대규모 모델을 훈련하기 위해 컴퓨팅 자원을 두고 벌이는 경쟁을 잘 보여 줍니다. 예를 들어, Llama 2 모델 패밀리(family)를 만들기 위해 메타(Meta)는 A100-80GB GPU를 사용했습니다. 이 GPU를 대여하는 데 시간당 1.50달러가 든다고 가정하면, 이런 모델을 만드는 데 든 총 비용은 5백만 달러가 넘을 것입니다![24]

불행하게도 특정 모델을 위해 정확히 얼마의 VRAM이 필요한지 결정하는 이렇다 할 규칙이 없습니다. 모델 구조와 크기, 압축 기술, 문맥 크기, 모델을 실행하는 백엔드(backend) 등에 따라 다릅니다.

이 책은 GPU-거지를 위한 책입니다! 비싼 GPU나 많은 예산이 없이 실행할 수 있는 모델을 사용합니다. 이를 위해 구글 코랩(Google Colab) 인스턴스(instance)에서 실행할 수 있도록 코드를 작성했습니다. 이 글을 쓰는 시점에 구글 코랩의 무료 인스턴스는 16GB VRAM을 가진 T4 GPU를 제공합니다. 이 책에서 필요한 최소한의 VRAM에 해당하는 크기입니다.

1.8 대규모 언어 모델 인터페이스

LLM 인터페이스는 LLM을 사용할 때뿐만 아니라 LLM의 내부 동작을 이해하는 데도 중요한 요소입니다. 이 분야에서 많은 발전이 일어난 덕분에 LLM과 대화하기 위한 기술, 방법, 패키지가 많습니다. 이 책에서는 독점(클로즈드 소스(closed source)) 모델과 공개적으로 사용할 수 있는 모델을 다루기 위한 가장 일반적인 기법을 알아보겠습니다.

1.8.1 독점 및 비공개 모델

클로즈드 소스 LLM은 가중치와 구조가 대중에게 공개되지 않은 모델입니다. 이런 모델의 코드는 비밀로 유지되며 특정 기업에서 개발됩니다. 이런 모델의 예로는 오픈AI(OpenAI)의 GPT-4와

---

[24] 이 모델을 훈련하는 데 3,311,616 GPU 시간이 걸렸습니다(https://oreil.ly/PSbVT). GPU 시간은 GPU에서 모델을 훈련하는 데 걸린 시간에 사용한 GPU 개수를 곱한 값입니다.

앤트로픽Anthropic의 Claude가 있습니다. 이런 독점 모델은 일반적으로 상당한 유료 지원이 제공되고 서비스로 개발되어 통합됩니다.

[그림 1-31]에서 보듯이 LLM과 통신하는 인터페이스(이를 API application programming interface라 부릅니다)를 통해 이런 모델에 접근할 수 있습니다. 예를 들어, 파이썬에서 ChatGPT를 사용하려면 직접 API를 호출하지 않고도 오픈AI 패키지(`https://oreil.ly/Vx1m3`)로 해당 서비스를 사용할 수 있습니다.

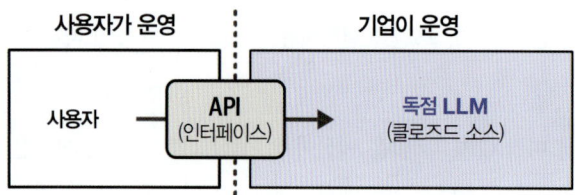

그림 1-31 클로즈드 소스 LLM은 인터페이스(API)로 접근합니다. 결과적으로 코드나 구조와 같은 LLM 자체에 대한 세부 사항은 사용자에게 공유되지 않습니다.

독점 모델의 가장 큰 이점은 사용자가 LLM을 사용하기 위해 고성능 GPU를 가질 필요가 없다는 것입니다. LLM 공급자가 모델의 호스팅과 실행을 관리하며, 일반적으로 충분한 컴퓨팅 자원을 보유하고 있습니다. 모델을 호스팅하고 사용하기 위해 필요한 전문 지식이 필요하지 않으므로 진입 장벽이 크게 낮아집니다. 또한 이런 모델은 해당 기업에서 대규모로 투자하기 때문에 오픈 소스 모델에 비해 성능이 더 뛰어난 편입니다.

단점은 서비스를 사용하는 비용이 높을 수 있다는 것입니다. 공급자가 LLM을 호스팅하고 위험을 관리하며 이것이 유료 서비스에 반영됩니다. 또한 모델에 직접 접근할 수 없기 때문에 자신의 작업에 맞게 미세 튜닝할 방법이 없습니다. 마지막으로 데이터를 공급자와 공유해야 하므로 환자 데이터를 다루는 작업과 같은 경우에 적합하지 않습니다.

1.8.2 오픈 모델

오픈 LLM은 가중치와 구조가 대중에게 공개된 모델입니다. 이런 모델은 특정 기업에서도 개발하지만 로컬에서 만들고 실행할 수 있도록 코드가 공개되는 경우가 많습니다. 모델의 라이선스가 다양하기 때문에 모델을 상업적으로 사용할 수도 있고, 그렇지 않을 수도 있습니다. 코히어

Cohere의 Command R, Mistral 모델, 마이크로소프트Microsoft의 Phi, 메타의 Llama는 모두 오픈 모델입니다.

> **NOTE**
>
> 어떤 것이 진정한 오픈 소스 모델인지에 대한 논의가 진행 중입니다. 예를 들어, 일부 공개 모델이 채택한 넌 퍼미시브 상업 라이선스non-permissive comercial license는 모델을 상업적 목적으로 사용할 수 없는 라이선스입니다. 이는 오픈 소스에 대한 진정한 정의에 맞지 않습니다. 오픈 소스는 모델을 사용하는 데 어떤 제약도 없어야 합니다. 이와 마찬가지로 학습 데이터와 소스 코드가 공개되지 않는 경우가 대부분인데, 이 역시 오픈 소스의 정의에 맞지 않습니다.

[그림 1-32]처럼 이런 모델을 처리할 수 있는 강력한 GPU가 있다면 모델을 다운로드해 여러분의 컴퓨터에서 사용할 수 있습니다.

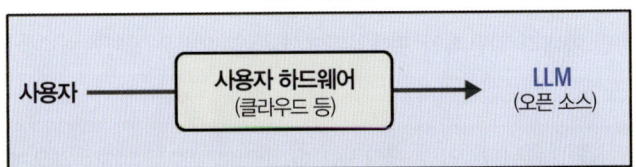

그림 1-32 오픈 소스 LLM은 사용자가 직접 사용합니다. 결과적으로 코드와 구조 같은 LLM 자체의 세부 사항이 사용자와 공유됩니다.

이런 로컬 모델의 주요 장점은 사용자가 모델을 완전히 제어할 수 있다는 것입니다. API에 의존하지 않고 모델을 사용하고, 미세 튜닝하고, 민감한 데이터로 실행할 수 있습니다. 어떤 서비스에 종속되지 않고 모델의 출력이 만들어지는 과정이 완벽하게 투명합니다. 이런 과정을 돕는 허깅 페이스Hugging Face (https://oreil.ly/-G52Z)와 같은 대규모 커뮤니티 덕분에 이런 장점이 더 돋보이며 협업이 얼마나 많은 가능성을 가지고 있는지 보여 줍니다.

단점을 들면 이런 모델을 실행하고, 훈련하거나 미세 튜닝하기 위해 강력한 하드웨어가 필요합니다. 또한 이런 모델을 설정하고 사용하기 위한 구체적인 지식이 필요합니다(이 책에서 이를 다루겠습니다).

가능하면 우리는 오픈 소스 모델을 선호합니다. 다양한 선택의 자유가 있고, 내부 동작을 살펴보고, 로컬에서 실행하는 것은 독점 LLM을 사용하는 것보다 이점이 많습니다.

1.8.3 오픈 소스 프레임워크

클로즈드 소스 LLM에 비해서 오픈 소스 LLM을 실행하려면 특정 패키지를 사용해야 합니다. 2023년에 많은 패키지와 프레임워크가 출시되었습니다. LLM을 사용하는 방법과 인터페이스가 저마다 방식이 다릅니다. 가능성 있는 프레임워크 수백 개를 살펴보는 것은 즐거운 경험이 아닙니다.

결과적으로 여러분이 가장 좋아하는 프레임워크를 이 책에서 다루지 못할 수 있습니다!

(프레임워크가 너무 많고 계속 늘어나고 있기 때문에) 현존하는 모든 LLM 프레임워크를 다루는 대신 LLM을 활용하는 안정적인 방법을 제시하겠습니다. 모든 프레임워크의 작동 방식이 매우 비슷하기 때문에 이 책을 읽은 후 대부분의 프레임워크를 쉽게 골라 사용할 수 있으리라 생각합니다.

이때 직관이 중요합니다. LLM뿐만 아니라 일반적인 프레임워크의 사용 방법을 직관적으로 이해한다면 다른 프레임워크로 확장하는 것은 쉽습니다.

구체적으로 백엔드 패키지에 초점을 맞춥니다. 이런 패키지는 GUI$^{graphical\ user\ interface}$가 없으며 LLM을 여러분의 하드웨어에서 효율적으로 로딩하고 실행할 수 있습니다. 예를 들면 llama.cpp (*https://oreil.ly/g2QVa*), 랭체인^{LangChain} (*https://oreil.ly/fE7P3*), 그 외 많은 프레임워크의 핵심 구성 요소인 허깅 페이스 트랜스포머스^{Transformers} (*https://oreil.ly/uvKQD*)입니다.

> **TIP** 이 책은 파이썬 코드를 작성해 프레임워크를 호출하는 방식으로 대규모 언어 모델과 상호작용합니다. 프레임워크의 기본을 배우는 데 도움이 되지만 이따금 로컬 LLM에 ChatGPT 같은 인터페이스가 필요할 수 있습니다. 다행히 이런 기능이 있는 프레임워크가 많습니다. 예를 들면, text-generation-webui(*https://oreil.ly/hYb_C*), KoboldCpp(*https://oreil.ly/x08L2*), LM Studio(*https://oreil.ly/dLJXI*) 등입니다.

1.9 첫 번째 텍스트 생성하기

어떤 언어 모델을 사용할지 선택하는 일이 중요합니다. LLM을 찾아보고 다운로드하기 좋은 곳은 허깅 페이스 허브Hugging Face Hub(`https://oreil.ly/tQobb`)입니다. 허깅 페이스는 유명한 트랜스포머스 패키지를 만든 회사입니다. 이 패키지는 수년간 언어 모델의 개발을 주도해 왔습니다. 이름에서 알 수 있듯이 이 패키지는 `transformers` 프레임워크(`https://oreil.ly/AV-gJ`)를 기반으로 합니다.

허깅 페이스 플랫폼에는 다양한 목적을 위해 개발된 160만 개의 모델이 등록됐습니다(2025년 5월). LLM과 컴퓨터 비전 모델부터 오디오와 태뷸러tablular 데이터를 다루는 모델까지 있습니다. 대부분의 오픈 소스 LLM을 찾을 수 있습니다.

이 책에서 모든 종류의 모델을 살펴보겠지만 생성 모델을 첫 번째로 사용해 보겠습니다. 이 책에서는 생성 모델로 주로 Phi-3-mini를 사용합니다. 비교적 작고(38억 개의 파라미터) 성능이 높은 모델이기 때문입니다.[25] 크기가 작은 덕분에 8GB VRAM보다 메모리가 적은 장치에서 실행할 수 있습니다. 7장과 12장에서 살펴볼 압축 기법인 양자화quantization를 수행하면 6GB VRAM보다 적은 장치에서도 사용할 수 있습니다. 또한 이 모델은 MIT 라이선스를 가지고 있어 상업적 목적으로 사용하는 데 제약이 없습니다!

성능이 개선된 새로운 LLM이 자주 출시된다는 것을 유념하세요. 이 책의 내용을 최신으로 유지하기 위해 대부분의 예제는 어떤 LLM과도 동작하도록 작성되었습니다. 이 책의 저장소에서 시도해 볼 만한 다른 모델을 소개하겠습니다.

그럼 시작해 보죠! LLM을 사용할 때 두 개의 모델을 로드합니다.

- 생성 모델 자체
- 모델이 사용하는 토크나이저tokenizer

토크나이저는 입력 텍스트를 생성 모델에 주입하기 전에 토큰으로 나눕니다. 허깅 페이스 사이트 주소에 모델에 해당하는 ID를 연결하면 토크나이저와 모델을 찾을 수 있습니다(`https://oreil.ly/lkdG-`). 이 경우 모델의 경로로 `microsoft/Phi-3-mini-4k-instruct`를 사용합니다.

---

[25] Abdin et al. (2024). PHI-3 Technical Report: A highly capable language model locally on your phone. arXiv.org. https://arxiv.org/abs/2404.14219

transformers 패키지를 사용해 토크나이저와 모델을 로드할 수 있습니다.[26] 여러분이 NVIDIA GPU(device_map="cuda")를 가지고 있다고 가정합니다. 하지만 다른 장치를 선택할 수도 있습니다. GPU가 없다면 이 책의 깃허브 저장소에서 제공하는 구글 코랩 노트북을 사용할 수 있습니다.

```python
from transformers import AutoModelForCausalLM, AutoTokenizer

# 모델과 토크나이저를 로드합니다.
model = AutoModelForCausalLM.from_pretrained(
    "microsoft/Phi-3-mini-4k-instruct",
    device_map="cuda",
    torch_dtype="auto",
    trust_remote_code=True,
)
tokenizer = AutoTokenizer.from_pretrained("microsoft/Phi-3-mini-4k-instruct")
```

이 코드를 실행하면 모델을 다운로드하기 시작합니다. 인터넷 연결 속도에 따라 약간의 시간이 걸릴 수 있습니다.

텍스트를 생성할 준비를 마쳤지만 이 과정을 간소화한 transformers.pipeline 함수가 있습니다. 이 함수는 모델, 토크나이저, 텍스트 생성 과정을 하나의 함수로 캡슐화한 것입니다.

```python
from transformers import pipeline

# 파이프라인을 만듭니다.
generator = pipeline(
    "text-generation",
    model=model,
    tokenizer=tokenizer,
    return_full_text=False,
    max_new_tokens=500,
    do_sample=False
)
```

주요 매개변수는 다음과 같습니다.

---

[26] 옮긴이_ Phi-3 모델이 사용하는 일부 메서드가 transformers 4.49 버전에서 deprecated 되었습니다(https://github.com/huggingface/transformers/issues/36071). 따라서 이 책의 예제를 실행하려면 transformers 4.48.3 버전을 사용하세요.

- return_full_text: 이 매개변수를 False로 설정하면 프롬프트를 제외하고 모델의 출력만 반환됩니다.
- max_new_tokens: 모델이 생성할 토큰의 최대 개수. 이 매개변수에 값을 지정하면 모델이 문맥 윈도에 도달할 때까지 계속 출력을 생성하지 않습니다.
- do_sample: 모델이 다음 토큰을 선택하는 데 샘플링 전략을 사용할지 여부. 이 매개변수를 False로 지정하면 모델이 항상 가장 가능성이 높은 토큰을 선택합니다. 6장에서 모델의 출력에 창의성을 불어넣을 수 있는 몇 가지 샘플링 매개변수를 살펴보겠습니다.

첫 번째 텍스트를 생성하기 위해, 모델에게 닭에 관한 농담을 작성하라고 지시해 보죠. 이를 위해 딕셔너리의 리스트로 프롬프트를 구성해야 합니다. 각각의 딕셔너리는 대화의 참여자와 관련되어 있습니다. 우리 역할은 user이고, content 키를 사용해 프롬프트를 정의합니다.

```python
# 프롬프트 (사용자 입력 / 쿼리)
messages = [
    {"role": "user", "content": "Create a funny joke about chickens."}
]

# 출력 생성
output = generator(messages)
print(output[0]["generated_text"])
```

```
Why don't chickens like to go to the gym? Because they can't crack the egg-sistence of it!
```

이게 전부입니다! 이 책에서 생성한 첫 번째 텍스트는 닭에 관한 재미있는 농담입니다.[27]

1.10 요약

책의 첫 번째 장에서 LLM이 언어 AI 분야에 미친 혁신적인 영향에 대해 자세히 알아보았습니다. 번역, 분류, 요약 등과 같은 작업을 해결하는 방식을 크게 바꾸어 놓았습니다. 언어 AI의 최근 역사를 통해 여러 가지 LLM의 기본 개념을 살펴보았습니다. 여기에는 간단한 BoW 표현에서부터 신경망을 사용한 아주 복잡한 표현까지 있습니다.

---

27 옮긴이_ 이 문장은 닭이 헬스장의 존재를 이해하지 못한다는 문장에서 existence를 발음이 비슷한 egg-sistence로 바꾸어 닭이 알을 깨뜨리지 못한다는 언어 유희를 한 것입니다.

모델 안에 문맥을 인코딩하는 어텐션 메커니즘에 대해 소개했습니다. LLM의 성능을 실현한 핵심 요소입니다. 이 놀라운 메커니즘을 사용하는 두 종류의 모델을 다루었습니다. BERT와 같은 표현 모델(인코더 기반 모델)과 GPT 모델 패밀리 같은 생성 모델(디코더 기반 모델)입니다. 이 책에서는 두 종류의 모델을 모두 대규모 언어 모델로 간주합니다.

전반적으로 이 장은 언어 AI에 대한 개요를 소개했습니다. 언어 AI의 애플리케이션, 사회적 및 윤리적 의미, 이런 모델을 실행하기 위해 필요한 자원을 설명했습니다. 마지막으로 이 책 전반에서 사용할 Phi-3 모델로 첫 번째 텍스트를 생성했습니다.

이어지는 두 장에서 몇 가지 기본적인 처리 과정을 배우겠습니다. 2장에서는 토큰화와 임베딩을 살펴봅니다. 이 두 가지는 과소 평가되는 면이 있지만 언어 AI 분야에서 매우 중요합니다. 3장에서는 언어 모델에 대해 자세히 살펴보겠습니다. 어떤 방법으로 텍스트가 생성되는지 정확하게 알게 될 것입니다.

2장
토큰과 임베딩

토큰과 임베딩은 대규모 언어 모델(LLM)을 사용하는 데 중심이 되는 두 가지 개념입니다. 첫 번째 장에서 보았듯이 언어 AI의 역사를 이해하는 데도 중요합니다. 그뿐만이 아닙니다. [그림 2-1]에서 볼 수 있듯이 토큰과 임베딩을 이해하지 못하면 LLM의 작동 원리와 구축 방법을 명확하게 이해할 수 없습니다.

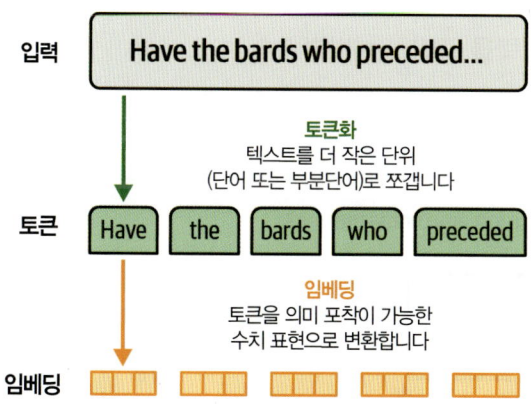

그림 2-1 언어 모델은 텍스트를 토큰이라 부르는 작은 단위로 나누어 처리합니다. 언어 모델은 언어에 대한 계산을 수행하기 위해 토큰을 임베딩이라 부르는 수치 표현으로 변환해야 합니다.

이 장에서 토큰이 무엇인지와 LLM에서 사용하는 토큰화 방법에 대해 자세히 알아보겠습니다. 그다음 최신 LLM에 앞서 등장한 유명한 word2vec 임베딩 방법을 깊이 들여다봅니다. 그리고 토큰 임베딩 개념을 확장하여 많은 애플리케이션에서 활용되는 추천 시스템을 구축하는 방법을 살펴보겠습니다. 마지막으로 토큰 임베딩을 넘어 전체 문장이나 문서를 하나의 벡터로 표현할 수 있는 문장 임베딩과 텍스트 임베딩을 알아봅니다. 이 책의 2부에서 볼 시맨틱 검색과 토픽 모델링topic modeling에서 이를 활용하겠습니다.

2.1 LLM 토큰화

이 글을 쓰는 시점에 대부분 사람이 언어 모델을 사용하는 방법은 웹 애플리케이션으로 제공되는 사용자와 언어 모델 간의 채팅 인터페이스입니다. 이를 사용해 보았다면 모델이 한 번에 모든 출력을 만들지 않는다는 사실을 알 것입니다. 실제로 모델은 한 번에 하나의 토큰을 생성합니다.

하지만 토큰은 모델의 출력일 뿐만 아니라 모델이 입력을 보는 방법이기도 합니다. 곧 알게 되겠지만 모델에 전달한 텍스트 프롬프트를 먼저 토큰으로 나눕니다.

2.1.1 토크나이저가 언어 모델의 입력을 준비하는 방법

겉으로 보면 생성 LLM은 [그림 2-2]처럼 입력 프롬프트를 받아 응답을 생성합니다.

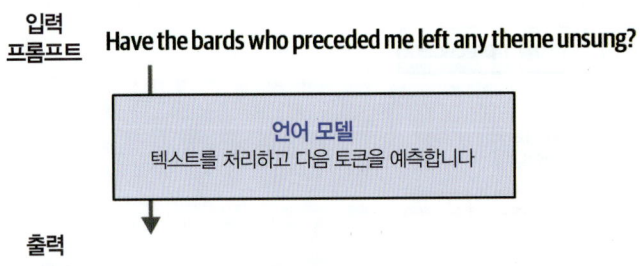

그림 2-2 고수준에서 바라본 언어 모델과 입력 프롬프트

하지만 프롬프트를 언어 모델에 전달하기 전에 토크나이저에 통과시켜 더 작은 단위로 쪼개야 합니다. 오픈AI 플랫폼(https://oreil.ly/ovUWO)에서 GPT-4 토크나이저의 예를 볼 수 있

습니다. 입력 텍스트를 전달하면 [그림 2-3]과 같이 각각의 토큰을 다른 색깔로 보여 줍니다.

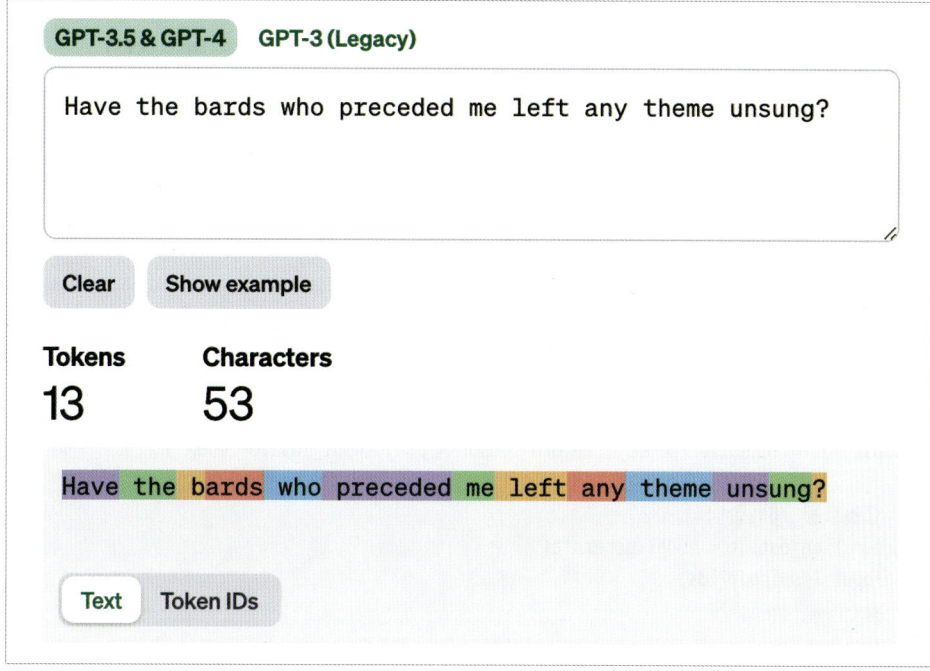

그림 2-3 모델이 텍스트를 처리하기 전에 토크나이저가 텍스트를 단어나 부분단어로 나눕니다. 이 과정은 토큰화 방법과 훈련 방식에 따라 다릅니다.

샘플 코드를 사용해 토큰을 직접 다뤄 보겠습니다. 여기에서는 LLM을 다운로드한 다음 LLM으로 텍스트를 생성하기 전에 입력을 토큰화하는 방법을 알아봅니다.

2.1.2 LLM 다운로드하고 실행하기

1장에서 보았던 모델과 토크나이저를 로드해 보죠.

```
from transformers import AutoModelForCausalLM, AutoTokenizer

# 모델과 토크나이저를 로드합니다.
model = AutoModelForCausalLM.from_pretrained(
    "microsoft/Phi-3-mini-4k-instruct",
```

```
    device_map="cuda",
    torch_dtype="auto",
    trust_remote_code=True,
)
tokenizer = AutoTokenizer.from_pretrained("microsoft/Phi-3-mini-4k-instruct")
```

이제 실제 텍스트를 생성할 수 있습니다. 먼저 프롬프트를 준비하고 토큰으로 분리합니다. 그다음 토큰을 모델에 전달하여 출력을 생성합니다. 이 예에서는 모델에게 새로운 토큰을 20개만 생성하라고 요청하겠습니다.

```
prompt = "Write an email apologizing to Sarah for the tragic gardening mishap. Explain how it happened.<|assistant|>"

# 입력 프롬프트를 토큰으로 나눕니다.
input_ids = tokenizer(prompt, return_tensors="pt").input_ids.to("cuda")

# 텍스트를 생성합니다.
generation_output = model.generate(
  input_ids=input_ids,
  max_new_tokens=20
)

# 출력을 프린트합니다.
print(tokenizer.decode(generation_output[0]))
```

출력은 다음과 같습니다.

> \<s\> Write an email apologizing to Sarah for the tragic gardening mishap. Explain how it happened.<|assistant|> **Subject: My Sincere Apologies for the Gardening Mishap**
>
> **Dear**

굵은 글씨체로 된 텍스트가 모델이 생성한 20개의 토큰입니다.

코드를 보면 모델이 직접 텍스트 프롬프트를 입력받지 않았습니다. 대신 토크나이저가 입력 프롬프트를 처리하여 모델에게 필요한 정보를 변수 `input_ids`에 저장했습니다. 이 변수가 모델의 입력으로 사용됐습니다.

input_ids에 어떤 값이 들어 있는지 출력해 보죠.

```
tensor([[ 1, 14350, 385, 4876, 27746, 5281, 304, 19235, 363, 278, 25305, 293,
16423, 292, 286, 728, 481, 29889, 12027, 7420, 920, 372, 9559, 29889, 32001]],
device='cuda:0')
```

출력을 보면 LLM이 받는 입력은 [그림 2-4]와 같이 일련의 정수임을 알 수 있습니다. 각 정수는 특정 토큰(문자, 단어 또는 부분단어)에 대한 고유한 ID입니다. 이 ID는 토크나이저 내부에 있는 테이블에 대한 참조 값이며, 이 테이블에는 토크나이저가 인식할 수 있는 모든 토큰이 담겨 있습니다.

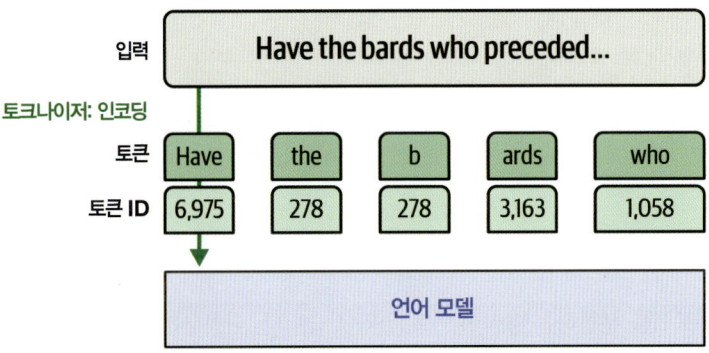

그림 2-4 토크나이저가 입력 프롬프트를 처리하여 언어 모델에 전달할 실제 입력인 토큰 ID의 리스트를 준비합니다. 이 그림에 나타난 토큰 ID는 설명을 위해 임의로 쓴 것입니다.

이 ID 값을 조사해 보고 싶다면 토크나이저의 decode 메서드를 사용해 ID를 텍스트로 변환할 수 있습니다.

```
for id in input_ids[0]:
    print(tokenizer.decode(id))
```

출력은 다음과 같습니다(한 줄에 하나의 토큰이 출력됩니다).

```
<s>
Write
an
```

2장 토큰과 임베딩 65

```
email
apolog
izing
to
Sarah
for
the
trag
ic
garden
ing
m
ish
ap
.
Exp
lain
how
it
happened
.
<|assistant|>
```

토크나이저가 입력 프롬프트를 분할하는 방식이 바로 위와 같습니다. 다음 사항을 유의하세요.

- 첫 번째 토큰은 ID 1(<s>)이며, 텍스트의 시작을 나타내는 특수 토큰입니다.
- 일부 토큰은 완전한 단어입니다(예: Write, an, email).
- 일부 토큰은 부분단어입니다(예: apolog, izing, trag, ic).
- 구두점 문자도 하나의 토큰입니다.

공백 문자는 토큰으로 취급되지 않습니다. 대신 ('izing'과 'ic' 같은) 부분단어 토큰은 앞에 연결되는 토큰이 있는지를 나타내는 특별한 문자가 시작 부분에 숨겨져 있습니다.[1] 이 특수 문자가 없는 토큰은 그 앞에 공백이 있다고 가정합니다.

출력 측면에서는 generation_output 변수 값을 출력하여 모델이 생성한 토큰을 조사할 수 있습니다.

---

1 옮긴이_ 이 문자는 밑줄 문자(_)입니다. tokenizer(prompt).tokens()와 같이 호출하여 확인할 수 있습니다.

```
tensor([[    1, 14350,   385,  4876, 27746,  5281,   304, 19235,   363,   278,
         25305,   293, 16423,   292,   286,   728,   481, 29889, 12027,  7420,
           920,   372,  9559, 29889, 32001,  3323,   622, 29901,  1619,   317,
          3742,   406,  6225, 11763,   363,   278, 19906,   292,   341,   728,
           481,    13,    13, 29928,   799]], device='cuda:0')
```

모델은 토큰 ID 3323인 'Sub' 다음에 토큰 ID 622인 'ject'를 생성했습니다. 이 두 토큰을 합치면 단어 'Subject'가 됩니다. 그다음에 콜론(:)에 해당하는 토큰 ID 29901이 나오는 식입니다. 입력과 마찬가지로 토크나이저의 decode 메서드를 사용해 생성된 토큰 ID를 실제 텍스트로 바꿀 수 있습니다. 이 메서드에 개별 토큰 ID나 토큰 ID의 리스트를 전달할 수 있습니다.

```python
print(tokenizer.decode(3323))
print(tokenizer.decode(622))
print(tokenizer.decode([3323, 622]))
print(tokenizer.decode(29901))
```

출력은 다음과 같습니다.

```
Sub
ject
Subject
:
```

2.1.3 토크나이저가 텍스트를 분할하는 방법

토크나이저가 입력 프롬프트를 나누는 방법을 결정하는 주요 요소는 세 가지입니다.

첫째, 모델 설계 시에 모델 작성자가 토큰화 방법을 선택합니다. 인기 있는 방법으로는 (GPT 모델에서 사용하는) BPE[byte pair encoding], (BERT에서 사용하는) WordPiece가 있습니다. 이런 방법은 텍스트 데이터셋을 표현하는 토큰 집합을 최적화한다는 점에서 비슷하지만 목표에 도달하는 방식이 다릅니다.

둘째, 토큰화 방법을 선택한 후에 어휘사전 크기와 특수 토큰 같은 토크나이저 설계상의 여러 가지 선택을 해야 합니다. 이에 대해서는 2.1.5절을 참조하세요.

셋째, 토크나이저는 특정 데이터셋에서 훈련하여 해당 데이터셋을 표현하는 최상의 어휘사전을 구축해야 합니다. 동일한 방법과 파라미터를 사용하더라도 영어 텍스트 데이터셋에서 훈련된 토크나이저는 코드 데이터셋이나 다국어 텍스트 데이터셋에서 훈련된 토크나이저와 다를 것입니다.

토크나이저는 언어 모델을 위해 입력 텍스트를 처리하는 외에도, [그림 2-5]에서 보듯이 언어 모델의 출력 결과에 생성된 토큰 ID를 해당하는 단어나 토큰으로 변환하기도 합니다.

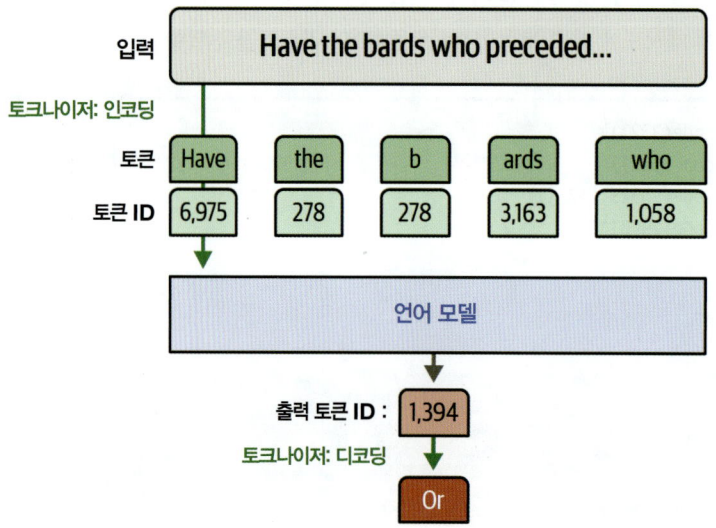

그림 2-5 모델의 출력을 처리하기 위해 토크나이저를 사용해 출력 토큰 ID를 해당 ID에 연관된 단어나 토큰으로 변환합니다.

2.1.4 단어 토큰, 부분단어 토큰, 문자 토큰, 바이트 토큰

방금 소개한 토큰화 방법을 부분단어 토큰화$^{subword\ tokenization}$라고 합니다. 유일하지는 않지만 가장 널리 사용되는 토큰화입니다. [그림 2-6]에 가장 유명한 네 개의 토큰화 방법이 있습니다. 차례대로 네 방법을 살펴보겠습니다.

단어 토큰

이 방법은 word2vec 같은 초기 토큰화에 보편적으로 사용됐지만 NLP에서는 점점 덜 사용됩니다. 하지만 유용한 방법이므로 NLP 외에 추천 시스템과 같은 곳에 사용됩니다. 나중에 이 장에서 이에 대해 살펴보겠습니다.

단어 토큰화의 한 가지 문제는 토크나이저가 훈련된 후에 데이터셋에 새롭게 추가된 단어를 처리할 수 없다는 것입니다. 이로 인해 차이가 크지 않은 비슷한 토큰을 어휘사전에 많이 가지고 있어야 합니다(예: apology, apologize, apologetic, apologist). 이 문제는 부분단어 토큰화를 통해 aplolog 토큰과 다른 토큰에 공통으로 사용되는 접미사 토큰(예: y, ize, etic, ist)으로 나누어 해결할 수 있습니다. 결과적으로 더 표현력이 좋은 어휘사전을 만들게 됩니다.

부분단어 토큰

이 방법은 완전한 단어와 부분단어를 포함합니다. 앞서 언급한 어휘사전의 표현력 외에 또 다른 장점은 새로운 단어를 (어휘사전에 포함되어 있을 가능성이 높은) 더 작은 단위로 나누기 때문에 새로운 단어도 표현할 수 있다는 것입니다.

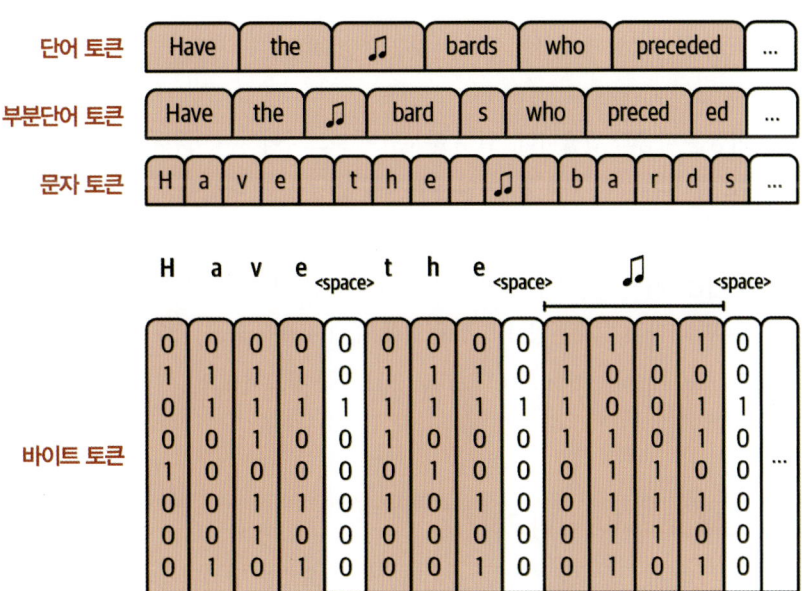

그림 2-6 여러 가지 토큰화 방법이 있으며 텍스트를 다른 크기의 단위로 분할합니다(단어, 부분단어, 문자, 바이트).

문자 토큰

대체할 원시 문자가 있기 때문에 새로운 단어를 잘 처리할 수 있는 또 다른 방법입니다. 토큰화 표현이 쉽지만 모델링은 어렵습니다. 부분단어 토큰화 모델이 'play'를 하나의 토큰으로 표현하지만 문자 수준 토큰화를 사용하는 모델은 나머지 시퀀스를 모델링하는 것 외에도 'p-l-a-y'를 조합하는 정보까지 모델링해야 합니다.

트랜스포머 모델은 문맥 길이가 제한되어 있기 때문에 부분단어 토큰이 문자 토큰에 비해 더 많은 텍스트를 처리할 수 있는 이점이 있습니다. 문맥 길이가 1,024인 모델의 경우 문자 토큰화보다 부분단어 토큰화를 사용하면 약 세 배 더 많은 텍스트를 처리할 수 있습니다(부분단어 토큰은 평균적으로 토큰당 세 개의 문자로 구성됩니다).

바이트 토큰

유니코드 문자를 표현하는 바이트로 토큰을 분할하는 또 다른 토큰화 방법입니다. 〈CANINE: Pre-training an efficient tokenization-free encoder for language representation〉(https://oreil.ly/eP-wq)과 같은 논문에서 '토큰화-프리tokenization-free 인코딩'이라고 부르는 이 방법을 소개합니다. 〈ByT5: Towards a token-free future with pre-trained byte-to-byte models〉(https://oreil.ly/a-pqF) 같은 논문은 이 방법이 특히 다국어 환경에서 경쟁력이 있다는 것을 보였습니다.

주목할 한 가지 차이점은 다음과 같습니다. 일부 부분단어 토크나이저는 어휘사전에 바이트를 토큰으로 포함하기도 합니다. 이는 표현할 수 없는 문자를 만났을 때 대체할 마지막 수단이 됩니다. 예를 들어 GPT-2와 RoBERTa 토크나이저가 이렇게 합니다. 그렇다고 토큰화-프리 바이트 수준 토큰화가 되는 것은 아닙니다. 다음 절에서 보겠지만 바이트를 사용하여 모든 것을 표현하지 않고 일부분만 나타내기 때문입니다. 토큰화에 대해 자세히 알고 싶다면 『Designing Large Language Model Applications』(O'Reilly, 2025)를 참고하세요.

2.1.5 훈련된 LLM 토크나이저 비교하기

토크나이저가 토큰을 나타내는 방법을 결정하는 세 가지 주요 요소를 언급했습니다. 토큰화 방법, 토크나이저 초기화 파라미터와 특수 토큰, 토크나이저를 훈련하는 데이터셋입니다. 훈련된 여러 토크나이저를 비교해 보면서 이런 선택이 어떻게 토크나이저의 동작을 바꾸는지 알아보죠. 이렇게 비교를 해 보면 새로운 토크나이저가 모델 성능을 개선하기 위해 동작 방식을 바꾸었다는 것을 알 수 있습니다. 또한 (코드 생성 모델 같이) 특수한 모델은 종종 특수한 토크나이저가 필요하다는 것도 알게 될 것입니다.

여러 가지 토크나이저를 사용해 다음 텍스트를 인코딩해 보겠습니다.

```
text = """
English and CAPITALIZATION
🎵 鸟
show_tokens False None elif == >= else: two tabs:"    " four spaces: "    "
12.0*50=600
"""
```

이 텍스트를 사용하면 토크나이저마다 여러 다른 종류의 토큰을 어떻게 처리하는지 알 수 있습니다.

- 대문자
- 영어 외의 언어
- 이모지emoji
- (파이썬과 같이) 들여쓰기를 위한 공백과 키워드가 있는 프로그래밍 코드
- 숫자와 자리수
- 특수 토큰: 텍스트 표현이 아닌 다른 역할을 가진 고유한 토큰입니다. 텍스트 시작이나 끝(이를 통해 모델이 생성 작업이 끝났음을 시스템에 알립니다)을 나타내는 토큰, 또는 (앞으로 보겠지만) 이외에 다른 기능을 가진 토큰이 해당됩니다.

오래된 토크나이저부터 새로운 토크나이저 순으로 앞의 텍스트를 어떻게 토큰화하는지와 그것이 언어 모델에 대해 무엇을 알려 주는지 살펴보겠습니다. 텍스트를 토큰화한 다음 아래 함수를 사용해 각 토큰에 배경색을 넣어 출력합니다.

```
colors_list = [
    '102;194;165', '252;141;98', '141;160;203',
    '231;138;195', '166;216;84', '255;217;47'
]

def show_tokens(sentence, tokenizer_name):
```

```
tokenizer = AutoTokenizer.from_pretrained(tokenizer_name)
token_ids = tokenizer(sentence).input_ids
for idx, t in enumerate(token_ids):
    print(
        f'\x1b[0;30;48;2;{colors_list[idx % len(colors_list)]}m' +
        tokenizer.decode(t) +
        '\x1b[0m',
        end=' '
    )
```

BERT 베이스 모델 (uncased) (2018)

- **허깅 페이스 모델 링크**: https://oreil.ly/gQK_N
- **토큰화 방법**: 〈Japanese and Korean voice search〉(https://oreil.ly/4nE6b)에서 소개한 WordPiece
- **어휘사전 크기**: 30,522
- **특수 토큰**
    - unk_token [UNK]: 토크나이저가 인코딩 방법을 모르는 토큰
    - sep_token [SEP]: 특정 작업에서 두 개의 텍스트를 구분하기 위한 토큰(이런 모델을 크로스 인코더cross-encoder라고 합니다). 8장에서 볼 리랭킹rerank이 한 예입니다.
    - pad_token [PAD]: 모델 입력에서 사용되지 않은 위치를 채우기 위한 패딩 토큰. 모델은 특정 길이(문맥 크기)의 입력을 기대하기 때문입니다.
    - cls_token [CLS]: 4장에서 볼 분류 작업을 위한 특수 토큰
    - mask_token [MASK]: 훈련 과정 동안 일부 토큰을 감추기 위해 사용되는 마스킹 토큰
- **토큰화된 텍스트**

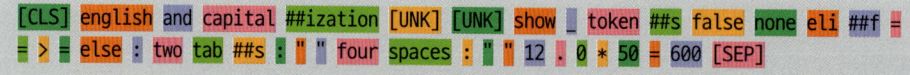

BERT는 두 가지 형태로 출시됐습니다. (대문자가 그대로 유지되는) cased와 (모든 대문자를 소문자로 바꾼) uncased입니다. (더 인기가 많은) uncased 버전의 BERT 토크나이저에서 다음과 같은 점을 알 수 있습니다.

- 줄바꿈 문자가 사라져서 모델이 줄바꿈에 인코딩된 정보를 알지 못합니다(예: 각 턴turn마다 새로운 줄에서 시작하는 채팅 로그).
- 모든 텍스트가 소문자입니다.

- 단어 'capitalization'이 두 개의 부분토큰subtoken `capital`과 `##ization`으로 인코딩됩니다. ## 문자는 이 토큰이 앞에 있는 토큰의 부분토큰임을 나타냅니다. 또한 공백 위치를 나타내는 방법입니다. 즉, ## 문자가 없는 토큰 앞에는 공백이 있다고 가정합니다.
- 이모지와 한자는 'unknown token(알 수 없는 토큰)'을 의미하는 [UNK] 특수 토큰으로 대체됩니다.

BERT 베이스 모델 (cased) (2018)

- **허깅 페이스 모델 링크**: https://oreil.ly/nvFOZ
- **토큰화 방법**: WordPiece
- **어휘사전 크기**: 28,996
- **특수 토큰**: uncased 버전과 동일
- **토큰화된 텍스트**

```
[CLS] English and CA ##PI ##TA ##L ##I ##Z ##AT ##ION [UNK] [UNK] show   token ##s F ##als ##e None el ##if = = > = else : two ta ##bs : " " four spaces : " " 12 . 0 * 50 = 600 [SEP]
```

cased 버전의 BERT 토크나이저는 주로 대문자 토큰이 있다는 점이 다릅니다.

- 'CAPITALIZATION'이 여덟 개의 토큰 `CA` `##PI` `##TA` `##L` `##I` `##Z` `##AT` `##ION`으로 표현됩니다.
- 두 버전의 BERT 토크나이저는 [CLS] 시작 토큰과 [SEP] 종료 토큰으로 입력을 감쌉니다. [CLS]와 [SEP]는 입력 텍스트를 감싸기 위한 유틸리티 토큰이며 토큰 자체의 고유한 목적도 가지고 있습니다. [CLS]는 문장 분류를 위해 사용되는 분류 토큰입니다. [SEP]는 모델에 두 개의 문장을 전달해야 하는 일부 애플리케이션에서 문장을 구분하기 위해 사용됩니다(예를 들어, 8장에서 [SEP] 토큰을 사용해 쿼리 텍스트와 후보 결과를 구분합니다).

GPT-2 (2019)

- **허깅 페이스 모델 링크**: https://oreil.ly/hhJ-I
- **토큰화 방법**: 〈Neural machine translation of rare words with subword units〉(https://oreil.ly/qCxr4)에서 소개된 BPE
- **어휘사전 크기**: 50,257
- **특수 토큰**: <|endoftext|>
- **토큰화된 텍스트**

```
English and CAP ITAL IZ ATION
```

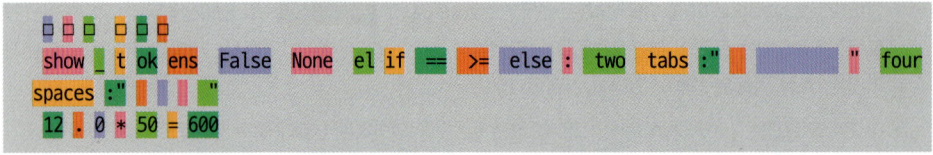

GPT-2 토크나이저에서 다음과 같은 점을 알 수 있습니다.

- 줄바꿈이 토크나이저 내에서 표현됩니다.
- 대문자가 유지되고 'CAPITALIZATION'은 네 개의 토큰으로 표현됩니다.
- 🎵는 각각 여러 개의 토큰으로 표현됩니다. 이런 토큰은 모두 ☐ 문자로 출력됐지만 실제로는 각자 다른 토큰입니다. 예를 들어, 🎵 이모지는 ID가 8582, 236, 113인 토큰으로 나누어집니다. 이 토크나이저는 세 토큰을 원래 문자로 재구성할 수 있습니다. 예를 들어, `tokenizer.decode([8582, 236, 113])`를 실행하면 🎵가 출력됩니다.
- 두 개의 탭은 (어휘사전에서 토큰 번호 197에 해당하는) 두 개의 토큰으로 표현됩니다. 세 개의 탭은 세 개의 토큰(번호 220)으로 표현되며 마지막 공백은 닫는 따옴표 문자를 위한 토큰의 일부가 됩니다.

> **NOTE**
>
> 코드를 이해하거나 생성하는 모델에게는 공백 문자가 중요합니다. 단일 토큰으로 네 개의 연속된 공백 문자를 표현하는 모델이 파이썬 코드 데이터셋에 더 잘 맞습니다. 모델이 들여쓰기를 네 개의 다른 토큰으로 나타낼 수도 있지만 모델이 들여쓰기 수준을 추적해야 하므로 모델링을 더 어렵게 만들어 종종 성능 저하로 이어집니다. 토큰화 방식에 따라 특정 작업에서 모델이 더 좋은 성능을 낼 수도 있음을 보여 주는 예입니다.

Flan-T5 (2022)

- **허깅 페이스 모델 링크**: *https://oreil.ly/cmWPA*
- **토큰화 방법**: 〈SentencePiece: A simple and language independent subword tokenizer and detokenizer for neural text processing〉(*https://oreil.ly/2aNI5*)에서 소개한 SentencePiece(BPE와 유니그램 언어 모델[unigram language model][2]을 지원)
- **어휘사전 크기**: 32,100
- **특수 토큰**
    - unk_token <unk>

---

[2] Kudo (2018). Subword Regularization: Improving Neural Network Translation Models with Multiple Subword Candidates. arXiv.org. *https://arxiv.org/abs/1804.10959*

- pad_token <pad>

- **토큰화된 텍스트**

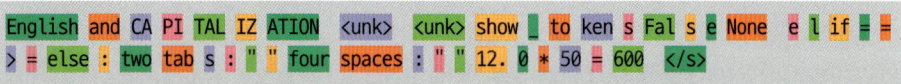

Flan-T5 모델 패밀리는 SentencePiece를 사용합니다. 여기서 다음과 같은 내용을 알 수 있습니다.

- 줄바꿈이나 공백 토큰이 없습니다. 이에 따라 모델이 코드를 다루기 어렵습니다.
- 이모지와 한자가 모두 <unk> 토큰으로 바뀌었으므로 모델이 이런 토큰을 식별하지 못합니다.

GPT-4 (2023)

- **토큰화 방법**: BPE
- **어휘사전 크기**: 100,000개가 조금 넘습니다.
- **특수 토큰**
  - <|endoftext|>
  - 중간 토큰을 채우도록 훈련됐습니다. 세 개의 특수 토큰을 사용해 앞의 텍스트뿐만 아니라 뒤에 나오는 텍스트를 고려해 LLM이 완성된 문장을 생성합니다. 이 방법은 〈Efficient training of language models to fill in the middle〉(https://oreil.ly/7S7ZZ)에 자세히 설명되어 있습니다. 자세한 내용은 이 책의 범위를 넘어섭니다. 세 개의 특수 토큰은 다음과 같습니다.
    - <|fim_prefix|>
    - <|fim_middle|>
    - <|fim_suffix|>
- **토큰화된 텍스트**

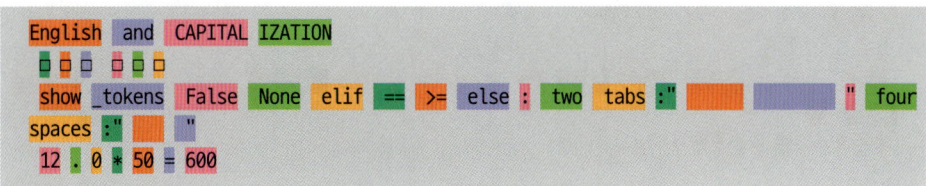

GPT-4 토크나이저는 GPT-2 토크나이저와 비슷하게 동작합니다. 몇 가지 차이점은 다음과 같습니다.

- GPT-4 토크나이저는 네 개의 공백을 하나의 토큰으로 표현합니다. 사실 길이가 83인 공백 시퀀스까지 각각 하나의 토큰으로 나타냅니다.[3]
- 파이썬 키워드 elif는 GPT-4에서 하나의 토큰으로 표현됩니다. 앞의 항목과 함께 이는 모델이 자연어 외에 코드에 초점을 맞추고 있다는 것을 나타냅니다.
- GPT-4는 더 적은 토큰을 사용해 대부분의 단어를 표현합니다. 예를 들어 'CAPITALIZATION'은 네 개가 아니라 두 개의 토큰으로 나눕니다. 'tokens'는 세 개가 아니라 한 개의 토큰으로 표현됩니다.
- ㅁ 토큰에 관한 설명은 GPT-2 토크나이저의 내용을 참고하세요.

StarCoder2 (2024)

StarCoder2는 코드 생성에 초점을 맞춘 150억 개의 파라미터를 가진 모델입니다. 원본 StarCoder 논문은 〈StarCoder: May the source be with you!〉(`https://oreil.ly/RJmCn`)이고, 후속 버전인 StarCoder2의 논문은 〈StarCoder 2 and the stack v2: The next generation〉(`https://oreil.ly/k4b-T`)입니다.

- **토큰화 방법**: BPE
- **어휘사전 크기**: 49,152
- **특수 토큰**
  - <|endoftext|>
  - 중간 채우기를 위한 토큰: `<fim_prefix>`, `<fim_middle>`, `<fim_suffix>`, `<fim_pad>`
  - 코드를 표현할 때 문맥 관리가 중요합니다. 한 파일에서 다른 파일에 정의된 함수를 호출할 수 있습니다. 따라서 모델은 같은 저장소의 다른 파일에 있는 코드를 식별하고 다른 저장소에 있는 코드와 구분할 수 있어야 합니다. 이런 이유로 StarCoder2는 저장소 이름과 파일 이름 등에 특수 토큰을 사용합니다(예: `<filename>`, `<reponame>`, `<gh_stars>`).
- **토큰화된 텍스트**

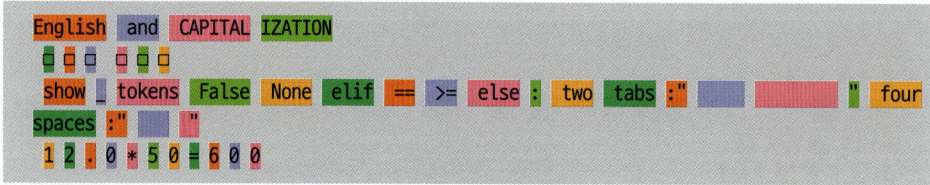

StarCoder2는 코드 생성에 초점을 맞춘 디코더입니다.

---

3 옮긴이_ 실제로는 82개의 연속된 공백은 두 개의 토큰으로 나뉩니다. 또한 83개보다 긴 공백 중에 87, 91, 95, 128개의 연속된 공백은 하나의 토큰으로 인코딩됩니다.

- GPT-4와 비슷하게 여러 개의 공백을 하나의 토큰으로 인코딩합니다.
- 지금까지 본 모델과 차이는 각각의 숫자가 하나의 토큰으로 할당된다는 것입니다(600이 6 0 0이 됩니다). 아마도 숫자와 수학을 더 잘 표현할 수 있으리라 생각됩니다. 한 예로, GPT-2는 숫자 870을 하나의 토큰으로 표현하지만 871은 두 개의 토큰(8과 71)으로 표현합니다. 모델이 숫자를 표현하는 데 혼란이 일어날 수 있습니다.

Galactica

〈Galactica: A large language model for science〉(https://oreil.ly/gWRzV)에서 소개된 Galactica 모델(https://oreil.ly/I6IXt)은 과학 지식에 초점을 맞추어 많은 과학 논문, 참고 자료, 지식 데이터에서 훈련됐습니다. 특별히 토큰화에 더 주의를 기울여 데이터셋에 있는 뉘앙스에 민감합니다. 예를 들어 인용, 추론, 수학, 펩타이드 서열[amino acid sequences], DNA 서열을 위한 특수 토큰이 있습니다.

- **토큰화 방법**: BPE
- **어휘사전 크기**: 50,000
- **특수 토큰**
    - `<s>`
    - `<pad>`
    - `</s>`
    - `<unk>`
    - 참조: 인용은 특수 토큰 [START_REF]와 [END_REF]로 감쌉니다.
        - 예: Recurrent neural networks, long short-term memory [START_REF]Long Short-Term Memory, Hochreiter[END_REF]
    - 단계별 추론: `<work>`는 모델이 CoT[chain-of-thought] 추론에 사용하는 흥미로운 토큰입니다.
- **토큰화된 텍스트**

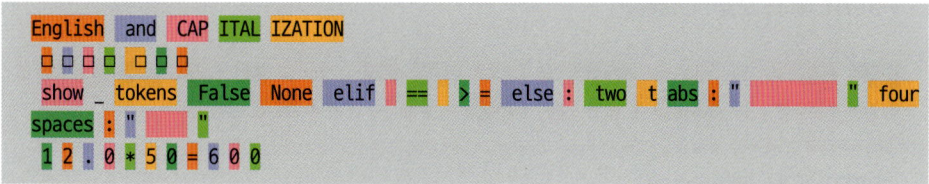

Galactica 토크나이저는 코드를 염두에 두었다는 점에서 StarCoder2와 비슷하게 작동합니다. 공백을 동일한 방식으로 인코딩합니다. 즉, 길이가 다른 공백 리스트를 하나의 토큰에 할당합니다. 하지만 StarCoder2와 달리 탭도 하나의 토큰으로 인코딩합니다. 지금까지 본 모든 토크나이저 중에 두 개의 탭으로 구성된 문자열('\t\t')을 하나의 토큰에 할당하는 유일한 토크나이저입니다.

Phi-3 (그리고 Llama 2)

이 책에서 사용하는 Phi-3 모델(*https://oreil.ly/GI-xn*)은 여러 개의 특수 토큰을 추가한 Llama 2(*https://oreil.ly/fezbc*)의 토크나이저를 재사용합니다.

- **토큰화 방법**: BPE
- **어휘사전 크기**: 32,000
- **특수 토큰**
    - <|endoftext|>
    - 채팅 토큰: 2023년에 채팅 LLM이 큰 인기를 끌자 LLM을 대화에 사용하는 것이 대표적인 사례가 됐습니다. 토크나이저도 이런 방향에 맞춰 적응하여 대화 차례와 화자의 역할을 나타내는 토큰이 추가됐습니다. <|user|>, <|assistant|>, <|system|> 등입니다.
- **토큰화된 텍스트**

```
English and C AP IT AL IZ ATION
□ □ □ □ □ □ □
show _ to kens False None elif == >= else : two tabs :"     "  " four spaces :"
"
1 2 . 0 * 5 0 = 6 0 0
```

토크나이저 결과 비교

모든 토크나이저의 결과를 한자리에서 비교하겠습니다.

- **BERT 베이스 모델(uncased)**

```
[CLS] english and capital ##ization [UNK] [UNK] show _ token ##s false none eli ##f =
= > = else : two tab ##s : " " four spaces : " " 12 . 0 * 50 = 600 [SEP]
```

- **BERT 베이스 모델(cased)**

```
[CLS] English and CA ##PI ##TA ##L ##I ##Z ##AT ##ION [UNK] [UNK] show _ token ##s F
##als ##e None el ##if = = > = else : two ta ##bs : " " four spaces : " " 12 . 0 * 50
= 600 [SEP]
```

- **GPT-2**

English and CAP ITAL IZ ATION
□□□ □□□
 show _t ok ens False None el if == >= else : two tabs :" " four spaces :" ▌▌▌ "
 12 . 0 * 50 = 600

- **Flan-T5**

English and CA PI TAL IZ ATION <unk> <unk> show _ to ken s Fal s e None e l if = = > = else : two tab s : " " four spaces : " " 12 . 0 * 50 = 600 </s>

- **GPT-4**

English and CAPITAL IZATION
□□□ □□□
 show _ tokens False None elif == >= else : two tabs :" " four spaces :" ▌ "
 12 . 0 * 50 = 600

- **StarCoder2**

English and CAPITAL IZATION
□□□□□
 show _ tokens False None elif == >= else : two tabs :" " four spaces :" ▌ "
 1 2 . 0 * 5 0 = 6 0 0

- **Galactica**

English and CAP ITAL IZATION
□□□□ □□□
 show _ tokens False None elif == > = else : two t abs : " " four spaces : " "
 1 2 . 0 * 5 0 = 6 0 0

- **Phi-3**

English and C AP IT AL IZ ATION
□□□□ □□□

```
show _ to kens False None elif == >= else : two tabs :"          " four spaces :"
"
1 2 . 0 * 5 0 = 6 0 0
```

2.1.6 토크나이저 속성

앞서 사전 훈련된 토크나이저를 살펴보면서 한 토크나이저가 다른 토크나이저와 차별화되는 점을 알아보았습니다. 하지만 토크나이저의 행동은 어떻게 결정될까요? 토크나이저가 텍스트를 분할하는 방법을 결정하는 설계상의 선택을 크게 세 가지로 나눌 수 있습니다. 토큰화 방법, 초기화 파라미터, 토크나이저가 목표로 하는 데이터의 도메인입니다.

토큰화 방법

지금까지 보았듯이 여러 토큰화 방법 중에서 BPE가 인기가 높습니다. 각각의 방법은 데이터셋을 표현하기 위해 적절한 토큰 집합을 선택하는 알고리즘에 대한 것입니다. 이런 모든 방법을 훌륭하게 소개하고 있는 허깅 페이스 토크나이저 요약 페이지(https://oreil.ly/-vbn0)를 참고하세요.

토크나이저 파라미터

토큰화 방법을 선택한 후 LLM 설계자는 토크나이저 파라미터를 결정해야 합니다. 다음과 같은 것들이 포함됩니다.

- **어휘사전 크기**: 토크나이저 어휘사전에 얼마나 많은 토큰을 포함할 건가요? (30K와 50K가 어휘사전 크기로 자주 사용되지만 100K와 같이 점점 더 큰 크기의 사전도 등장합니다)
- **특수 토큰**: 모델이 추적해야 할 특수 토큰은 무엇인가요? 특별한 목적으로 LLM을 만드는 경우라면 원하는 만큼 이를 추가할 수 있습니다. 일반적으로는 텍스트 시작 토큰(예: <s>), 텍스트 종료 토큰, 패딩 토큰, Unknown 토큰, CLS 토큰, 마스킹 토큰 등이 포함됩니다. 이외에도 LLM 설계자는 현재 다루려는 문제 도메인을 잘 모델링할 수 있는 토큰을 추가할 수 있습니다. 예를 들어 Galactica에서는 <work>와 [START_REF] 토큰이 있습니다.
- **대소문자**: 영어와 같은 언어에서 대소문자를 어떻게 다뤄야 할까요? 모두 소문자로 바꾸어야 할까요? (대문자는 종종 유용한 정보를 제공하지만 단어의 대문자 버전을 위해 어휘사전 공간을 낭비하고 싶을까요?)

데이터의 도메인

동일한 방법과 파라미터를 선택했더라도 토크나이저의 동작은 훈련한 데이터셋에 따라 달라집니다(모델 훈련을 시작하기도 전입니다). 앞서 언급한 토큰화 방법은 특정 데이터셋을 표현하기 위해 어휘사전을 최적화합니다. 훈련된 토크나이저를 살펴보면서 코드와 다국어 텍스트 같은 데이터셋에서 어떤 영향을 받는지 보았습니다.

예를 들어 코드의 경우 텍스트에 초점을 맞춘 토크나이저는 다음과 같은 들여쓰기 공백을 모두 토큰화할 수 있습니다(강조하기 위해 일부 토큰에 색깔을 입혔습니다).

```
def add_numbers(a, b):
    """Add the two numbers `a` and `b`."""
    return a + b
```

이 방법이 코드에 초점을 맞춘 모델에게는 최적이 아닐 수 있습니다. 코드 중심 모델은 종종 다른 토큰화 방법을 사용하여 이를 개선할 수 있습니다.

```
def add_numbers(a, b):
    """Add the two numbers `a` and `b`."""
    return a + b
```

이런 토큰화 방법 선택은 모델의 작업을 쉽게 만들어 주며 모델의 성능이 향상될 가능성을 높여 줍니다.

토크나이저 훈련에 대한 자세한 튜토리얼은 허깅 페이스 코스의 토크나이저 섹션(*https://oreil.ly/4Gfbi*)과 『트랜스포머를 활용한 자연어 처리』(한빛미디어, 2022)를 참고하세요.

2.2 토큰 임베딩

토큰화를 이해했으므로 언어를 언어 모델로 표현하는 문제의 한 부분을 해결했습니다. 이런 관점에서 보면 언어는 토큰의 시퀀스입니다. 충분히 좋은 모델을 충분히 큰 토큰 집합에서 훈련한다면 훈련 데이터셋에 있는 복잡한 패턴을 포착하기 시작합니다.

- 훈련 데이터가 영어 텍스트를 많이 포함한다면, 영어를 표현하고 생성할 수 있는 모델로 패턴이 드러납니다.
- 훈련 데이터가 사실 정보(예: 위키백과)를 포함한다면, 모델은 사실적 정보를 생성하는 능력을 갖추게 될 것입니다(다음 노트를 참조하세요).

다음 퍼즐 조각은 이런 토큰을 위한 최상의 수치 표현을 찾는 것입니다. 이를 사용해 모델이 텍스트에 있는 패턴을 계산하고 적절히 모델링할 수 있습니다. 이런 패턴은 특정 언어에 대한 모델의 일관성, 코드 생성 능력 또는 언어 모델에서 기대하는 다양한 능력으로 드러납니다.

1장에서 보았듯이 이 수치 표현이 임베딩입니다. 임베딩은 언어에 있는 의미와 패턴을 포착하기 위한 수치 표현 공간입니다.

> **NOTE**
> 언어의 일관성에 대한 높은 임곗값과 평균 이상의 사실 생성이 가능해지면서 새로운 문제가 발생하기 시작했습니다. 일부 사용자들이 모델의 사실 생성 능력을 신뢰하기 시작했습니다. 한 예로, 2023년 초 일부 언어 모델이 구글 킬러라는 평가를 받았습니다(`https://oreil.ly/U8QvX`). 오래지 않아 전문 사용자들은 생성 모델만으로는 신뢰할 만한 검색 엔진이 되지 않는다는 것을 알았습니다. 이는 검색과 LLM을 결합한 RAG의 등장으로 이어졌습니다. 8장에서 RAG에 대해 자세히 다루겠습니다.

2.2.1 토크나이저의 어휘사전에 대한 임베딩을 내장한 언어 모델

토크나이저가 초기화되고 훈련되고 나면 이를 사용해 언어 모델을 훈련합니다. 사전 훈련된 언어 모델이 해당 토크나이저와 연결되는 이유입니다. 그래서 모델을 재훈련하지 않고는 다른 토크나이저를 사용할 수 없습니다.

[그림 2-7]에서 볼 수 있듯이 언어 모델은 토크나이저의 어휘사전에 있는 각 토큰에 대한 임베딩 벡터를 가지고 있습니다. 사전 훈련된 언어 모델을 다운로드할 때 모델 일부는 이런 벡터가 모두 담긴 임베딩 행렬입니다.

훈련 과정이 시작되기 전에 이 벡터들은 여타 가중치와 마찬가지로 랜덤하게 초기화됩니다. 하지만 훈련 과정에서 유용한 동작을 수행할 수 있는 값이 할당됩니다.

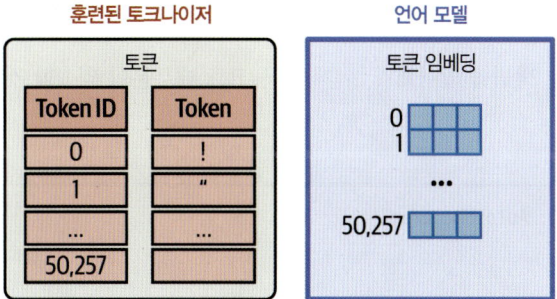

그림 2-7 언어 모델은 토크나이저에 있는 각 토큰에 연관된 임베딩 벡터를 가지고 있습니다.

2.2.2 언어 모델로 문맥을 고려한 단어 임베딩 만들기

토큰 임베딩을 언어 모델의 입력으로 다루었으므로 언어 모델이 더 좋은 토큰 임베딩을 만들 수 있는 방법을 살펴보겠습니다. 토큰 임베딩을 생성하는 것은 언어 모델을 텍스트 표현에 사용하는 주요 방법의 하나입니다. 이를 통해 개체명 인식이나 추출적 텍스트 요약[extractive text summarization](요약으로 새로운 텍스트를 생성하는 대신 골자를 강조하는 식으로 긴 텍스트를 요약하는 작업) 같은 애플리케이션이 가능합니다.

각 토큰이나 단어를 정적인 벡터로 나타내는 대신 (그림 2-8과 같은) 언어 모델은 문맥을 고려한 토큰 임베딩으로 만듭니다. 이 경우 단어는 문맥에 따라 다른 임베딩으로 표현됩니다. 이런 벡터는 다양한 작업을 위한 여러 시스템에 사용될 수 있습니다. 앞서 언급한 텍스트 애플리케이션 외에도 문맥을 고려한 벡터 덕분에 DALL·E, 미드저니[Midjourney], 스테이블 디퓨전[Stable Diffusion] 같은 AI 이미지 생성 시스템이 구동됩니다.

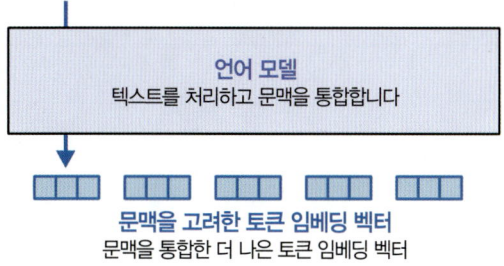

그림 2-8 언어 모델은 원시적이고 정적인 토큰 임베딩을 개선한, 문맥을 고려한 토큰 임베딩을 생성합니다.

문맥을 고려한 단어 임베딩을 생성하는 방법을 알아보죠. 이제 다음 코드 대부분이 익숙할 것입니다.

```python
from transformers import AutoModel, AutoTokenizer

# 토크나이저를 로드합니다.
tokenizer = AutoTokenizer.from_pretrained("microsoft/deberta-v3-base")

# 언어 모델을 로드합니다.
model = AutoModel.from_pretrained("microsoft/deberta-v3-xsmall")

# 문장을 토큰으로 나눕니다.
tokens = tokenizer('Hello world', return_tensors='pt')

# 토큰을 처리합니다.
output = model(**tokens)[0]
```

여기서 사용한 모델은 DeBERTaV3로 작고 매우 효율적이면서도 이 글을 쓰는 시점에 토큰 임베딩을 만드는 최고의 언어 모델 중 하나입니다. 이 모델은 〈DeBERTaV3: Improving DeBERTa using ELECTRA-style pre-training gradient-disentangled embedding sharing〉(*https://oreil.ly/3Piya*)에 소개됐습니다.

앞의 코드는 사전 훈련된 토크나이저와 모델을 다운로드한 다음 'Hello world' 문자열을 처리합니다. 모델의 출력은 output 변수에 저장됩니다. 먼저 이 변수의 차원을 출력해 보죠(아마도 다차원 배열일 것입니다).

```
output.shape
```

출력은 다음과 같습니다.

```
torch.Size([1, 4, 384])
```

첫 번째 차원을 건너뛰고 보면 이 변수에는 네 개의 토큰이 있고, 각 토큰은 384개 값을 가진 벡터로 임베딩되어 있습니다. 첫 번째 차원은 (훈련할 때처럼) 여러 입력 문장을 동시에 모델에 전달할 때 사용하는 배치 차원입니다(배치에 담긴 샘플이 동시에 처리되므로 속도가 빨라집니다).

그럼, 이 네 개의 벡터는 무엇일까요? 토크나이저가 두 개의 단어를 네 개의 토큰으로 나눈 것일까요? 아니면 어떤 다른 일이 일어난 걸까요? 토크나이저에 대해 배운 지식을 활용해 이를 조사할 수 있습니다.

```
for token in tokens['input_ids'][0]:
    print(tokenizer.decode(token))
```

출력은 다음과 같습니다.

```
[CLS]
Hello
world
[SEP]
```

이 토크나이저와 모델은 문자열의 시작과 끝에 [CLS]와 [SEP] 토큰을 추가합니다.

그다음 언어 모델은 이 텍스트 입력을 처리합니다. output 변수를 출력하면 결과는 다음과 같습니다.

```
output
```

```
tensor([[[-3.4816,  0.0861, -0.1819,  ..., -0.0612, -0.3911,  0.3017],
         [ 0.1898,  0.3208, -0.2315,  ...,  0.3714,  0.2478,  0.8048],
         [ 0.2071,  0.5036, -0.0485,  ...,  1.2175, -0.2292,  0.8582],
         [-3.4278,  0.0645, -0.1427,  ...,  0.0658, -0.4367,  0.3834]]],
       grad_fn=<NativeLayerNormBackward0>)
```

이것이 언어 모델의 원시 출력입니다. 대규모 언어 모델 애플리케이션은 이와 같은 출력을 사용하여 구축됩니다.

입력 토큰화와 언어 모델의 출력을 [그림 2-9]에 요약합니다. 기술적으로 언어 모델 안에서 일어나는 첫 번째 단계는 토큰 ID를 원시 임베딩으로 변환하는 것입니다.

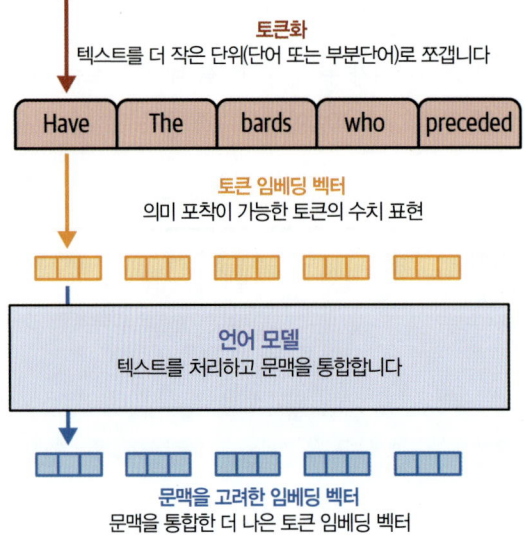

그림 2-9 언어 모델은 정적인 원시 임베딩을 입력으로 사용해 문맥을 고려한 텍스트 임베딩을 만듭니다.

이런 시각화는 트랜스포머 기반 LLM의 작동 방식을 살펴보는 다음 장에 중요합니다.

2.3 텍스트 임베딩(문장과 전체 문서)

LLM이 주로 토큰 임베딩으로 작동하는데, 많은 LLM 애플리케이션은 전체 문장, 문단, 심지어 텍스트 문서를 다루어야 합니다. 그래서 하나의 벡터로 토큰보다 긴 텍스트를 표현하는 텍스트 임베딩을 만드는 특별한 언어 모델이 등장했습니다.

텍스트 임베딩 모델은 텍스트 조각을 입력받아 텍스트를 표현하고 유용한 어떤 형태로 의미를 포착하는 하나의 벡터를 만드는 모델입니다. [그림 2-10]에 이 과정이 나타나 있습니다.

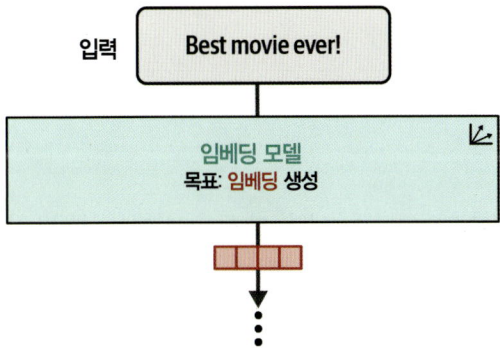

그림 2-10 임베딩 모델을 사용해 특성을 추출하고 입력 텍스트를 임베딩으로 변환합니다.

텍스트 임베딩 벡터를 만드는 방법에는 여러 가지가 있습니다. 가장 많이 사용하는 방법은 모델이 만든 모든 토큰 임베딩 값의 평균을 계산하는 것입니다. 하지만 고품질 텍스트 임베딩 모델을 얻으려면 텍스트 임베딩 작업에서 특별하게 훈련하곤 합니다.

sentence-transformers 라이브러리(https://oreil.ly/Tlt3e)를 사용해 텍스트 임베딩을 만들 수 있습니다. 사전 훈련된 임베딩 모델을 활용하는 데 인기가 많은 패키지입니다.[4] 이전 장에서 본 transformers 라이브러리처럼 이 패키지를 사용해 공개된 모델을 로드할 수 있습니다. 임베딩을 생성하는 예를 보이기 위해 all-mpnet-base-v2 모델(https://oreil.ly/EwDyX)을 사용합니다.[5] 주어진 작업에 맞는 임베딩 모델을 선택하는 방법은 4장에서 살펴보겠습니다.

```
from sentence_transformers import SentenceTransformer

# 모델을 로드합니다.
model = SentenceTransformer("sentence-transformers/all-mpnet-base-v2")

# 텍스트를 텍스트 임베딩으로 변환합니다.
vector = model.encode("Best movie ever!")
```

임베딩 벡터의 값 개수 또는 차원은 임베딩 모델에 따라 다릅니다. 이 모델의 차원을 알아보죠.

---

[4] Reimers, N. & Gurevych, I. (2019). Sentence-BERT: Sentence embeddings using Siamese BERT-networks. arXiv preprint arXiv:1908.10084.

[5] 옮긴이_ 이 모델은 마이크로소프트의 MPNet 구조를 기반으로 sentence-transformer 팀이 미세 튜닝한 모델입니다.

```
vector.shape
```

```
(768,)
```

이 문장은 768개의 수치 값을 가진 하나의 벡터로 인코딩됐습니다. 이 책의 2부에서 시맨틱 검색부터 RAG까지 다양한 애플리케이션을 가능하게 하는 텍스트 임베딩 벡터의 엄청난 유용성을 보게 될 것입니다.

2.4 LLM을 넘어 활용되는 단어 임베딩

임베딩은 텍스트와 언어 생성 등의 작업 외에도 유용합니다. 임베딩 또는 객체에 의미 있는 벡터 표현을 할당하는 것은 추천 엔진과 로봇공학을 포함해 많은 분야에서 유용합니다. 이 절에서 사전 훈련된 word2vec 임베딩을 사용하는 방법과 이 알고리즘이 단어 임베딩을 어떻게 생성하는지 알아보겠습니다. word2vec의 훈련 방법을 이해하면 10장에서 대조 훈련contrastive training에 대해 배울 때 도움이 될 것입니다. 그리고 다음 절에서 임베딩을 추천 시스템에 사용하는 방법을 살펴보겠습니다.

2.4.1 사전 훈련된 단어 임베딩 다운로드하기

Gensim 라이브러리(*https://oreil.ly/M8wi8*)를 사용해 (word2vec이나 GloVe 같은) 사전 훈련된 단어 임베딩을 다운로드하는 방법을 알아보죠.

```
import gensim.downloader as api

# 임베딩을 다운로드합니다 (66MB, glove, 위키백과에서 훈련됨, 벡터 크기: 50)
# "word2vec-google-news-300"도 선택 가능합니다.
# 더 자세한 옵션은 https://github.com/RaRe-Technologies/gensim-data를 참고하세요.
model = api.load("glove-wiki-gigaword-50")
```

앞의 코드에서 위키백과에서 훈련된 많은 개수의 단어 임베딩을 다운로드했습니다. 이제 임베딩 공간을 탐험하기 위해 'king'과 같은 특정 단어와 가장 가까운 이웃 단어를 살펴볼 수 있습니다.

```
model.most_similar([model['king']], topn=11)
```

출력은 다음과 같습니다.

```
[('king', 1.0000001192092896),
 ('prince', 0.8236179351806641),
 ('queen', 0.7839043140411377),
 ('ii', 0.7746230363845825),
 ('emperor', 0.7736247777938843),
 ('son', 0.766719400882721),
 ('uncle', 0.7627150416374207),
 ('kingdom', 0.7542161345481873),
 ('throne', 0.7539914846420288),
 ('brother', 0.7492411136627197),
 ('ruler', 0.7434253692626953)]
```

2.4.2 word2vec 알고리즘과 대조 훈련

word2vec 알고리즘[6]에 대한 자세한 내용은 'The Illustrated Word2vec'(*https://oreil.ly/ybd-K*)을 참고하세요. 다음 절에서 추천 엔진을 위해 임베딩을 만드는 방법을 설명할 때 필요하므로 여기에서는 핵심적인 아이디어를 소개합니다.

LLM과 비슷하게 word2vec은 텍스트로부터 만든 샘플에서 훈련됩니다. 예를 들어, 프랭크 허버트(Frank Herbert)의 소설 『듄(Dune)』에 나오는 문장 'Thou shalt not make a machine in the likeness of a human mind'[7]를 생각해 보죠. 이 알고리즘은 슬라이딩 윈도(sliding window)를 사용해 훈련 샘플을 생성합니다. 예를 들어, 윈도 크기가 2이면 중심 단어의 앞뒤로 이어질 두 개의 단어를 고려합니다.

---

[6] Mikolov et al. (2013). Efficient Estimation of Word Representations in Vector Space. *https://oreil.ly/nLDeS*
[7] 옮긴이_ 이 문장은 '사람의 마음을 닮은 기계를 만들지 말라'는 뜻입니다. 듄의 경전에 나오는 말로 인공지능과 오랜 전투 끝에 이긴 인간이 컴퓨터를 배척하려는 의지를 보여 줍니다.

임베딩은 분류 작업을 통해 생성됩니다. 이 작업에서는 단어가 일반적으로 동일한 문맥에서 나타나는지 예측하도록 신경망을 훈련합니다(여기서 문맥은 모델링하려는 훈련 데이터셋에 있는 많은 문장의 문맥을 의미합니다). 신경망이 두 개의 단어를 입력받고 두 단어가 동일한 문맥에 등장하면 1, 그렇지 않으면 0을 출력한다고 하겠습니다.

슬라이딩 윈도의 첫 번째 위치에서 [그림 2-11]처럼 네 개의 훈련 샘플을 생성할 수 있습니다.

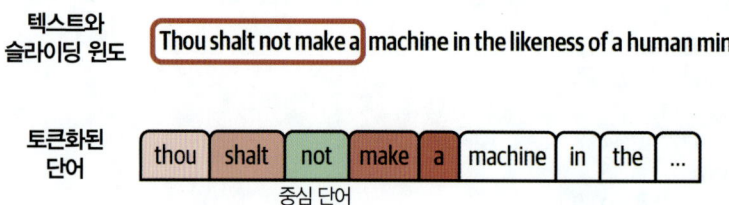

그림 2-11 슬라이딩 윈도를 사용해 훈련 샘플을 만들고 word2vec 알고리즘은 두 단어가 이웃인지 아닌지 예측합니다.

생성된 각각의 훈련 샘플은 중심에 있는 단어를 하나의 입력으로 사용하고, 이웃 단어를 두 번째 입력으로 사용합니다. 최종 훈련된 모델은 이웃 관계를 감지하여, 두 입력 단어가 이웃이면 1을 출력할 것이라 기대할 수 있습니다. [그림 2-12]에 이런 훈련 샘플을 나타냈습니다.

	단어 1	단어 2	타깃
훈련 샘플	Not	thou	1
	Not	shalt	1
	Not	make	1
	Not	a	1

그림 2-12 생성된 각각의 훈련 샘플은 이웃한 단어의 쌍입니다.

하지만 데이터셋에 타깃 값이 1만 있다면 모델이 속임수를 배워 항상 1만 출력할 수 있습니다. 이를 해결하기 위해 이웃이 아닌 단어로 만든 샘플을 사용해 훈련 데이터셋을 보완해야 합니다. 이는 음성 샘플$^{negative\ sample}$이라고 하며 [그림 2-13]에 나타나 있습니다.

단어 1	단어 2	타깃
not	thou	1
not	shalt	1
not	make	1
not	a	1
thou	apothecary	0
not	sublime	0
make	def	0
a	playback	0

(위쪽 4행) 양성 샘플
(아래쪽 4행) 음성 샘플

그림 2-13 모델에 보통 이웃으로 등장하지 않는 단어로 만든 음성 샘플을 제시해야 합니다. 좋은 모델은 양성 샘플과 음성 샘플을 잘 구분합니다.

음성 샘플을 선택할 때 굳이 과학적일 필요는 없다고 알려져 있습니다. 랜덤하게 생성된 샘플에서 양성 샘플을 감지하는 간단한 능력을 바탕으로 유용한 모델을 많이 만들 수 있습니다(잡음-대조 추정$^{noise-contrastive\ estimation}$이라 부르는 아이디어에서 영감을 얻었습니다. 〈Noise-contrastive estimation: A new estimation principle for unnormalized statistical models〉(`https://oreil.ly/BkBVt`)를 참고하세요). 따라서 이 경우 랜덤한 단어를 선택해 데이터셋에 추가하고 이웃이 아니라고 지정하면 됩니다(따라서 모델이 이 샘플을 만나면 0을 출력해야 합니다).

word2vec의 중요한 두 가지 개념을 보았습니다(그림 2-14). 이웃 단어를 선택하는 방법인 스킵그램$^{skip\text{-}gram}$과 데이터셋에서 랜덤하게 샘플링하여 음성 샘플을 만드는 네거티브 샘플링$^{negative\ sampling}$입니다.[8]

스킵그램

| shalt | not | make | a | machine |

입력	출력
make	shalt
make	not
make	a
make	machine

음성 샘플링

입력 단어	출력 단어	타깃
make	shalt	1
make	aaron	0
make	taco	0

그림 2-14 스킵그램과 네거티브 샘플링은 word2vec 알고리즘의 두 가지 주요 아이디어입니다. 이를 사용해 다양한 문제를 토큰 시퀀스 문제로 구성할 수 있습니다.

---

[8] 옮긴이_ word2vec 모델을 훈련하는 또 다른 방법은 주변 문맥 단어로부터 중심 단어를 예측하는 CBOW(continuous bag of word)입니다. 일반적으로 CBOW보다 스킵그램이 더 나은 임베딩을 만든다고 알려져 있습니다.

텍스트로부터 이와 같은 샘플을 수백만 내지 수십억 개 만들 수 있습니다. 이 데이터셋으로 신경망을 훈련하기 전에 LLM 토크나이저에서 보았던 것처럼 몇 가지 토큰화에 대한 결정을 내려야 합니다. 대소문자와 구두점 처리 방법, 어휘사전 크기 등입니다.

그다음 [그림 2-15]에서 볼 수 있듯이 각 토큰을 위한 임베딩 벡터를 랜덤하게 초기화하여 만듭니다. 실제로 vocab_size × embedding_dimensions 크기의 행렬이 만들어집니다.[9]

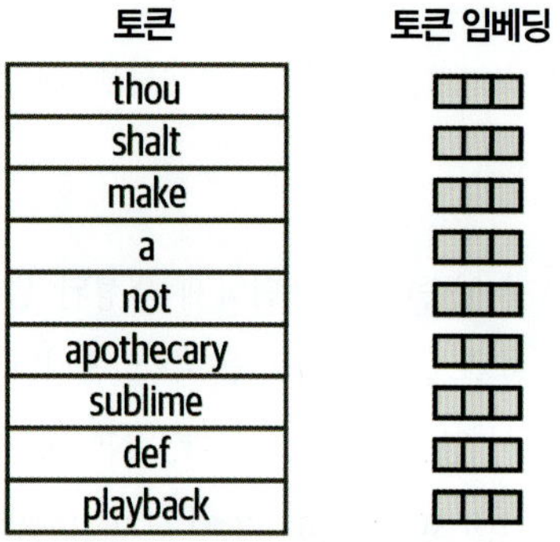

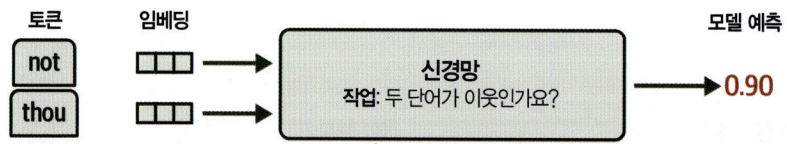

그림 2-15 어휘사전의 단어와 시작할 때 랜덤하게 초기화된 임베딩 벡터

그다음 두 개의 임베딩 벡터를 사용해 이웃한 단어인지 아닌지를 예측하도록 모델을 훈련합니다. 이 과정을 [그림 2-16]에서 볼 수 있습니다.

그림 2-16 두 단어가 이웃인지를 예측하도록 신경망을 훈련합니다. 훈련 과정에서 임베딩을 업데이트하여 최종 훈련된 임베딩을 만듭니다.

예측이 맞는지 틀리는지에 따라 전형적인 머신러닝 훈련 단계가 임베딩을 업데이트하여 다음번에 모델이 두 벡터를 만났을 때 올바른 답을 낼 가능성을 높입니다. 훈련 과정이 끝나면 어휘사전에 있는 모든 토큰의 임베딩이 향상될 것입니다.

---

[9] 옮긴이_ 네거티브 샘플링을 사용한 스킵그램에서는 입력 단어와 출력 단어를 위해 (어휘사전 × 임베딩 차원) 크기를 가진 두 개의 행렬이 필요합니다. 훈련이 끝난 후 입력 단어를 위한 행렬을 임베딩 행렬로 사용합니다.

두 개의 벡터를 사용해 벡터 사이에 어떤 관계가 있는지 예측하는 모델을 활용하는 아이디어는 머신러닝에서 큰 영향을 미쳤습니다. 시간이 흘러 이 아이디어가 언어 모델에서 매우 잘 동작한다는 것이 입증됐습니다. 그래서 10장에서 이 개념과 특정 작업(문장 임베딩과 추출 등)을 위해 언어 모델을 최적화하는 방법을 설명합니다.

동일한 아이디어는 텍스트와 이미지 같은 데이터 유형을 연결하는 데도 사용되며, 9장에서 살펴볼 멀티모달 같은 AI 이미지 생성 모델의 핵심입니다. 이런 설정에서는 모델이 이미지와 캡션caption을 입력받고, 해당 캡션이 이미지를 설명하는지 그렇지 않은지 예측해야 합니다.

2.5 추천 시스템을 위한 임베딩

앞에서 언급했듯이 임베딩의 개념은 많은 분야에서 유용합니다. 예를 들어 추천 시스템에 널리 사용됩니다.

2.5.1 임베딩으로 노래 추천하기

이 절에서 word2vec 알고리즘을 사용해 사람이 만든 음악 재생목록에 있는 노래를 임베딩하겠습니다. 각각의 노래를 단어나 토큰으로 다루고 재생목록을 문장처럼 취급한다고 상상해 보세요. 그다음 이 임베딩을 사용해 재생목록에 자주 함께 등장하는 비슷한 노래를 추천할 수 있습니다.

코넬 대학교Cornell University의 슈오 첸Shuo Chen이 모은 데이터셋(*https://oreil.ly/A-AK6*)을 사용하겠습니다. 이 데이터셋에는 미국 전역에 있는 수백 개의 라디오 방송국에서 가져온 재생목록이 담겨 있습니다. [그림 2-17]이 이 데이터셋을 보여 줍니다.

재생목록 #1:	노래 1	노래 13	노래 2	노래 400	
재생목록 #2:	노래 2	노래 81	노래 13	노래 82	노래 77
재생목록 #3:	노래 13	노래 2			

그림 2-17 노래의 유사도를 포착하는 임베딩을 위해 재생목록을 모아 구성한 데이터셋을 사용합니다. 각각의 재생목록에는 노래 목록이 담겨 있습니다.

구축 방법을 살펴보기 전에 최종 제품을 시연해 보죠. 몇 개의 노래를 입력하고 어떤 노래를 추천하는지 확인해 보겠습니다.

ID가 3822인 마이클 잭슨^{Micheal Jackson}의 '빌리 진^{Billie Jean}'을 먼저 입력합니다.

```
# 나중에 이 함수를 정의하고 자세히 살펴보겠습니다.
print_recommendations(3822)
```

id	Title	artist
4181	Kiss	Prince & The Revolution
12749	Wanna Be Startin' Somethin'	Michael Jackson
1506	The Way You Make Me Feel	Michael Jackson
3396	Holiday	Madonna
500	Don't Stop 'Til You Get Enough	Michael Jackson

그럴싸해 보이네요. 마돈나^{Madonna}, 프린스^{Prince} 그리고 마이클 잭슨의 노래 몇 곡이 가장 가까운 이웃입니다.

팝송 대신 힙합인 투팍^{2Pac}의 'California Love'의 이웃을 확인해 보죠.

```
print_recommendations(842)
```

id	Title	artist
413	If I Ruled the World (Imagine That) (w/ Lauryn Hill)	Nas
196	I'll Be Missing You	Puff Daddy & The Family
330	Hate It or Love It (w/ 50 Cent)	The Game
211	Hypnotize	The Notorious B.I.G.
5788	Drop It Like It's Hot (w/ Pharrell)	Snoop Dogg

이것도 납득할 만한 노래 목록입니다! 제대로 작동한다는 것을 알았으니 이런 시스템을 어떻게 만드는지 알아보죠.

2.5.2 노래 임베딩 모델 훈련하기

먼저 제목과 아티스트 같은 노래의 메타데이터와 노래의 재생목록을 담고 있는 데이터셋을 로드합니다.

```python
import pandas as pd
from urllib import request

# 재생목록 데이터셋 파일을 가져옵니다.
data = request.urlopen('https://storage.googleapis.com/maps-premium/dataset/yes_complete/train.txt')

# 재생목록 파일을 파싱합니다. 처음 두 줄은 메타데이터만 담고 있으므로 건너뜁니다.
lines = data.read().decode("utf-8").split('\n')[2:]

# 하나의 노래만 있는 재생목록은 삭제합니다.
playlists = [s.rstrip().split() for s in lines if len(s.split()) > 1]

# 노래의 메타데이터를 로드합니다.
songs_file = request.urlopen('https://storage.googleapis.com/maps-premium/dataset/yes_complete/song_hash.txt')
songs_file = songs_file.read().decode("utf-8").split('\n')
songs = [s.rstrip().split('\t') for s in songs_file]
songs_df = pd.DataFrame(data=songs, columns = ['id', 'title', 'artist'])
songs_df = songs_df.set_index('id')
```

재생목록을 저장한 `playlists` 리스트를 확인해 보죠. 이 리스트의 각 항목은 노래 ID의 목록으로 구성된 재생목록입니다.

```python
print('재생목록 #1:\n ', playlists[0], '\n')
print('재생목록 #2:\n ', playlists[1])
```

```
재생목록 #1: ['0', '1', '2', '3', '4', '5', ..., '43']
재생목록 #2: ['78', '79', '80', '3', '62', ..., '210']
```

word2vec 모델을 훈련해 보겠습니다.[10]

---

[10] 옮긴이_ Word2Vec 클래스의 vector_size 기본값은 100입니다. window, negative, min_count의 기본값은 모두 5이며 worker의 기본값은 3입니다.

```python
from gensim.models import Word2Vec

# Word2Vec 모델을 훈련합니다.
model = Word2Vec(
    playlists, vector_size=32, window=20, negative=50, min_count=1, workers=4
)
```

훈련하는 데 몇 분 정도 걸리며, 각 노래에 대해 계산된 임베딩을 결과로 얻게 됩니다. 이 임베딩을 사용해 단어로 했던 것처럼 비슷한 노래를 찾을 수 있습니다.

```python
song_id = 2172

# 노래 ID 2172와 비슷한 노래를 찾으라고 모델에게 요청합니다.
model.wv.most_similar(positive=str(song_id))
```

출력은 다음과 같습니다.

```
[('5586', 0.9972712993621826),
 ('5634', 0.9969846606254578),
 ('6658', 0.9966683983802795),
 ('3126', 0.9965607523918152),
 ('1922', 0.9962871074676514),
 ('6626', 0.9952067732810974),
 ('2014', 0.9945948719978333),
 ('3116', 0.9944264888763428),
 ('11517', 0.9943767189979553),
 ('11502', 0.9943622946739197)]
```

2172번 노래와 임베딩이 가장 비슷한 노래들입니다.

2172번 노래를 확인해 보죠.

```python
print(songs_df.iloc[2172])
```

```
title    Fade To Black
artist   Metallica
Name: 2172 , dtype: object
```

따라서 추천된 노래는 모두 헤비 메탈heavy metal과 하드 록hard rock 장르입니다.

```python
import numpy as np

def print_recommendations(song_id):
    similar_songs = np.array(
        model.wv.most_similar(positive=str(song_id),topn=5)
    )[:,0]
    return songs_df.iloc[similar_songs]

# 추천 노래 출력
print_recommendations(2172)
```

id	Title	artist
11473	Little Guitars	Van Halen
3167	Unchained	Van Halen
5586	The Last in Line	Dio
5634	Mr. Brownstone	Guns N' Roses
3094	Breaking the Law	Judas Priest

2.6 요약

LLM 토큰화, 토크나이저, 토큰 임베딩을 유용하게 사용하는 방법을 다루었습니다. 이를 통해 다음 장에서 언어 모델을 자세히 살펴보기 위한 준비를 마쳤습니다. 또한 임베딩을 언어 모델 이외의 분야에 어떻게 사용하는지 배웠습니다.

LLM에 입력을 처리하는 첫 번째 단계로 토크나이저가 원시 텍스트 입력을 토큰 ID로 변환하는 방법을 살펴보았습니다. 일반적인 토큰화 방법은 애플리케이션의 요구사항에 따라 텍스트를 단어, 부분단어 토큰, 문자, 바이트로 나누는 것입니다.

실제 사전 훈련된 토크나이저(BERT, GPT-2, GPT-4 등)를 살펴보면서 일부 토크나이저의 이점(예: 대소문자, 줄바꿈 같은 정보 보존이나 다국어 토큰)과 토크나이저 간의 차이점(예:

특정 단어를 분할하는 방법)을 알아보았습니다.

토크나이저 설계에 중요한 결정 사항은 토크나이저 알고리즘(BPE, WordPiece, Sentence Piece 등), 토크나이저 파라미터(어휘사전 크기, 특수 토큰, 대소문자, 다국어 처리 등), 토크나이저가 훈련되는 데이터셋입니다.

언어 모델은 정적인 원시 임베딩을 향상시켜 문맥을 고려한 고품질의 토큰 임베딩을 만들 수 있습니다. 이런 문맥을 고려한 토큰 임베딩이 개체명 인식(NER), 추출적 텍스트 요약, 텍스트 분류 같은 작업에 사용됩니다. 토큰 임베딩을 만드는 것 외에도 언어 모델은 전체 문장이나 문서에 대한 텍스트 임베딩을 생성할 수 있습니다. 이를 통해 이 책의 2부에서 보게 될 많은 언어 모델 애플리케이션이 가능해집니다.

LLM 이전에 word2vec, GloVe, fastText 같은 단어 임베딩이 인기가 많았습니다. 언어 처리 분야에서 이런 방법들은 대부분 언어 모델이 만든 문맥을 고려한 단어 임베딩으로 바뀌었습니다. word2vec 알고리즘은 두 개의 주요 아이디어인 스킵그램과 네거티브 샘플링을 기반으로 합니다. 또한 10장에서 보게 될 대조 훈련과 비슷한 방법을 사용합니다.

노래 재생목록으로 음악 추천 시스템을 만들면서 언급했듯이 임베딩은 추천 시스템을 만들고 개선하는 데 유용합니다.

다음 장에서 토큰화 이후 과정에 대해 심도 있게 살펴보겠습니다. LLM이 어떻게 이런 토큰을 처리하고 텍스트를 생성할까요? 트랜스포머 아키텍처를 사용하는 LLM의 동작 방식을 직관적으로 이해해 보겠습니다.

3장
대규모 언어 모델 자세히 살펴보기

이제 토큰화와 임베딩에 대해 이해했으니 언어 모델의 작동 방식에 대해 자세히 알아볼 준비가 되었습니다. 이 장에서 트랜스포머 언어 모델의 작동 방식을 직관적으로 이해해 보겠습니다. 텍스트 생성 모델이 주요 관심사이므로 특별히 생성형 LLM을 자세히 살펴보겠습니다.

개념과 함께 이해를 돕기 위한 예제 코드를 살펴보겠습니다. 먼저 언어 모델을 로드하고 파이프라인 객체를 만들어 텍스트 생성을 위한 준비를 합니다. 처음 읽을 때는 코드보다는 관련된 개념을 이해하는 데 초점을 맞추세요. 그다음 두 번째 읽을 때 코드를 통해 개념을 구체화할 수 있을 것입니다.

```
import torch
from transformers import AutoModelForCausalLM, AutoTokenizer, pipeline

# 모델과 토크나이저를 로드합니다.
tokenizer = AutoTokenizer.from_pretrained("microsoft/Phi-3-mini-4k-instruct")

model = AutoModelForCausalLM.from_pretrained(
    "microsoft/Phi-3-mini-4k-instruct",
    device_map="cuda",
    torch_dtype="auto",
    trust_remote_code=True,
)

# 파이프라인 객체를 만듭니다.
generator = pipeline(
```

```
    "text-generation",
    model=model,
    tokenizer=tokenizer,
    return_full_text=False,
    max_new_tokens=50,
    do_sample=False,
)
```

3.1 트랜스포머 모델 개요

먼저 고수준에서 트랜스포머 모델을 살펴보겠습니다. 그다음 2017년 이후에 트랜스포머 모델이 어떻게 발전되었는지 알아보겠습니다.

3.1.1 훈련된 트랜스포머 LLM의 입력과 출력

트랜스포머 LLM의 동작 방식을 이해하는 가장 일반적인 방법은 모델을 하나의 소프트웨어 시스템으로 생각하는 것입니다. 특별히 이 시스템은 텍스트를 받아 응답으로 텍스트를 생성할 수 있습니다. 텍스트-입력 텍스트-출력 모델이 충분히 크고 고품질의 대규모 데이터셋에서 훈련되면, 인상적이고 유용한 출력을 생성할 수 있습니다. [그림 3-1]은 이메일을 작성할 수 있는 모델의 예를 보여 줍니다.

그림 3-1 고수준에서 보면 트랜스포머 LLM은 텍스트 프롬프트를 받아서 텍스트를 생성하는 모델입니다.

이 모델은 한 번에 모든 텍스트를 생성하지 않습니다. 실제로 한 번에 하나의 토큰씩 생성합니다. [그림 3-2]는 입력 프롬프트에 대한 응답으로 네 개의 토큰을 생성하는 과정을 보여 줍니다. 각각의 토큰 생성 과정은 모델을 통과하는 한 번의 정방향 계산forward pass[1]에 해당합니다(머신러닝 용어로 말하면, 입력이 신경망에 주입되고 일련의 연산을 통과하여 계산 그래프의 다른 쪽 끝에서 출력이 생성됩니다).

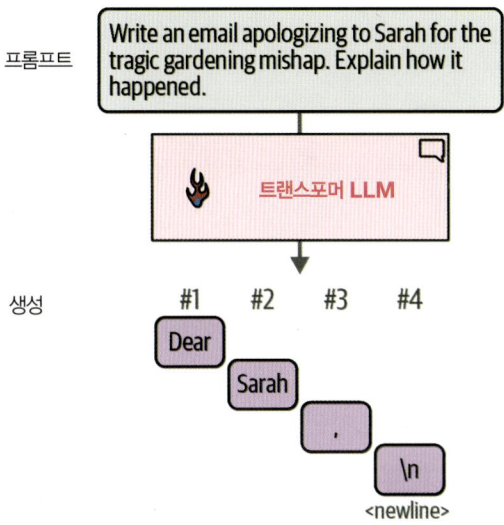

그림 3-2 트랜스포머 LLM은 한 번에 전체 텍스트가 아니라 하나의 토큰씩 생성합니다.

하나의 토큰을 생성한 후에, 출력 토큰을 입력 프롬프트 끝에 추가하여 다음 생성 단계를 위한 프롬프트로 사용합니다. 이 과정을 [그림 3-3]에서 볼 수 있습니다.

---

1 옮긴이_ 정방향 계산 또는 순전파는 모델에 입력을 전달하여 출력을 만들 때까지 순서대로 연산을 수행하는 과정입니다. 모델을 훈련할 때 출력을 기반으로 오차를 계산해 거꾸로 전달하는 역전파(backward pass, backpropagation)와 구분하기 위해 종종 사용됩니다. 따라서 모델을 추론에 사용할 때는 정방향 계산만 수행됩니다.

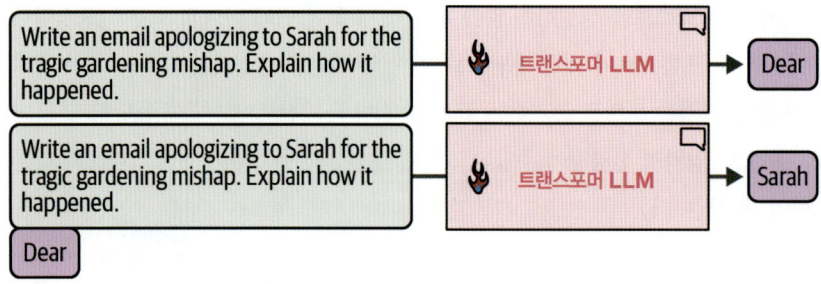

그림 3-3 출력 토큰이 프롬프트 끝에 추가된 다음, 새로운 텍스트가 모델에 전달되어 다음 토큰을 생성하기 위한 정방향 계산이 수행됩니다.

이렇게 보면 모델이 입력 프롬프트를 기반으로 다음 토큰을 예측하는 작업 과정을 정확하게 이해할 수 있습니다. 이 신경망을 구성하는 소프트웨어는 기본적으로 루프^{loop} 안에서 이 과정을 실행하여 완료할 때까지 생성된 텍스트를 순차적으로 확장합니다.

이전의 예측을 사용해 다음 예측을 만드는 모델을 지칭하는 머신러닝 용어가 있습니다(예를 들어, 모델이 첫 번째로 생성한 토큰을 사용해 두 번째 토큰을 생성합니다). 바로 **자기회귀 모델**$^{autoregressive\ model}$이란 용어입니다. 텍스트 생성 LLM은 이 같은 특성이 있어 자기회귀 모델이라 합니다. 이 특성은 텍스트 생성 모델과 (자기회귀적이지 않은) BERT 같은 텍스트 표현 모델을 구분하는 기준으로 종종 사용됩니다.

한 토큰씩 생성하는 자기회귀인 과정은 다음처럼 LLM으로 텍스트를 생성할 때 LLM 내부에서 일어나는 일입니다.

```
prompt = "Write an email apologizing to Sarah for the tragic gardening mishap. Explain how it happened."

output = generator(prompt)

print(output[0]['generated_text'])
```

생성된 텍스트는 다음과 같습니다.

```
Solution 1:

Subject: My Sincere Apologies for the Gardening Mishap
```

```
Dear Sarah,

I hope this message finds you well. I am writing to express my deep
```

모델이 제목부터 시작하여 이메일을 쓰기 시작합니다. max_new_tokens를 50으로 설정해서 토큰 생성이 제한되었기 때문에 텍스트 중간에 갑자기 중지되었습니다. 이를 늘리면 이메일을 마무리할 때까지 쓰기가 계속됩니다.

3.1.2 정방향 계산의 구성 요소

이런 반복적인 구조 외에 두 개의 핵심 구성 요소는 토크나이저와 언어 모델링 헤드(LM 헤드)입니다. [그림 3-4]는 두 구성 요소가 전체 시스템에서 어디에 위치하는지 보여 줍니다. 이전 장에서 모델의 입력을 준비하기 위해 토크나이저가 텍스트를 토큰 ID의 시퀀스로 변환하는 방법을 살펴보았습니다.

이 토크나이저 다음에 모든 처리 과정을 담당하는 트랜스포머 블록을 쌓은 신경망이 이어집니다. 그다음 LM 헤드가 나옵니다. LM 헤드에서 트랜스포머 스택의 출력을 가장 가능성 있는 다음 토큰에 대한 확률로 변환합니다.

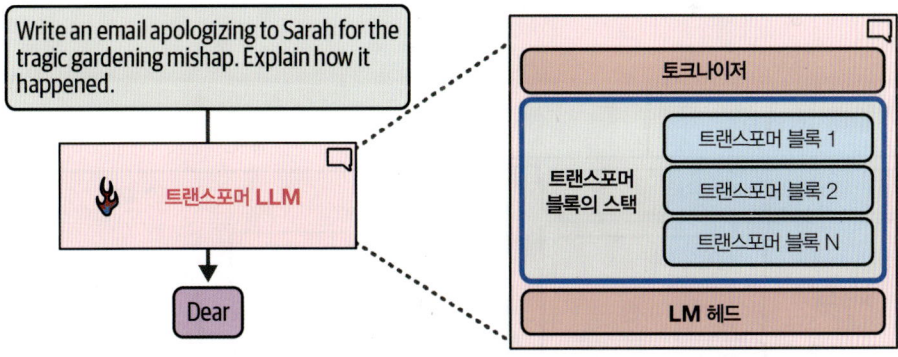

그림 3-4 트랜스포머 LLM은 토크나이저, 트랜스포머 블록의 스택, 언어 모델링 헤드로 구성됩니다.

2장에서 토크나이저는 토큰의 테이블인 **어휘사전**을 포함한다고 했습니다. 트랜스포머 모델은 어휘사전에 있는 각 토큰에 연관된 벡터 표현(토큰 임베딩)을 가집니다. [그림 3-5]는 50,000

개의 토큰으로 구성된 어휘사전과 모델에 있는 토큰 임베딩을 보여 줍니다.

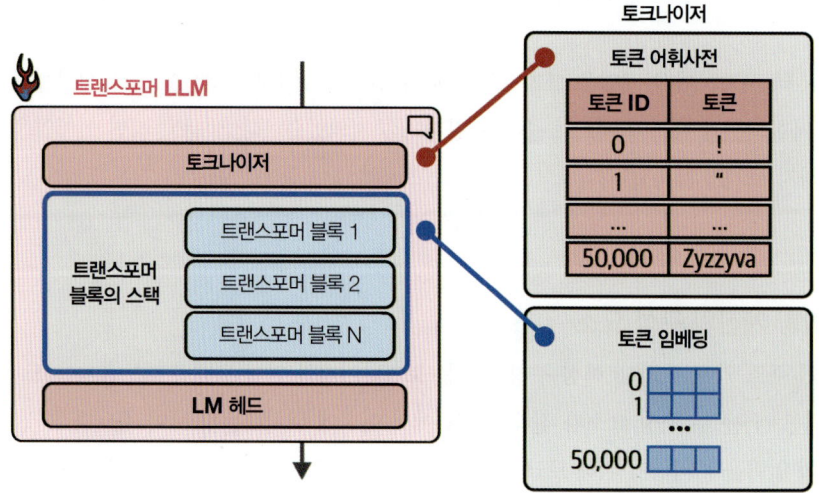

그림 3-5 이 토크나이저는 50,000개의 토큰으로 구성된 어휘사전을 가집니다. 모델은 각 토큰에 연관된 토큰 임베딩을 가집니다.

계산 과정은 위에서 아래 방향으로 진행됩니다. 토큰 하나를 생성하기 위해 스택에 있는 트랜스포머 블록을 순서대로 통과한 다음 LM 헤드를 통과하고, 마지막으로 [그림 3-6]에서 보듯이 다음 토큰에 대한 확률 분포를 출력합니다.

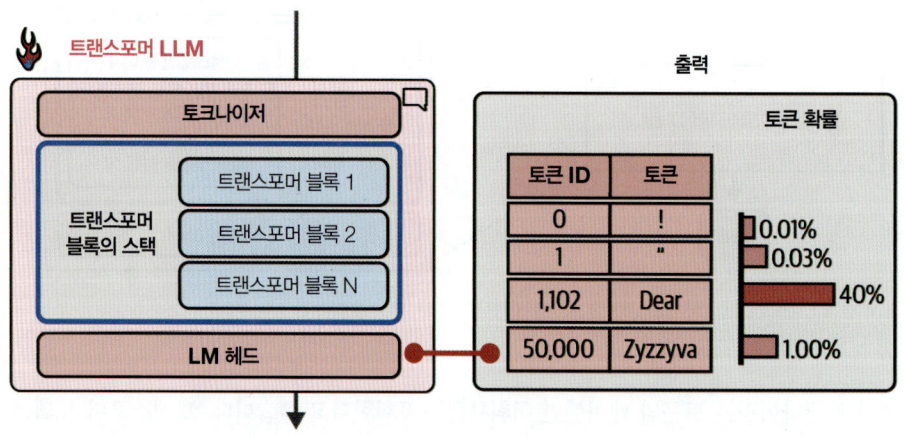

그림 3-6 정방향 계산의 마지막에 모델은 어휘사전에 있는 모든 토큰에 대한 확률 점수를 출력합니다.

LM 헤드는 간단한 신경망 층입니다. 다양한 종류의 시스템을 만들기 위해 트랜스포머 블록의 스택에 여러 종류의 헤드를 붙일 수 있으며 LM 헤드는 그중 하나입니다. 다른 종류의 헤드로는 시퀀스 분류 헤드와 토큰 분류 헤드 등이 있습니다.

모델 객체를 출력하면 모델에 포함된 층을 순서대로 표시할 수 있습니다. 이 모델의 경우 다음과 같은 결과를 얻습니다.

```
print(model)
```

```
Phi3ForCausalLM(
  (model): Phi3Model(
    (embed_tokens): Embedding(32064, 3072, padding_idx=32000)
    (embed_dropout): Dropout(p=0.0, inplace=False)
    (layers): ModuleList(
      (0-31): 32 x Phi3DecoderLayer(
        (self_attn): Phi3Attention(
          (o_proj): Linear(in_features=3072, out_features=3072, bias=False)
          (qkv_proj): Linear(in_features=3072, out_features=9216, bias=False)
          (rotary_emb): Phi3RotaryEmbedding()
        )
        (mlp): Phi3MLP(
          (gate_up_proj): Linear(in_features=3072, out_features=16384, bias=False)
          (down_proj): Linear(in_features=8192, out_features=3072, bias=False)
          (activation_fn): SiLU()
        )
        (input_layernorm): Phi3RMSNorm()
        (resid_attn_dropout): Dropout(p=0.0, inplace=False)
        (resid_mlp_dropout): Dropout(p=0.0, inplace=False)
        (post_attention_layernorm): Phi3RMSNorm()
      )
    )
    (norm): Phi3RMSNorm()
  )
  (lm_head): Linear(in_features=3072, out_features=32064, bias=False)
)
```

이 출력을 살펴보면 다음 사항을 알 수 있습니다.

- 모델의 층이 여러 단계로 중첩되었습니다. 가장 상위 층은 model과 lm_head입니다.

- Phi3Model 모델 안에서 임베딩 행렬 embed_tokens와 차원을 볼 수 있습니다. 이 행렬은 32,064개 토큰을 가지고 각 벡터의 크기는 3,072입니다.
- 드롭아웃^{dropout} 층 다음에 등장하는 주요 구성 요소는 트랜스포머 디코더 층의 스택입니다. 여기에는 트랜스포머 디코더 블록인 Phi3DecoderLayer가 32개 포함되었습니다.
- 각각의 트랜스포머 블록 안에는 어텐션 층과 (다층 퍼셉트론$^{multi-layer\ perceptron}$이라 부르는) 피드포워드 신경망(mlp)이 들어 있습니다. 나중에 이 장에서 자세히 다루겠습니다.
- 마지막으로 lm_head를 볼 수 있습니다. 이 층은 3,072 크기의 벡터를 입력받고 모델이 가진 토큰 수와 동일한 크기의 벡터를 출력합니다. 이 출력은 각 토큰에 대한 확률 점수이며 우리는 이를 사용해 출력 토큰을 선택합니다.

3.1.3 확률 분포로부터 하나의 토큰 선택하기(샘플링/디코딩)

토큰 생성 과정의 마지막에 모델이 출력하는 것은 [그림 3-6]에서 보았듯이 어휘사전에 있는 각 토큰에 대한 확률 점수입니다. 이 확률 분포에서 하나의 토큰을 선택하는 방법을 **디코딩 전략**$^{decoding\ strategy}$이라 부릅니다. [그림 3-7]은 하나의 예로 토큰 'Dear'를 선택하는 방법을 보여줍니다.

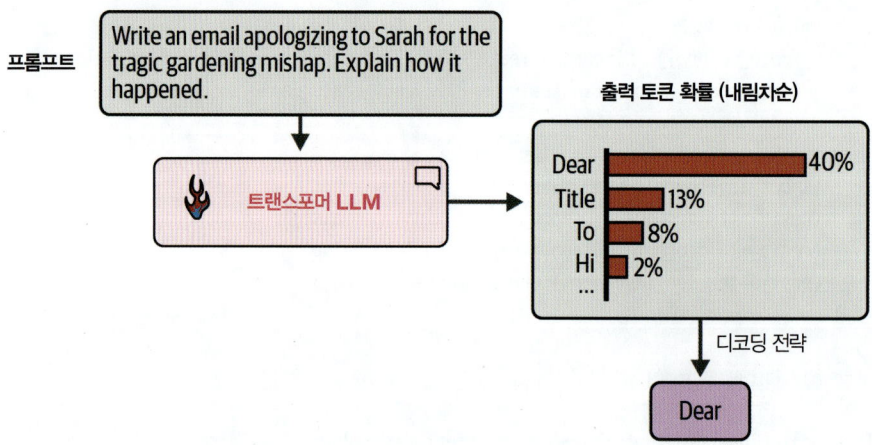

그림 3-7 모델의 정방향 계산을 통해 출력한 확률이 가장 높은 토큰. 이 디코딩 전략은 확률에 따라 샘플링하여 출력할 토큰을 결정합니다.

가장 간단한 디코딩 전략은 확률 점수가 가장 높은 토큰을 고르는 것입니다. 실제로는 대부분의 경우에 이 방식이 가장 좋은 출력을 내지 못하는 경향이 있습니다. 약간의 무작위성을 가미하거나 이따금 두 번째나 세 번째로 확률이 높은 토큰을 고르는 것이 더 낫습니다. 통계적으로 말하면 확률 점수 기반의 확률 분포에서 샘플링을 수행한다는 아이디어입니다.

[그림 3-7]의 예에서 토큰 'Dear'가 다음 토큰이 될 확률을 40%라고 하면 이 토큰이 선택될 가능성이 40%라는 의미입니다(이에 반해 탐욕적 검색greedy search은 점수가 가장 높은 토큰을 무조건 선택합니다). 따라서 이 방법을 사용하면 다른 모든 토큰들도 각각의 점수에 따라 선택될 가능성이 어느 정도 있게 됩니다.

항상 가장 높은 점수의 토큰을 선택하는 방법을 **탐욕적 디코딩**greedy decoding이라 합니다. LLM의 온도(temperature) 매개변수를 0으로 설정하면 이 방식을 사용합니다. 온도 개념은 6장에서 소개합니다.[2]

예제 코드를 통해 이 과정을 자세히 살펴보죠. 다음 코드 블록에서 모델에 입력 토큰을 전달하고 이어서 lm_head를 호출합니다.

```python
prompt = "The capital of France is"

# 입력 프롬프트를 토큰화합니다.
input_ids = tokenizer(prompt, return_tensors="pt").input_ids

# 입력 토큰을 GPU에 배치합니다.
input_ids = input_ids.to("cuda")

# lm_head 앞에 있는 model의 출력을 얻습니다.
model_output = model.model(input_ids)

# lm_head의 출력을 얻습니다.
lm_head_output = model.lm_head(model_output[0])
```

---

2 옮긴이_ 온도는 소프트맥스 함수로 모델 출력을 정규화하기 전에(즉 확률 점수로 만들기 전에) 나누어 주는 값입니다. 0으로 지정하면 가장 큰 출력 값의 토큰 확률은 1이 되고 나머지는 모두 0이 됩니다. transformers 패키지로 텍스트를 생성할 때 do_sample 매개변수의 기본값이 False, num_beams 매개변수 기본값은 1이므로 temperature 매개변수에 상관없이 항상 탐욕적 디코딩을 수행합니다. do_sample 매개변수는 6장을 참조하세요. num_beams는 빔 서치(beam search) 디코딩을 위한 매개변수입니다. 빔 서치에 대한 내용은 『핸즈온 머신러닝 3판』(한빛미디어, 2023) 16장을 참고하세요.

lm_head_output의 크기는 [1, 5, 32064]입니다. lm_head_output[0, -1]로 마지막에 생성된 토큰에 대한 확률 점수를 얻을 수 있습니다.[3] 텍스트 샘플이 하나이므로 배치 차원의 인덱스에는 0을 지정하고, 시퀀스에 있는 마지막 토큰을 얻기 위해 인덱스 -1을 사용합니다. 이 값은 32,064개 토큰에 대한 확률 점수의 리스트입니다. 가장 큰 값을 가진 토큰 ID를 구한 후 이를 텍스트로 디코딩하여 출력 토큰을 얻습니다.[4]

```
token_id = lm_head_output[0,-1].argmax(-1)
tokenizer.decode(token_id)
```

출력은 다음과 같습니다.

```
Paris
```

3.1.4 병렬 토큰 처리와 문맥 크기

트랜스포머는 언어 처리 분야의 기존 신경망 구조보다 병렬 처리가 뛰어납니다. 텍스트를 생성할 때 각 토큰을 처리하는 방식에서 이를 알 수 있습니다. 이전 장에서 토크나이저가 텍스트를 토큰으로 나눈다는 것을 배웠습니다. 각각의 입력 토큰은 각자의 계산 경로를 따라 처리됩니다(처음에는 이렇게 생각하는 것이 직관적으로 이해하는 데 도움이 됩니다). [그림 3-8]에서 이런 개별 처리 경로 또는 스트림stream을 볼 수 있습니다.

---

[3] 옮긴이_ 기본적으로 트랜스포머 구조의 LLM은 각 토큰 위치에서 다음 토큰에 대한 확률을 출력합니다. 입력 텍스트의 뒤를 이어가는 것이 목적이므로 마지막 토큰에 대한 확률이 관심 대상입니다.

[4] 옮긴이_ 토큰 ID가 임베딩 행렬의 행 인덱스가 되는 것처럼 LM 헤드의 출력 값의 인덱스를 토큰 ID로 해석합니다.

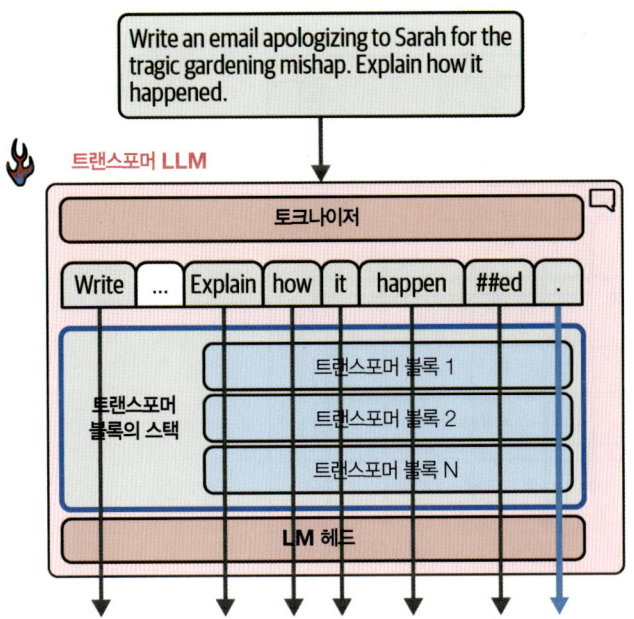

그림 3-8 각 토큰은 독자적인 계산 스트림을 통해 처리됩니다(잠시 후에 보겠지만 어텐션 단계에서 토큰 간의 상호작용이 있습니다).

트랜스포머 모델은 동시에 처리할 수 있는 토큰 수가 제한됩니다. 이런 제한을 모델의 문맥 길이[5]라고 부릅니다. 문맥 길이가 4K인 모델은 4K개의 토큰만 처리할 수 있습니다. 따라서 앞의 그림과 같은 계산 스트림이 최대 4K개 있습니다.

각 토큰 스트림은 입력 벡터로 시작합니다(임베딩 벡터와 위치 임베딩을 더한 값입니다. 위치 임베딩에 대해서는 잠시 후에 알아보겠습니다). [그림 3-9]와 같이 스트림의 끝에서 모델의 처리 결과로 또 다른 벡터가 만들어집니다.

---

5   옮긴이_ 문맥 크기, 최대 입력 길이라고도 부릅니다.

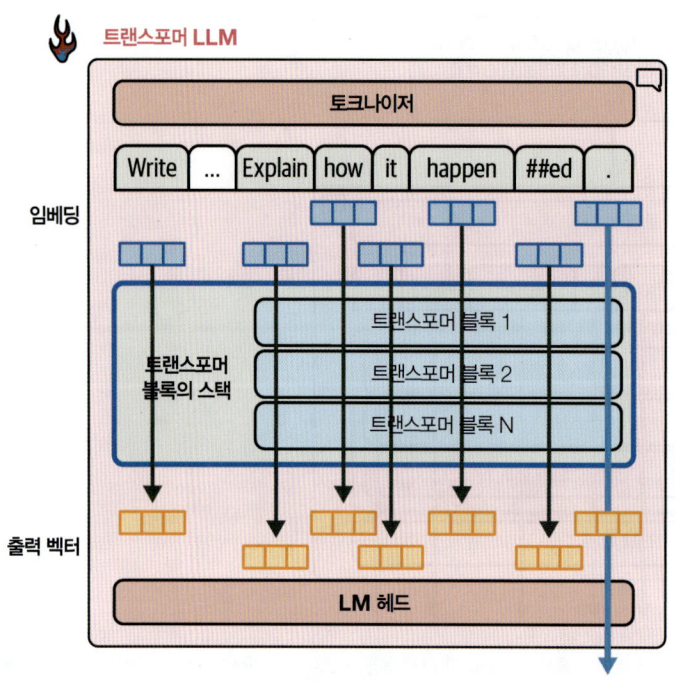

그림 3-9 각 처리 스트림은 입력 벡터를 받고 동일 크기(종종 모델의 차원이라고도 부릅니다)의 결과 벡터를 생성합니다.

텍스트 생성의 경우 마지막 스트림의 출력 결과만 사용해 다음 토큰을 예측합니다. 이 출력 벡터만 LM 헤드에 전달되어 다음 토큰의 확률을 계산합니다.

마지막 토큰을 제외한 모든 토큰의 결과를 버리는데 왜 모든 토큰 스트림을 계산하기 위해 애쓰는지 궁금할 수 있습니다. 이전 스트림의 계산이 최종 스트림의 계산에 필요하기 때문입니다. 마지막을 제외한 스트림의 최종 출력 벡터를 사용하지 않지만 트랜스포머 블록의 어텐션 메커니즘에서는 이전 스트림의 (트랜스포머 블록의) 출력을 사용합니다.

앞의 예제 코드에서 `lm_head`의 출력이 [1, 5, 32064]인 것은 입력의 크기가 [1, 5, 3072]였기 때문입니다. 배치에 하나의 입력 문자열이 있고, 여섯 개의 토큰이 담기며, 각 토큰은 3,072 크기의 벡터로 표현됩니다. 3,072는 트랜스포머 블록의 스택을 통과한 출력 벡터의 크기와 같습니다.

모델의 출력 행렬의 차원을 직접 확인할 수 있습니다.

```
model_output[0].shape
```

출력은 다음과 같습니다.

```
torch.Size([1, 5, 3072])
```

비슷하게 LM 헤드의 출력 크기도 확인할 수 있습니다.

```
lm_head_output.shape
```

출력은 다음과 같습니다.

```
torch.Size([1, 5, 32064])
```

3.1.5 키와 값을 캐싱하여 생성 속도 높이기

두 번째 토큰을 생성할 때 단순히 첫 번째 출력 토큰을 입력에 덧붙여 또 한 번 모델의 정방향 계산을 수행합니다. 모델이 이전 계산의 결과를 캐싱할 수 있다면 이전 스트림의 계산(특히 어텐션 메커니즘의 특정 벡터)을 반복할 필요가 없습니다. 즉, 마지막 스트림에 대한 계산만 필요합니다. 이런 최적화 기법은 키와 값 캐시$^{kv\,cache}$(*https://oreil.ly/1q45J*)라고 부르며 텍스트 생성 과정의 속도를 크게 높입니다.[6] 나중에 보겠지만 키^{key}와 값^{value}은 어텐션 메커니즘의 핵심 구성 요소입니다.

[그림 3-10]은 두 번째 토큰을 생성할 때 이전 스트림의 결과를 캐싱했기 때문에 하나의 스트림만 처리하는 것을 보여 줍니다.

---

[6] 옮긴이_ 훈련 시에는 자기회귀적으로 텍스트를 이어가지 않고 문맥 길이의 샘플을 한 번에 처리하므로 키-값 캐싱을 사용하지 않습니다.

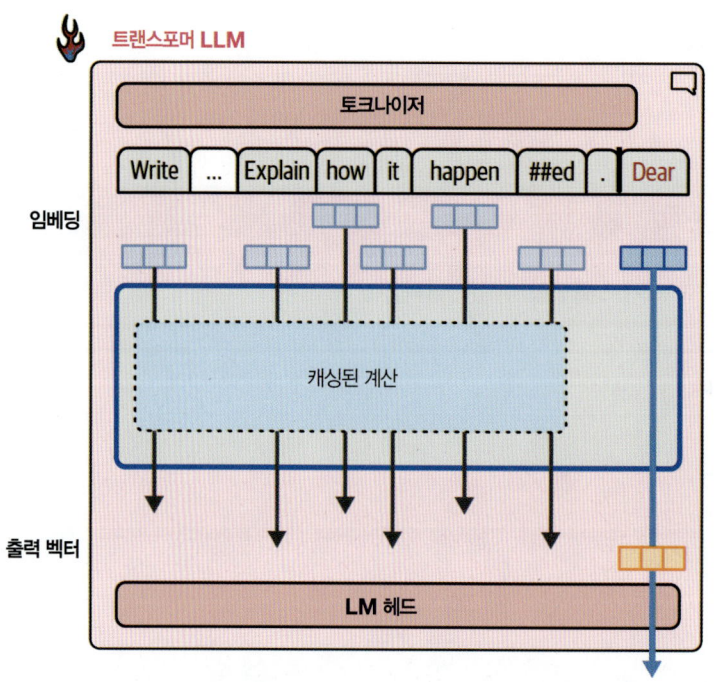

그림 3-10 텍스트를 생성할 때 동일한 계산을 반복하지 않도록 이전 토큰의 계산 결과를 캐싱하는 것이 중요합니다.

허깅 페이스의 transformers는 기본적으로 캐싱을 사용합니다. use_cache 매개변수를 False로 지정하여 캐싱을 끌 수 있습니다. 긴 문장을 생성하도록 요청하고 캐싱을 할 때와 안 할 때의 생성 속도 차이를 재어 보죠.

```
prompt = "Write a very long email apologizing to Sarah for the tragic gardening
mishap. Explain how it happened."
# 입력 프롬프트를 토큰화합니다.
input_ids = tokenizer(prompt, return_tensors="pt").input_ids
input_ids = input_ids.to("cuda")
```

그다음 캐싱을 사용하여 100개의 토큰을 생성하는 데 걸리는 시간을 재어 보겠습니다. 이를 위해 주피터Jupyter나 코랩에서 **%%timeit** 매직 명령magic command[7]을 사용하여 코드 실행 시간을 잴 수 있습니다(이 명령은 여러 번 코드를 실행한 다음 평균을 냅니다).

---

[7] 옮긴이_ %%timeit은 기본적으로 코드를 1,000번 반복하는 과정을 7번 수행한 후 평균을 냅니다. 전자의 횟수는 -n 옵션으로, 후자의 횟수는 -r 옵션으로 지정할 수 있습니다.

```
%%timeit -n 1
# 텍스트를 생성합니다.
generation_output = model.generate(
    input_ids=input_ids,
    max_new_tokens=100,
    use_cache=True
)
```

코랩의 T4 GPU를 사용했을 때 4.5초가 걸립니다. 캐싱을 사용하지 않으면 얼마나 걸릴까요?

```
%%timeit -n 1
# 텍스트를 생성합니다.
generation_output = model.generate(
    input_ids=input_ids,
    max_new_tokens=100,
    use_cache=False
)
```

이 코드는 21.8초가 걸립니다. 엄청난 차이네요. 사실 사용자 경험 입장에서 보면 4초도 화면을 바라보고 모델의 출력을 기다리는 시간으로는 깁니다. 이 때문에 LLM API들은 전체 문장이 완성되기 전에 모델이 생성하는 토큰을 스트리밍합니다.

3.1.6 트랜스포머 블록 내부

이제 대부분의 계산이 수행되는 트랜스포머 블록에 대해 이야기해 보죠. [그림 3-11]에서 보듯이 트랜스포머 LLM은 일련의 트랜스포머 블록으로 구성됩니다(원본 트랜스포머 논문은 6개를 사용했지만 대규모 LLM은 100개 이상을 사용하기도 합니다). 각 블록은 입력을 처리한 다음 이 결과를 다음 블록으로 전달합니다.

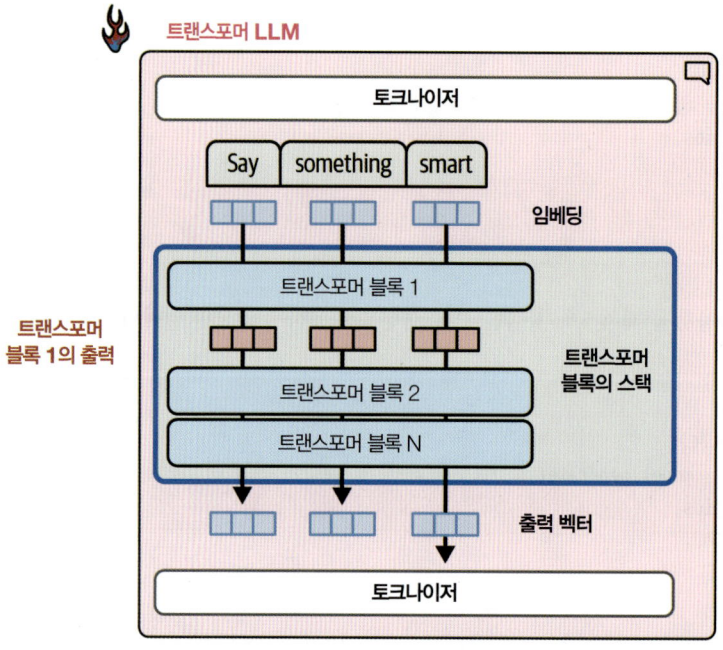

그림 3-11 트랜스포머 LLM 계산 과정 대부분은 일련의 트랜스포머 블록 안에서 일어납니다. 각 블록의 처리 결과는 후속 블록의 입력으로 전달됩니다.

트랜스포머 블록(그림 3-12) 안에는 두 개의 구성 요소가 있습니다.

- **어텐션 층**attention layer은 다른 입력 토큰과 위치에 대한 정보를 통합합니다.
- **피드포워드 층**feedforward layer은 모델의 처리 용량의 대부분을 담당합니다.

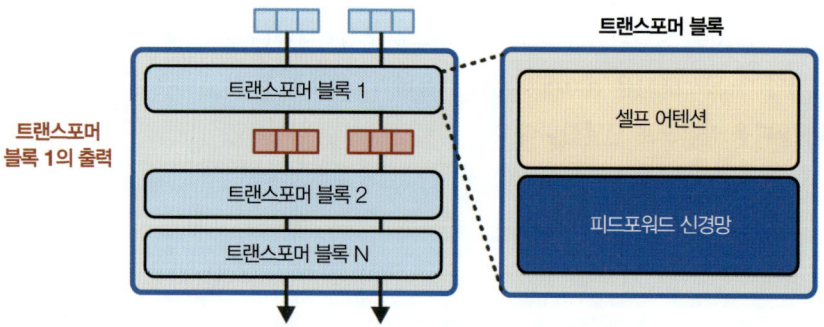

그림 3-12 트랜스포머 블록은 셀프 어텐션 층과 피드포워드 신경망으로 구성됩니다.

피드포워드 신경망 살펴보기

피드포워드 신경망을 직관적으로 이해하기 위한 간단한 예를 들어 보죠. 'The Shawshank'를 언어 모델에 입력하면 가장 가능성 있는 다음 단어로 (1994년 영화 제목인) 'Redemption'이 출력되기를 기대할 것입니다.

[그림 3-13]에서 보듯이 (모델에 있는 모든) 피드포워드 신경망이 이런 정보의 원천입니다. 모델이 ('The Shawshank Redemption'이 여러 번 언급된) 대규모 텍스트 데이터에서 성공적으로 훈련될 때 이 작업을 성공시키기 위한 정보(그리고 동작)를 학습하고 저장합니다.

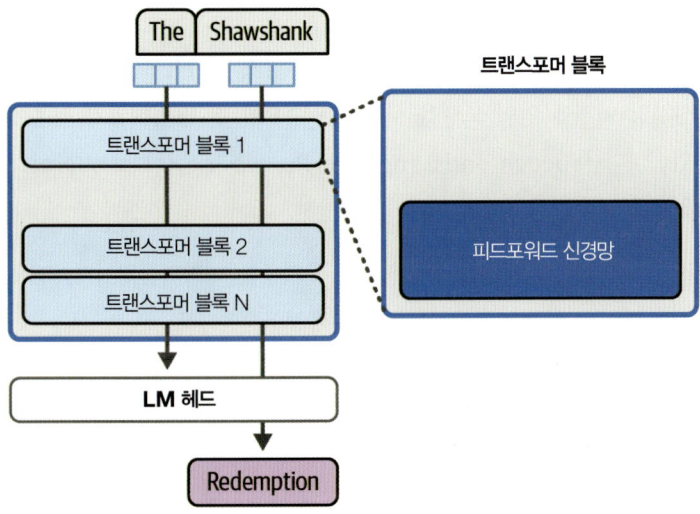

그림 3-13 트랜스포머 블록의 피드포워드 신경망은 모델의 기억과 보간interpolation의 대부분을 담당합니다.

LLM이 성공적으로 훈련되려면 많은 정보를 암기해야 합니다. 단순히 대용량 데이터베이스이면 되는 것이 아닙니다. 암기는 인상적인 텍스트 생성 레시피에서 필요한 하나의 재료일 뿐입니다. 모델은 이런 메커니즘을 사용해 데이터 포인트 사이와 복잡한 패턴 사이를 보간하여 일반화할 수 있습니다. 즉 과거에 본 적 없고 훈련 데이터셋에 없는 입력에 대해 잘 수행된다는 의미입니다.

> **NOTE**
> 최신의 상용 LLM을 사용하는 경우, 앞에서 말한 엄격한 의미의 '언어 모델'과 다른 형태의 결과가 나옵니다.

> GPT-4와 같은 채팅 LLM에 'The Shawshank'를 입력하면 다음과 같은 결과를 얻습니다.
>
> "The Shawshank Redemption" is a 1994 film directed by Frank Darabont and is based on the novella "Rita Hayworth and Shawshank Redemption" written by Stephen King. ...etc.
>
> 이처럼 (GPT-3 같은) 원시 언어 모델은 사람들이 활용하기 어렵습니다. 그래서 이런 이유로 언어 모델은 사람들의 기대에 부응하는 출력을 만들기 위해 지시 튜닝(instruction tuning)이나 인간 선호 및 피드백 기반 미세 튜닝(human preference and feedback fine-tuning)을 통해 훈련됩니다.[8]

어텐션 층 소개

문맥은 언어를 적절하게 모델링하기 위해 매우 중요합니다. 단순 암기와 이전 토큰 기반의 보간은 한계가 있습니다. 신경망 이전에 언어 모델을 구축하는 주요한 한 방법이었기 때문에 우리는 이 사실을 알고 있습니다(『Speech and Language Processing』(https://oreil.ly/9onN8)의 3장 N-그램 언어 모델을 참고하세요).

어텐션은 모델이 특정 토큰을 처리할 때 문맥을 통합하도록 도와주는 메커니즘입니다. 'The dog chased the squirrel because it'라는 프롬프트를 생각해 보죠.

모델이 'it' 다음에 올 토큰을 예측하려면 'it'이 가리키는 것이 무엇인지 알아야 합니다. 'it'이 가리키는 것이 'dog'일까요, 'squirrel'일까요?

훈련된 트랜스포머 LLM에서는 어텐션 메커니즘이 이런 결정을 내립니다. 어텐션은 문맥 정보를 'it' 토큰의 표현에 추가합니다. [그림 3-14]에서 간단하게 나타낸 이 과정을 볼 수 있습니다.

모델은 훈련 데이터셋에서 보고 배운 패턴을 기반으로 이를 수행합니다. 이전 문장에 더 많은 단서가 있을 수도 있습니다. 예를 들어 dog를 'dog'가 아니라 'she'로 썼다면 'it'은 'squirrel'을 지칭하는 것이 명확해집니다.

---

8 옮긴이_ 지시 튜닝과 선호도 튜닝에 대한 내용은 12장을 참고하세요.

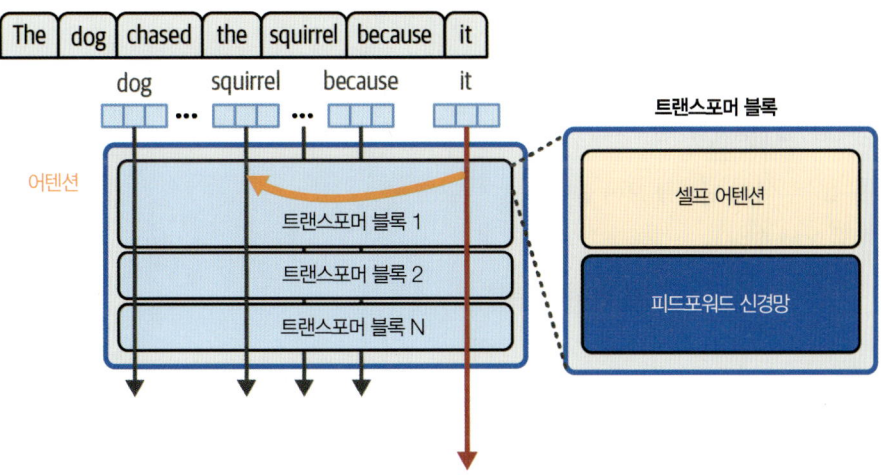

그림 3-14 셀프 어텐션 층은 현재 토큰을 처리하는 데 도움이 되는 이전 위치의 관련 정보를 통합합니다.

어텐션이 전부입니다

어텐션 메커니즘에 대해 자세히 알아보죠. 어텐션 메커니즘을 가장 간단하게 표현하면 [그림 3-15]와 같습니다. 이 그림은 여러 위치의 토큰이 어텐션 층으로 들어가는 모습을 보여 줍니다. 마지막 토큰이 현재 처리되고 있는 토큰입니다(붉은색 화살표). 이 위치의 입력 벡터에 대해서 어텐션 메커니즘이 작동합니다. 즉 문맥에서 관련된 정보를 이 위치의 출력 벡터에 통합합니다.

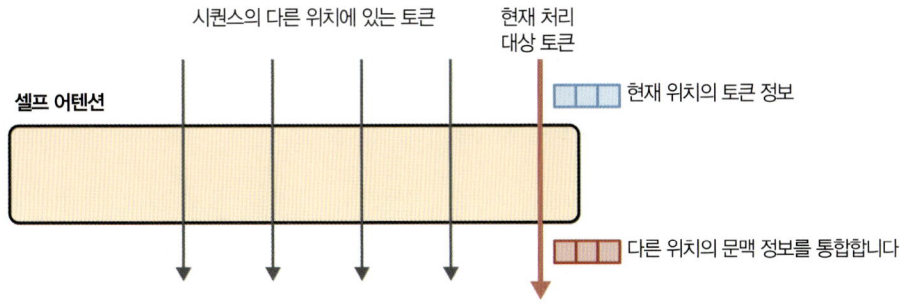

그림 3-15 입력 시퀀스와 현재 처리 중인 위치로 간단하게 표현된 어텐션 메커니즘. 이 위치가 관심 대상이므로 해당 위치의 입력 벡터와 어텐션 메커니즘을 따라 시퀀스의 이전 원소에서 얻은 정보를 통합한 출력 벡터를 보여 줍니다.

3장 대규모 언어 모델 자세히 살펴보기

어텐션 메커니즘에 있는 주요한 두 개의 단계는 다음과 같습니다.

1. 이전 입력 토큰이 현재 처리 대상 토큰(붉은색 화살표)에 얼마나 관련이 있는지 점수를 매깁니다.
2. 이 점수를 사용해 다양한 위치의 토큰에서 얻은 정보를 하나의 출력 벡터에 통합합니다.

[그림 3-16]은 이 두 단계를 보여 줍니다.

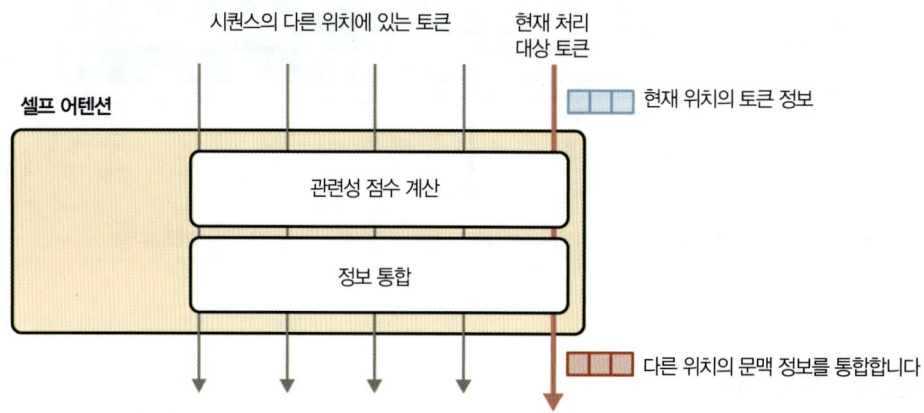

그림 3-16 어텐션은 두 개의 단계로 구성됩니다. 각 위치의 토큰에 대해 관련성 점수를 계산한 다음 이 정보를 바탕으로 정보를 통합합니다.

트랜스포머에 더 광범위한 어텐션 능력을 부여하기 위해 어텐션 메커니즘을 여러 벌 만들어 병렬로 실행합니다. 병렬로 실행되는 각각의 어텐션 메커니즘을 **어텐션 헤드**attention head라고 부릅니다. 이는 입력 시퀀스에서 한 번에 여러 패턴에 주의를 기울여야 하는 복잡한 패턴을 모델링하기 위한 모델의 용량을 증가시킵니다.

[그림 3-17]은 관련성 점수relevance score를 계산하는 단계와 이어서 어텐션의 결과를 통합하는 단계를 거치는 어텐션 헤드의 개념을 보여 줍니다.

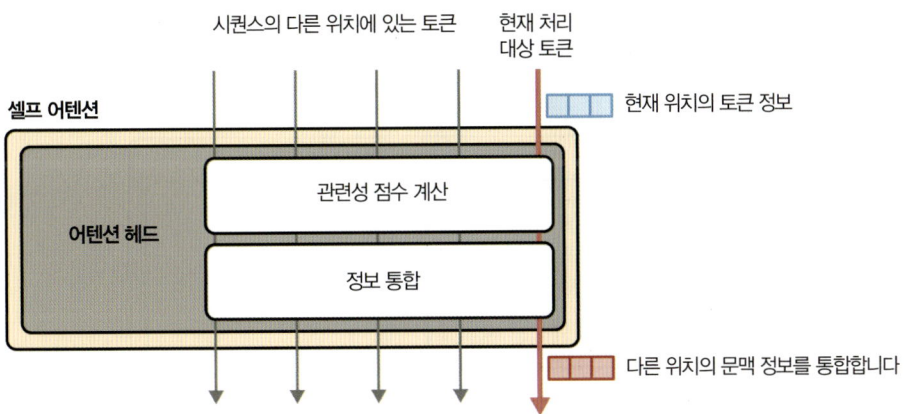

그림 3-17 여러 개의 어텐션을 병렬로 계산하여 LLM의 성능을 높입니다. 이를 통해 여러 종류의 정보에 주의를 기울일 수 있는 모델의 용량을 증가시킵니다.

어텐션 계산 과정

하나의 어텐션 헤드에서 어텐션 점수가 어떻게 계산되는지 살펴보죠. 계산을 시작하기 전에 다음 내용을 먼저 알아보겠습니다.

- (생성 LLM의) 어텐션 층은 한 위치의 토큰에 대한 어텐션을 처리합니다.
- 이 층의 입력은 다음과 같습니다.
    - 현재 위치 또는 토큰에 대한 벡터 표현
    - 이전 토큰에 대한 벡터 표현
- 이전 토큰에서 관련 정보를 통합하여 현재 위치에 대한 새로운 표현을 생성하는 것이 목표입니다.
    - 예를 들어 'Sarah fed the cat because it'이란 문장의 마지막 토큰을 처리하고 있다면 'it'이 'cat'을 나타내야 합니다. 따라서 어텐션은 'cat' 토큰에서 고양이에 대한 정보를 추출하여 통합해야 합니다.
- 훈련 과정을 통해 이 계산에 활용되는 세 개의 투영 행렬$^{projection\ matrix}$이 만들어집니다.
    - 쿼리^{query} 투영 행렬
    - 키^{key} 투영 행렬
    - 값^{value} 투영 행렬

[그림 3-18]은 어텐션 계산이 시작되기 전에 모든 구성 요소의 준비 상태를 보여 줍니다. 간단하게 나타내기 위해서 하나의 어텐션 헤드만 살펴보겠습니다. 저마다 고유한 투영 행렬을 가진다는 점을 제외하면 다른 어텐션 헤드도 동일한 계산을 수행합니다.

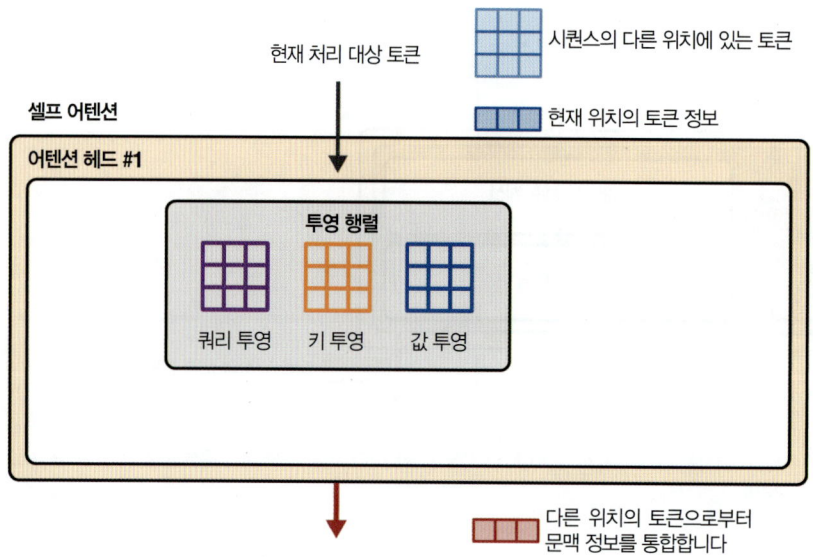

그림 3-18 셀프 어텐션 계산을 시작하기 전에 층의 입력과 쿼리, 키, 값을 위한 투영 행렬이 준비됩니다.

먼저 입력을 각각의 투영 행렬과 곱해서 세 개의 새로운 행렬을 만드는 것으로 시작합니다.[9] 이 행렬을 쿼리 행렬, 키 행렬, 값 행렬이라 부릅니다. 이 행렬에는 세 개의 다른 공간에 투영된 입력 토큰의 정보가 담기며, 이 정보는 두 개의 어텐션 단계를 수행하는 데 도움을 줍니다.

1. 관련성 점수 계산
2. 정보 통합

[그림 3-19]는 이렇게 만들어진 세 개의 새로운 행렬을 보여 줍니다. 각 행렬에서 맨 아래 행이 현재 위치의 토큰에 해당됩니다. 그 위의 행은 이전 위치의 토큰과 관련이 있습니다.

---

[9] 옮긴이_ 일반적으로 입력을 세 개의 밀집 층(dense layer)에 통과시켜 쿼리, 키, 값 행렬을 만듭니다.

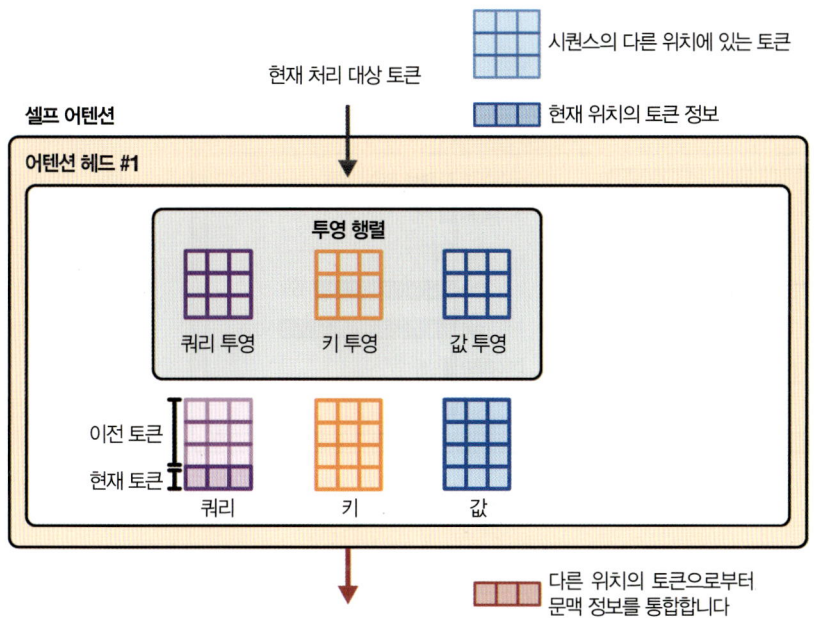

그림 3-19 어텐션은 쿼리, 키, 값 행렬의 상호작용을 통해 수행됩니다. 층의 입력과 각각의 투영 행렬을 곱하여 쿼리, 키, 값 행렬을 만듭니다.

셀프 어텐션: 관련성 점수 계산

생성형 트랜스포머에서는 한 번에 하나의 토큰을 생성합니다. 이는 한 번에 하나의 위치를 처리한다는 의미입니다. 따라서 어텐션 메커니즘은 한 위치에만 관심을 두며 다른 위치에서 정보를 가져와서 어떻게 이 위치에 반영할 수 있는지에 초점을 맞춥니다.

어텐션의 관련성 점수 계산 단계는 현재 위치의 쿼리 벡터와 키 행렬을 곱하여 수행됩니다. 이를 통해 이전 토큰이 얼마나 관련 있는지를 나타내는 점수가 만들어집니다. 그다음 소프트맥스 연산을 통해 이 점수의 합이 1이 되도록 정규화합니다.[10] [그림 3-20]은 이런 계산을 통해 얻은 관련성 점수를 보여 줍니다.

---

10 옮긴이_ 소프트맥스 연산을 적용하기 전의 값을 어텐션 점수(attention score)라 하고, 소프트맥스 연산으로 정규화한 값을 어텐션 가중치(attention weight)라고도 부릅니다.

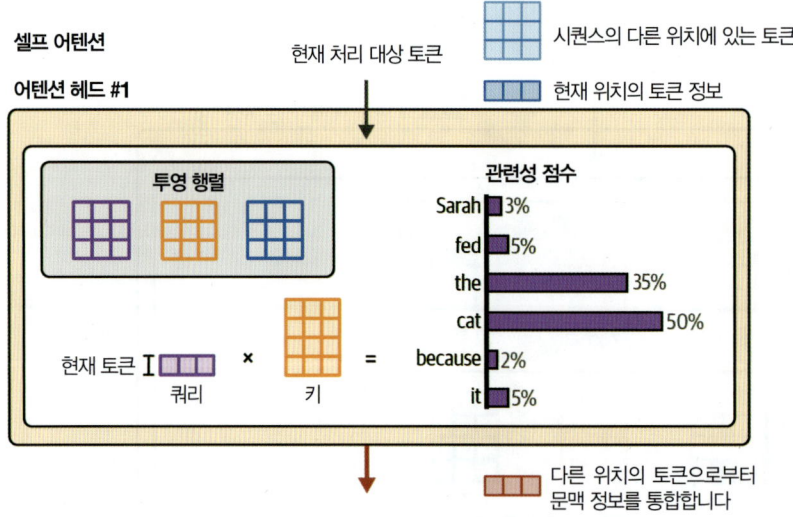

그림 3-20 현재 위치의 쿼리와 키 행렬을 곱하여 이전 토큰과의 관련성 점수를 계산합니다.

셀프 어텐션: 정보 통합

관련성 점수가 준비되면 각 토큰에 연관된 값 벡터와 이 점수를 곱합니다. [그림 3-21]에서 볼 수 있듯이 이 계산 결과 벡터를 모두 더하면 이 어텐션 단계의 출력이 됩니다.

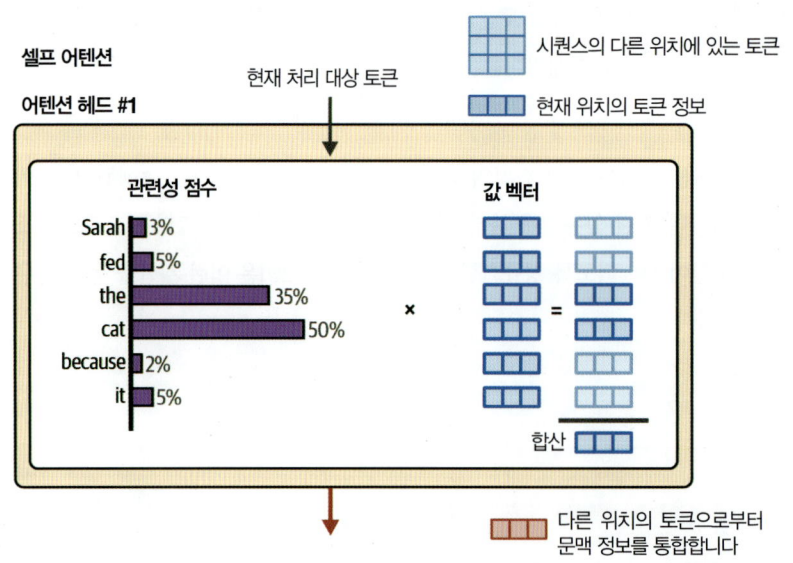

그림 3-21 관련성 점수와 값 벡터를 곱하고 모두 더함으로써 이전 위치 토큰의 관련된 정보를 통합합니다.

3.2 트랜스포머 아키텍처의 최근 발전 사항

트랜스포머 아키텍처가 공개된 후로 이를 개선하여 더 나은 모델을 만들기 위해 많은 연구가 이루어졌습니다. 대규모 데이터셋에서 훈련하는 것에서 비롯하여 훈련 과정과 학습률을 최적화하는 것까지 아우릅니다. 하지만 아키텍처 자체도 발전했습니다. 이 글을 쓰는 시점에 원본 트랜스포머의 아이디어 중 많은 부분이 바뀌지 않고 유지되고 있습니다. 몇 가지 아키텍처적 아이디어가 특별히 가치를 입증했기 때문입니다. 이런 기술들이 Llama 2와 같은 최신 트랜스포머 모델의 성능에 도움이 됩니다. 이 장의 마지막 절에서 트랜스포머 아키텍처를 발전시킨 최근 기술을 알아보겠습니다.

3.2.1 효율적인 어텐션

연구 커뮤니티에서 가장 많은 관심을 받는 부분은 트랜스포머의 어텐션 층입니다. 어텐션 연산이 계산 비용이 가장 비싼 부분이기 때문입니다.

로컬/희소 어텐션

트랜스포머 모델이 점차 커지면서 희소 어텐션^{sparse attention}[11]과 슬라이딩 윈도 어텐션^{sliding window attention}[12] 같은 아이디어가 어텐션 계산의 효율성을 개선했습니다. 희소 어텐션은 [그림 3-22]에서 보듯이 모델이 주의를 기울일 수 있는 이전 토큰의 문맥을 제한합니다.

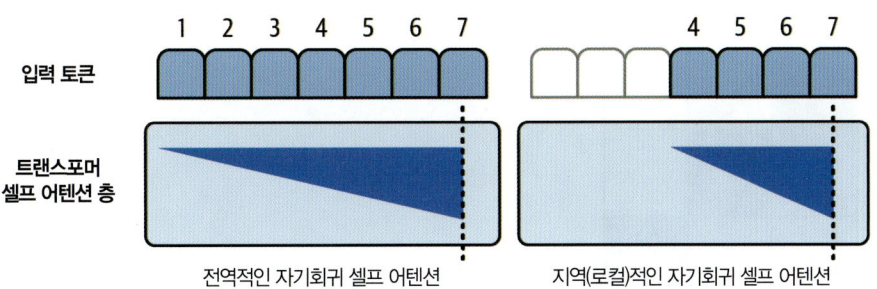

그림 3-22 로컬 어텐션은 성능을 높이기 위해 적은 수의 이전 위치에만 주의를 기울입니다.

---

[11] Child, R. et al. (2019). Generating Long Sequences with Sparse Transformers. arXiv.org. *https://arxiv.org/abs/1904.10509*

[12] Beltagy, I. et al. (2020). Longformer: The Long-Document Transformer. arXiv.org. *https://oreil.ly/uUKtU*
　옮긴이_ 슬라이딩 어텐션은 희소 어텐션의 하나로 볼 수 있습니다. 현재 처리 대상 토큰 주변에서 정해진 개수의 토큰만 사용하여 어텐션을 계산합니다.

이런 메커니즘을 활용한 모델 중 하나가 GPT-3입니다. 하지만 모든 트랜스포머 블록에서 사용하는 것은 아닙니다. 모델이 이전 토큰 중 일부만 볼 수 있다면 생성 텍스트의 품질이 크게 저하될 것입니다. GPT-3는 완전 어텐션full attention과 효율적인 어텐션을 섞어 사용합니다. GPT-3의 트랜스포머 블록은 완전 어텐션(예를 들어 블록 1과 3)과 희소 어텐션(예를 들어 블록 2와 4)를 교대로 사용합니다.

[그림 3-23]은 여러 종류의 어텐션 메커니즘이 작동하는 방식을 나타냅니다. 현재 토큰(진한 파란색)을 처리할 때 주의를 집중할 수 있는 이전 토큰(연한 파란색)을 보여 줍니다.

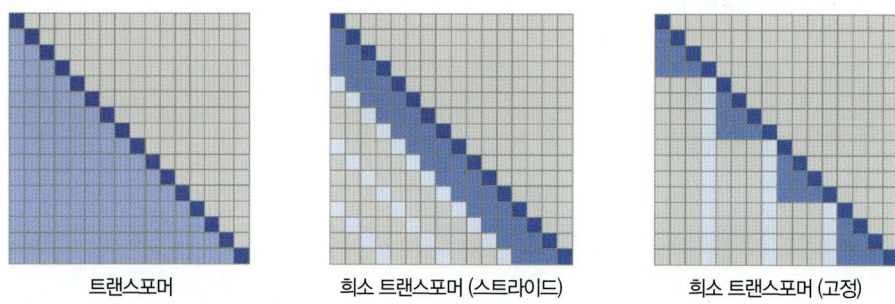

그림 3-23 완전 어텐션과 희소 어텐션. [그림 3-24]에서 색깔의 의미를 설명합니다(출처: 〈Generating long sequences with sparse transformers〉(https://oreil.ly/0ap7A)).

각 행이 처리 중인 토큰에 해당합니다. 모델이 진한 파란색 토큰을 처리할 때 주의를 기울일 수 있는 토큰을 색깔로 나타냈습니다. [그림 3-24]는 이를 더 명확하게 보여 줍니다.

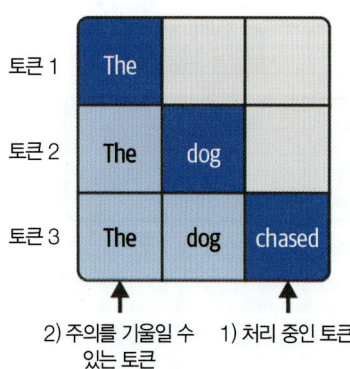

그림 3-24 처리 중인 토큰과 어텐션 메커니즘이 주의를 기울일 수 있는 이전 토큰을 보여 줍니다.

이 그림은 (대부분의 텍스트 생성 모델을 구성하는) 디코더 트랜스포머 블록의 자기회귀적인 특징도 보여 줍니다. 양쪽으로 주의를 기울일 수 있는 BERT와 다릅니다(BERT의 B는 양방향 bidirectional을 의미합니다).

멀티 쿼리 어텐션과 그룹 쿼리 어텐션

더 최근에 개발된 효율적인 트랜스포머 어텐션은 Llama 2와 Llama 3 같은 모델에서 사용된 그룹 쿼리 어텐션grouped-query attention입니다.[13] [그림 3-25]는 여러 종류의 어텐션을 보여 줍니다. 이어지는 절에서 자세히 설명하겠습니다.

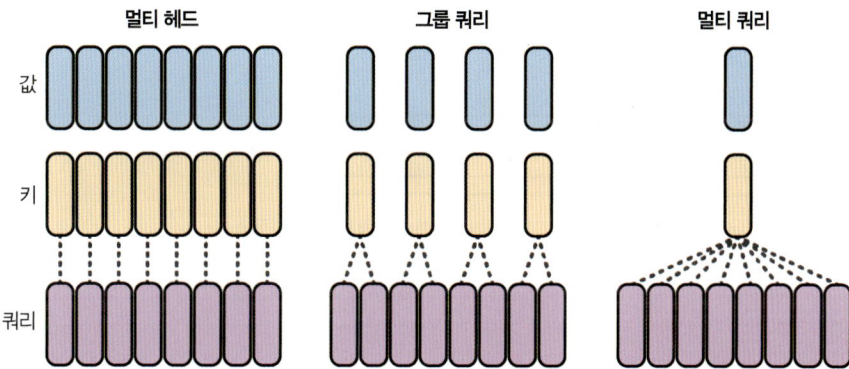

그림 3-25 여러 종류의 어텐션 비교. 원본 멀티 헤드 어텐션, 그룹 쿼리 어텐션, 멀티 쿼리 어텐션

그룹 쿼리 어텐션은 멀티 쿼리 어텐션을 기반으로 합니다.[14] 이런 방법들은 행렬 크기를 감소시켜 대규모 모델의 추론 성능을 향상시킵니다.

어텐션 최적화: 멀티 헤드, 멀티 쿼리, 그룹 쿼리

트랜스포머 논문에 있는 멀티 헤드 어텐션은 이 장에서 앞서 알아보았습니다. 쿼리, 키, 값 행렬을 사용해 어텐션 연산을 수행하는 과정은 'The Illustrated Transformer'(*https://oreil.*

---

[13] Ainslie et al. (2023) GQA: Training Generalized Multi-Query Transformer Models from Multi-Head Checkpoints. arXiv.org. *https://oreil.ly/gY2oF*

[14] Shazeer (2019). Fast Transformer Decoding: One Write-Head is All You Need. arXiv.org. *https://arxiv.org/abs/1911.02150*

ly/5d0d8) 블로그에 자세히 소개되었습니다. [그림 3-26]은 각각의 어텐션 헤드가 주어진 입력으로 계산한 독자적인 쿼리, 키, 값 행렬을 보여 줍니다.

멀티 쿼리 어텐션의 최적화 방법은 키와 값 행렬을 모든 헤드에서 공유하는 것입니다. 따라서 [그림 3-27]에서 보듯이 각 헤드에서 고유한 행렬은 쿼리 행렬뿐입니다.

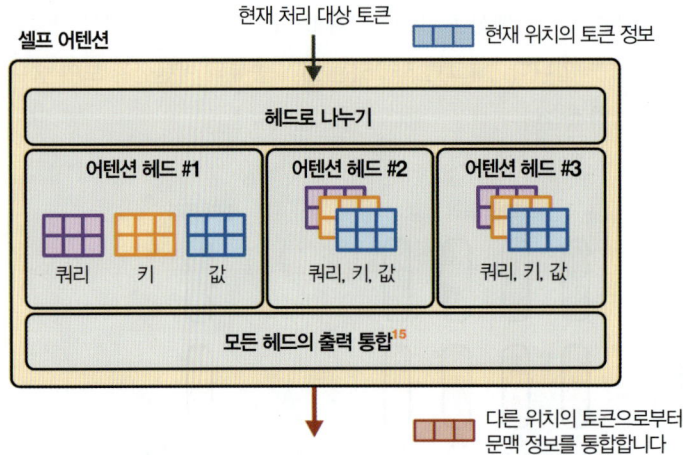

그림 3-26 어텐션은 쿼리, 키, 값 행렬을 사용해 수행됩니다. 멀티 헤드 어텐션에서 각 헤드는 독자적인 쿼리, 키, 값 행렬을 가집니다.

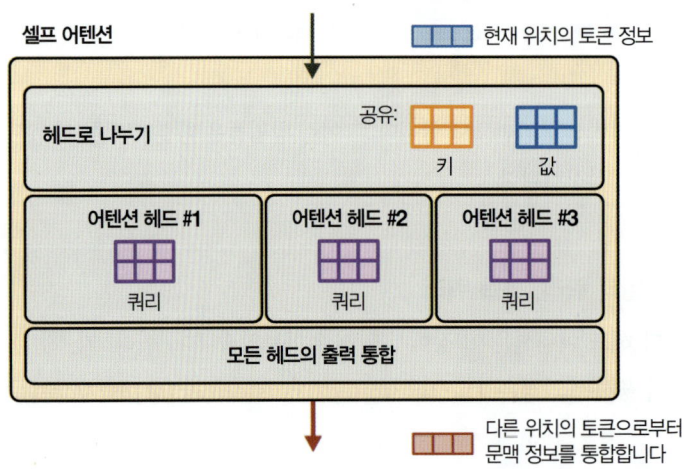

그림 3-27 멀티 쿼리 어텐션은 모든 어텐션 헤드가 키와 값 행렬을 공유하는 더 효율적인 어텐션 메커니즘입니다.

---

15 옮긴이_ 이 층은 단순한 밀집 층(dense layer)으로 여러 헤드에서 나온 출력을 합쳐서 원래 토큰 임베딩 차원으로 되돌립니다.

하지만 모델 크기가 커지면서 이런 최적화는 매우 과할 수 있으며 모델의 품질을 향상시키기 위해 메모리를 조금 더 사용할 수 있습니다. 이것이 그룹 쿼리 어텐션이 등장하게 된 동기입니다. 키와 값 행렬을 한 개만 사용하는 것이 아니라 더 많이 사용할 수 있습니다(하지만 헤드 개수보다는 적습니다). [그림 3-28]은 어텐션 그룹이 키와 값 행렬을 공유하는 방법을 보여 줍니다.

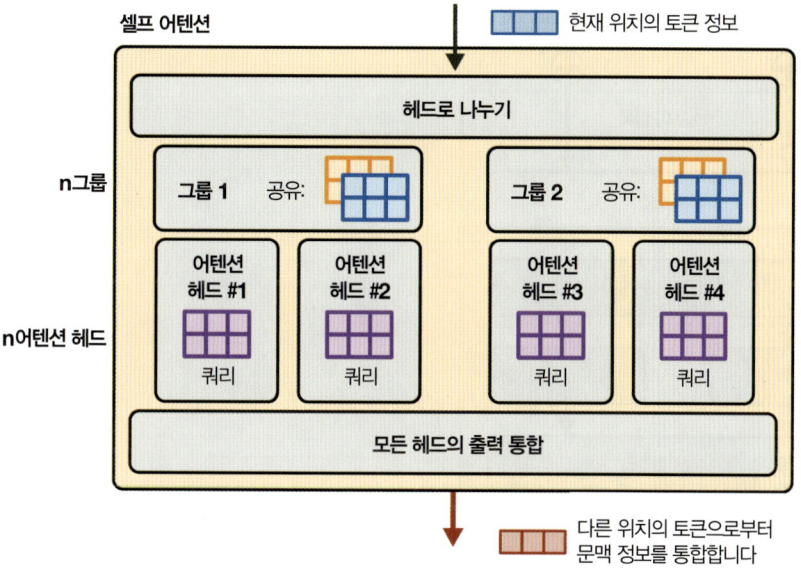

그림 3-28 그룹 쿼리 어텐션은 멀티 쿼리 어텐션의 효율성을 조금 희생하여 그룹마다 키/값 행렬을 공유하게 함으로써 품질을 크게 개선합니다. 각 그룹은 여러 개의 어텐션 헤드로 구성됩니다.

플래시 어텐션

플래시 어텐션flash attention은 트랜스포머 LLM이 GPU에서 훈련하거나 추론할 때 속도를 크게 높일 수 있는 인기 있는 방법이자 구현입니다. GPU의 공유 메모리(SRAM)와 고대역폭 메모리(HBM) 사이에 이동하는 값을 최적화하여 어텐션 계산의 속도를 높입니다. 이 방법은 〈FlashAttention: Fast and memory-efficient exact attention with IO-awareness〉(https://oreil.ly/r98GH)와 〈FlashAttention-2: Faster attention with better parallelism and work partitioning〉(https://oreil.ly/PkGg1) 논문에 자세히 설명되었습니다.

3.2.2 트랜스포머 블록

트랜스포머 블록의 주요 구성 요소 두 가지는 어텐션 층과 피드포워드 신경망이라는 것을 기억하세요. 이 블록을 자세히 들여다보면 [그림 3-29]와 같이 잔차 연결residual connection과 층 정규화layer normalization가 있습니다.

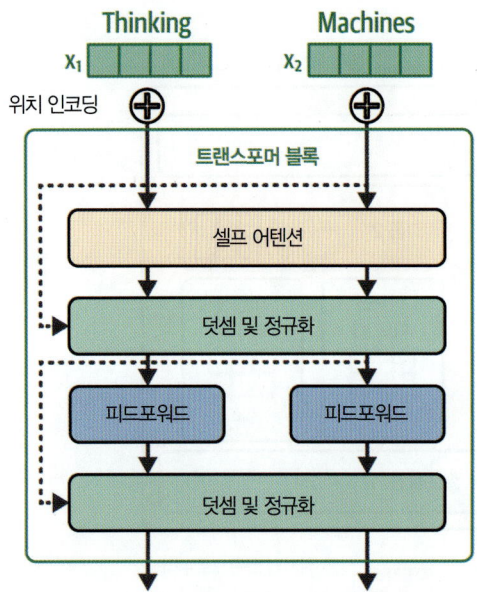

그림 3-29 원본 트랜스포머 논문의 트랜스포머 블록

이 글을 쓰는 시점에 최신 트랜스포머 모델은 여전히 주요 구성 요소를 그대로 유지하고 있지만 [그림 3-30]에서 볼 수 있듯이 몇 가지가 개선되었습니다.

새로운 버전의 트랜스포머 블록에서 볼 수 있는 한 가지 차이점은 정규화가 어텐션과 피드포워드 층 이전에 등장한다는 것입니다. 이 방식이 훈련 시간을 단축시켜 준다고 보고되었습니다.[16] 정규화에서 개선된 또 다른 점은 원본 트랜스포머에서 사용한 층 정규화보다 더 간단하고 효율적인 RMS 정규화RMSNorm를 사용한다는 것입니다.[17] 마지막으로 원본 트랜스포머가 사

---

[16] Xiong et al. (2020). On layer normalization in the transformer architecture. arXiv.org. https://arxiv.org/abs/2002.04745
[17] Zhang and Sennrich (2019). Root mean square layer normalization. arXiv.org. https://arxiv.org/abs/1910.07467

용하는 ReLU 활성화 함수 대신 SwiGLU[18] 같은 새로운 활성화 함수를 많이 사용합니다.[19]

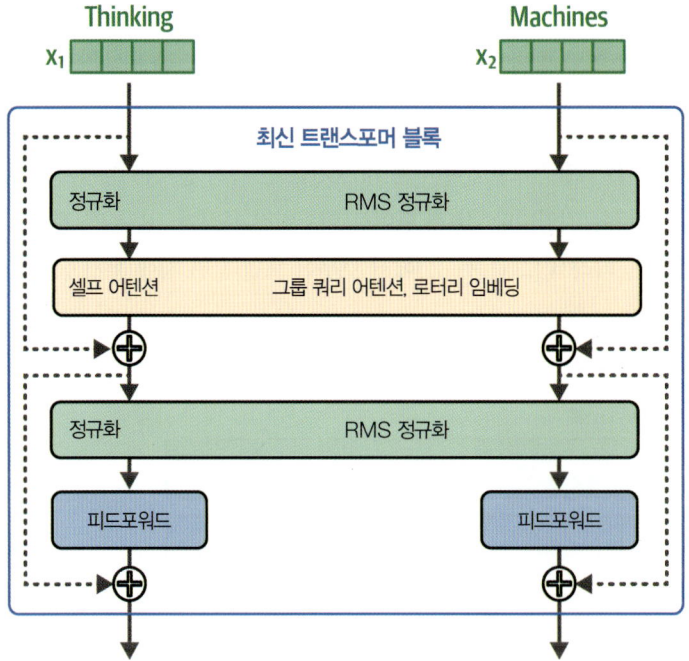

그림 3-30 Llama 3와 같은 최신 트랜스포머 블록은 정규화를 먼저 적용하고 그룹 쿼리 어텐션과 로터리 임베딩으로 최적화한 어텐션을 사용합니다.

3.2.3 위치 임베딩(RoPE)

위치 임베딩은 원본 트랜스포머 이후로 핵심 요소가 되었습니다. 이를 통해 모델이 시퀀스/문장 안에서 토큰/단어의 순서를 추적할 수 있습니다. 이는 언어에서 필수적인 정보입니다. 지난 몇 년간 위치 인코딩 방법이 많이 등장했습니다. 그중에 로터리 위치 임베딩$^{\text{rotary positional embedding}}$(RoPE)[20]이 주목할 만합니다.

---

18 Shazeer (2020). GLU variants improve transformer. arXiv.org. *https://arxiv.org/abs/2002.05202*
19 옮긴이_ 층 정규화는 시퀀스에 있는 각 토큰 벡터를 정규화합니다. RMS 정규화는 정규화 공식에서 평균을 사용하지 않는 간소화된 방법입니다. SwiGLU는 스위시(Swish) 함수를 사용하는 GLU 함수의 변종입니다. RMS 정규화와 SwiGLU 함수에 대한 자세한 내용은 『혼자 만들면서 배우는 딥러닝』(한빛미디어, 2025)을 참고하세요.
20 Su et al. (2021). RoFormer: Enhanced Transformer with Rotary Position Embedding. arXiv.org. *https://oreil.ly/A5cEn*

원본 트랜스포머와 초기 변종 모델은 절대 위치 임베딩을 사용했습니다. 즉 첫 번째 토큰의 위치는 1, 두 번째 토큰의 위치는 2와 같은 식입니다. 이를 위해 정적인 방법(기하학적 함수를 사용해 위치 벡터를 생성)이나 학습 방법(모델 훈련 과정을 통한 벡터 업데이트)을 사용할 수 있습니다. 모델의 규모를 늘리면서 이런 방법에서 몇 가지 어려움이 발생했고, 효율성을 개선할 방법이 필요했습니다.

예를 들어, 큰 문맥을 가진 모델을 효율적으로 훈련하는 데 생기는 한 가지 문제는 훈련 세트에 있는 많은 문서가 문맥보다 짧다는 것입니다. 10개 단어로 이루어진 문장에 4K 문맥 전체를 할당하는 것은 비효율적입니다. 따라서 [그림 3-31]에서 보듯이 모델 훈련 시에 문서를 연결해 훈련 배치의 문맥을 채웁니다.

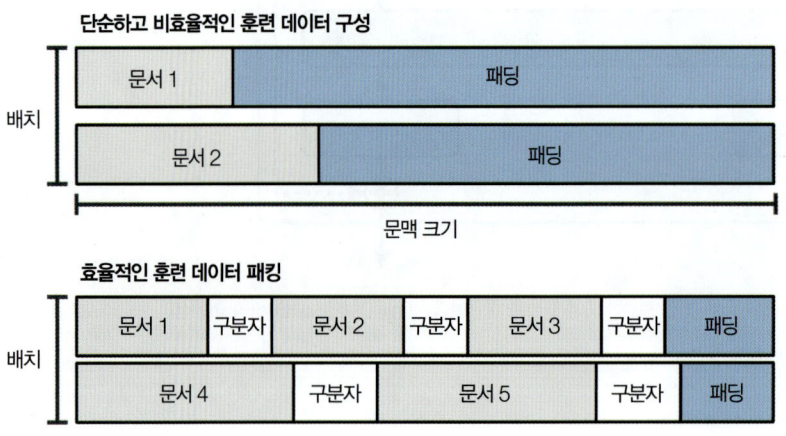

그림 3-31 패킹은 짧은 문서를 문맥에 맞게 효율적으로 구성하는 과정입니다. 여러 문서를 하나의 문맥으로 모음으로써 문맥 끝에 추가되는 패딩을 최소화합니다.

패킹에 대한 자세한 내용은 〈Efficient sequence packing without cross-contamination: Accelerating large language models without impacting performance〉(https://oreil.ly/Zgiy0)와 〈Introducing packed BERT for 2X training speed-up in natural language processing〉(https://oreil.ly/xMbZr)를 참고하세요.

이런 방법과 그 외 실용적인 고려 사항에 맞추어 위치 임베딩 방법을 적용해야 합니다. 예를 들어 문서 50이 위치 50부터 시작한다고 가정해 보죠. 이 문서의 첫 번째 토큰의 위치가 50이라고 모델에게 알려 주면 이로 인해 성능에 영향을 미칠 수 있습니다(이전 토큰은 사실 관련 없는 다른 문서라 무시해야 하지만 모델은 이전 문맥이 있다고 가정하기 때문입니다).

정방향 계산 시작 부분에 더해지는 정적이고 절대적인 임베딩 대신에 로터리 임베딩은 상대적인 토큰 위치 정보를 인코딩하는 방법입니다. 이는 임베딩 공간에서 벡터를 회전시키는 아이디어를 기반으로 합니다.[21] [그림 3-32]에서 보듯이 정방향 계산의 어텐션 단계에서 로터리 임베딩이 추가됩니다.

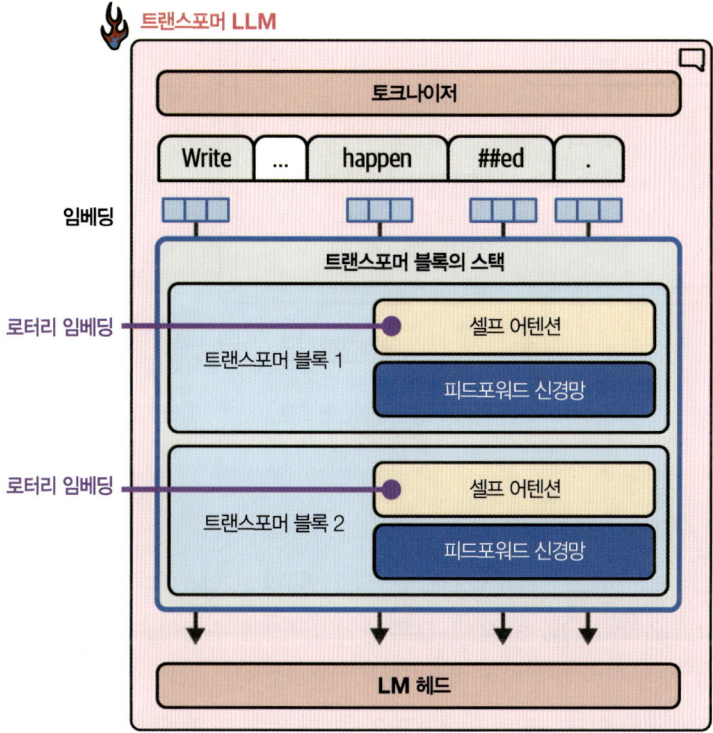

그림 3-32 로터리 임베딩은 정방향 계산 시작 부분이 아니라 어텐션 단계에서 적용됩니다.

[그림 3-33]에서 볼 수 있듯이 어텐션 과정 동안 위치 정보가 관련성 점수를 계산하기 위해 쿼리, 키 행렬을 곱하기 전에 특별한 방식으로 혼합됩니다.

---

21 옮긴이_ 회전된 두 벡터를 점곱하면 그 결과에 두 벡터 사이의 상대적인 위치 정보가 표현됩니다. 이에 대한 자세한 내용은 『혼자 만들면서 배우는 딥러닝』(한빛미디어, 2025)을 참고하세요.

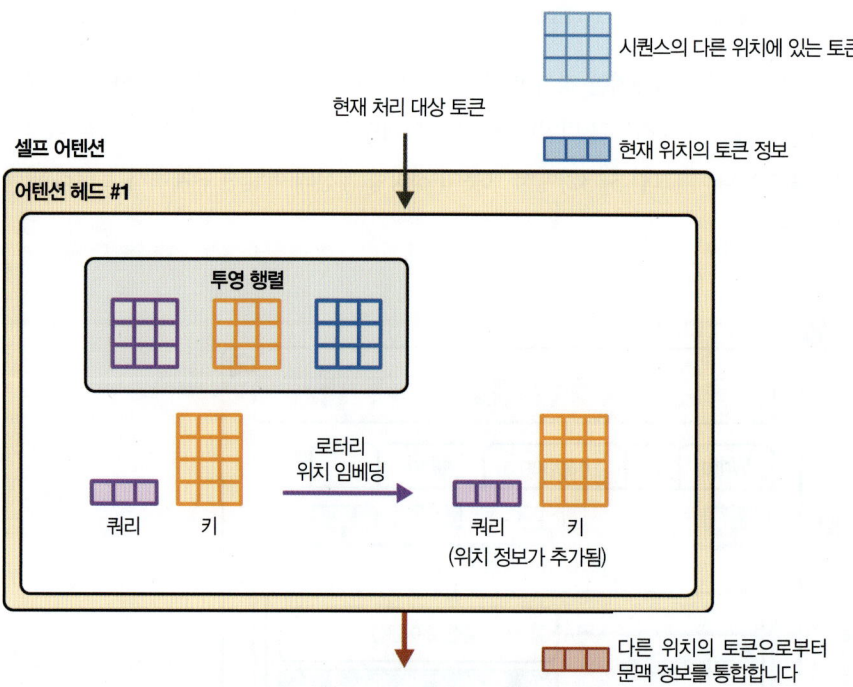

그림 3-33 로터리 위치 임베딩은 셀프 어텐션의 관련성 점수 계산 단계 직전에 토큰 표현에 추가됩니다.

3.2.4 그 외 실험적 구조와 개선 사항

트랜스포머를 개선하려는 많은 시도가 지속적으로 제안되고 연구되고 있습니다. 〈A Survey of Transformers〉(https://oreil.ly/3SrG4) 논문은 몇 가지 주요 연구 방향을 잘 보여 줍니다. 트랜스포머 구조는 LLM을 넘어 타 분야에 지속적으로 적용되고 있습니다. 컴퓨터 비전 분야에서 트랜스포머 구조에 대한 연구가 많이 일어나고 있습니다.[22,23] 그 외에는 로봇공학[24]과 시계열[25] 분야가 있습니다.

---

22 Khan et al. (2022). Transformers in Vision: a Survey. ACM Computing Surveys, 54(10s), 1–41. https://doi.org/10.1145/3505244

23 IEEE Xplore. (2023). A survey on vision transformer. IEEE Journals & Magazines. https://ieeexplore.ieee.org/abstract/document/9716741

24 Collaboration et al. (2023). Open X-Embodiment: Robotic learning datasets and RT-X models. arXiv.org. https://arxiv.org/abs/2310.08864

25 Wen et al. (2022). Transformers in Time Series: A Survey. arXiv.org. https://arxiv.org/abs/2202.07125

3.3 요약

트랜스포머를 직관적으로 이해하고 최근 트랜스포머 기반 LLM을 구성하는 새로운 기술을 살펴보았습니다. 새로운 개념을 많이 언급했으므로 핵심 개념을 요약해 보겠습니다.

- 트랜스포머 기반 LLM은 한 번에 하나의 토큰을 생성합니다.
  - 출력된 토큰은 프롬프트 뒤에 추가됩니다. 그다음 수정된 프롬프트가 모델에 다시 전달되어 정방향 계산을 수행한 후 다음 토큰을 생성합니다.
- 트랜스포머 기반 LLM의 세 가지 주요 구성 요소는 토크나이저, 트랜스포머 블록의 스택, 언어 모델링 헤드입니다.
  - 토크나이저는 모델을 위한 토큰의 어휘사전을 가지고 있습니다. 모델은 이 토큰에 연관된 토큰 임베딩을 가지고 있습니다. 텍스트를 토큰으로 나눈 다음 토큰 임베딩으로 변환하는 것이 토큰 생성 과정의 첫 번째 단계입니다.
- 정방향 계산은 모든 단계를 순서대로 한 번씩 수행합니다.
- 계산 과정 끝에서 LM 헤드가 다음 토큰의 확률을 계산합니다. 디코딩 전략은 이 생성 단계의 출력으로 선택할 토큰을 결정합니다(이따금 가장 가능성이 높은 토큰이 선택되지만 항상 그렇지는 않습니다).
- 트랜스포머가 뛰어난 한 가지 이유는 토큰을 병렬로 처리하는 능력입니다. 입력 토큰은 각각 개별적인 처리 트랙 또는 처리 스트림으로 흘러갑니다. 스트림의 개수는 모델의 문맥 크기이며 모델이 다룰 수 있는 최대 토큰 수를 나타냅니다.
- 트랜스포머 기반 LLM이 한 번에 하나의 토큰씩 텍스트를 반복하여 생성하기 때문에 계산을 중복하지 않도록 각 단계의 처리 결과를 캐싱하는 것이 좋습니다(이런 처리 결과는 층 안에서 여러 개의 행렬로 저장됩니다).
  - 대부분의 처리는 트랜스포머 블록 안에서 일어납니다. 이 블록은 두 개의 구성 요소로 이루어집니다. 그중 하나는 피드포워드 신경망으로 정보를 저장하고 예측을 만들며 훈련된 데이터로부터 보간을 수행합니다.
  - 트랜스포머 블록의 두 번째 구성 요소는 어텐션 층입니다. 어텐션은 문맥 정보를 통합하여 모델이 언어의 뉘앙스를 더 잘 포착하게 합니다.
- 어텐션은 두 단계로 수행됩니다. 관련성 점수 계산과 정보 통합입니다.
  - 트랜스포머 어텐션 층의 어텐션 연산은 여러 개의 어텐션 헤드 안에서 병렬로 수행됩니다. 헤드의 출력이 모여 어텐션 층의 출력이 만들어집니다.
  - 키와 값 행렬을 모든 헤드(멀티 쿼리 어텐션) 또는 헤드의 그룹(그룹 쿼리 어텐션)끼리 공유하여 어텐션 계산 속도를 높일 수 있습니다.
  - 플래시 어텐션과 같은 방법은 GPU 메모리 시스템에서 연산을 수행하는 방식을 최적화하여 어텐션 계산 속도를 높입니다.

언어 모델과 그 외 분야, 애플리케이션을 포함한 다양한 시나리오에서 트랜스포머를 향상시키기 위한 새로운 발전과 아이디어가 등장하고 있습니다.

이 책의 2부에서는 실용적인 LLM 애플리케이션을 다루겠습니다. 4장에서 언어 AI 분야의 대표적인 작업인 텍스트 분류를 설명합니다. 여기에서 생성 모델과 표현 모델을 적용하는 방법을 소개합니다.

2부
사전 훈련된 언어 모델 사용하기

2부

- 4장   텍스트 분류
- 5장   텍스트 클러스터링과 토픽 모델링
- 6장   프롬프트 엔지니어링
- 7장   고급 텍스트 생성 기술과 도구
- 8장   시맨틱 검색과 RAG
- 9장   멀티모달 대규모 언어 모델

4장
텍스트 분류

가장 일반적인 자연어 처리 작업은 분류입니다. 이 작업은 모델을 훈련하여 입력 텍스트에 레이블label 또는 클래스class를 할당하는 것이 목표입니다(그림 4-1). 텍스트 분류는 감성 분석sentiment analysis, 의도 감지intent detection부터 엔티티 추출entity extraction, 언어 감지에 이르기까지 광범위한 애플리케이션에서 사용됩니다. 표현 언어 모델과 생성 언어 모델이 분류 작업에 많은 영향을 끼치고 있습니다.

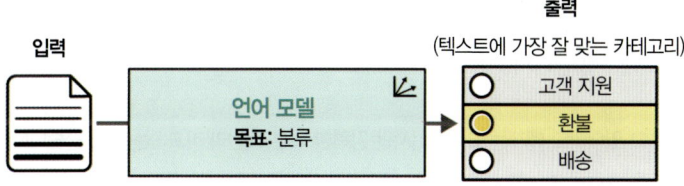

그림 4-1 언어 모델을 사용해 텍스트 분류하기

이 장에서 언어 모델을 텍스트 분류에 사용하는 몇 가지 방법을 알아보겠습니다. 이 과정에서 사전 훈련된 언어 모델을 사용하는 방법을 소개하겠습니다. 텍스트 분류는 광범위한 분야이므로 여러 가지 기법을 소개하고 이를 사용해 언어 모델 분야를 살펴보겠습니다.

4.2절은 분류 작업을 위한 표현 모델의 유연성을 살펴봅니다. 여기에서 작업에 특화된 모델과 임베딩 모델을 다루겠습니다.

4.6절은 생성 모델을 다룹니다. 생성 모델의 대부분은 분류에 사용할 수 있습니다. 오픈 소스 모델은 물론 클로즈드 소스 언어 모델도 다루겠습니다.

이 장은 대규모 데이터에서 이미 훈련되어 텍스트 분류에 활용할 수 있는 사전 훈련된 언어 모델을 활용하는 데 초점을 맞춥니다. [그림 4-2]에 나타나 있듯이 표현 언어 모델과 생성 언어 모델을 살펴보고 둘의 차이점을 알아보겠습니다.

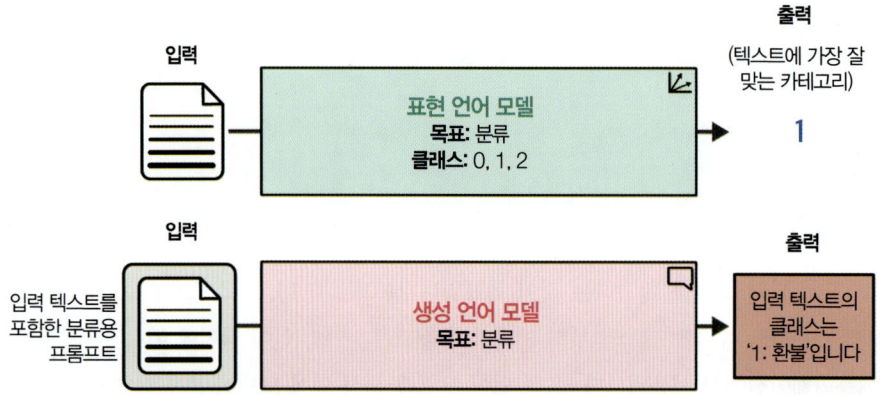

그림 4-2 표현 모델과 생성 모델은 모두 분류에 사용할 수 있지만 접근 방식이 다릅니다.

이 장에서 생성 모델과 표현 모델을 포함해 다양한 언어 모델을 소개합니다. 이런 모델을 로드하고 사용하기 위한 패키지도 다루겠습니다.

> **TIP** 이 책이 LLM에 초점을 맞추고 있더라도 예제는 고전적이지만 강력한 기본 모델과 비교하는 것이 좋습니다. 예를 들어 TF-IDF로 텍스트를 표현하고 이를 사용해 로지스틱 회귀 모델을 훈련할 수 있습니다.[1]

4.1 영화 리뷰 데이터셋

허깅 페이스 허브에는 모델은 물론 데이터셋도 있기 때문에 텍스트 분류를 위한 데이터도 찾을 수 있습니다(https://oreil.ly/ndroe). 여기서는 유명한 로튼 토마토 데이터셋(https://

---

1 옮긴이_ TF-IDF에 대한 자세한 내용은 5장을 참조하세요.

oreil.ly/44-1y)을 사용하여 모델을 훈련하고 평가하겠습니다.[2] 이 데이터셋에는 로튼 토마토[Rotten Tomatoes][3]에서 수집한 양성(positive) 영화 리뷰가 5,331개, 음성(negative) 영화 리뷰가 5,331개 들어 있습니다.[4]

이 책은 데이터를 로드하기 위해 datasets 패키지를 사용합니다.[5]

```
from datasets import load_dataset

# 데이터를 로드합니다.
data = load_dataset("rotten_tomatoes")
data

DatasetDict({
    train: Dataset({
        features: ['text', 'label'],
        num_rows: 8530
    })
    validation: Dataset({
        features: ['text', 'label'],
        num_rows: 1066
    })
    test: Dataset({
        features: ['text', 'label'],
        num_rows: 1066
    })
})
```

이 데이터는 훈련, 테스트, 검증 세트로 나뉘어 있습니다. 이 장에서는 모델 훈련을 위해 훈련 세트를 사용하고, 결과를 평가하기 위해 테스트 세트를 사용합니다. 모델을 훈련할 때 하이퍼파라미터 튜닝을 하고 싶다면 검증 세트를 사용할 수 있습니다.

훈련 세트에 있는 샘플을 확인해 보죠.

```
data["train"][0, -1]
```

---

[2] Pang and Lee (2005). Seeing stars: Exploiting class relationships for sentiment categorization with respect to rating scales. arXiv.org. https://arxiv.org/abs/cs/0506075
[3] https://www.rottentomatoes.com/
[4] 옮긴이_ 이 데이터셋에서 양성 리뷰는 긍정적인 리뷰이고 음성 리뷰는 부정적인 리뷰를 의미합니다.
[5] 옮긴이_ 코랩을 사용하는 경우 !pip install datasets으로 패키지를 먼저 설치해 주세요.

```
{'text': ['the rock is destined to be the 21st century\'s new " conan " and that
he\'s going to make a splash even greater than arnold schwarzenegger , jean-claud van
damme or steven segal .',
  'things really get weird , though not particularly scary : the movie is all portent
and no content .'],
 'label': [1, 0]}
```

리뷰에는 양성(1) 또는 음성(0) 레이블이 부여되었습니다. 즉 이진 감성 분류 작업이라는 의미입니다.

4.2 표현 모델로 텍스트 분류하기

사전 훈련된 표현 모델을 사용해 분류를 할 때 일반적으로 작업에 특화된 모델이나 임베딩 모델을 사용합니다. 이전 장에서 살펴보았듯 이런 모델은 [그림 4-3]과 같이 BERT와 같은 파운데이션 모델을 특정 후속 작업에 맞춰 미세 튜닝하여 만듭니다.

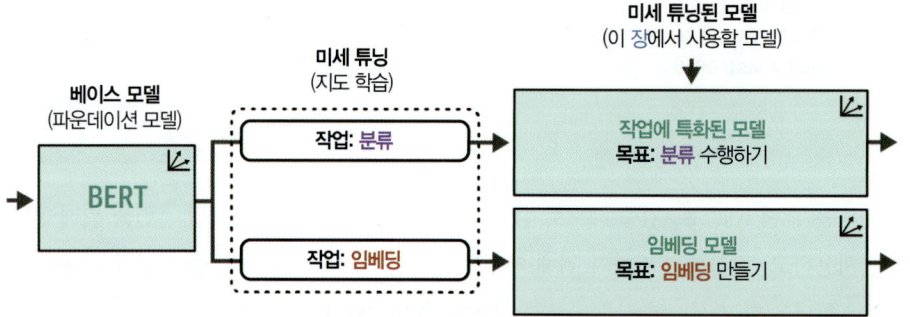

그림 4-3 파운데이션 모델을 특정 작업을 위해 미세 튜닝합니다. 예를 들어, 분류를 수행하거나 범용 목적의 임베딩을 생성하는 작업입니다.

작업에 특화된 모델은 감성 분석 등의 특정 작업을 위해 훈련된 BERT 같은 표현 모델입니다. 1장에서 살펴보았듯이 임베딩 모델은 범용 목적의 임베딩을 생성하므로 분류에 국한되지 않고 시맨틱 검색(8장 참조)과 같은 다양한 작업에 사용할 수 있습니다.

BERT 모델을 분류 작업을 위해 미세 튜닝하는 과정은 11장에서 다룹니다. 임베딩 모델을 만드는 방법은 10장에서 소개합니다. 이 장에서는 [그림 4-4]에서 보듯이 두 모델을 동결하고 (즉, 훈련하지 않고) 모델의 출력만 사용하겠습니다.

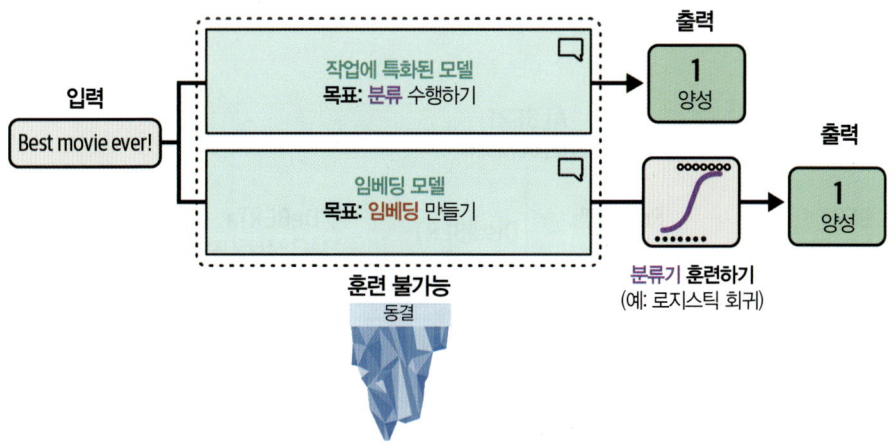

그림 4-4 작업에 특화된 모델을 사용하여 직접 분류를 수행하거나, 범용 목적의 임베딩 모델을 사용해 간접적으로 분류하기

이 장에서는 이미 다른 사람이 미세 튜닝한 사전 훈련된 모델을 사용해 영화 리뷰를 분류하는 방법을 알아보겠습니다.

4.3 모델 선택

적절한 모델을 선택하는 것은 간단한 일이 아닙니다. 이 글을 쓰는 시점에 허깅 페이스 허브에 있는 텍스트 분류를 위한 모델(https://oreil.ly/IPWTY)이 70,000개가 넘고, 임베딩을 생성하는 모델(https://oreil.ly/yviVH)은 10,000개 이상입니다. 또한 사용 사례에 맞는 모델을 선택하고, 언어 호환성, 내부 구조, 크기, 성능을 고려하는 것도 중요합니다.

모델의 구조부터 시작해 보죠. 1장에서 살펴보았듯, 인코더 기반 모델로 유명한 BERT가 작업에 특화된 모델과 임베딩 생성 모델로 널리 사용됩니다. GPT 패밀리 같은 생성 모델이 놀라운 성능을 내지만, 인코더 기반 모델도 특정 작업에서 성능이 뛰어나며 일반적으로 크기가 훨씬 작습니다.

수년간 BERT 변종이 많이 개발되었습니다. RoBERTa[6], DistilBERT[7], ALBERT[8], DeBERTa[9] 등이 있습니다. 이 모델들은 저마다 다양한 방식과 목적으로 훈련되었습니다. [그림 4-5]에 잘 알려진 BERT 후속 모델을 나타냈습니다.

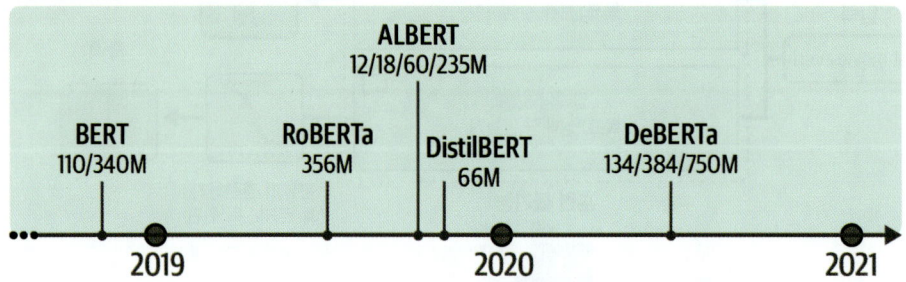

그림 4-5 BERT 변종 모델의 출시 타임라인. 이런 모델은 파운데이션 모델로 간주되며 대부분 후속 작업을 위해 미세 튜닝되는 경향이 있습니다.

작업에 맞는 적절한 모델을 선택하는 것은 일종의 예술에 가깝습니다. 허깅 페이스 허브에 있는 수천 개의 사전 훈련된 모델을 테스트하는 것은 불가능하므로 선택한 모델을 효율적으로 사용해야 합니다. 하지만 몇 개의 모델이 시작점으로 훌륭한 선택이며 이를 다양한 종류의 모델 성능을 가늠하는 기준으로 삼을 수 있습니다. 이런 기준 모델은 다음과 같습니다.

- BERT 베이스 모델 (uncased) (https://oreil.ly/nq_GM)
- RoBERTa 베이스 모델 (https://oreil.ly/rz4dQ)
- DistilBERT 베이스 모델 (https://oreil.ly/ieLs3)
- DeBERTa 베이스 모델 (https://oreil.ly/wN8yl)
- bert-tiny (https://oreil.ly/HLRPn)
- ALBERT 베이스 v2 (https://oreil.ly/Mw93z)

---

6 Liu, Y. et al. (2019). ROBERTA: A robustly optimized BERT pretraining approach. arXiv.org. https://arxiv.org/abs/1907.11692

7 Sanh, V. et al. (2019). DistilBERT, a distilled version of BERT: smaller, faster, cheaper and lighter. arXiv.org. https://arxiv.org/abs/1910.01108

8 Lan, Z. et al. (2019). ALBERT: A lite BERT for self-supervised learning of language representations. arXiv.org. https://arxiv.org/abs/1909.11942

9 He, P. et al. (2020). DeBERTa: Decoding-enhanced BERT with disentangled attention. arXiv.org. https://arxiv.org/abs/2006.03654

작업에 특화된 모델로 감성 분석을 위한 Twitter-RoBERTa-base 모델(*https://oreil.ly/HmvFk*)을 선택하겠습니다. 이 모델은 감성 분석을 위해 트윗 데이터에서 미세 튜닝한 RoBERTa 모델입니다. 영화 리뷰에서 훈련된 모델은 아니지만 이 모델이 얼마나 일반화가 잘 되는지 살펴보면 흥미로울 것 같습니다.

임베딩을 생성하는 모델을 선택할 때 우선 MTEB 리더보드leaderboard(*https://oreil.ly/mUVXD*)를 찾아보는 것이 좋습니다. 여기에서 다양한 작업에서 경쟁하는 오픈 소스 모델과 클로즈드 소스 모델을 확인할 수 있습니다. 성능만 고려해서는 안 됩니다. 실전 솔루션에서 추론 속도의 중요성을 과소 평가할 수는 없습니다. 따라서 sentence-transformers/all-mpnet-base-v2를 임베딩 모델로 사용하겠습니다(*https://oreil.ly/3pozB*). 이 모델은 작지만 성능이 좋습니다.

4.4 작업에 특화된 모델 사용하기

작업에 특화된 표현 모델을 선택했으니 먼저 모델을 로드해 보죠.

```
from transformers import pipeline

# 허깅 페이스 모델 경로
model_path = "cardiffnlp/twitter-roberta-base-sentiment-latest"

# 파이프라인으로 모델을 로드합니다.
pipe = pipeline(
    model=model_path,
    tokenizer=model_path,
    return_all_scores=True,
    device="cuda:0"
)
```

모델을 로드할 때 토크나이저도 로드됩니다. 토크나이저는 [그림 4-6]에 나타나 있듯이 입력 텍스트를 개별 토큰으로 변환하는 역할을 담당합니다. 자동으로 로드되기 때문에 별도의 매개변수가 필요하지 않지만 내부에서 어떤 일이 일어나는지 보여 줍니다.

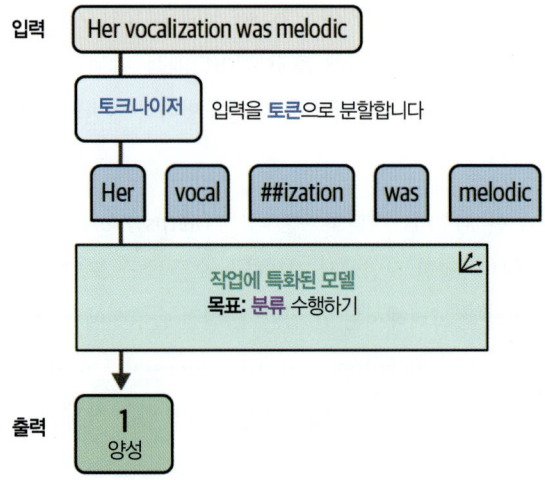

그림 4-6 입력 문장은 먼저 토크나이저를 통과하여 토큰으로 분할된 후 작업에 특화된 모델에 의해 처리됩니다.

2장에서 살펴보았듯이 이런 토큰이 언어 모델의 핵심입니다. 이런 토큰의 주요 장점은 [그림 4-7]에서 보듯이 훈련 데이터에 없는 단어를 만나더라도 토큰을 결합하여 표현을 생성할 수 있다는 것입니다.

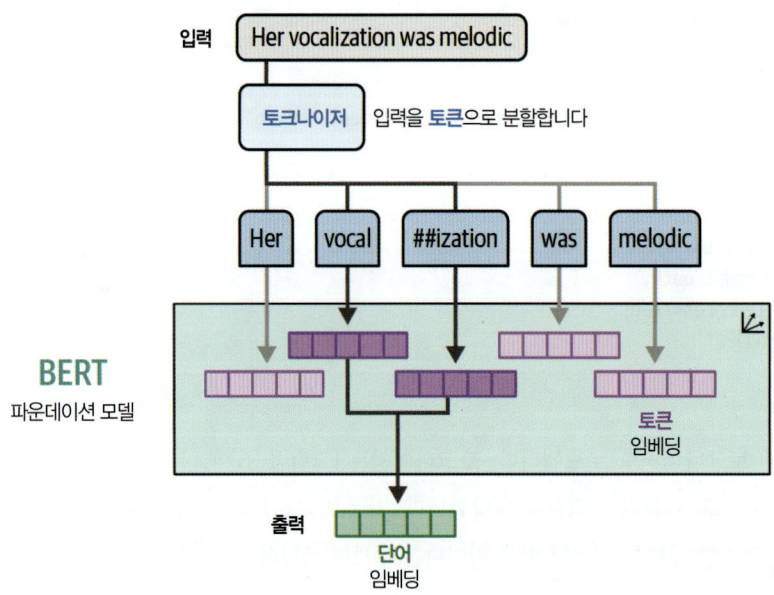

그림 4-7 모르는 단어도 토큰으로 나누면 여전히 단어 임베딩을 생성할 수 있습니다.

필요한 구성 요소를 모두 로드한 다음 테스트 세트로 모델을 실행합니다.

```python
import numpy as np
from tqdm import tqdm
from transformers.pipelines.pt_utils import KeyDataset

# 추론을 실행합니다.
y_pred = []
for output in tqdm(pipe(KeyDataset(data["test"], "text")), total=len(data["test"])):
    negative_score = output[0]["score"]
    positive_score = output[2]["score"]
    assignment = np.argmax([negative_score, positive_score])
    y_pred.append(assignment)
```

예측을 만들었으니 평가를 할 차례입니다. 이 장에서 평가를 위해 사용할 함수를 하나 만들어 보죠.[10]

```python
from sklearn.metrics import classification_report

def evaluate_performance(y_true, y_pred):
    """분류 리포트를 만들어 출력합니다."""
    performance = classification_report(
        y_true, y_pred,
        target_names=["Negative Review", "Positive Review"]
    )
    print(performance)
```

이제 분류 리포트를 만들어 보겠습니다.

```python
evaluate_performance(data["test"]["label"], y_pred)
```

	precision	recall	f1-score	support
Negative Review	0.76	0.88	0.81	533
Positive Review	0.86	0.72	0.78	533

---

[10] 옮긴이_ 사이킷런(scikit-learn)은 대표적인 파이썬 머신러닝 패키지이며 모듈 이름은 sklearn입니다.

```
        accuracy                           0.80      1066
       macro avg       0.81      0.80      0.80      1066
    weighted avg       0.81      0.80      0.80      1066
```

먼저 분류 리포트에서 올바른 예측과 잘못된 예측을 구별하는 방법을 살펴보겠습니다. 올바른 예측(True) 대비 잘못된 예측(False), 올바른 클래스(양성) 대비 잘못된 클래스(음성)에 따라 네 개의 조합이 생성됩니다. 이 조합을 [그림 4-8]처럼 행렬로 그릴 수 있는데 이를 **혼동 행렬**confusion matrix이라 부릅니다.

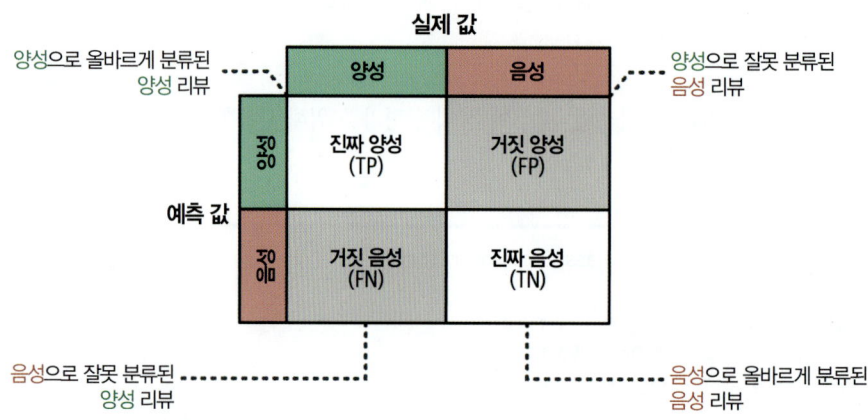

그림 4-8 혼동 행렬은 네 종류의 예측을 보여 줍니다.

혼동 행렬을 사용해 모델의 품질을 나타내는 여러 공식을 유도할 수 있습니다. 앞서 출력한 분류 리포트에서 이런 방법들을 볼 수 있습니다. **정밀도**precision, **재현율**recall, **정확도**accuracy, **F1 점수**입니다.

- 정밀도는 찾은 것 중에 얼마나 많은 항목이 관련된 것인지를 측정합니다. 즉, 관련되었다고 찾은 결과의 정확도를 나타냅니다.[11]
- 재현율은 관련된 클래스를 얼마나 많이 찾았는지, 관련 결과를 모두 찾는 능력을 나타냅니다.[12]
- 정확도는 모델의 전체 예측 중에 올바른 예측이 얼마나 많은지를 나타냅니다. 모델의 전반적인 올바름 정도를 나타냅니다.
- F1 점수는 정밀도와 재현율 사이에 균형을 맞추어 모델의 전체적인 성능을 평가합니다.

---

11 옮긴이_ 이진 분류에서 정밀도는 양성으로 예측된 샘플 중에서 진짜 양성인 샘플의 비율입니다.
12 옮긴이_ 이진 분류에서 재현율은 전체 양성 샘플 중에서 양성으로 분류된 비율입니다.

이 네 개의 지표를 [그림 4-9]의 분류 리포트 위에 표시했습니다.

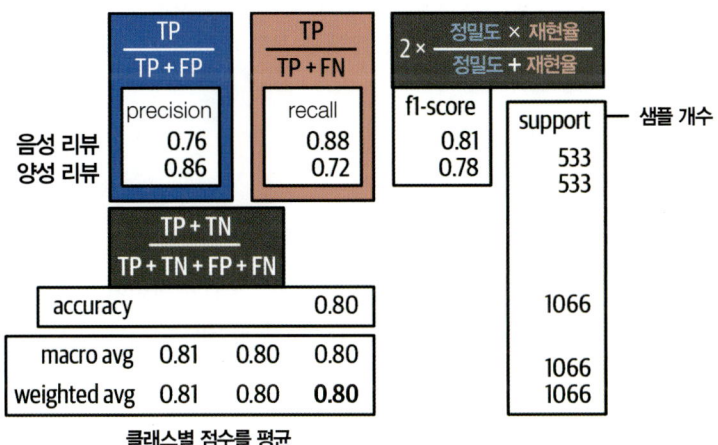

그림 4-9 분류 리포트는 모델 성능을 평가하기 위한 여러 측정값을 제공합니다.

이 책의 예제에서는 각 클래스를 동등하게 취급하기 위해 F1 점수의 가중 평균을 사용하겠습니다.[13] 사전 훈련된 BERT 모델의 F1 점수는 0.8입니다(분류 리포트의 f1-score 열에서 weighted avg 행의 값입니다). 영화 리뷰에서 훈련하지 않은 모델이라는 점을 생각하면 높은 점수입니다!

성능이 높은 모델을 얻기 위해 이 예제와 같이 영화 리뷰 데이터에서 훈련한 모델을 선택하는 등 다른 시도를 해 볼 수 있습니다. 이 경우 distilbert-base-uncased-finetuned-sst-2-english(https://oreil.ly/7-zVj) 같은 모델을 선택할 수 있습니다. 또는 임베딩 모델이란 또 다른 표현 모델을 살펴볼 수 있습니다.

4.5 임베딩을 활용하여 분류 작업 수행하기

이전 예제에서 감성 분석 작업에 특화된 사전 훈련된 모델을 사용했습니다. 하지만 특정 작업에 맞는 사전 훈련된 모델이 없다면 어떻게 할 수 있을까요? 표현 모델을 직접 미세 튜닝해야

---

[13] 옮긴이_ macro avg는 클래스별로 정밀도, 재현율, F1 점수를 구한 후 평균한 값입니다. weighted avg는 macro avg와 같은 방식이지만 클래스별 샘플 개수로 가중 평균한 값입니다.

할까요? 이에 대한 답은 '아니오'입니다.

충분한 컴퓨팅 자원이 있다면 모델을 직접 미세 튜닝할 수 있습니다(11장 참조). 하지만 모든 사람이 고가의 컴퓨팅 자원을 보유하지는 않습니다. 범용 임베딩 모델이 필요한 이유입니다.

4.5.1 지도 학습 분류

이전 예제와 달리 조금 더 고전적인 관점에서 접근하여 훈련 과정의 일부를 직접 수행할 수 있습니다. 분류 작업에 표현 모델을 바로 사용하는 것이 아니라 임베딩 모델을 사용해 특성을 생성하는 것입니다. 이런 특성을 분류기에 주입할 수 있습니다. 따라서 [그림 4-10]에서 보듯이 이 방식은 두 단계로 구성됩니다.

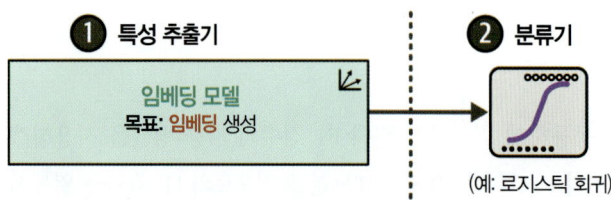

그림 4-10 특성 추출 단계와 분류 단계가 나뉘어 있습니다.

이런 분리를 통해 얻는 주된 이점은 비용이 많이 들 수 있는 임베딩 모델을 미세 튜닝할 필요가 없다는 것입니다. 대신 CPU에서 로지스틱 회귀와 같은 분류기를 훈련하면 됩니다.

첫 번째 단계에서 [그림 4-11]과 같이 임베딩 모델을 사용해 텍스트 입력을 임베딩으로 변환합니다. 이 모델은 소위 동결되며 훈련 과정 동안 업데이트되지 않습니다.

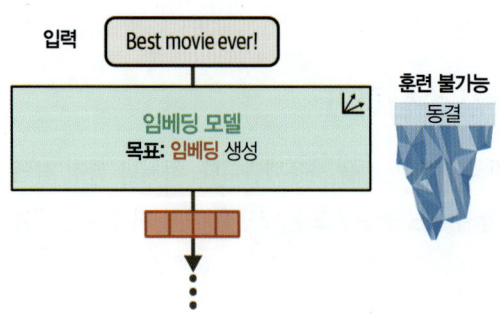

그림 4-11 첫 번째 단계에서 임베딩 모델을 사용해 특성을 추출하고 입력 텍스트를 임베딩으로 변환합니다.

사전 훈련된 임베딩 모델을 활용하는 데 인기가 높은 패키지인 sentence-transformers[14]를 사용하여 이 단계를 수행하겠습니다. 간단하게 임베딩을 만들 수 있습니다.

```python
from sentence_transformers import SentenceTransformer

# 모델을 로드합니다.
model = SentenceTransformer("sentence-transformers/all-mpnet-base-v2")

# 텍스트를 임베딩으로 변환합니다.
train_embeddings = model.encode(list(data["train"]["text"]), show_progress_bar=True)
test_embeddings = model.encode(list(data["test"]["text"]), show_progress_bar=True)
```

1장에서 다루었듯이 임베딩은 입력 텍스트의 수치 표현입니다. 값의 개수, 즉 임베딩의 차원은 임베딩 모델에 따라 다릅니다. 우리가 선택한 모델의 차원을 확인해 보죠.

```python
train_embeddings.shape
```

```
(8530, 768)
```

8,530개의 입력 문서가 768 차원으로 임베딩되었습니다. 따라서 각 임베딩은 768개의 수치 값을 가집니다. 두 번째 단계에서는 [그림 4-12]에서 볼 수 있듯이 임베딩을 분류기에 입력 특성으로 제공합니다. 이 분류기는 훈련 가능하며 로지스틱 회귀뿐만 아니라 분류 작업을 수행할 수 있다면 어떤 모델도 가능합니다.

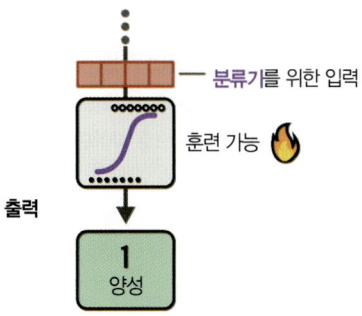

그림 4-12 임베딩을 특성으로 사용하여 로지스틱 모델을 훈련합니다.

---

14 Reimers, N. & Gurevych, I. (2019). Sentence-BERT: Sentence embeddings using Siamese BERT-networks. arXiv. org. *https://arxiv.org/abs/1908.10084*

간단하게 로지스틱 회귀를 분류기로 사용하겠습니다. 이 모델을 훈련하기 위해서는 생성된 임베딩과 레이블만 있으면 됩니다.

```python
from sklearn.linear_model import LogisticRegression

# 훈련 세트의 임베딩으로 로지스틱 회귀 모델을 훈련합니다.
clf = LogisticRegression(random_state=42)
clf.fit(train_embeddings, data["train"]["label"])
```

그다음 모델을 평가해 보죠.

```python
# 테스트 세트 임베딩에 대해 예측을 수행합니다.
y_pred = clf.predict(test_embeddings)
evaluate_performance(data["test"]["label"], y_pred)
```

	precision	recall	f1-score	support
Negative Review	0.85	0.86	0.85	533
Positive Review	0.86	0.85	0.85	533
accuracy			0.85	1066
macro avg	0.85	0.85	0.85	1066
weighted avg	0.85	0.85	0.85	1066

임베딩으로 분류기를 훈련하여 0.85의 F1 점수를 얻었습니다! 이는 임베딩 모델을 동결한 채로 간단한 분류기를 훈련할 수 있다는 가능성을 보여 줍니다.

> **TIP** 이 예에서 sentence-transformers 패키지를 사용해 임베딩을 추출했습니다. 이 과정은 추론 속도를 높이기 위해 GPU를 사용합니다. 하지만 외부 API를 사용해 GPU 의존성을 제거하고 임베딩을 만들 수 있습니다. 대표적으로 코히어와 오픈AI 서비스를 사용해 임베딩을 생성할 수 있습니다. 결과적으로 파이프라인 전체를 CPU에서 실행할 수 있습니다.

> **TIP** 분류기를 사용하지 않는다면 어떻게 할 수 있을까요? 분류기 대신 클래스별 임베딩을 평균하고 코사인 유사도를 적용하여 문서와 가장 잘 맞는 클래스를 예측할 수 있습니다.

```python
import numpy as np
import pandas as pd
from sklearn.metrics import classification_report
from sklearn.metrics.pairwise import cosine_similarity

# 타깃 레이블에 대한 문서의 임베딩을 모두 평균하여 타깃 임베딩을 만듭니다.
df = pd.DataFrame(np.hstack([train_embeddings, np.array(data["train"]["label"]).reshape(-1, 1)]))
averaged_target_embeddings = df.groupby(768).mean().values

# 테스트 임베딩과 가장 가까운 타깃 임베딩을 찾습니다.
sim_matrix = cosine_similarity(test_embeddings, averaged_target_embeddings)
y_pred = np.argmax(sim_matrix, axis=1)

# 모델을 평가합니다.
evaluate_performance(data["test"]["label"], y_pred)
```

```
Negative Review     0.85    0.84    0.84     533
Positive Review     0.84    0.85    0.84     533

       accuracy                     0.84    1066
      macro avg     0.84    0.84    0.84    1066
   weighted avg     0.84    0.84    0.84    1066
```

4.5.2 데이터에 레이블이 없는 경우

이전 예제에서 레이블이 있는 데이터를 활용했지만, 이런 일이 매번 가능한 것은 아닙니다. 레이블이 있는 데이터를 모으는 것은 많은 인력이 동원되는 노동집약적인 작업입니다. 게다가 이런 레이블을 수집하는 것이 실제로 가치가 있을까요?

이를 확인하기 위해 레이블이 없는 데이터로 작업의 가능성을 가늠해 보는 제로샷(zero-shot) 분류를 수행할 수 있습니다. 레이블의 정의(이름)에 대해서는 알고 있지만 레이블을 가진 데이터가 없습니다. [그림 4-13]에서 보듯이 제로샷 분류는 해당 데이터에서 훈련되지 않았더라도 입력 데이터의 레이블을 예측합니다.

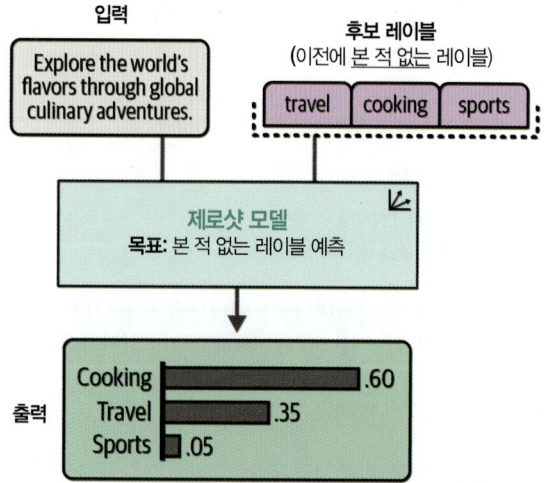

그림 4-13 제로샷 분류에서는 레이블을 가진 데이터가 없고 레이블 자체만 있습니다. 제로샷 모델은 입력이 후보 레이블과 어떻게 관련이 있는지 결정합니다.

임베딩으로 제로샷 분류를 수행하기 위해 구사할 수 있는 멋진 트릭이 있습니다. 레이블이 나타내야 하는 것을 기반으로 레이블 설명을 만들 수 있습니다. 예를 들어, 영화 리뷰에 대한 음성 레이블은 '이 리뷰는 음성 리뷰입니다'라고 설명할 수 있습니다. 레이블 설명과 문서에 대한 임베딩을 만들면 사용할 수 있는 데이터가 준비됩니다. [그림 4-14]에 나와 있듯이 이 과정을 통해 실제 레이블을 가진 데이터가 없이도 타깃 레이블을 생성할 수 있습니다.

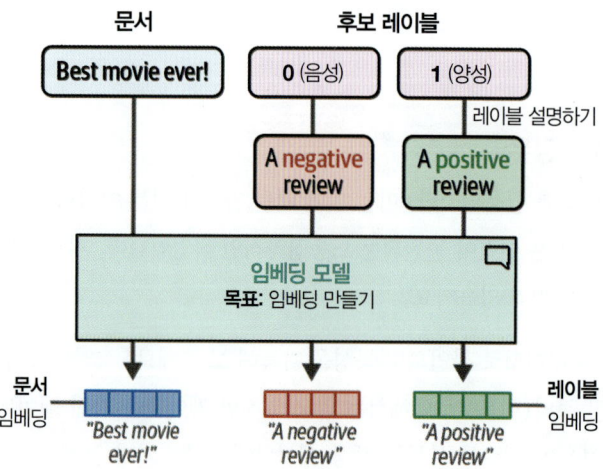

그림 4-14 레이블의 임베딩을 만들기 위해 먼저 'a negative movie review'와 같이 레이블에 대한 설명을 만들어야 합니다. 그다음 sentence-transformers를 사용해 임베딩을 생성합니다.

앞서 했던 것처럼 encode 메서드를 사용해 레이블 임베딩을 만들 수 있습니다.

```
# 레이블의 임베딩을 만듭니다.
label_embeddings = model.encode(["A negative review", "A positive review"])
```

문서에 레이블을 할당하기 위해 코사인 유사도^{cosine similarity}를 문서-레이블 쌍에 적용할 수 있습니다. [그림 4-15]에 나타나 있듯이 이는 두 벡터 사이 각도의 코사인 값입니다. 두 임베딩을 점곱하고 각각의 벡터 크기로 나누어 계산할 수 있습니다.

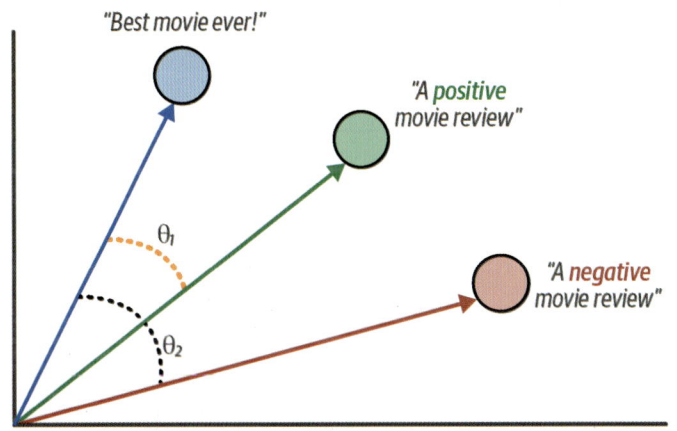

θ_1= 문서와 양성 레이블 사이의 코사인 유사도
θ_2= 문서와 음성 레이블 사이의 코사인 유사도

그림 4-15 코사인 유사도는 두 벡터 또는 임베딩 사이의 코사인 값입니다. 이 예에서는 문서와 두 개의 후보 레이블인 양성과 음성 레이블 사이의 유사도를 계산합니다.

코사인 유사도를 사용하여 주어진 문서가 후보 레이블의 설명과 얼마나 유사한지 확인할 수 있습니다. [그림 4-16]처럼 문서와 유사도가 높은 레이블을 선택합니다.

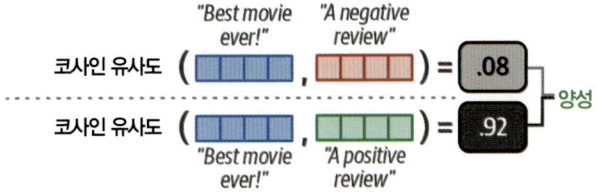

그림 4-16 레이블 설명과 문서의 임베딩을 만든 후 각 레이블-문서 쌍에 대한 코사인 유사도를 사용할 수 있습니다.

임베딩에 코사인 유사도를 적용하려면 사이킷런^scikit-learn의 cosine_similarity 함수에 문서 임베딩과 레이블 임베딩을 전달하고 반환된 값에서 값이 가장 높은 쌍을 고르기만 하면 됩니다.

```
from sklearn.metrics.pairwise import cosine_similarity

# 각 문서와 가장 잘 맞는 레이블을 찾습니다.
sim_matrix = cosine_similarity(test_embeddings, label_embeddings)
y_pred = np.argmax(sim_matrix, axis=1)
```

이게 전부입니다! 분류 작업을 위해 레이블 이름만 생각해 내면 됩니다. 이 방법이 얼마나 잘 동작하는지 확인해 보죠.

```
evaluate_performance(data["test"]["label"], y_pred)
```

```
                 precision    recall  f1-score   support

Negative Review       0.78      0.77      0.78       533
Positive Review       0.77      0.79      0.78       533

       accuracy                           0.78      1066
      macro avg       0.78      0.78      0.78      1066
   weighted avg       0.78      0.78      0.78      1066
```

> **TIP** 트랜스포머 기반 모델을 사용한 제로샷 분류(https://oreil.ly/jpayB)를 잘 알고 있다면 왜 임베딩으로 설명했는지 궁금할 수 있습니다. 제로샷 분류에서 성능이 뛰어난 모델은 자연어 추론 모델이지만, 임베딩 모델이 다양한 작업에 유연하게 적용될 수 있음을 보여 주고자 예제에서 임베딩 모델을 사용했습니다. 앞으로 이 책에서 보겠지만 임베딩은 대부분의 언어 AI 사용 사례에서 찾아볼 수 있으며 종종 과소평가되지만 매우 중요한 구성 요소입니다.

F1 점수는 0.78입니다. 레이블이 있는 데이터를 전혀 사용하지 않았다는 점을 고려하면 매우 인상적입니다! 이는 임베딩의 다재다능함과 유용성을 잘 드러냅니다. 특히 사용하는 방식에 약간의 창의성을 발휘할 때 그렇습니다.

> **TIP** 창의성을 테스트해 보죠. 레이블 이름을 'A negative/positive review'로 지었지만 개선할 수 있습니다. 'A

very negative/positive movie review'와 같이 데이터에 더 구체적인 레이블을 사용할 수 있습니다. 이를 통해 임베딩은 영화 리뷰임을 감지하고 좀 더 극단적인 레이블에 초점을 맞출 것입니다. 이를 사용해 보고 어떻게 결과에 영향을 미치는지 확인해 보세요.

4.6 생성 모델로 텍스트 분류하기

오픈AI의 GPT 모델 같은 생성 언어 모델을 사용한 분류는 지금까지 본 것과 조금 다르게 동작합니다. 이런 모델은 어떤 텍스트를 입력으로 받아 텍스트를 생성합니다. 그래서 시퀀스-투-시퀀스 모델이라 부릅니다. [그림 4-17]에 나타나 있듯이 이는 클래스를 출력하는 작업에 특화된 모델과 뚜렷하게 대조됩니다.

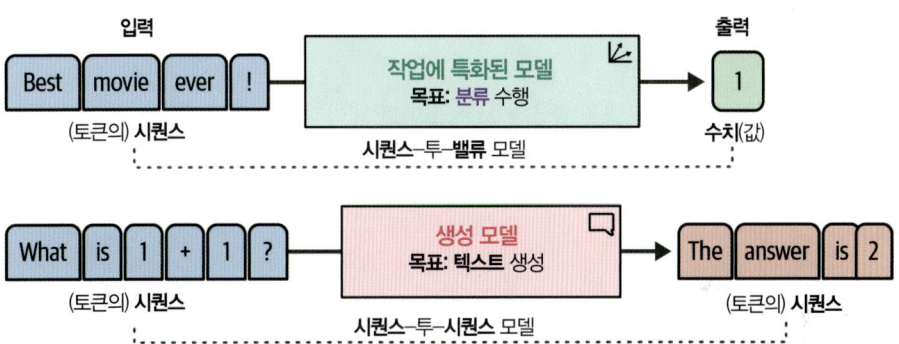

그림 4-17 작업에 특화된 모델은 토큰 시퀀스로부터 수치 값을 생성하지만, 생성 모델은 토큰 시퀀스로부터 또 다른 토큰 시퀀스를 생성합니다.

이런 생성 모델은 일반적으로 다양한 작업으로 훈련되지만 현재 주어진 문제를 즉시 수행하지는 못합니다. 예를 들어, 생성 모델에 아무 맥락 없이 영화 리뷰를 제공하면 모델이 무엇을 해야 할지 알지 못합니다.

그 대신 모델이 맥락을 이해하도록 돕고, 원하는 답을 찾도록 유도해야 합니다. [그림 4-18]에 나와 있듯이 이런 안내 과정은 주로 모델에 제공되는 명령 또는 **프롬프트**prompt를 통해 이루어집니다. 원하는 출력을 얻도록 프롬프트를 반복적으로 개선하는 것을 **프롬프트 엔지니어링**prompt engineering이라 부릅니다.

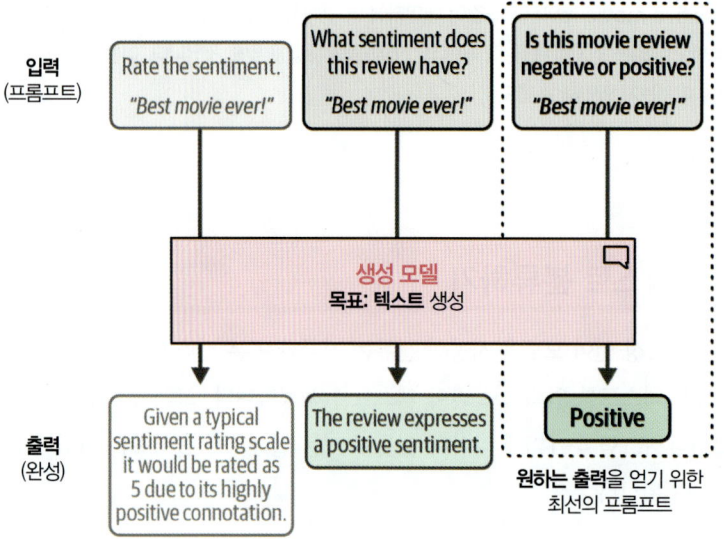

그림 4-18 프롬프트 엔지니어링을 통해 프롬프트를 개선하고 모델이 생성한 출력을 개선할 수 있습니다.

이 절에서 여러 종류의 생성 모델을 활용해 로튼 토마토 데이터셋 없이 분류 작업을 수행하는 방법을 알아보겠습니다.

4.6.1 T5 모델 사용하기

이 책에서는 주로 BERT와 같은 인코더 기반 (표현) 모델과 ChatGPT와 같은 디코더 기반 (생성) 모델을 살펴봅니다. 하지만 1장에서 언급했듯이 원본 트랜스포머 모델은 인코더-디코더 구조입니다. 디코더 기반 모델처럼 인코더-디코더 모델은 시퀀스-투-시퀀스 모델이며 일반적으로 생성 모델의 범주에 속합니다.

이 구조를 활용한 모델 중 흥미로운 모델 하나는 T5$^{\text{Text-to-Text Transfer Transformer}}$입니다. [그림 4-19]에 나와 있듯이 이 구조는 원본 트랜스포머와 비슷하게 12개의 디코더와 12개의 인코더를 쌓아서 구성됩니다.[15]

---

[15] Raffel, C. et al. (2020). Exploring the limits of transfer learning with a unified text-to-text transformer. arXiv.org. https://arxiv.org/abs/1910.10683

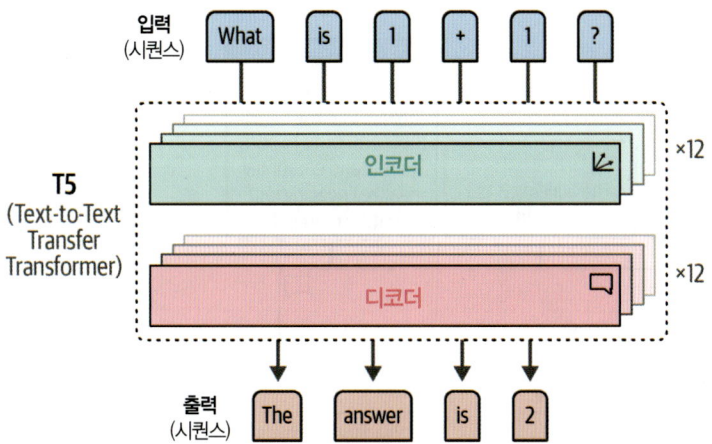

그림 4-19 T5 구조는 인코더-디코더 구조인 원본 트랜스포머 모델과 비슷합니다.

이런 구조를 바탕으로 모델은 마스크드 언어 모델링을 사용해 사전 훈련되었습니다. [그림 4-20]에 나타나 있듯이 훈련 첫 단계에서 개별 토큰을 마스킹하는 것이 아니라 일련의 토큰(또는 토큰 스팬span)을 마스킹합니다.

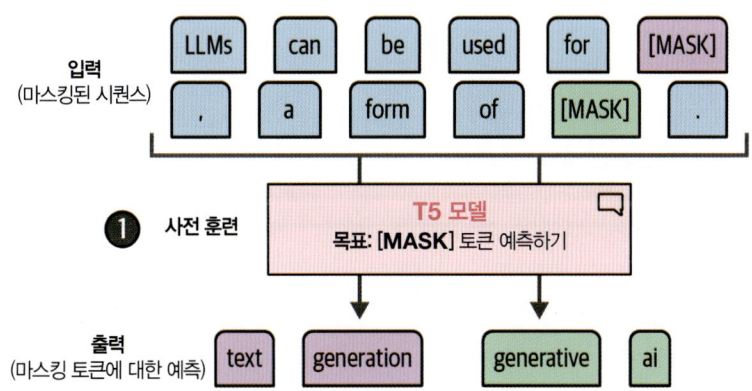

그림 4-20 훈련 첫 단계인 사전 훈련에서 T5 모델은 마스킹된 여러 토큰을 예측해야 합니다.

두 번째 훈련 단계인 베이스 모델 미세 튜닝에서 진짜 마법이 일어납니다. 하나의 특정 작업을 위해 모델을 미세 튜닝하는 것이 아니라, 각각의 작업을 시퀀스-투-시퀀스 작업으로 변환하고 동시에 훈련합니다. [그림 4-21]에서 보듯이 이를 통해 다양한 작업에 대해 모델을 훈련할 수 있습니다.

4장 텍스트 분류   157

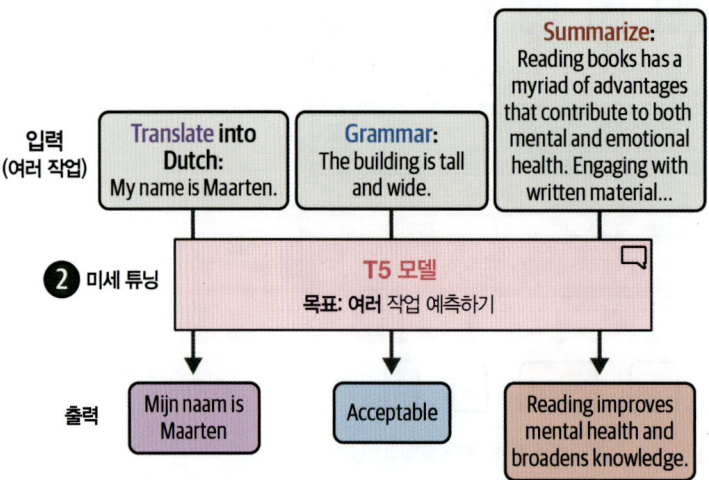

그림 4-21 특정 작업을 텍스트 명령으로 변환함으로써 T5 모델을 다양한 작업에서 미세 튜닝할 수 있습니다.

이 미세 튜닝 방법은 〈Scaling instruction-finetuned language models〉(https://oreil.ly/yl9Et) 논문에서 확장되었으며, 천 개 이상의 작업으로 미세 튜닝하여 GPT 모델에 가까운 수준으로 명령을 따릅니다.[16] 이렇게 매우 다양한 작업을 활용하여 만든 모델이 Flan-T5입니다.

사전 훈련된 Flan-T5 모델을 분류에 사용하기 위해 먼저 인코더-디코더 모델에서 주로 사용하는 "text2text-generation" 작업으로 모델을 로드합니다.

```
# 모델을 로드합니다.
pipe = pipeline(
    "text2text-generation",
    model="google/flan-t5-small",
    device="cuda:0"
)
```

Flan-T5 모델은 여러 크기의 버전이 있습니다(flan-t5-small/base/large/xl/xxl). 여기에서는 속도가 빠른 가장 작은 모델을 사용하겠습니다. 하지만 큰 모델을 사용해서 더 좋은 결

---

[16] Hyung Won Chung et al. (2022). Scaling instruction-finetuned language models. arXiv.org. https://arxiv.org/abs/2210.11416

과를 얻을 수 있는지 자유롭게 시도해 보세요.

작업에 특화된 모델과 비교하려고, 모델에 단지 어떤 텍스트를 주입하고서 모델이 감성 분석 결과를 출력하리라 기대할 수는 없습니다. 대신 모델에게 어떻게 하라고 지시를 해야 합니다.

따라서 "Is the following sentence positive or negative?"란 프롬프트를 모든 문서 앞에 붙입니다.

```
# 프롬프트를 추가합니다.
prompt = "Is the following sentence positive or negative? "
data = data.map(lambda example: {"t5": prompt + example['text']})
data

DatasetDict({
    train: Dataset({
        features: ['text', 'label', 't5'],
        num_rows: 8530
    })
    validation: Dataset({
        features: ['text', 'label', 't5'],
        num_rows: 1066
    })
    test: Dataset({
        features: ['text', 'label', 't5'],
        num_rows: 1066
    })
})
```

데이터셋을 업데이트한 후 작업에 특화된 모델에서 했던 것처럼 파이프라인을 실행합니다.

```
# 추론을 실행합니다.
y_pred = []
for output in tqdm(pipe(KeyDataset(data["test"], "t5")), total=len(data["test"])):
    text = output[0]["generated_text"]
    y_pred.append(0 if text == "negative" else 1)
```

모델이 출력한 텍스트를 수치 값으로 바꾸어야 합니다. 출력 단어가 "negative"이면 0, "positive"이면 1에 매핑합니다.

이 수치 값을 사용해 이전처럼 모델의 성능을 평가할 수 있습니다.

```
evaluate_performance(data["test"]["label"], y_pred)
```

```
                 precision    recall  f1-score   support

Negative Review       0.83      0.85      0.84       533
Positive Review       0.85      0.83      0.84       533

       accuracy                           0.84      1066
      macro avg       0.84      0.84      0.84      1066
   weighted avg       0.84      0.84      0.84      1066
```

F1 점수가 0.84이므로 Flan-T5 모델이 생성 모델의 놀라운 능력을 잘 보여 주는 것 같습니다.

4.6.2 ChatGPT로 분류하기

이 책에서는 오픈 소스 모델에 주로 초점을 맞추고 있지만 언어 AI 분야의 또 다른 축을 담당하는 것은 클로즈드 소스 모델입니다. 특히 ChatGPT가 그렇습니다.

원본 ChatGPT 모델(GPT-3.5)의 구조는 알려지지 않았지만 이름으로부터 GPT 모델과 같이 디코더 기반일 것이라 추측할 수 있습니다.

다행히 오픈AI는 개략적인 훈련 과정을 공개했습니다(*https://oreil.ly/-yf84*). 여기에는 선호도 튜닝^{preference tuning}이라는 중요한 구성 요소가 포함되었습니다. [그림 4-22]에서 보듯이 오픈AI는 먼저 입력 프롬프트에 대해 기대하는 출력을 수동으로 만듭니다(지시 데이터^{instruction data}). 이 데이터를 사용해 모델의 첫 번째 버전을 만듭니다.

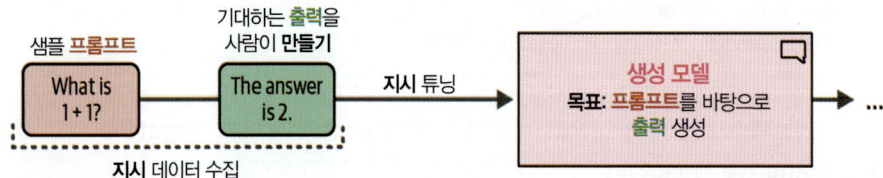

그림 4-22 명령(프롬프트)과 출력을 수동으로 구성한 데이터를 사용해 미세 튜닝(지시 튜닝)을 수행합니다.

오픈AI는 만들어진 모델을 사용해 여러 출력을 생성하고 가장 나쁜 것에서 가장 좋은 것까지 수동으로 순위를 매깁니다. [그림 4-23]에서 보듯이 이 순위는 어떤 출력에 대한 선호도를 나타냅니다(선호도 데이터). 이를 사용해 최종 모델을 만듭니다.

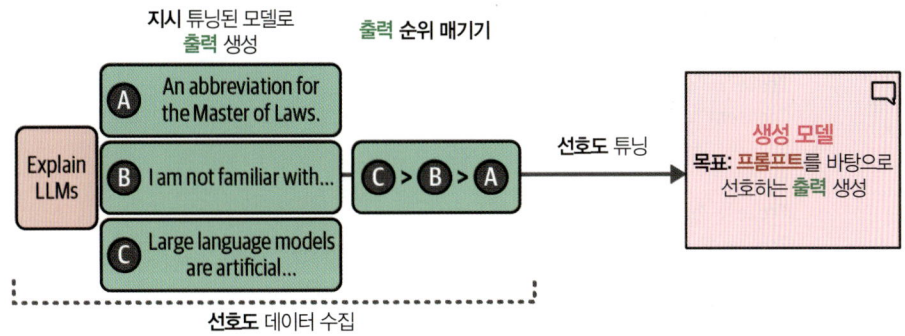

그림 4-23 수동으로 순위를 매긴 선호도 데이터를 사용해 최종 모델인 ChatGPT를 만듭니다.

지시 데이터 대신 선호도 데이터를 사용하는 주요 이점은 데이터가 표현하는 뉘앙스입니다. 좋은 출력과 나쁜 출력의 차이점을 알려 줌으로써 생성 모델이 사람의 기호에 맞는 출력을 생성하는 방법을 학습할 수 있습니다. 12장에서 미세 튜닝과 선호도 튜닝의 작동 방식을 살펴보고 직접 수행해 보겠습니다.

클로즈드 소스 모델을 사용하는 방법은 앞서 살펴본 오픈 소스 모델의 예와 많이 다릅니다. 모델을 로드하는 대신 오픈AI의 API를 통해 모델을 사용합니다.

분류 예제를 만들기 전에 먼저 계정을 만들고(https://oreil.ly/AEXvA), API 키를 생성해야 합니다(https://oreil.ly/lrTXl).[17] 그다음 키를 사용해 오픈AI 서버와 통신할 수 있습니다.

먼저 키를 사용해 클라이언트(client)를 만듭니다.

```
import openai

# 클라이언트를 만듭니다.
client = openai.OpenAI(api_key="YOUR_KEY_HERE")
```

---

[17] 옮긴이_ 오픈AI의 API 키를 생성하는 방법은 『혼자 공부하는 머신러닝+딥러닝(개정판)』(한빛미디어, 2025) 10장을 참고하세요.

이 클라이언트를 사용해 chatgpt_generation 함수를 만듭니다. 이 함수는 프롬프트, 문서, 모델을 입력받아 텍스트를 생성합니다.

```python
def chatgpt_generation(prompt, document, model="gpt-4o-mini"):
    """프롬프트와 문서를 입력받아 출력을 생성합니다."""
    messages=[
        {
            "role": "system",
            "content": "You are a helpful assistant."
        },
        {
            "role": "user",
            "content":   prompt.replace("[DOCUMENT]", document)
        }
    ]
    chat_completion = client.chat.completions.create(
      messages=messages,
      model=model,
      temperature=0
    )
    return chat_completion.choices[0].message.content
```

그다음 분류를 수행하도록 모델에게 요청하기 위한 템플릿을 만듭니다.

```python
# 프롬프트 템플릿을 정의합니다.
prompt = """Predict whether the following document is a positive or negative movie review:

[DOCUMENT]

If it is positive return 1 and if it is negative return 0. Do not give any other answers.
"""

# GPT를 사용해 타깃을 예측합니다.
document = "unpretentious , charming , quirky , original"
chatgpt_generation(prompt, document)
```

이 템플릿은 하나의 예일 뿐이며 원하는 대로 바꿀 수 있습니다. 지금은 템플릿 사용 방법을 설명하기 위해 가능한 한 간단히 만들었습니다.

큰 데이터셋에 적용하기 전에 항상 사용량을 모니터링하는 것이 좋습니다. 오픈AI와 같은 외부 API에 많은 요청을 수행하면 빠르게 비용이 증가할 수 있습니다. 이 글을 쓰는 시점에 gpt-4o-mini를 테스트 데이터셋에 실행하는 데 1센트 정도 비용이 듭니다. 무료 계정에서 제공하는 크레딧으로 충분하지만 향후에 바뀔 수도 있습니다.[18]

> **TIP** 외부 API를 사용할 때 호출 속도 제한rate limit 오류가 발생할 수 있습니다. 분당이나 시간당 속도를 제한하는 일부 API의 경우 너무 자주 호출하면 이런 오류가 발생합니다. 이런 오류를 방지하려면 지수적 재시도 exponential backoff 같은 전략을 구현할 수 있습니다. 이 전략은 속도 제한 오류가 발생할 때마다 잠깐 멈추었다가 요청을 다시 시도합니다. 재시도가 성공하지 않을 때마다 멈추는 시간이 늘어나며 요청이 성공하거나 최대 재시도 횟수에 도달할 때까지 계속됩니다. 이를 사용하려면 오픈AI에서 제공하는 가이드(https://oreil.ly/ZH4Uo)를 참고하세요.

그다음 테스트 세트에 있는 모든 리뷰에 대해 이를 실행하여 예측을 얻을 수 있습니다. 무료 크레딧을 다른 작업을 위해 아끼고 싶다면 이 과정을 건너뛰어도 괜찮습니다.

```
# 크레딧을 아끼고 싶다면 이 코드를 건너뛰세요.
predictions = [
    chatgpt_generation(prompt, doc) for doc in tqdm(data["test"]["text"])
]
```

이전 예와 마찬가지로 문자열 출력을 정수로 변환하고 성능을 평가합니다.

```
# 예측을 저장합니다.
y_pred = [int(pred) for pred in predictions]

# 성능을 평가합니다.
evaluate_performance(data["test"]["label"], y_pred)
```

	precision	recall	f1-score	support
Negative Review	0.88	0.96	0.92	533
Positive Review	0.96	0.87	0.91	533
accuracy			0.92	1066

---

18 옮긴이_ 현재 오픈AI는 더 이상 신규 계정에 무료 크레딧을 제공하지 않습니다(2025년 5월).

macro avg	0.92	0.92	0.92	1066
weighted avg	0.92	0.92	0.92	1066

대중에게 생성 AI를 유행시킨 모델답게 F1 점수가 0.92입니다. 하지만 이 모델이 훈련된 데이터를 알지 못하기 때문에 모델을 이런 방식으로 평가하지는 못합니다. 실제로 이 데이터셋에서 모델이 훈련되었을 수도 있습니다!

12장에서 좀 더 일반적인 작업에서 오픈 소스 모델과 클로즈드 소스 모델을 평가하는 방법을 살펴보겠습니다.

4.7 요약

전체 모델을 미세 튜닝하는 것부터 전혀 튜닝을 하지 않는 것까지 분류 작업을 수행하기 위한 다양한 기법을 살펴보았습니다. 텍스트 데이터를 분류하는 것은 겉보기만큼 간단하지 않으며 이를 위한 창의적인 기법이 매우 많습니다.

이 장에서 생성 언어 모델과 표현 언어 모델을 사용해 텍스트 분류를 수행해 보았습니다. 리뷰의 감성을 분류하기 위해 입력 텍스트에 레이블 또는 클래스를 할당하는 것이 목표였습니다.

표현 모델의 두 종류인 작업에 특화된 모델과 임베딩 모델을 살펴보았습니다. 작업에 특화된 모델은 감성 분석을 위해 대규모 데이터셋에서 사전 훈련되었습니다. 사전 훈련된 모델은 문서를 분류하는 좋은 방법임을 보여 주었습니다. 임베딩 모델을 사용해 다양한 목적의 임베딩을 생성할 수 있으며, 이를 입력으로 사용해 분류기를 훈련할 수 있습니다.

이와 비슷하게 생성 모델의 두 종류인 오픈 소스 인코더-디코더 모델(Flan-T5)과 클로즈드 소스 디코더 기반 모델(ChatGPT)을 살펴보았습니다. 도메인 데이터나 레이블이 있는 데이터셋에서 (추가적으로) 훈련하지 않고 생성 모델을 텍스트 분류에 사용했습니다.

다음 장에서 계속 분류를 다룹니다. 하지만 비지도 분류에 초점을 맞추겠습니다. 레이블이 없는 텍스트 데이터라면 무엇을 할 수 있을까요? 어떤 정보를 추출할 수 있을까요? 데이터를 클러스터cluster로 모으고 토픽 모델링 기법으로 클러스터에 이름을 붙이는 방법을 알아보겠습니다.

5장
텍스트 클러스터링과 토픽 모델링

분류 같은 지도 학습 기법이 지난 몇 년간 산업계에서 널리 사용되었다 해도 텍스트 클러스터링[clustering][1]과 같은 비지도 학습 기법의 잠재력을 과소평가할 수는 없습니다.

텍스트 클러스터링은 텍스트를 내용, 의미, 관계를 기반으로 비슷한 것끼리 그룹으로 모으는 것입니다. [그림 5-1]에 나타나 있듯이 의미적으로 비슷한 문서의 클러스터[cluster]는 구조적이지 않은 대용량의 텍스트를 효과적으로 분류할 뿐만 아니라 탐색적 데이터 분석[exploratory data analysis]을 빠르게 수행하도록 도와줍니다.

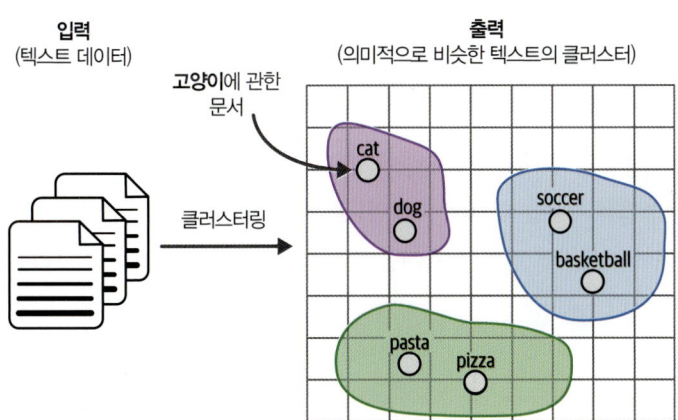

그림 5-1 비구조적인 텍스트 데이터의 클러스터링

---

1 옮긴이_ 군집이라고도 합니다.

텍스트의 문맥과 의미를 표현할 수 있는 언어 모델의 최근 발전 덕분에 텍스트 클러스터링의 효과가 높아졌습니다. 언어는 BoW 그 이상이며 최근 언어 모델은 언어의 개념을 포착할 수 있음이 입증되었습니다. 지도 학습을 넘어선 텍스트 클러스터링은 이상치 찾기, 레이블 할당 속도 향상, 레이블이 잘못 부여된 데이터 찾기 등 창의적인 솔루션과 다양한 애플리케이션을 가능하게 만듭니다.

텍스트 클러스터링은 대규모 텍스트 데이터에서 (추상적인) 토픽을 찾는 토픽 모델링topic modeling 영역에서도 등장합니다. [그림 5-2]에서 보듯이 토픽을 키워드나 키워드 문구를 사용해 나타낼 수 있으며, 이상적으로는 하나의 포괄적인 레이블을 가집니다.

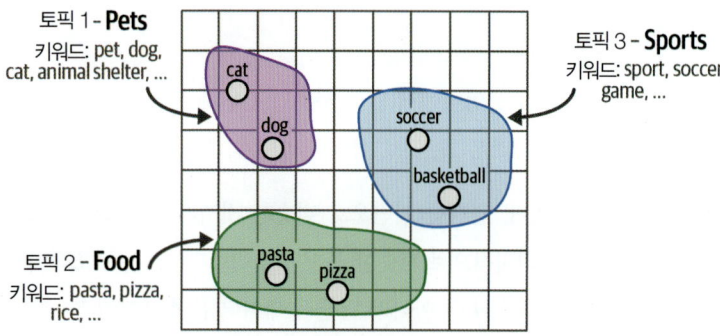

그림 5-2 토픽 모델링은 텍스트 문서의 클러스터에 의미를 부여하는 방법입니다.

이 장에서 먼저 임베딩 모델로 클러스터링을 수행하는 방법을 살펴봅니다. 그다음 텍스트 클러스터링에서 영감을 받은 토픽 모델링 기법인 BERTopic을 알아보겠습니다.

텍스트 클러스터링과 토픽 모델링은 이 책에서 중요한 역할을 합니다. 다양한 종류의 언어 모델을 결합하는 데 창의적인 방법을 이용할 수 있기 때문입니다. 인코더 기반 모델(임베딩), 디코더 기반 모델(생성), 심지어 전통적인 방법(BoW)을 결합하여 새로운 기법과 파이프라인을 만드는 방법을 살펴보겠습니다.

5.1 아카이브 논문: 계산 및 언어

이 장에서 ArXiv[2] 논문 데이터로 클러스터링과 토픽 모델링 알고리즘을 수행해 보겠습니다. 아카이브(https://oreil.ly/ece40)는 주로 컴퓨터 과학, 수학, 물리학 분야의 학술 논문을 위한 공개 플랫폼입니다. 이 책의 주제에 맞게 계산 및 언어 분야의 논문을 사용하겠습니다. 이 데이터셋(https://oreil.ly/Lz2dq)은 아카이브의 cs.CL(https://oreil.ly/-xlSS) 섹션에 1991년부터 2024년까지 등록된 44,949개 논문의 초록을 담고 있습니다.

이 데이터를 로드하고 각 논문의 초록과 제목을 따로 저장합니다.

```
# 허깅 페이스에서 데이터를 로드합니다.
from datasets import load_dataset
dataset = load_dataset("maartengr/arxiv_nlp")["train"]

# 데이터를 추출합니다.
abstracts = dataset["Abstracts"]
titles = dataset["Titles"]
```

5.2 텍스트 클러스터링을 위한 파이프라인

텍스트 클러스터링을 사용하면 익숙하거나 익숙하지 않은 데이터에서 패턴을 찾을 수 있습니다. 텍스트 클러스터링은 작업(예를 들어 분류 작업)뿐만 아니라 작업의 복잡도를 직관적으로 이해하도록 도와줍니다. 결과적으로 텍스트 클러스터링은 탐색적 데이터 분석을 신속하게 수행하는 방법 그 이상이 되었습니다.

그래프 기반 신경망부터 센트로이드centroid 기반 클러스터링 기법까지 텍스트 클러스터링 방법이 많지만 널리 사용되는 일반적인 파이프라인은 세 개의 단계와 알고리즘으로 구성됩니다.

- **임베딩 모델**embedding model을 사용해 입력 문서를 임베딩으로 변환합니다.
- **차원 축소 모델**dimensionality reduction model을 사용해 임베딩의 차원을 줄입니다.
- **클러스터링 모델**clustering model을 사용해 의미가 비슷한 문서의 그룹을 찾습니다.

---

2 옮긴이_ '아카이브'라고 읽습니다.

5.2.1 문서 임베딩

첫 번째 단계는 [그림 5-3]에 나타나 있듯이 텍스트 데이터를 임베딩으로 바꾸는 것입니다. 이전 장에서 임베딩은 텍스트의 의미를 포착하는 수치 표현이라 했던 것을 기억하세요.

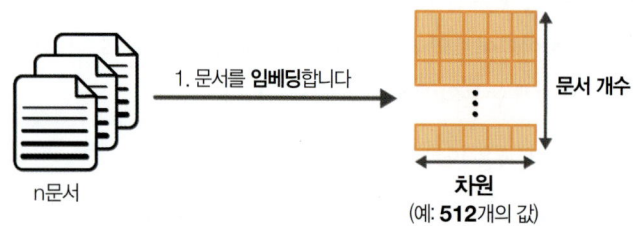

그림 5-3 단계 1: 임베딩 모델을 사용해 문서를 임베딩으로 변환합니다.

의미적으로 비슷한 문서를 찾아야 하기 때문에 의미 유사도 작업에 최적화된 임베딩 모델을 선택하는 것이 특히 중요합니다. 다행히 이 글을 쓰는 시점에 대부분의 임베딩 모델은 의미 유사도에 초점을 맞추고 있습니다.

이전 장에서 했듯이 MTEB 리더보드(https://oreil.ly/XFrb0)를 사용해 임베딩 모델을 선택하겠습니다. 클러스터링 작업에서 적절한 점수를 내야 하지만 빠르게 실행하기 위해 매우 작은 임베딩 모델이 필요합니다. 이전 장에서 사용한 'sentence-transformers/all-mpnet-base-v2' 모델 대신, 'thenlper/gte-small'(https://oreil.ly/h-Gkg) 모델을 사용하겠습니다. 이 모델은 클러스터링 작업에서 이전 모델의 성능을 뛰어넘는 최신형이며 크기가 작기 때문에 추론 속도가 빠릅니다. 하지만 여러분은 더 최근에 출시된 새로운 모델로 자유롭게 테스트해 보세요!

```
from sentence_transformers import SentenceTransformer

# 각각의 초록에 대한 임베딩을 만듭니다.
embedding_model = SentenceTransformer("thenlper/gte-small")
embeddings = embedding_model.encode(list(abstracts), show_progress_bar=True)
```

각각의 문서 임베딩에 얼마나 많은 값이 포함되었는지 확인해 보죠.

```
# 만들어진 임베딩의 차원을 확인합니다.
embeddings.shape
```

```
(44949, 384)
```

임베딩마다 문서의 의미 표현을 표현하는 384개의 값을 가집니다. 이런 임베딩을 클러스터로 모아야 할 특성으로 볼 수 있습니다.

5.2.2 임베딩 차원 축소하기

임베딩을 클러스터로 모으기 전에 먼저 임베딩의 고차원 성질을 고려해야 합니다. 차원 수가 증가함에 따라 가능한 값의 개수가 지수적으로 증가합니다. 따라서 임베딩 공간 안에 있는 모든 부분공간을 찾는 일이 점점 더 복잡해집니다.

결과적으로 고차원 데이터는 해당 데이터에서 의미 있는 클러스터를 찾는 것이 어렵기 때문에 많은 클러스터링 방법에서 문제가 될 수 있습니다. 그래서 차원 축소 방법을 사용합니다. [그림 5-4]에 나타나 있듯이 이 기술을 사용하면 차원의 크기를 줄이고 더 적은 차원으로 같은 데이터를 표현할 수 있습니다. 차원 축소 기법의 목표는 고차원 데이터의 전역 구조$^{global\ structure}$를 보존하는 저차원 표현을 찾는 것입니다.

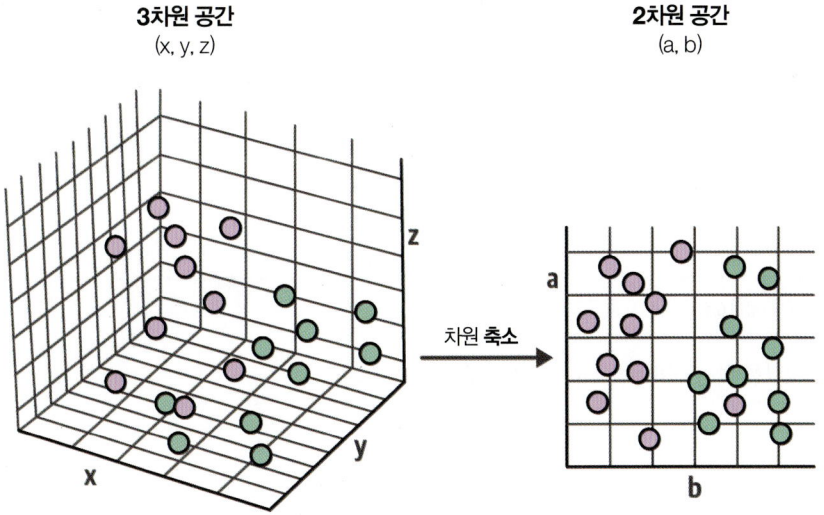

그림 5-4 차원 축소를 사용하면 고차원 공간의 데이터를 저차원 표현으로 압축할 수 있습니다.

이는 압축 기술이며 알고리즘이 임의로 차원을 삭제하지 않습니다. 따라서 클러스터링 모델이 의미 있는 클러스터를 찾기 위한 클러스터링 파이프라인의 두 번째 단계는 [그림 5-5]와 같은 차원 축소입니다.

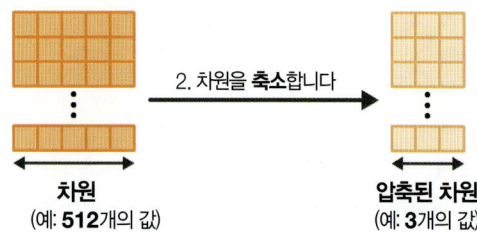

그림 5-5 단계 2: 차원 축소를 사용해 임베딩을 저차원 공간에 투영합니다.

유명한 차원 축소 방법은 PCA$^{\text{Principal Component Analysis}}$[3]와 UMAP$^{\text{Uniform Manifold Approximation and Projection}}$[4]입니다. 이 예에서는 PCA보다 비선형 관계와 구조를 조금 더 잘 다루는 UMAP을 사용하겠습니다.

> **NOTE**
>
> 하지만 차원 축소 기법은 단점이 있습니다. 고차원 데이터를 저차원 표현으로 완벽하게 투영하지 못합니다. 이 과정에서 항상 정보가 손실됩니다. 차원 축소와 가능한 한 많은 정보를 유지하는 것 사이에 절충점이 필요합니다.

차원 축소를 수행하기 위해 UMAP 클래스를 초기화하고 생성된 임베딩을 전달합니다.[5]

```
from umap import UMAP

# 입력 임베딩을 384차원에서 5차원으로 줄입니다.
umap_model = UMAP(
```

---

[3] Hotelling, H. (1933). Analysis of a complex of statistical variables into principal components. Journal of Educational Psychology, 24(6), 417–441. *https://doi.org/10.1037/h0071325*

[4] McInnes, L, et al. (2018). UMAP: uniform manifold approximation and projection for dimension reduction. arXiv.org. *https://arxiv.org/abs/1802.03426*

[5] 옮긴이_ 코랩을 사용하는 경우 !pip install umap-learn으로 패키지를 먼저 설치해 주세요.

```
        n_components=5, min_dist=0.0, metric='cosine', random_state=42
)
reduced_embeddings = umap_model.fit_transform(embeddings)
```

`n_components` 매개변수를 사용하여 저차원 공간의 크기를 결정할 수 있습니다. 여기에서는 5차원으로 지정합니다. 일반적으로 5에서 10 사이의 값이 고차원 전역 구조를 포착하는 데 잘 맞습니다.

`min_dist` 매개변수는 임베딩된 포인트 사이의 최소 거리입니다. 일반적으로 이 값을 0으로 지정하면 조밀한 클러스터가 만들어집니다. 유클리드 기반 지표는 고차원 데이터를 다루기 어렵기 때문에 `metric` 매개변수를 `'cosine'`으로 지정합니다.[6]

UMAP에서 `random_state`를 지정하면, 실행할 때마다 같은 결과를 재현할 수 있지만 병렬 실행이 안 되어 훈련 속도가 느려집니다.[7]

5.2.3 축소된 임베딩 클러스터링

세 번째 단계는 [그림 5-6]에 나타나 있듯이 축소된 임베딩을 클러스터링하는 것입니다.

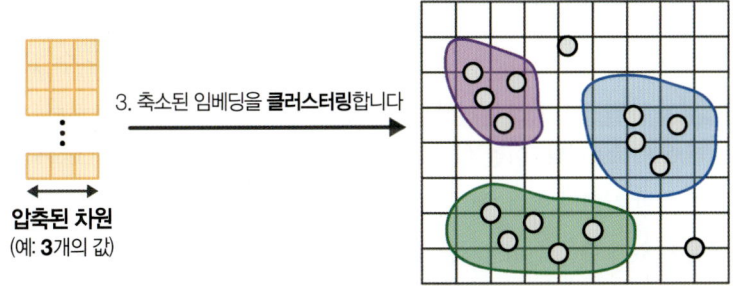

그림 5-6 단계 3: 차원 축소된 임베딩을 사용해 문서를 클러스터링합니다.

일반적으로 k-평균^{k-means}과 같은 센트로이드 기반 알고리즘을 선택합니다. k-평균에서는 생

---

6 옮긴이_ `n_components`, `min_dist`, `metric` 매개변수의 기본값은 각각 2, 0.1, `'euclidean'`입니다. 이웃의 개수를 지정하는 `n_neighbors`의 기본값은 15입니다.

7 옮긴이_ `n_jobs` 매개변수의 기본값은 -1로 모든 CPU 코어를 사용합니다. `random_state`를 지정하면 `n_jobs`가 1로 바뀐다는 경고가 출력됩니다.

성할 클러스터 개수를 지정해야 합니다. 하지만 클러스터 개수를 사전에 알지 못합니다. [그림 5-7]에서 보듯이 밀도 기반density-based 알고리즘은 자유롭게 클러스터 개수를 결정할 수 있고 모든 데이터 포인트를 클러스터에 할당하지는 않습니다.

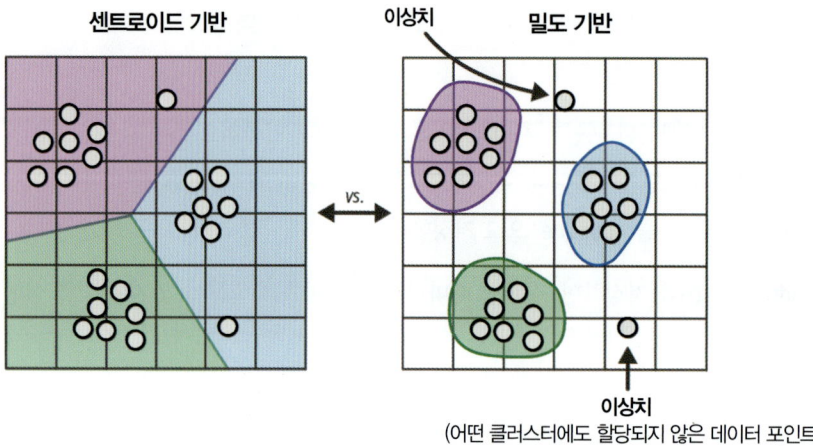

그림 5-7 클러스터링 알고리즘은 클러스터 생성 방식뿐만 아니라 클러스터를 바라보는 방식에도 영향을 미칩니다.

널리 사용되는 밀도 기반 모델은 HDBSCAN[Hierarchical Density-Based Spatial Clustering of Applications with Noise][8]입니다. HDBSCAN은 클러스터링 알고리즘 DBSCAN의 계층형 버전입니다. 이 알고리즘은 명시적으로 클러스터 개수를 지정하지 않고 조밀한 (작은) 클러스터를 찾을 수 있습니다. 밀도 기반 방법이므로 데이터에 있는 **이상치**outlier도 감지합니다. 이상치는 어떤 클러스터에도 속하지 않는 데이터 포인트입니다. 이런 이상치는 어떤 클러스터에 할당되거나 소속되도록 강제되지 않습니다. 다른 말로 하면 이런 데이터 포인트는 무시됩니다. ArXiv 논문 중에는 특이한 주제를 다룬 논문이 있기 때문에 이상치를 감지하는 모델을 사용하면 도움이 될 수 있습니다.

앞서 다룬 패키지들과 비슷하게 HDBSCAN을 사용하는 방법도 간단합니다. 모델 객체를 초기화하고 축소된 임베딩을 전달하면 됩니다.[9]

---

8 https://hdbscan.readthedocs.io
9 옮긴이_ 코랩을 사용하는 경우 !pip install hdbscan으로 패키지를 먼저 설치해 주세요.

```python
from hdbscan import HDBSCAN

# 모델을 훈련하고 클러스터를 추출합니다.
hdbscan_model = HDBSCAN(min_cluster_size=50).fit(reduced_embeddings)
clusters = hdbscan_model.labels_

# 클러스터 개수를 확인합니다.
len(set(clusters))
```

```
156
```

HDBSCAN을 사용해 이 데이터셋에서 156개의 클러스터를 찾았습니다. 더 많은 클러스터를 만들려면 클러스터의 최소 크기를 지정하는 `min_cluster_size` 값을 줄여야 합니다.[10]

5.2.4 클러스터 조사

생성된 클러스터와 클러스터에 할당된 문서를 직접 확인하여 클러스터에 포함된 내용을 이해해 보겠습니다. 예를 들어 클러스터 0에서 몇 개의 문서를 확인해 보죠.

```python
import numpy as np

# 클러스터 0에 있는 처음 세 개의 문서를 출력합니다.
cluster = 0
for index in np.where(clusters==cluster)[0][:3]:
    print(list(abstracts)[index][:300] + "... \n")
```

```
This works aims to design a statistical machine translation from English text
to American Sign Language (ASL). The system is based on Moses tool with some
modifications and the results are synthesized through a 3D avatar for
interpretation. First, we translate the input text to gloss, a written fo...

Researches on signed languages still strongly dissociate lin- guistic issues
related on phonological and phonetic aspects, and gesture studies for
recognition and synthesis purposes. This paper focuses on the imbrication of
```

---

10 옮긴이_ `min_cluster_size`는 클러스터가 되기 위해 필요한 최소 샘플 개수를 지정하며 기본값은 5입니다.

> motion and meaning for the analysis, synthesis and evaluation of sign lang...
>
> Modern computational linguistic software cannot produce important aspects of sign language translation. Using some researches we deduce that the majority of automatic sign language translation systems ignore many aspects when they generate animation; therefore the interpretation lost the truth inf...

문서를 보니 이 클러스터는 대부분 수화를 번역하거나 수화로 번역한 문서를 담고 있는 것 같습니다. 흥미롭네요!

한 발 더 나아가 수동으로 모든 문서를 조사하는 대신 클러스터 결과를 시각화해 볼 수 있습니다. 문서를 xy 평면에 나타내려면 문서 임베딩을 2차원으로 줄여야 합니다.

```python
import pandas as pd

# 384차원의 임베딩을 2차원으로 줄입니다.
reduced_embeddings = UMAP(
    n_components=2, min_dist=0.0, metric="cosine", random_state=42
).fit_transform(embeddings)

# 데이터프레임을 만듭니다.
df = pd.DataFrame(reduced_embeddings, columns=["x", "y"])
df["title"] = titles
df["cluster"] = [str(c) for c in clusters]

# 정상치(클러스터)와 이상치를 선택합니다.
clusters_df = df.loc[df.cluster != "-1", :]
outliers_df = df.loc[df.cluster == "-1", :]
```

일반적으로 클러스터에 관심이 있기 때문에 이를 부각해서 나타내겠습니다. 이를 위해 클러스터를 위한 데이터프레임(clusters_df)과 이상치를 위한 데이터프레임(outliers_df)을 따로 만듭니다.

> **NOTE**
>
> 시각화 목적의 모든 차원 축소 방법은 정보 손실을 일으킵니다. 축소된 결과는 원본 임베딩의 근사치에 지나지 않습니다. 정보를 담고 있기는 하지만 실제보다 클러스터를 더 가까이 모으거나 멀리 떨어뜨릴 수 있습니다. 따라서 사람이 클러스터를 직접 조사하는 평가 방식이 클러스터 분석의 핵심 요소 중 하나입니다!

정적 그래프를 만들기 위해 유명한 그래프 라이브러리인 `matplotlib`을 사용하겠습니다.

```python
import matplotlib.pyplot as plt

# 이상치와 정상치를 그래프에 나타냅니다.
plt.scatter(outliers_df.x, outliers_df.y, alpha=0.05, s=2, c="grey")
plt.scatter(
    clusters_df.x, clusters_df.y, c=clusters_df.cluster.astype(int),
    alpha=0.6, s=2, cmap="tab20b"
)
plt.axis("off")
```

[그림 5-8]에서 보듯이 주요 클러스터를 잘 나타내는 것 같습니다. 같은 색으로 칠해진 포인트의 클러스터는 HDBSCAN이 해당 포인트를 그룹으로 모았다는 것을 나타냅니다. 클러스터 개수가 많기 때문에 `matplotlib`이 일정 개수의 색깔을 순회하면서 클러스터를 그립니다. 따라서 모든 녹색 포인트가 하나의 클러스터라고 생각하지 마세요.

그림 5-8 2D로 시각화한 클러스터와 이상치(회색)

시각화가 잘 되었지만 클러스터 내부에서 무슨 일이 일어나는지 여전히 알 수 없습니다. 이 시각화를 확장하기 위해 텍스트 클러스터링에서 토픽 모델링으로 전환해 보겠습니다.

5.3 텍스트 클러스터링에서 토픽 모델링으로

텍스트 클러스터링은 대규모 문서 집합에 내재된 구조를 찾는 데 강력한 도구입니다. 이전 예제에서 수동으로 클러스터를 조사하고 클러스터에 있는 문서를 기반으로 클러스터의 성질을 파악했습니다. 예를 들어 수화에 관한 문서를 담고 있는 클러스터를 살펴보았습니다. 이 클러스터의 **토픽**을 'sign language'라고 말할 수 있습니다.

텍스트 데이터 집합에서 주제나 잠재적인 토픽을 찾는 것을 **토픽 모델링**topic modeling이라 합니다. 전통적으로 [그림 5-9]에 나타나 있듯이 토픽의 의미를 가장 잘 나타내거나 포착하는 키워드나 구phrase를 찾습니다.

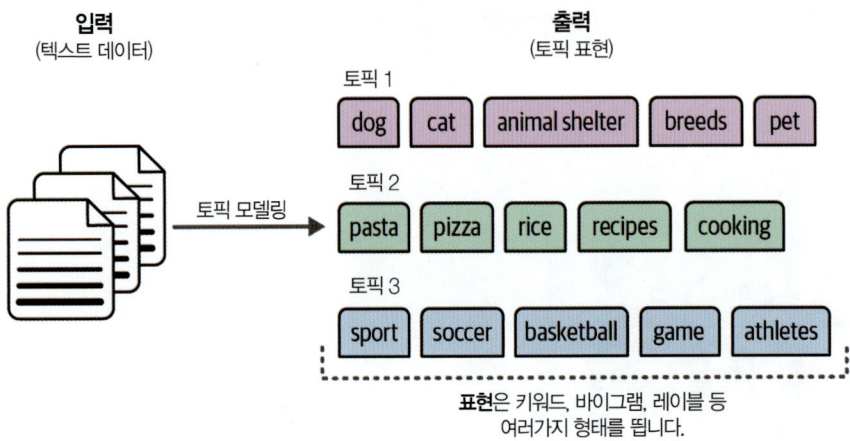

그림 5-9 전통적으로 토픽은 여러 개의 키워드로 표현되지만 다른 형태를 띨 수 있습니다.

'sign language'로 토픽을 할당하는 대신 토픽을 설명하는 'sign', 'language', 'translation' 같은 키워드를 사용합니다. 따라서 토픽에 하나의 레이블을 할당하는 것이 아니라 일련의 키워드를 통해 토픽의 의미를 이해해야 합니다.

잠재 디리클레 할당latent Dirichlet allocation[11] 같은 전통적인 방법은 각 토픽이 말뭉치의 어휘사전에 있는 단어의 확률 분포로 표현된다고 가정합니다. [그림 5-10]은 어휘사전에 있는 각 단어가 토픽과의 관련성에 따라 어떻게 점수가 부여되는지 보여 줍니다.

---

[11] Blei et al. (2003). Latent dirichlet allocation. Journal of Machine Learning Research, 3, 993-1022. https://doi.org/10.5555/944919.944937

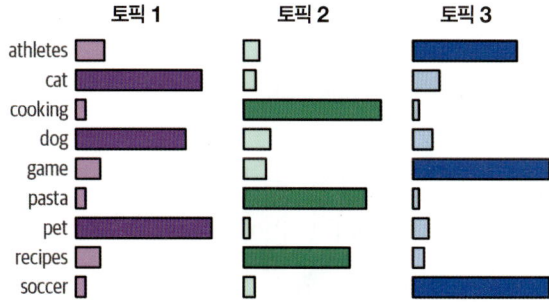

그림 5-10 토픽마다 단어 분포를 기반으로 키워드를 추출합니다.[12]

이런 방법들은 일반적으로 텍스트 데이터에서 특성을 추출하기 위해 BoW 기법을 사용합니다. BoW는 단어와 구의 맥락이나 의미를 고려하지 않습니다. 이와 달리 앞서 보았던 클러스터링 예제는 두 가지를 모두 고려합니다. 어텐션을 통해 의미적 유사도와 문맥의 의미에 최적화되어 있는 트랜스포머 기반의 임베딩을 사용하기 때문입니다.

이 절에서 모듈식 구조를 가진 텍스트 클러스터링과 토픽 모델링 프레임워크인 BERTopic을 사용해 텍스트 클러스터링을 토픽 모델링 영역으로 확장하겠습니다.

5.3.1 BERTopic: 모듈화된 토픽 모델링 프레임워크

BERTopic은 의미적으로 유사한 텍스트 클러스터를 활용하여 다양한 종류의 토픽 표현을 추출하는 토픽 모델링 기법입니다.[13] 이 알고리즘을 두 단계 과정으로 생각할 수 있습니다.

첫째, [그림 5-11]처럼 텍스트 클러스터링 예제에서 했던 것과 동일한 과정을 수행합니다. 문서를 임베딩하고, 차원을 축소한 다음 마지막으로 축소된 임베딩을 클러스터링하여 의미적으로 유사한 문서 그룹을 만듭니다.

---

[12] 옮긴이_ 예를 들어 토픽 1의 키워드는 cat, dog, pet입니다. 따라서 토픽 모델링에서 토픽은 실제로 문서의 주제를 찾는 것과는 거리가 있습니다. 대신 토픽 모델링으로 추출한 키워드를 살펴보고 사람이 문서의 주제를 유추해야 합니다.
[13] Maarten Grootendorst. (2022). BERTopic: Neural topic modeling with a class-based TF-IDF procedure. arXiv.org. https://arxiv.org/abs/2203.05794

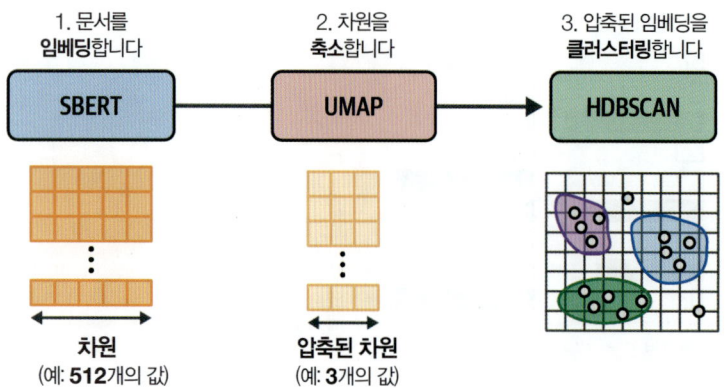

그림 5-11 BERTopic 파이프라인의 첫 번째 부분은 의미적으로 유사한 문서의 클러스터를 만드는 것입니다.

둘째, 고전적인 BoW 방식을 사용해 말뭉치의 어휘사전에 있는 단어의 분포를 모델링합니다. 1장에서 간략히 언급했던 BoW는 [그림 5-12]에서 보듯이 문서에 나타나는 각 단어의 횟수를 카운트합니다. 이렇게 만들어진 표현을 사용해 문서에서 가장 자주 등장하는 단어를 추출할 수 있습니다.

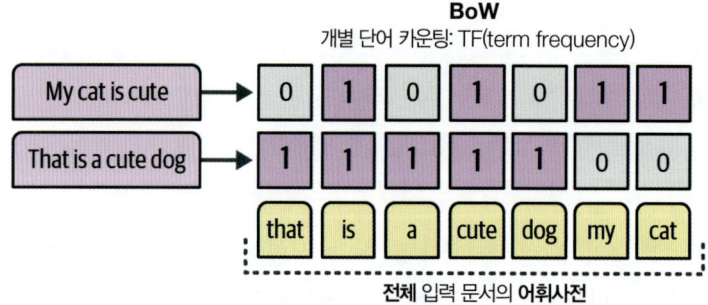

그림 5-12 BoW는 문서 안에 각 단어가 등장하는 횟수를 카운트합니다.

하지만 두 가지 단점이 있습니다. 첫째, 우리가 관심을 두는 것은 클러스터 수준의 관점인데, BoW는 문서 수준의 표현입니다. 이를 해결하기 위해 [그림 5-13]에 나타나 있듯이 단어의 빈도를 문서가 아니라 클러스터를 기준으로 계산합니다.

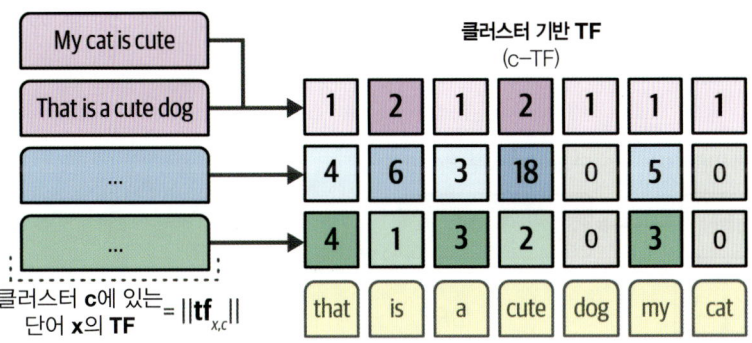

그림 5-13 단어의 빈도를 문서 단위가 아닌 클러스터 단위로 카운트하여 c-TF 생성하기

둘째, 'the'와 'I' 같은 불용어^{stop word}는 문서 안에 자주 등장하지만 실제 문서의 의미에는 거의 영향을 미치지 않는 경향이 있습니다. BERTopic은 클래스 기반 TF-IDF^{term frequency-inverse document frequency}(c-TF-IDF)를 사용하여 클러스터에 의미 있는 단어에는 높은 가중치를 부여하고 모든 클러스터에서 사용되는 단어에는 낮은 가중치를 할당합니다.

BoW의 각 단어, 즉 c-TF에 각 단어의 IDF 값을 곱해서 c-TF-IDF를 계산합니다. [그림 5-14]에서 보듯이 모든 클러스터에 걸쳐 각 단어의 평균 빈도를 단어의 전체 빈도로 나눈 값의 로그가 IDF 값입니다.

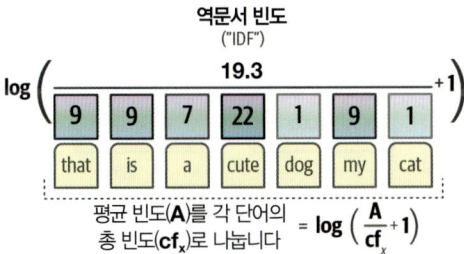

그림 5-14 빈도에 가중치 부여하기

이를 통해 각 단어에 대한 가중치(IDF)가 만들어집니다. 이 값에 빈도(c-TF)를 곱하여 가중치가 부여된 값(c-TF-IDF)을 얻을 수 있습니다.

[그림 5-15]에 나타나 있는 것처럼 이 과정의 두 번째 부분을 사용해서 이전에 보았던 것처럼 단어 분포를 생성할 수 있습니다. 사이킷런의 CountVectorizer를 사용해 BoW(또는 TF) 표

현을 만들 수 있습니다. 여기에서 각 클러스터는 말뭉치의 어휘사전에서 특정 순위를 가지는 토픽이라 생각할 수 있습니다.

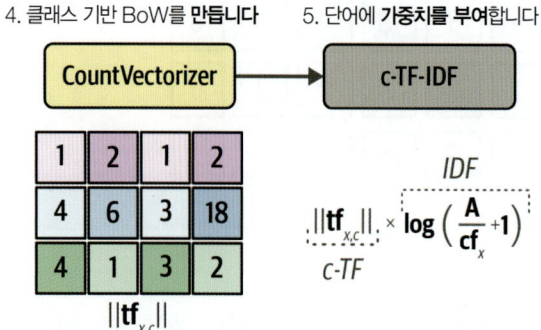

그림 5-15 BERTopic 파이프라인의 두 번째 부분은 토픽을 표현합니다. 단어 x가 클래스 c 안에서 얼마의 가중치를 가지는지 계산합니다.

토픽 클러스터링과 토픽 표현 두 단계를 합치면 [그림 5-16]과 같은 전체 BERTopic 파이프라인이 구성됩니다. 이 파이프라인을 사용해 의미적으로 비슷한 문서를 클러스터로 모으고, 이 클러스터에서 몇 개의 키워드로 표현되는 토픽을 생성할 수 있습니다. 토픽에 있는 단어의 가중치가 높을수록 해당 토픽을 잘 대표합니다.

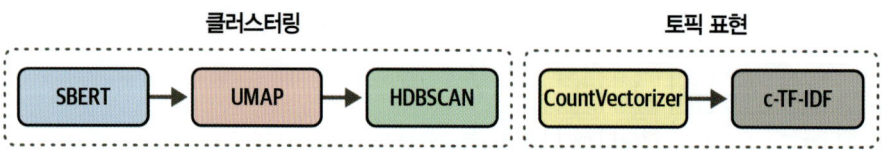

그림 5-16 BERTopic의 전체 파이프라인은 클러스터링과 토픽 표현 두 단계로 구성됩니다.

이 파이프라인의 주요 장점은 클러스터링과 토픽 표현 두 단계가 서로 독립적이라는 것입니다. 예를 들어 c-TF-IDF를 사용하면 문서를 클러스터링하는 모델에 의존적이지 않습니다. 따라서 파이프라인의 각 구성 요소를 크게 모듈화할 수 있습니다. 이 장의 후반에서 다시 보겠지만 토픽 표현을 미세 튜닝하기 위한 좋은 출발점입니다.

[그림 5-17]에 나타나 있듯이 sentence-transformers가 기본 임베딩 모델로 사용되지만 다른 임베딩 모델로 바꿀 수 있습니다. 이외의 모든 단계에도 동일하게 적용됩니다. HDBSCAN으로 생성된 이상치가 싫다면 대신 k-평균을 사용할 수 있습니다.

그림 5-17 BERTopic의 모듈화는 핵심 요소로 자신만의 토픽 모델 만들기를 가능케 합니다.

> **차원 축소**
>
> BERTopic은 임베딩 모델로 센텐스 트랜스포머(https://sbert.net), Flair(https://flairnlp.github.io), Spacy(https://spacy.io), Gensim(https://radimrehurek.com/gensim), 텐서플로 허브(https://www.tensorflow.org/hub), 허깅 페이스 파이프라인(https://huggingface.co), Model2Vec(https://github.com/MinishLab/model2vec) 모델을 지원합니다. 기본적으로 영어일 경우 센텐스 트랜스포머의 all-MiniLM-L6-v2, 그 외 언어에서는 paraphrase-multilingual-MiniLM-L12-v2 모델을 사용합니다. 만약 센텐스 트랜스포머가 설치되지 않았다면 사이킷런의 TfidfVectorizer 클래스로 TF-IDF 행렬을 만든 후 TSVD(Truncated SVD)를 사용해 100차원의 벡터를 만들어 임베딩으로 사용합니다. 이런 과정을 잠재 의미 분석(latent semantic analysis)이라고도 부릅니다. TSVD는 희소 행렬의 차원을 축소하는 데 종종 사용되며 자세한 내용은 『실무로 통하는 ML 문제 해결』(한빛미디어, 2024) 9장을 참고하세요.
>
> UMAP 모델 대신 fit()과 transform() 메서드를 제공하는 다른 차원 축소 모델을 사용할 수 있습니다. 비슷하게 HDBSCAN 모델 대신 fit()과 predict() 메서드를 제공하고

> `labels_` 속성을 제공하는 다른 클러스터링 알고리즘을 사용할 수 있습니다. 사실 HDBSCAN 은 `predict()` 메서드를 제공하지는 않지만 새로운 샘플에 대한 확률을 얻을 수 있는 소프트 클러스터링(https://bit.ly/3EgZPNF) 기능을 제공합니다. 사이킷런 1.3 버전에 추가된 HDBSCAN 구현은 소프트 클러스터링을 제공하지 않기 때문에 BERTopic으로 새로운 문서에 대한 토픽을 예측하지 못합니다.

이런 모듈화를 레고 블록 쌓기로 생각할 수 있습니다. 파이프라인의 각 요소는 비슷한 다른 알고리즘으로 완전히 대체할 수 있습니다. 모듈화 덕분에 새로 릴리스된 모델을 BERTopic의 아키텍처 내에 통합할 수 있습니다. 따라서 언어 AI 분야가 성장함에 따라 BERTopic도 성장할 수 있습니다!

> ### BERTopic의 모듈화
>
> BERTopic의 모듈화는 다른 장점도 있습니다. 하나의 베이스 모델을 사용해 다양한 사용 사례에 적용할 수 있습니다. 예를 들어 BERTopic은 다양한 변종 알고리즘을 지원합니다.
>
> - 가이드 토픽 모델링guided topic modeling
> - (준)지도 학습 토픽 모델링(semi-)supervised topic modeling
> - 계층적 토픽 모델링hierarchical topic modeling
> - 동적 토픽 모델링dynamic topic modeling
> - 멀티모달 토픽 모델링multimodal topic modeling
> - 다중 측면 토픽 모델링multi-aspect topic modeling
> - 온라인 및 점진적 토픽 모델링online and incremental topic modeling
> - 제로샷 토픽 모델링zero-shot topic modeling
> - 기타
>
> 모듈화와 알고리즘 유연성은 BERTopic을 토픽 모델링의 원스톱 서비스로 만들고 싶은 저자의 목표를 이루는 기반이 됩니다. BERTopic의 전체 기능에 대한 소개는 온라인 문서(https://oreil.ly/XKxJE)와 깃허브(https://oreil.ly/-iPzP)를 참고하세요.

ArXiv 데이터셋에서 BERTopic을 실행하기 위해 앞서 정의한 모델과 (필수는 아니지만) 임베딩을 사용할 수 있습니다.[14]

```python
from bertopic import BERTopic

# 앞서 정의한 모델을 사용해 BERTopic 모델을 훈련합니다.
topic_model = BERTopic(
    embedding_model=embedding_model,
    umap_model=umap_model,
    hdbscan_model=hdbscan_model,
    verbose=True
).fit(abstracts, embeddings)
```

먼저 만들어진 토픽을 살펴보죠. get_topic_info() 메서드는 발견한 토픽에 대한 간단한 정보를 제공합니다.

```python
topic_model.get_topic_info()
```

Topic	Count	Name	Representation
-1	14520	-1_the_of_and_to	the, of, and, to, in, we, that, language, for...
0	2290	0_speech_asr_recognition_end	speech, asr, recognition, end, acoustic, spea...
1	1403	1_medical_clinical_biomedical_patient	medical, clinical, biomedical, patient, healt...
2	1156	2_sentiment_aspect_analysis_reviews	sentiment, aspect, analysis, reviews, opinion...
3	986	3_translation_nmt_machine_neural	translation, nmt, machine, neural, bleu, engl...
...	...	...	...
150	54	150_coherence_discourse_paragraph_text	coherence, discourse, paragraph, text, cohesi...
151	54	151_prompt_prompts_optimization_prompting	prompt, prompts, optimization, prompting, llm...

---

[14] 옮긴이_ 코랩을 사용하는 경우 !pip install bertopic으로 패키지를 먼저 설치해 주세요. fit() 메서드에 임베딩을 전달하지 않으면 BERTopic 생성자에 전달한 embedding_model을 사용해 임베딩을 생성합니다.

Topic	Count	Name	Representation
152	53	152_sentence_sts_embeddings_similarity	sentence, sts, embeddings, similarity, embedd...
153	53	153_counseling_mental_health_therapy	counseling, mental, health, therapy, psychoth...
154	50	154_backdoor_attacks_attack_triggers	backdoor, attacks, attack, triggers, poisoned...

각각의 토픽은 Name 열에 '_'로 연결된 몇 개의 키워드로 표현됩니다. Name 열은 토픽을 가장 잘 표현하는 네 개의 키워드를 보여 주므로 이 토픽이 무엇을 나타내는지 빠르게 감을 잡을 수 있습니다.

> **NOTE**
>
> 첫 번째 토픽의 레이블은 -1입니다. 이 토픽에는 다른 토픽에 속할 수 없어 이상치로 간주되는 모든 문서가 담깁니다. HDBSCAN 군집 알고리즘의 결과이므로 모든 문서가 클러스터에 할당되지 않습니다. 이상치를 없애려면 k-평균과 같은 이상치를 만들지 않는 알고리즘을 사용하거나 BERTopic의 `reduce_outliers()` 함수를 사용해 이상치를 토픽에 재할당할 수 있습니다.[15]

`get_topic()` 함수로 개별 토픽을 조사하고 가장 잘 표현하는 키워드를 살펴볼 수 있습니다. 예를 들어 토픽 0은 다음과 같은 키워드를 포함합니다.

```
topic_model.get_topic(0)
```

```
[('speech', 0.028177697715245358),
 ('asr', 0.018971184497453525),
 ('recognition', 0.013457745472471012),
 ('end', 0.009804450092749381),
 ('acoustic', 0.009452082794507863),
 ('speaker', 0.0068822647060204885),
```

---

15 옮긴이_ `reduce_outliers()` 메서드에 문서 리스트와 문서에 할당된 토픽 리스트를 전달하면 strategy 매개변수에 지정된 전략을 따라 이상치를 가장 가까운 토픽에 재할당합니다. strategy의 기본값은 'distributions'로 이상치 문서를 크기가 4인 슬라이딩 윈도로 이동하면서 각 4-그램으로 예측한 토픽 중 가장 빈번한 토픽에 재할당합니다.

```
('audio', 0.006807649923681604),
('the', 0.0063343444687017645),
('error', 0.006320144717019838),
('automatic', 0.006290216996043161)]
```

토픽 0은 'speech', 'asr', 'recognition' 키워드를 포함합니다. 이런 키워드를 바탕으로 이 토픽이 자동 음성 인식$^{\text{automatic speech recognition}}$(ASR)에 관한 토픽이라고 추정할 수 있습니다.

`find_topics()` 함수를 사용하여 검색어를 기반으로 토픽을 찾을 수 있습니다. 토픽 모델링에 관한 토픽을 찾아보죠.

```
topic_model.find_topics("topic modeling")
```

```
([22, -1, 1, 47, 32],
 [0.95456535, 0.91173744, 0.9074769, 0.9067007, 0.90510106])
```

토픽 22가 검색어와 비교적 유사도가 높습니다(0.95). 이 토픽을 조사해 보면 실제 토픽 모델링에 관한 토픽임을 알 수 있습니다.

```
topic_model.get_topic(22)
```

```
[('topic', 0.06634619076655907),
 ('topics', 0.035308535091932707),
 ('lda', 0.016386314730705634),
 ('latent', 0.013372311924864435),
 ('document', 0.012973600191120576),
 ('documents', 0.012383715497143821),
 ('modeling', 0.011978375291037142),
 ('dirichlet', 0.010078277589545706),
 ('word', 0.008505619415413312),
 ('allocation', 0.007930890698168108)]
```

토픽 모델링에 관한 토픽이므로 BERTopic의 초록이 이 토픽에 할당되었는지 확인해 보죠.

```
topic_model.topics_[titles.index("BERTopic: Neural topic modeling with a class-based TF-IDF procedure")]
```

맞군요! 이 기능을 사용하면 관심이 있는 토픽을 빠르게 찾을 수 있습니다.

> **TIP** BERTopic의 모듈화 덕분에 선택 옵션이 매우 많습니다. 훈련 속도를 높이고, 표현을 개선하는 등의 일반적인 작업을 위한 모범 사례 가이드(*https://oreil.ly/IsP1k*)를 참고하세요.

토픽을 더 쉽게 탐색하기 위해 텍스트 클러스터링 예제를 다시 생각해 볼 수 있습니다. 그 예제에서 정적 시각화를 통해 만들어진 토픽의 일반적인 구조를 살펴보았습니다. BERTopic으로는 어떤 토픽이 있고 그 안에 어떤 문서가 포함되었는지 빠르게 살펴볼 수 있는 인터랙티브한 그래프를 만들 수 있습니다.

이렇게 하려면 UMAP으로 만든 2차원 임베딩인 reduced_embeddings를 사용해야 합니다. 또한 문서에 마우스를 올렸을 때 토픽에 속한 문서를 빠르게 알아보기 위해 초록 대신 제목을 출력하겠습니다.[16]

```
# 토픽과 문서를 시각화합니다.
fig = topic_model.visualize_documents(
    list(titles),
    reduced_embeddings=reduced_embeddings,
    width=1200,
    hide_annotations=True
)

# 범례 폰트를 업데이트합니다.
fig.update_layout(font=dict(size=16))
```

[그림 5-18]처럼 인터랙티브한 그래프를 통해 토픽을 빠르게 이해할 수 있습니다. 확대해 개별 문서를 보거나 오른쪽에 있는 토픽을 더블 클릭하여 해당 토픽만 볼 수 있습니다.

---

[16] 옮긴이_ reduced_embeddings 대신 embedding 매개변수에 원본 임베딩을 전달할 수 있습니다. 이 경우 UMAP을 사용하여 2차원으로 임베딩을 축소시켜 그래프를 그립니다. hide_annotations 매개변수의 기본값 False는 그래프에 토픽 이름을 표시하므로 토픽이 많을 경우 그래프를 보기가 어렵습니다.

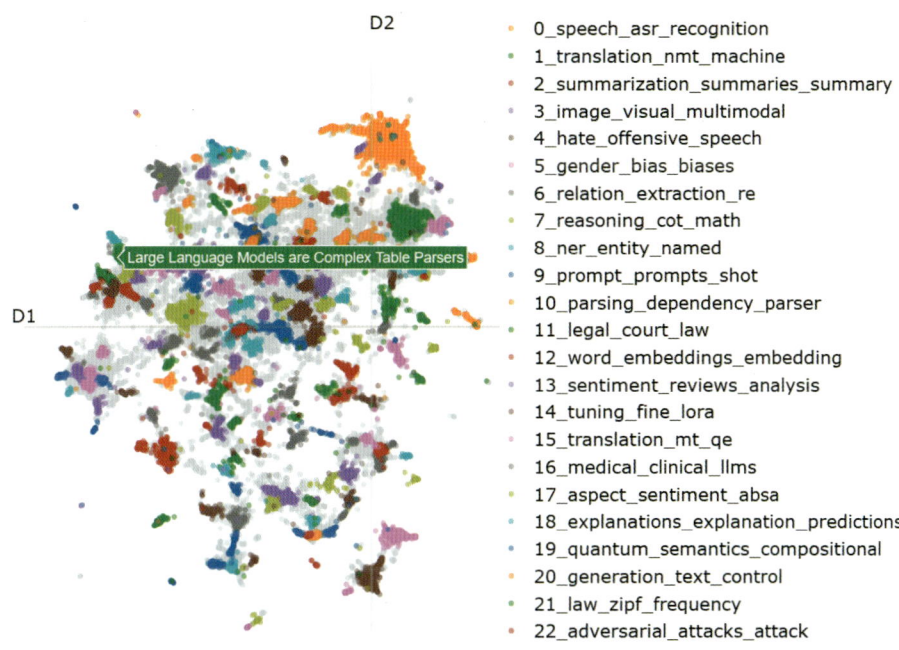

그림 5-18 문서와 토픽을 시각화한 결과

BERTopic은 시각화 옵션이 다양합니다. 그중 토픽 사이의 관계를 이해하는 데 도움이 되는 세 가지 방법이 있습니다.[17]

```
# 키워드 순서대로 막대 그래프를 그립니다.
topic_model.visualize_barchart()

# 토픽 사이의 관계를 시각화합니다.
topic_model.visualize_heatmap(n_clusters=30)

# 토픽 사이의 잠재적 계층 구조를 시각화합니다.
topic_model.visualize_hierarchy()
```

---

[17] 옮긴이_ 이 절의 그래프를 확인하려면 코랩에서 05장의 노트북을 여세요(https://bit.ly/4aKXFlG).

5.3.2 특수 레고 블록 추가하기

지금까지 살펴본 BERTopic의 파이프라인이 빠르고 모듈화되어 있지만 단점이 있습니다. 의미론적 구조를 고려하지 않고 BoW로 토픽을 표현합니다.

해결책은 BoW 표현의 강점인 속도를 활용하여 의미 있는 표현을 생성하는 것입니다. BoW를 사용하여 먼저 표현을 생성하고 그다음 임베딩 모델과 같이 더 강력하지만 느린 기법을 사용하여 조정할 수 있습니다. [그림 5-19]에서 보듯이 단어의 순위를 재조정하여 표현을 개선할 수 있습니다. 초기 결과의 순서를 재조정하는 아이디어는 8장에서 다룰 신경망 기반 검색neural search의 주요 요소입니다.

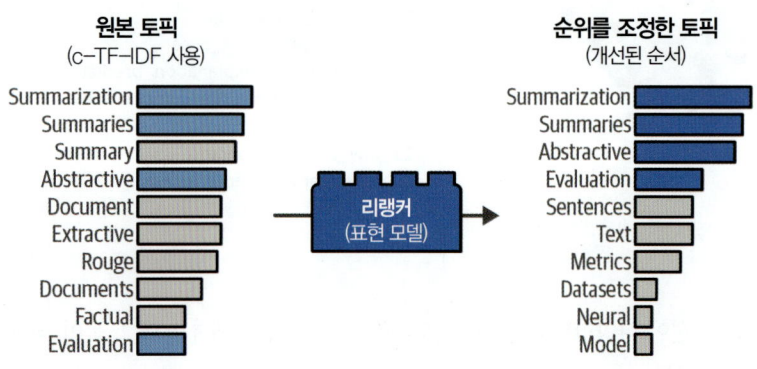

그림 5-19 원본 c-TF-IDF 분포의 순위를 재조정하여 토픽 표현을 미세 튜닝합니다.

결과적으로 [그림 5-20]과 같은 새로운 레고 블록을 설계할 수 있습니다. 이 블록은 토픽 표현을 받아 개선된 표현을 출력합니다.

BERTopic에서는 이런 리랭커reranker 모델을 **표현 모델**representation model이라 부릅니다. 이 방식의 주요 장점은 토픽 표현의 최적화를 토픽 개수만큼만 수행하면 된다는 것입니다. 예를 들어, 수백만 개의 문서와 100개의 토픽이 있다면 표현 블록은 모든 문서가 아니라 각 토픽에 대해 한 번만 적용하면 됩니다.

[그림 5-21]에서 보듯이 BERTopic에 준비된 다양한 표현 블록을 사용해 표현을 미세 튜닝할 수 있습니다. 또한 표현 블록을 여러 개 쌓아 다양한 방법으로 표현을 미세 튜닝할 수 있습니다.

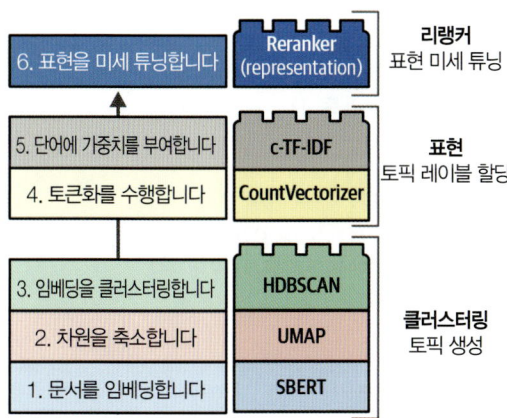

그림 5-20 리랭커 (표현) 블록은 c-TF-IDF 표현 위에 놓입니다.

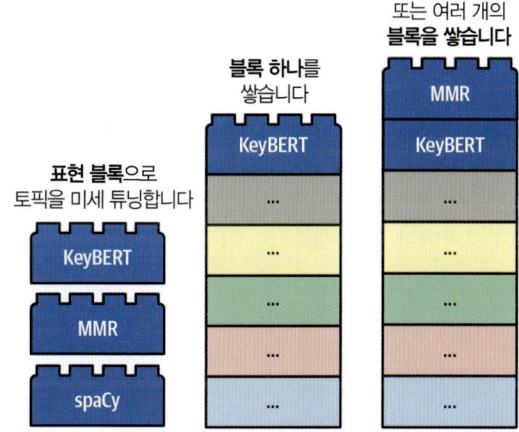

그림 5-21 c-TF-IDF 가중치를 계산한 후 다양한 표현 모델을 사용해 토픽을 미세 튜닝할 수 있습니다. 표현 모델에는 대규모 언어 모델이 많습니다.

표현 블록을 사용하는 방법을 알아보기 전에 두 가지 작업을 하겠습니다. 먼저 표현 모델을 사용할 때와 그렇지 않을 때를 비교하기 위해 원본 토픽 표현을 복사하겠습니다.

```
# 원본 표현을 복사합니다.
from copy import deepcopy
original_topics = deepcopy(topic_model.topic_representations_)
```

그다음 표현 모델을 사용할 때와 사용하지 않을 때 토픽 단어의 차이를 시각화해 주는 간단한 래퍼wrapper 함수를 만듭니다.

```
def topic_differences(model, original_topics, nr_topics=5):
    """두 모델의 토픽 표현 차이를 보여 줍니다"""
    df = pd.DataFrame(columns=["토픽", "원본", "업데이트"])
    for topic in range(nr_topics):

        # 모델과 토픽마다 상위 5개 단어를 추출합니다.
        og_words = " | ".join(list(zip(*original_topics[topic]))[0][:5])
        new_words = " | ".join(list(zip(*model.get_topic(topic)))[0][:5])
        df.loc[len(df)] = [topic, og_words, new_words]

    return df
```

KeyBERTInspired

첫 번째로 살펴볼 표현 블록은 KeyBERTInspired입니다. KeyBERTInspired는 이름에서 추측할 수 있듯이 키워드 추출 패키지인 KeyBERT[18]에서 착안한 방법입니다. KeyBERT는 코사인 유사도로 단어 임베딩과 문서 임베딩을 비교하여 텍스트에서 키워드를 추출합니다.

BERTopic도 비슷한 방식을 따릅니다. KeyBERTInspired는 문서의 c-TF-IDF 값과 토픽의 c-TF-IDF 값 사이의 유사도를 계산하여 토픽마다 가장 대표적인 문서를 추출합니다. [그림 5-22]에서 보듯이 토픽마다 평균적인 문서 임베딩을 계산하고 후보 키워드의 임베딩을 비교하여 키워드의 순위를 재조정합니다.

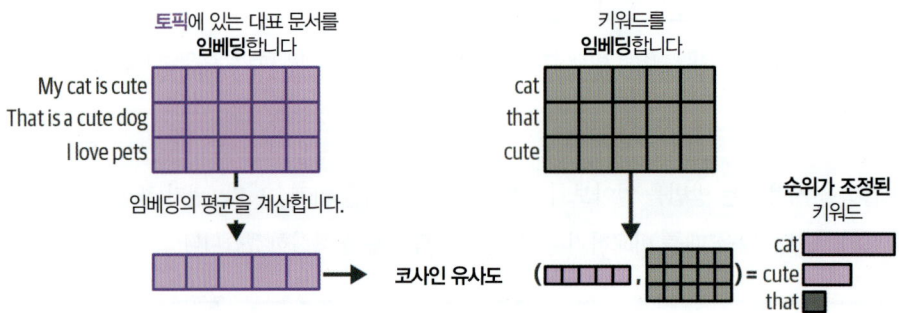

그림 5-22 KeyBERTInspired 표현 모델의 처리 과정

---

[18] Maarten Grootendorst (2020). KeyBERT: Minimal keyword extraction with BERT. https://oreil.ly/_SZU7

BERTopic의 모듈화 특성으로 인해 차원 축소와 클러스터링 단계를 다시 수행할 필요 없이 KeyBERTInspired로 초기 토픽 표현을 업데이트할 수 있습니다.

```python
from bertopic.representation import KeyBERTInspired

# KeyBERTInspired를 사용해 토픽 표현을 업데이트합니다.
representation_model = KeyBERTInspired()
topic_model.update_topics(abstracts, representation_model=representation_model)

# 토픽의 차이를 보여 줍니다.
topic_differences(topic_model, original_topics)
```

토픽	원본	업데이트
0	speech | asr | recognition | end | acoustic	speech | encoder | phonetic | language | trans...
1	medical | clinical | biomedical | patient | he...	nlp | ehr | clinical | biomedical | language
2	sentiment | aspect | analysis | reviews | opinion	aspect | sentiment | aspects | sentiments | cl...
3	translation | nmt | machine | neural | bleu	translation | translating | translate | transl...
4	summarization | summaries | summary | abstract...	summarization | summarizers | summaries | summ...

원본 모델에 비해 업데이트된 모델의 결과가 토픽을 이해하기 쉽습니다. 또한 임베딩 기반 기법을 사용하는 단점도 보여 줍니다. 모델이 적절하게 표현할 수 없는 단어이기에 원본 모델에 있는 (토픽 3의) neural machine translation의 약자인 'nmt' 같은 단어가 삭제되었습니다. 하지만 도메인 전문가에게는 이런 약자가 매우 유용합니다.

MMR

c-TF-IDF와 KeyBERTInspired 기법을 사용해 만든 토픽 표현에는 여전히 중복이 많습니다. 예를 들어 한 토픽에 비슷한 단어인 'summaries'와 'summary'가 중복됩니다.

MMR$^{\text{maximal marginal relevance}}$을 사용하면 토픽 표현을 다양화할 수 있습니다. 이 알고리즘은 비교하려는 문서와 관련 있지만 서로 다른 키워드 집합을 찾으려고 시도합니다. 후보 키워드 집합을 임베딩하고 가장 좋은 다음 키워드를 반복적으로 계산해 추가합니다. 이렇게 하기 위해 키워드가 얼마나 다양해야 하는지를 나타내는 매개변수를 지정해야 합니다.

BERTopic에서 MMR을 사용해 초기 키워드 집합(예를 들면 30개)에서 작지만 더 다양한 키워드 집합(10개)을 구성할 수 있습니다. 중복된 단어를 제거하고 토픽 표현에 새롭게 기여하는 단어만 유지합니다.

MMR을 수행하는 방법은 간단합니다.

```
from bertopic.representation import MaximalMarginalRelevance

# MaximalMarginalRelevance를 사용해 토픽 표현을 업데이트합니다.
representation_model = MaximalMarginalRelevance(diversity=0.2)
topic_model.update_topics(abstracts, representation_model=representation_model)

# 토픽의 차이를 보여 줍니다.
topic_differences(topic_model, original_topics)
```

토픽	원본	업데이트
0	speech | asr | recognition | end | acoustic	speech | asr | error | model | training
1	medical | clinical | biomedical | patient | he...	clinical | biomedical | patient | healthcare |...
2	sentiment | aspect | analysis | reviews | opinion	sentiment | analysis | reviews | absa | polarity
3	translation | nmt | machine | neural | bleu	translation | nmt | bleu | parallel | multilin...
4	summarization | summaries | summary | abstract...	summarization | document | extractive | rouge ...

출력 결과를 보면 토픽의 표현이 더 다양해졌습니다. 예를 들어 토픽 4는 summary의 유사 단어를 하나만 보여 주고 전체 표현에 기여할 수 있는 단어를 추가했습니다.

> **TIP** KeyBERTInspired와 MMR은 모두 토픽 표현을 개선하는 데 뛰어난 기법입니다. 특히 KeyBERTInspired는 단어와 문서 사이의 의미론적 관계에 초점을 맞추기 때문에 거의 모든 불용어를 제거하는 경향이 있습니다.

5.3.3 텍스트 생성 레고 블록

앞선 예제에서 BERTopic의 표현 블록이 리랭커 블록의 역할을 했습니다. 하지만 이미 이전 장에서 살펴보았듯이 생성 모델은 다양한 작업에서 활용도가 높습니다.

BERTopic에서 순위 재조정 절차의 일부로 생성 모델을 매우 효율적으로 사용할 수 있습니다. 생성 모델을 사용해 수백만 개가 될 수 있는 모든 문서의 토픽을 식별하는 것이 아니라 토픽을 위한 레이블을 생성할 수 있습니다. [그림 5-23]에 나타나 있듯이 키워드 생성이나 순위 재조정 대신에 모델에게 이전에 생성한 키워드와 대표적인 문서를 기반으로 짧은 레이블을 생성하라고 요청합니다.

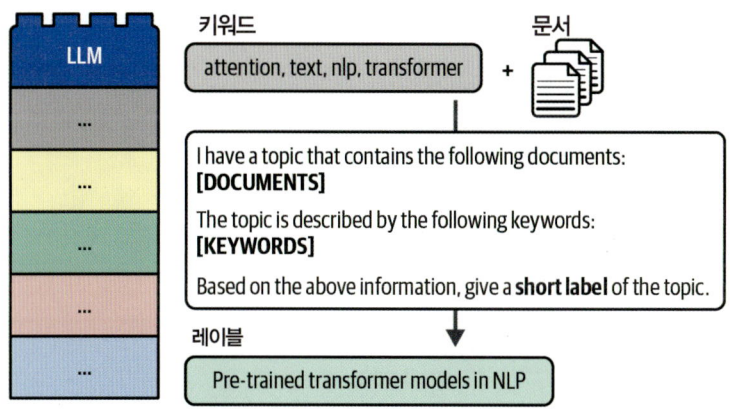

그림 5-23 텍스트 생성 LLM과 프롬프트 엔지니어링을 사용해 각 토픽에 연관된 키워드와 문서로부터 토픽을 위한 레이블을 생성합니다.

그림의 프롬프트에는 두 가지 요소가 있습니다. 첫째, [DOCUMENTS] 태그를 사용해 토픽을 가장 잘 표현하는 적은 개수 (일반적으로 네 개[19]) 문서가 삽입됩니다. 해당 토픽과 c-TF-IDF 값의 유사도가 가장 높은 문서가 선택됩니다. 둘째, 토픽을 구성하는 키워드가 [KEYWORDS] 태그를 통해 프롬프트에 전달됩니다. 이 키워드는 c-TF-IDF나 앞서 소개한 다른 표현 모델을 통해 생성할 수 있습니다.

결과적으로 수백만 개가 될 수 있는 문서마다 적용하는 것이 아니라 수백 개 정도의 토픽마다 생성 모델을 한 번만 사용하면 됩니다. 오픈 소스부터 독점적인 모델까지 선택할 수 있는 생성

---

[19] 옮긴이_ 삽입할 문서의 개수는 TextGeneration 클래스 생성자의 nr_docs 매개변수에서 지정할 수 있습니다. 기본값은 4입니다.

모델이 많습니다. 이전 장에서 살펴본 Flan-T5 모델을 사용해 보죠.

BERTopic에서 사용할 프롬프트와 모델을 만들고 `representation_model` 매개변수에 전달합니다.

```python
from transformers import pipeline
from bertopic.representation import TextGeneration

prompt = """I have a topic that contains the following documents:
[DOCUMENTS]

The topic is described by the following keywords: '[KEYWORDS]'.

Based on the documents and keywords, what is this topic about?"""

# Flan-T5를 사용해 토픽 표현을 업데이트합니다.
generator = pipeline("text2text-generation", model="google/flan-t5-small")
representation_model = TextGeneration(
    generator, prompt=prompt, doc_length=50, tokenizer="whitespace"
)
topic_model.update_topics(abstracts, representation_model=representation_model)

# 토픽의 차이를 보여 줍니다.
topic_differences(topic_model, original_topics)
```

토픽	원본	업데이트
0	speech | asr | recognition | end | acoustic	Speech-to-description
1	medical | clinical | biomedical | patient | he...	Science/Tech
2	sentiment | aspect | analysis | reviews | opinion	Review
3	translation | nmt | machine | neural | bleu	Attention-based neural machine translation
4	summarization | summaries | summary | abstract...	Summarization

'Summarization' 같은 일부 레이블은 원본 표현에 비해 논리적으로 보입니다. 하지만 'Science/Tech' 같은 레이블은 너무 광범위하고 원본 토픽을 올바르게 나타내지 못한 것 같습니다. 오픈

AI의 GPT-3.5가 더 크고 언어 능력이 뛰어나므로 어떤 결과를 내는지 살펴보겠습니다.

```python
import openai
from bertopic.representation import OpenAI

prompt = """
I have a topic that contains the following documents:
[DOCUMENTS]

The topic is described by the following keywords: [KEYWORDS]

Based on the information above, extract a short topic label in the following format:
topic: <short topic label>
"""

# GPT-3.5를 사용해 토픽 표현을 업데이트합니다.
client = openai.OpenAI(api_key="YOUR_KEY_HERE")
representation_model = OpenAI(
    client, model="gpt-3.5-turbo", exponential_backoff=True, chat=True, prompt=prompt
)
topic_model.update_topics(abstracts, representation_model=representation_model)

# 토픽의 차이를 보여 줍니다.
topic_differences(topic_model, original_topics)
```

토픽	원본	업데이트
0	speech | asr | recognition | end | acoustic	Leveraging External Data for Improving Low-Res...
1	medical | clinical | biomedical | patient | he...	Improved Representation Learning for Biomedica...
2	sentiment | aspect | analysis | reviews | opinion	Advancements in Aspect-Based Sentiment Analys...
3	translation | nmt | machine | neural | bleu	Neural Machine Translation Enhancements
4	summarization | summaries | summary | abstract...	Document Summarization Techniques

출력 결과가 매우 인상적입니다! GPT-4가 아니더라도, 만들어진 레이블에 이전 예제보다 더 많은 정보가 담겼습니다. BERTopic은 오픈AI의 모델에만 국한되지 않으며 로컬 모델도 활용할 수 있습니다.

> **TIP** 키워드가 더 이상 필요하지 않을 것 같지만 여전히 입력 문서를 표현하는 데 유용합니다. 완벽한 모델은 없으며 다양한 토픽 표현을 생성하는 것이 좋습니다. BERTopic을 사용하면 모든 토픽을 서로 다른 표현으로 나타낼 수 있습니다(https://oreil.ly/oTzdY). 예를 들어 동일한 토픽에 대해 KeyBERTInspired, MMR, GPT-3.5를 사용해 다른 관점을 얻습니다.

GPT-3.5가 생성한 레이블과 datamapplot 패키지(https://oreil.ly/LolfZ)로 미려한 그래프를 그려 보겠습니다(그림 5-24).

```python
# 토픽과 문서를 시각화합니다.
fig = topic_model.visualize_document_datamap(
    titles,
    topics=list(range(20)),
    reduced_embeddings=reduced_embeddings,
    width=1200,
    datamap_kwds={
        'label_wrap_width': 20,
        'use_medoids': True,
        'label_font_size': 11
    }
)
```

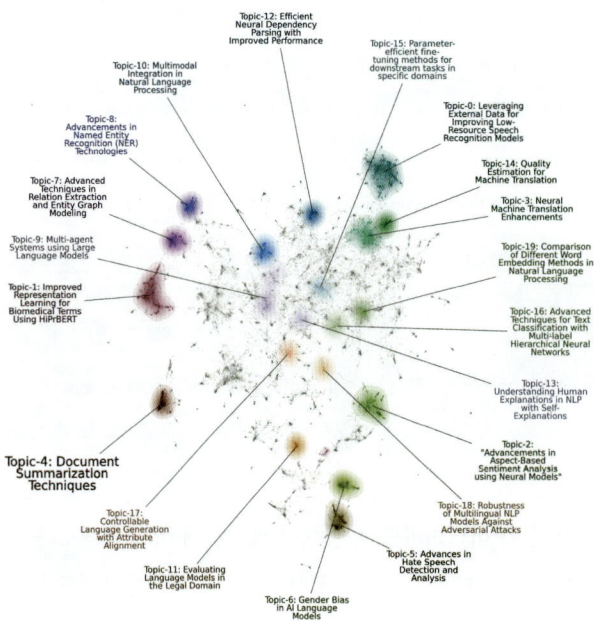

그림 5-24 상위 20개 토픽 시각화

5.4 요약

생성 LLM과 표현 LLM을 비지도 학습 분야에 어떻게 사용할 수 있는지 살펴보았습니다. 분류와 같은 지도 학습 방법이 최근 몇 년간 널리 사용되었지만 텍스트 클러스터링 같은 비지도 학습 방법은 엄청난 잠재력을 가지고 있습니다. 레이블이 없어도 콘텐츠 의미를 기반으로 텍스트를 그룹화할 수 있기 때문입니다.

입력 텍스트를 수치 표현으로 바꾸는 임베딩으로 시작해서 텍스트 문서를 클러스터링하는 일반적인 파이프라인을 다루었습니다. 그다음 클러스터링 결과를 개선하기 위해 차원 축소를 임베딩에 적용하여 고차원 데이터를 단순화했습니다. 마지막으로 차원 축소된 임베딩에 클러스터링 알고리즘을 적용해 입력 텍스트를 클러스터로 모았습니다. 클러스터를 직접 조사하면 그 안에 포함된 문서와 클러스터를 이해하는 데 도움이 됩니다.

직접 조사 방식에서 벗어나 BERTopic이 클러스터를 자동으로 표현함으로써 클러스터링 파이프라인을 확장하는 방법을 알아보았습니다. 이런 방법을 일컬어 종종 토픽 모델링이라 합니다. 대량의 문서에서 토픽을 나타내는 키워드를 찾아내는 방법입니다. BERTopic은 c-TF-IDF를 사용한 BoW 방식으로 토픽 표현을 생성합니다. c-TF-IDF는 클러스터 관련성과 그 외 모든 클러스터에 대한 빈도를 기반으로 단어에 가중치를 부여합니다.

BERTopic의 주요 장점은 모듈화된 구조입니다. BERTopic에서는 파이프라인에 어떤 모델이든 선택할 수 있습니다. 이를 통해 동일한 토픽에 대해 다양한 관점을 제공하는 토픽 표현을 만들 수 있습니다. c-TF-IDF로 생성된 토픽 표현을 미세 튜닝하는 방법으로 MMR과 KeyBERTInspired를 살펴보았습니다. 또한 이전 장에서와 같이 생성 LLM(Flan-T5와 GPT-3.5)을 사용해 해석하기 쉬운 레이블을 생성함으로써 토픽 표현의 해석 가능성을 높였습니다.

다음 장에서 생성 모델의 출력을 개선하는 일반적인 방법인 프롬프트 엔지니어링에 초점을 맞춰 살펴보겠습니다.

6장
프롬프트 엔지니어링

이 책의 첫 장에서 대규모 언어 모델(LLM)의 세상에 첫발을 들여놓았습니다. 지도 학습 분류와 비지도 학습 분류 같은 다양한 애플리케이션을 알아보았습니다. BERT나 BERT의 파생 모델처럼 텍스트 표현에 초점을 맞춘 모델을 활용했습니다.

그다음 텍스트 생성에 초점을 맞춰 사전 훈련된 트랜스포머 기반 모델을 사용했습니다. 이런 모델은 사용자의 **프롬프트**prompt에 대한 응답으로 텍스트를 생성하는 능력이 뛰어납니다. **프롬프트 엔지니어링**prompt engineering은 생성된 텍스트의 품질을 향상시키기 위해 프롬프트를 설계하는 방법입니다.

이 장에서 이런 생성 모델을 자세히 살펴보고 프롬프트 엔지니어링, 생성 모델을 사용한 추론, 검증에 대해 알아보고 모델의 출력까지 평가해 보겠습니다.

6.1 텍스트 생성 모델 사용하기

프롬프트 엔지니어링의 기초를 알아보기 전에 텍스트 생성 모델을 활용하는 방법을 알아야 합니다. 어떤 모델을 선택해야 할까요? 독점 모델과 오픈 소스 모델 중 무엇을 사용하나요? 생성된 출력을 어떻게 제어할 수 있나요? 이런 질문에 대한 답을 찾아 가면서 텍스트 생성 모델의 사용 방법을 단계적으로 알아보겠습니다.

6.1.1 텍스트 생성 모델 선택하기

텍스트 생성 모델을 선택하기 전에 먼저 독점 모델과 오픈 소스 모델 중 하나를 선택해야 합니다. 독점 모델이 일반적으로 더 성능이 좋지만 오픈 소스 모델이 더 유연하고 자유롭게 사용할 수 있기 때문에 이 책에서는 오픈 소스 모델에 초점을 맞추겠습니다.

[그림 6-1]은 유명한 파운데이션 모델을 보여 줍니다. 이런 LLM은 대규모 텍스트 데이터에서 사전 훈련되며 종종 특정 애플리케이션을 위해 미세 튜닝됩니다.

그림 6-1 파운데이션 모델은 여러 크기로 출시되는 경우가 많습니다.

이런 파운데이션 모델을 사용해 미세 튜닝된 모델이 수천 개는 안 되더라도 수백 개나 존재합니다. 각각의 모델은 다른 모델에 비해 특정 작업에 잘 맞습니다. 따라서 모델 선택이 어려운 일이 될 수 있습니다!

작은 크기의 파운데이션 모델로 시작하는 것이 좋습니다. 38억 개의 파라미터를 가진 Phi-3-mini(https://oreil.ly/G3CQr)를 계속 사용해 보죠. 이 모델은 8GB의 VRAM이 탑재된 장치에서 실행할 수 있습니다. 일반적으로 큰 모델로 스케일을 확장하는 것이 축소하는 것보다 용이합니다. 작은 모델은 가능성을 확인하기에 충분하며 더 큰 모델로 확장하기 위한 토대가 될 수 있습니다.

6.1.2 텍스트 생성 모델 로드하기

가장 간단하게 모델을 로드하는 방법은 이전 장에서 보았듯이 transformers 라이브러리를 사용하는 것입니다.

```python
import torch
from transformers import AutoModelForCausalLM, AutoTokenizer, pipeline

# 모델과 토크나이저를 로드합니다.
model = AutoModelForCausalLM.from_pretrained(
    "microsoft/Phi-3-mini-4k-instruct",
    device_map="cuda",
    torch_dtype="auto",
    trust_remote_code=True,
)
tokenizer = AutoTokenizer.from_pretrained("microsoft/Phi-3-mini-4k-instruct")

# 파이프라인을 만듭니다.
pipe = pipeline(
    "text-generation",
    model=model,
    tokenizer=tokenizer,
    return_full_text=False,
    max_new_tokens=500,
    do_sample=False,
)
```

이전 장과 달리 프롬프트 템플릿을 개발하고 사용하는 방법을 자세히 알아보겠습니다.

LLM에게 닭에 대한 농담을 만들라고 했던 1장의 예제를 다시 살펴보죠.

```python
# 프롬프트
messages = [
    {"role": "user", "content": "Create a funny joke about chickens."}
]

# 출력을 생성합니다.
output = pipe(messages)
print(output[0]["generated_text"])
```

내부적으로 transformers.pipeline 함수는 먼저 입력 메시지를 구체적인 프롬프트 템플릿으로 변환합니다. 토크나이저에 접근하여 이 과정을 살펴볼 수 있습니다.

```python
# 프롬프트 템플릿을 적용합니다.
prompt = pipe.tokenizer.apply_chat_template(messages, tokenize=False)
print(prompt)
```

```
<s><|user|>
Create a funny joke about chickens.<|end|>
<|assistant|>
```

2장에서 특수 토큰 <|user|>와 <|assistant|>를 보았습니다. [그림 6-2]에 나타난 프롬프트 템플릿이 모델을 훈련하는 데 사용됩니다. 이 템플릿은 누가 무엇을 말했는지에 대한 정보를 제공할 뿐만 아니라 모델이 텍스트 생성을 멈춰야 할 때를 나타냅니다(<|end|> 토큰). 이 프롬프트가 LLM에 직접 전달되어 한 번에 처리됩니다.

다음 장에서 이 템플릿의 일부를 직접 커스터마이징하겠습니다. 이 장에서는 `transformers.pipeline`을 사용하여 채팅 템플릿을 처리합니다. 다음으로 모델의 출력을 제어하는 방법을 살펴보겠습니다.

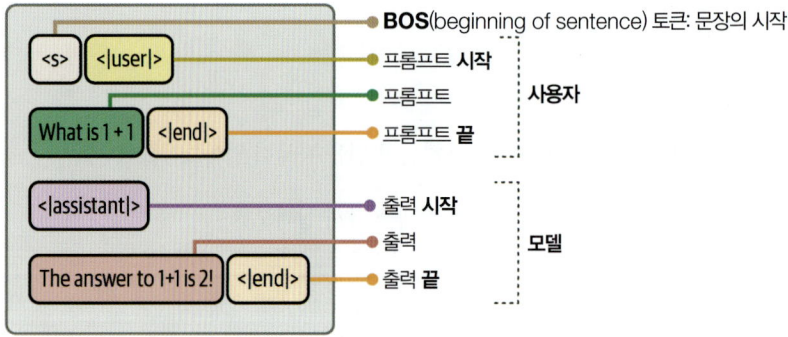

그림 6-2 모델과 상호작용할 때 Phi-3가 기대하는 템플릿

6.1.3 모델 출력 제어하기

프롬프트 엔지니어링 이외에도 모델 매개변수를 조정하여 출력을 제어할 수 있습니다. 이전 장에서 `pipe` 객체를 호출할 때 `temperature` 같은 매개변수를 사용했습니다.

이런 매개변수는 출력의 무작위성을 제어합니다. LLM은 완전히 동일한 프롬프트로 다른 응답을 생성할 수 있다는 점에서 놀라운 기술입니다. 이를 위해 LLM은 토큰을 생성할 때마다 각 토큰에 확률 점수를 할당합니다.

[그림 6-3]처럼 'I am driving a'란 문장 뒤에 'car'나 'trunk' 같은 토큰이 올 확률이 일반적으로 'elephant' 같은 토큰이 올 확률보다 높습니다. 하지만 매우 낮더라도 'elephant'가 생성될 가능성이 여전히 있습니다.

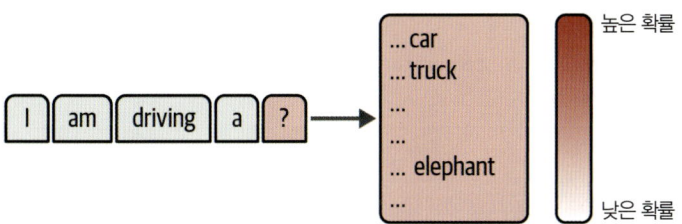

그림 6-3 모델은 확률 점수를 기반으로 생성할 다음 토큰을 선택합니다.

모델을 로드할 때 의도적으로 do_sample=False로 지정하여 출력이 일정하도록 만들었습니다. 이는 샘플링을 수행하지 않고 확률이 가장 높은 토큰이 선택된다는 의미입니다. 하지만 temperature와 top_p 매개변수를 사용하려면 do_sample=True로 지정해야 합니다.

temperature

temperature 매개변수는 텍스트 생성의 무작위성 또는 창의성을 조절합니다. 이 값은 확률이 낮은 토큰을 선택할 가능성이 얼마인지 결정합니다. temperature가 0이면 항상 확률이 가장 높은 단어가 선택되기 때문에 언제나 동일한 응답이 생성됩니다. [그림 6-4]에 나타나 있듯이 이 값이 높으면 확률이 낮은 단어가 선택될 수 있습니다.

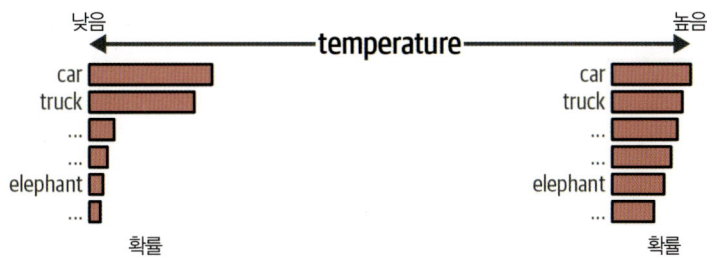

그림 6-4 temperature를 높이면 낮은 확률의 토큰이 생성될 가능성이 증가합니다.[1]

---

1 옮긴이_ 정확하게 말하면 temperature 매개변수는 소프트맥스 함수를 적용하기 전에 모델이 출력한 로짓(logit)을 조정합니다.

결과적으로 높은 temperature(예를 들어 0.8)는 일반적으로 다양한 출력을 만들고 낮은 temperature(예를 들어 0.2)는 좀 더 결정론적인 출력을 만듭니다.

파이프라인 객체에서 temperature를 사용하는 방법은 다음과 같습니다.

```python
# 높은 temperature를 사용합니다.
output = pipe(messages, do_sample=True, temperature=1)
print(output[0]["generated_text"])
```

> Why don't chickens like to go on a rollercoaster? Because they're afraid they might suddenly become chicken-soup!

이 코드는 실행할 때마다 출력이 바뀝니다! temperature 매개변수 때문에 모델이 랜덤하게 토큰을 선택하게 되어 확률적으로 동작하게 됩니다.

top_p

뉴클리어스 샘플링$^{nucleus\ sampling}$이라고도 부르는 top_p는 LLM이 고려할 토큰 일부(뉴클리어스)를 제어하는 샘플링 기법입니다. top_p에 지정한 누적 확률에 도달할 때까지 후보 토큰을 모읍니다. top_p를 0.1로 지정하면 누적 확률이 이 값에 도달할 때까지 확률 크기 순으로 토큰을 선택합니다. top_p를 1.0으로 지정하면 모든 토큰을 고려하게 됩니다.

[그림 6-5]에서 보듯이 이 값을 낮추면 적은 개수의 토큰을 고려하며 덜 창의적인 출력을 만듭니다. 반면 이 값을 높이면 LLM이 더 많은 토큰을 선택할 수 있습니다.

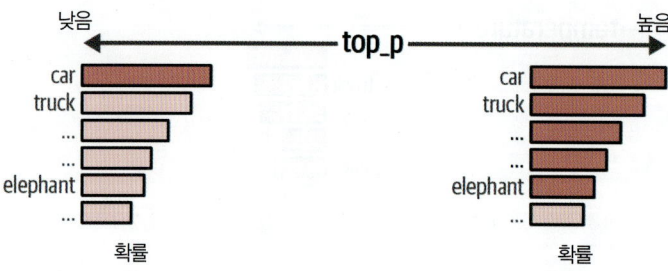

그림 6-5 top_p 값을 높이면 선택할 수 있는 토큰의 수가 증가합니다.

비슷하게 top_k 매개변수도 LLM이 고려할 수 있는 토큰의 수를 제어합니다. 이 값을 100으로 바꾸면 LLM은 확률이 가장 높은 토큰의 상위 100개만 고려합니다.[2]

top_p를 사용하는 방법은 다음과 같습니다.

```
# 높은 top_p를 사용합니다.
output = pipe(messages, do_sample=True, top_p=1)
print(output[0]["generated_text"])
```

> Why don't chickens make good comedians? Because their 'jokes' always 'feather' the truth!

[표 6-1]에서 보듯이 이런 매개변수를 통해 창의성(높은 temperature와 top_p)과 예측 가능성(낮은 temperature와 top_p) 사이를 조절할 수 있습니다.

표 6-1 temperature와 top_p 값을 선택하는 예시

사용 사례	temperature	top_p	설명
브레인스토밍 세션	높음	높음	무작위성이 높고 잠재적인 토큰 풀(pool)이 많음. 매우 다양한 결과를 만들며 아주 창의적이고 기대하지 못한 출력을 얻음
이메일 작성	낮음	낮음	확률이 가장 높은 토큰이 선택되는 결정론적인 출력. 결과를 예상할 수 있고 보수적인 출력을 얻음
창의적인 글쓰기	높음	낮음	무작위성이 높고 잠재적인 토큰 풀이 적음. 일관성을 유지하면서 창의적인 출력을 얻을 수 있음
번역	낮음	높음	확률이 가장 높은 토큰이 선택되는 결정론적인 출력. 다양한 어휘를 사용한 일관성 있는 결과를 생성하므로 언어 다양성이 있는 출력을 만듦

6.2 프롬프트 엔지니어링 소개

텍스트 생성 LLM을 가지고 작업하는 데 필수적인 부분은 프롬프트 엔지니어링입니다. 프롬프트를 세심하게 설계하여 LLM이 원하는 응답을 하도록 유도할 수 있습니다. 프롬프트가 질문인

---

2 옮긴이_ transformers 패키지는 먼저 temperature 매개변수로 모델이 출력한 로짓을 조정하고, top_k 매개변수로 상위 k개의 토큰을 선택합니다. 그다음 선택된 토큰의 로짓을 확률로 변환한 후 top_p 매개변수를 적용합니다.

지, 설명인지, 지시인지에 상관없이 프롬프트 엔지니어링의 주요 목적은 모델로부터 유용한 응답을 이끌어 내는 것입니다.

프롬프트 엔지니어링은 효과적인 프롬프트를 설계하는 것 이상입니다. 모델의 출력을 평가하는 도구는 물론 안전 장치와 보안 완충 도구로 사용할 수 있습니다. 프롬프트 최적화는 반복적인 과정이며 실험이 필요합니다. 완벽한 프롬프트 설계는 없으며 앞으로도 가능하지 않습니다.

이 절에서 프롬프트 엔지니어링을 위한 일반적인 방법과 특정 프롬프트의 효과를 이해하기 위한 팁과 트릭을 살펴보겠습니다. 이런 기술을 사용하면 LLM의 능력을 이해하고 이런 종류의 모델과 상호작용하는 방법을 익히게 됩니다.

다음 질문의 답변을 구하는 것부터 시작해 보죠. '프롬프트에는 무엇이 있어야 할까요?'

6.2.1 프롬프트의 기본 구성 요소

LLM은 예측 모델입니다. 특정 입력, 즉 프롬프트를 기반으로 이후에 나올 단어를 예측합니다. (그림 6-6에 나온 것처럼) 핵심적으로 보면 프롬프트는 LLM에서 응답을 끌어내기 위한 몇 개의 단어면 충분합니다.

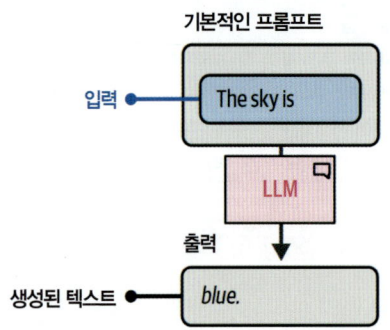

그림 6-6 기본적인 프롬프트 예시. 지시 사항이 없으므로 LLM은 단순히 문장을 완성합니다.

앞의 그림에 있는 기본적인 예시가 잘 동작하지만 특정 작업을 완수하지는 못합니다. 일반적으로 특정 질문을 하거나 LLM이 완료할 작업을 요청하는 식으로 프롬프트 엔지니어링을 시도합니다. 기대하는 출력을 이끌어 내려면 프롬프트를 조금 더 구조적으로 만들어야 합니다.

예를 들어 [그림 6-7]에 나타나 있듯이 LLM에게 한 문장이 긍정적인지 부정적인지를 분류하도록 요청할 수 있습니다. 그러면 기본적인 프롬프트가 확장되어 지시instruction와 이 지시에 관련된 데이터 두 가지 요소로 구성됩니다.

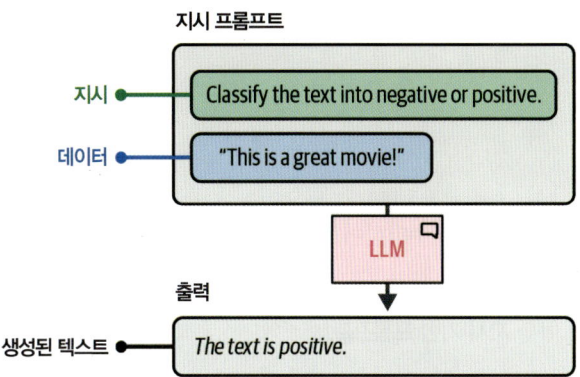

그림 6-7 기본적인 지시 프롬프트의 두 가지 구성 요소: 지시와 이에 관련된 데이터

더 복잡한 경우에는 프롬프트에 더 많은 요소가 필요합니다. 예를 들어, 모델이 'negative'나 'positive'만 출력하게 하려면 모델을 안내할 수 있는 지시어indicator를 사용합니다. [그림 6-8]에서 문장 앞에 'Text:'를 넣고 'Sentiment:'를 추가해 모델이 완성된 문장을 생성하지 못하게 합니다. 대신 이런 구조는 'negative'나 'positive'를 기대한다는 것을 나타냅니다. 모델이 이런 요소에서 직접 훈련되지 않았지만 이런 구조를 일반화할 수 있는 충분한 지시문을 학습했습니다.

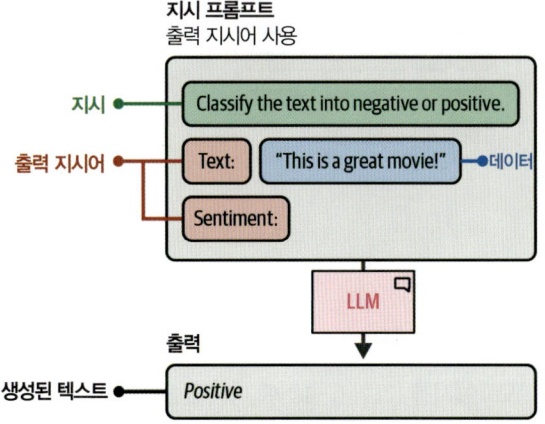

그림 6-8 특정 출력을 유도할 수 있는 출력 지시어로 프롬프트를 확장합니다.

원하는 응답을 얻을 때까지 프롬프트에 요소를 추가하거나 업데이트할 수 있습니다. 예시를 추가하거나, 사용 사례를 자세히 설명하거나, 추가적인 맥락을 제공합니다. 이런 요소는 단지 예시일 뿐이며 이것에 국한되지 않습니다. 이런 구성 요소를 설계하는 창의성이 핵심입니다.

프롬프트가 하나의 텍스트 덩어리이지만 이를 더 큰 퍼즐의 일부로 생각하면 도움이 됩니다. 질문의 맥락이 설명되었나요? 프롬프트에 출력 예시가 포함되었나요?

6.2.2 지시 기반 프롬프트

LLM으로 철학에 대해 토론하는 것부터 인기 있는 수퍼히어로와의 롤 플레잉 게임까지 다양하게 프롬프트를 활용할 수 있습니다. 하지만 LLM은 특정 질문에 답변하거나 특정 작업을 해결하기 위해 주로 프롬프트를 사용합니다. 이를 **지시 기반 프롬프트**instruction-based prompting라고 합니다.

[그림 6-9]는 지시 기반 프롬프트가 중요한 역할을 하는 몇 가지 사례를 보여 줍니다. 이 중에 하나인 지도 분류supervised classification를 이전 예제에서 살펴보았습니다.

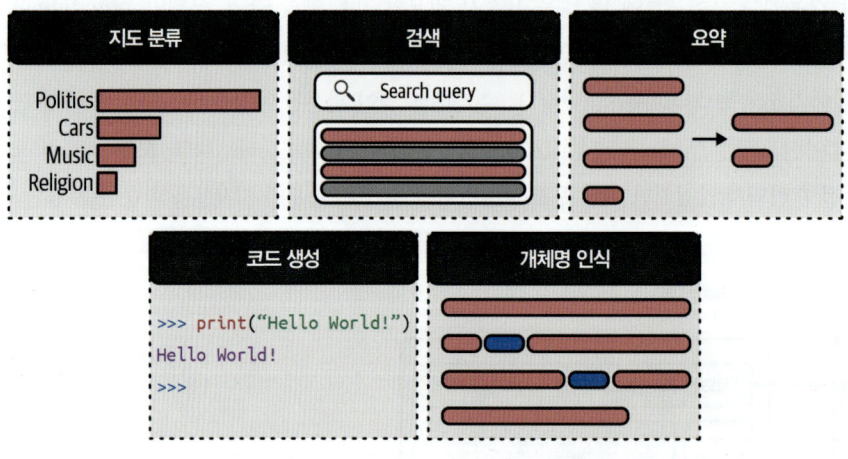

그림 6-9 지시 기반 프롬프트의 사용 사례

이 같은 각 작업에서는 프롬프트 형식이 서로 달라야 합니다. 더 구체적으로 말하면 LLM에게 다른 질문을 던져야 합니다. 텍스트를 요약하라고 LLM에게 요청하자 갑자기 분류 결과를 만들지 않습니다. 일부 사용 사례에 대한 프롬프트 예시를 [그림 6-10]에 나타냈습니다.

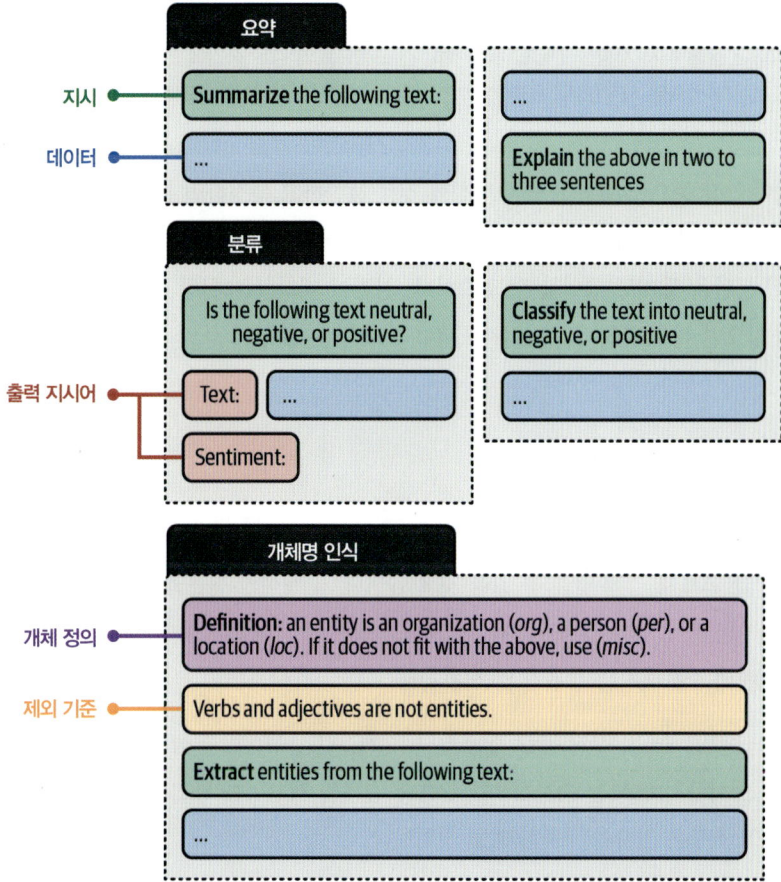

그림 6-10 일반적인 프롬프트 예시. 사용 사례마다 지시의 구조와 위치를 어떻게 바꿀 수 있는지 유의하세요.

작업마다 다른 지시가 필요하지만 출력 품질을 향상시키기 위한 프롬프트 기술에는 공통점이 많습니다. 이런 기술 몇 가지는 다음과 같습니다.

- **구체성**

  원하는 바를 정확히 기술하세요. LLM에게 'Write a description for a product'와 같이 요청하지 말고 'Write a description for a product in less than two sentences and use a formal tone'이라고 요청하세요.

- **환각**

  LLM은 진짜라고 생각하고 잘못된 정보를 생성할 수 있습니다. 이를 환각hallucination이라 합니다. 이에 대한 영향을 줄이려면 LLM에게 답변을 알 때만 생성하라고 요청할 수 있습니다. LLM이 답을 알지 못하면 'I don't know'라고 응답할 수 있습니다.

- 순서

    프롬프트 시작이나 끝에 지시 사항을 전달합니다. 특히 긴 프롬프트의 경우 중간에 있는 정보가 잊힐 수 있습니다.[3] LLM은 프롬프트 시작(초두 효과$^{primacy\ effect}$)이나 프롬프트 끝(신근 효과$^{recency\ effect}$)의 정보에 초점을 맞추는 경향이 있습니다.[4]

여기에서 구체성이 가장 중요합니다. 모델이 생성할 것을 제한하고 특정하면 관련 없는 내용을 생성할 가능성이 줄어듭니다. 예를 들어 'in two to three sentences'라는 지시 사항을 주지 않으면 모델이 한 문단을 통째로 생성할 수 있습니다. 사람이 대화할 때처럼 구체적인 지시나 맥락이 제공되지 않으면 현재 작업이 무엇인지 유추하기 어렵습니다.

6.3 고급 프롬프트 엔지니어링

겉보기에는 좋은 프롬프트를 쉽게 만들 수 있을 것 같습니다. 구체적인 질문을 하고, 정확하게 기술하고, 몇 가지 예시를 들면 끝입니다! 하지만 프롬프트는 금방 복잡해질 수 있어 결과적으로 LLM을 활용하는 데 소홀해지는 경우가 많습니다.

이 절에서 프롬프트를 만드는 몇 가지 고급 기술을 다루겠습니다. 복잡한 프롬프트를 구축하는 반복적인 워크플로에서부터 LLM을 순차적으로 활용해 결과를 개선하는 방법까지 알아보겠습니다. 마지막에는 고급 추론 기술을 구축하게 될 것입니다.

6.3.1 프롬프트의 잠재적 복잡성

프롬프트 엔지니어링 소개에서 살펴본 것처럼 일반적으로 프롬프트는 여러 가지 요소로 구성됩니다. 맨 처음 예제에서 지시 사항, 데이터, 출력 지시어로 프롬프트를 구성했습니다. 이전에 언급했듯이 이 세 구성 요소로 프롬프트가 제한되지 않으며 원하는 만큼 복잡하게 만들 수 있습니다.

고급 구성 요소는 프롬프트를 금방 복잡하게 만들 수 있습니다. 널리 사용되는 몇 가지 요소는

---

[3] Nelson F. Liu et al. (2023). Lost in the Middle: How language models use long contexts. arXiv.org. https://arxiv.org/abs/2307.03172

[4] 옮긴이_ 심리학에서는 처음에 등장한 정보를 잘 기억하는 효과를 초두 효과라고 하고 나중에 등장한 정보를 잘 기억하는 효과를 신근 효과라고 합니다.

다음과 같습니다.

- **페르소나**persona: LLM이 수행할 역할을 기술합니다. 예를 들어 천체물리학에 대해 질문하고 싶다면 'You are an expert in astrophysics'라고 씁니다.
- **지시**: 작업 그 자체. 가능한 한 구체적으로 나타냅니다. 달리 해석될 여지를 남기지 않는 것이 좋습니다.
- **문맥**: 문제나 작업의 맥락을 설명하는 추가 정보. 'What is the reason for the instruction' 같은 질문의 대답을 적습니다.
- **형식**: LLM이 생성한 텍스트를 출력하는 데 사용할 형식. 이를 지정하지 않으면 LLM이 스스로 형식을 결정하기 때문에 자동화된 시스템에서 문제가 됩니다.
- **청중**: 생성된 텍스트의 소비 대상. 생성된 출력의 수준도 기술합니다. 교육이 목적이라면 ELI5('Explain it like I'm 5')를 사용하는 게 도움이 됩니다.
- **어투**: LLM이 생성된 텍스트에서 사용할 말투. 상사에게 업무 메일을 쓴다면 격식을 차린 어투가 필요할 것입니다.
- **데이터**: 작업 자체에 관련된 주요 데이터

설명을 위해, 위의 구성 요소를 모두 적용하여 앞서 보았던 요약 프롬프트를 확장해 보겠습니다. [그림 6-11]에 이 프롬프트가 나타나 있습니다.

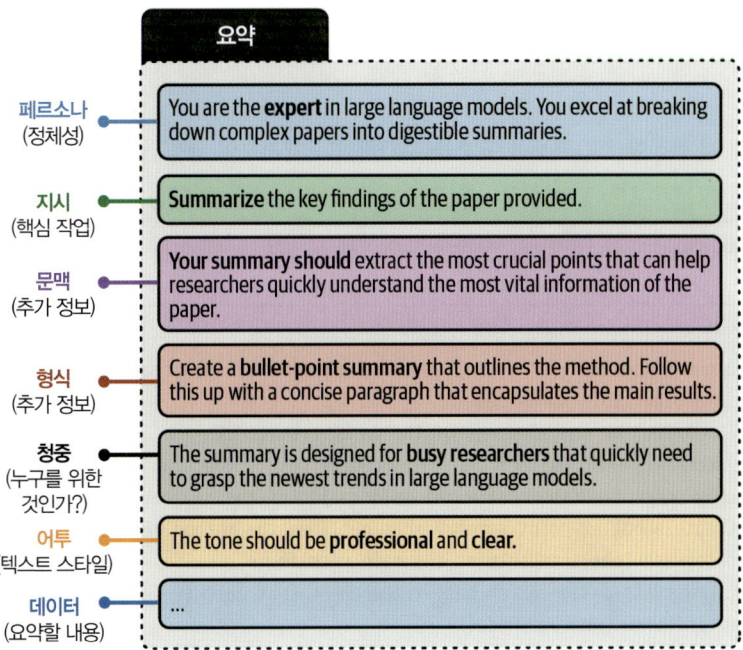

그림 6-11 여러 구성 요소가 있는 복잡한 프롬프트

복잡한 이 프롬프트는 프롬프트의 모듈식 특징을 잘 보여 줍니다. 구성 요소를 자유롭게 추가하거나 제거하여 출력에 미치는 영향을 판단할 수 있습니다. [그림 6-12]에 나타나 있듯이 프롬프트를 단계적으로 구축하면서 변화가 미치는 영향을 살펴볼 수 있습니다.

이 변화는 구성 요소를 추가하거나 삭제하는 것에 국한되지 않습니다. 초두 효과와 신근 효과에서 보았듯이 구성 요소의 순서가 LLM 출력의 품질에 영향을 미칠 수 있습니다. 다른 말로 하면, 여러분의 사용 사례에 맞는 최상의 프롬프트를 얻으려면 실험이 필수입니다. 프롬프트 구성은 기본적으로 반복적인 실험 과정입니다.

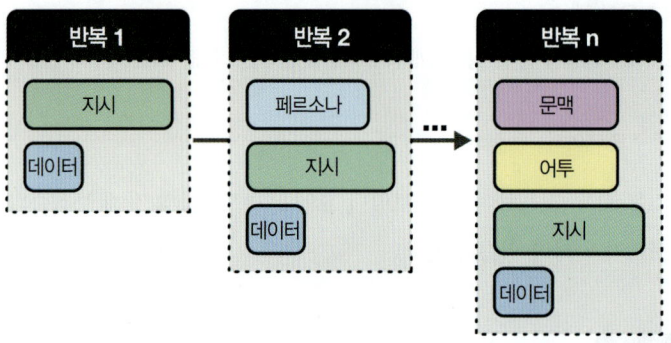

그림 6-12 구성 요소를 반복하여 실험하는 과정이 프롬프트 엔지니어링의 핵심입니다.

직접 테스트해 보세요! 복잡한 프롬프트에 요소를 추가하거나 제거하여 생성된 출력에 미치는 영향을 확인해 보세요. 프롬프트에 빠져서는 안 될 요소를 금방 눈치챌 수 있습니다. 다음 코드에서 text 변수에 요약하고 싶은 데이터를 추가하여 실험해 보세요.

```
# 프롬프트 구성 요소
persona = "You are an expert in Large Language models. You excel at breaking down
complex papers into digestible summaries.\n"
instruction = "Summarize the key findings of the paper provided.\n"
context = "Your summary should extract the most crucial points that can help
researchers quickly understand the most vital information of the paper.\n"
data_format = "Create a bullet-point summary that outlines the method. Follow this up
with a concise paragraph that encapsulates the main results.\n"
audience = "The summary is designed for busy researchers that quickly need to grasp
the newest trends in Large Language Models.\n"
tone = "The tone should be professional and clear.\n"
text = "MY TEXT TO SUMMARIZE"
```

```
data = f"Text to summarize: {text}"

# 전체 프롬프트 - 요소를 삭제하거나 추가하여 생성된 출력에 미치는 영향을 관찰하세요.
query = persona + instruction + context + data_format + audience + tone + data
```

> **TIP** 추가할 수 있는 요소가 다양하며 감정적 자극을 유도하는 창의적인 구성 요소도 있습니다(예를 들어 'This is very important for my career'[5]). 프롬프트 엔지니어링에서는 자신의 사용 사례에 어떤 프롬프트 조합이 가장 적합한지를 창의적으로 알아내는 재미가 있습니다. 현재 작업에 맞는 형식을 개발하는 데 아무 제한이 없습니다.
>
> 어떤 면에서 이는 모델이 무엇을 학습했는지와 특정 프롬프트에 어떻게 반응하는지를 리버스 엔지니어링 reverse engineering 하는 것입니다. 하지만 모델마다 훈련 데이터가 다르고 각각의 목적을 위해 훈련되었기 때문에 특정 프롬프트가 어떤 모델에서는 다른 모델에 비해 더 잘 작동할 수 있습니다.

6.3.2 문맥 내 학습: 예시 제공

이전 절에서 LLM이 수행할 일을 정확하게 기술하려고 노력했습니다. 정확하고 구체적인 설명은 LLM이 작업을 이해하는 데 도움이 되지만 여기에서 한 단계 더 나아갈 수 있습니다. 작업을 설명하는 대신 작업 자체를 보여 주면 어떨까요?

LLM에게 우리가 달성하려는 것의 예시를 정확하게 제공할 수 있습니다. 모델에게 올바른 예시를 제공하는 방법을 종종 **문맥 내 학습** in-context learning 이라 부릅니다.[6]

[그림 6-13]에 나타나 있듯이 LLM에게 얼마나 많은 예시를 보여 주는지에 따라 프롬프트가 여러 형태로 나뉩니다. 제로샷 프롬프트는 예시를 활용하지 않고, 원샷 one-shot 프롬프트는 한 개 예시를 사용하고, 퓨샷 few-shot 프롬프트는 두 개 이상의 예시를 사용합니다.

---

[5] Cheng Li et al. (2023). EmotionPrompt: Leveraging psychology for large language models enhancement via emotional stimulus. arXiv.org. https://arxiv.org/abs/2307.11760
[6] Tom Brown et al. (2020). Language models are few-shot learners. arXiv.org. https://arxiv.org/abs/2005.14165

제로샷 프롬프트
예시가 포함되지 않은 프롬프트

```
Classify the text into neutral, negative, or positive.
Text: I think the food was okay.
Sentiment: ...
```

퓨샷 프롬프트
두 개 이상의 예시가 포함된 프롬프트

```
Classify the text into neutral, negative, or positive.

Text: I think the food was alright.
Sentiment: Neutral.

Text: I think the food was great!
Sentiment: Positive.

Text: I think the food was horrible...
Sentiment: Negative.

Text: I think the food was okay.
Sentiment:
```

원샷 프롬프트
한 개의 예시가 포함된 프롬프트

```
Classify the text into neutral, negative, or positive.

Text: I think the food was alright.
Sentiment: Neutral

Text: I think the food was okay.
Sentiment:
```

그림 6-13 예시가 포함된 프롬프트

'백문이 불여일견'이란 속담이 있듯이 하나의 예시가 천 마디 말보다 나을 수 있습니다. 이런 예시는 LLM이 무엇을 어떻게 달성해야 하는지를 직접적으로 알려 줍니다.

이 방법을 설명한 원본 논문[7]에 있는 간단한 예시를 사용해 이를 설명하겠습니다. 이 프롬프트의 목적은 가상의 단어를 사용해 문장을 생성하는 것입니다. 결과 문장의 품질을 향상시키기 위해 생성 모델에게 가상의 단어를 적절히 활용한 문장이 무엇인지 예시를 보여 줍니다.

이렇게 하려면 질문(user)과 모델의 답변(assistant)을 구분해야 합니다. 템플릿을 사용해 이 상호작용이 어떻게 처리되는지 보여 줍니다.

```
# 문장에 가상의 단어가 포함된 예시를 사용합니다.
one_shot_prompt = [
    {
        "role": "user",
        "content": "A 'Gigamuru' is a type of Japanese musical instrument. An example of a sentence that uses the word Gigamuru is:"
    },
    {
        "role": "assistant",
```

---

[7] Tom Brown et al. (2020). Language models are few-shot learners. arXiv.org. https://arxiv.org/abs/2005.14165

```
            "content": "I have a Gigamuru that my uncle gave me as a gift. I love to play
it at home."
        },
        {
            "role": "user",
            "content": "To 'screeg' something is to swing a sword at it. An example of a
sentence that uses the word screeg is:"
        }
]
print(tokenizer.apply_chat_template(one_shot_prompt, tokenize=False))
```

```
<s><|user|>
A 'Gigamuru' is a type of Japanese musical instrument. An example of a sentence that
uses the word Gigamuru is:<|end|>
<|assistant|>
I have a Gigamuru that my uncle gave me as a gift. I love to play it at home.<|end|>
<|user|>
To 'screeg' something is to swing a sword at it. An example of a sentence that uses
the word screeg is:<|end|>
<|assistant|>
```

이 프롬프트는 사용자^{user}와 어시스턴트^{assistant}를 구분해야 할 필요성을 알려 줍니다. 그렇지 않으면 혼자 이야기하는 것처럼 보일 수 있습니다. 이런 템플릿을 사용해 다음과 같은 출력을 생성할 수 있습니다.

```
# 출력을 생성합니다.
outputs = pipe(one_shot_prompt)
print(outputs[0]["generated_text"])
```

```
During the intense duel, the knight skillfully screeged his opponent's shield, forcing
him to defend himself.
```

정확하게 답변을 만들었습니다!

원샷 또는 퓨샷 프롬프트는 여느 프롬프트 구성 요소와 마찬가지로 프롬프트 엔지니어링의 전부가 아닙니다. 모델에 제공하는 설명을 향상시키기 위한 퍼즐의 한 조각으로 사용해야 합니다. 모델은 여전히 랜덤 샘플링을 통해 지시 사항을 무시하는 토큰을 선택할 수 있습니다.

6.3.3 프롬프트 체인: 문제 쪼개기

이전 예제에서 프롬프트를 모듈식 구성 요소로 분할하여 LLM의 성능을 향상시키는 방법을 살펴보았습니다. 많은 경우에 이 방법이 잘 동작하지만 매우 복잡한 프롬프트나 사용 사례에는 통하지 않을 수 있습니다.

문제를 프롬프트 안에서 분할하는 대신 여러 프롬프트로 분해할 수 있습니다. 한 프롬프트의 출력을 다음 프롬프트의 입력으로 사용하는 식으로 연속적인 상호작용 체인을 만들어 문제를 해결합니다.

예를 들어, LLM을 사용해 여러 제품의 특징을 바탕으로 제품 이름, 슬로건slogan, 홍보 문안을 만들고 싶다고 가정해 보죠. 이것을 한 번에 LLM에게 요청할 수도 있지만 여러 단계로 문제를 나눌 수 있습니다.

결과적으로 [그림 6-14]와 같은 순차적인 파이프라인이 생성됩니다. 먼저 제품 이름을 만들고, 제품 특징을 활용해서 슬로건을 만듭니다. 마지막으로 특징, 이름, 슬로건을 사용해 홍보 문안을 만듭니다.

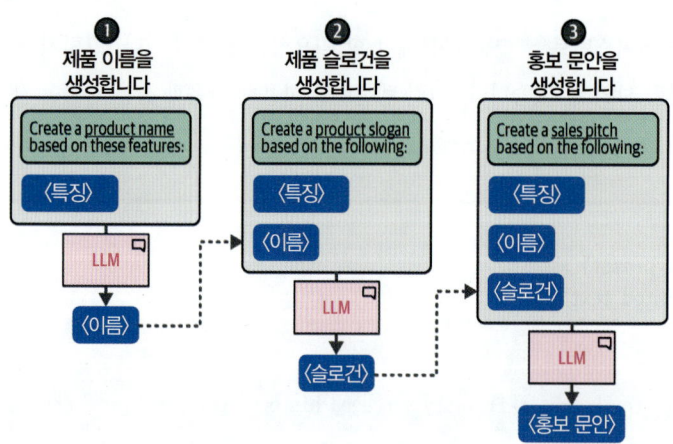

그림 6-14 제품 특징에 대한 설명을 사용해 프롬프트 체인이 적절한 이름, 슬로건, 홍보 문안을 만듭니다.

프롬프트 체인 기법은 LLM이 전체 문제 대신에 개별 질문에 더 많은 시간을 쏟도록 합니다. 작은 예를 하나 들어 보죠. 챗봇을 위한 이름과 슬로건을 만들어 보겠습니다.

```
# 제품 이름과 슬로건을 만듭니다.
product_prompt = [
    {"role": "user", "content": "Create a name and slogan for a chatbot that leverages LLMs."}
]
outputs = pipe(product_prompt)
product_description = outputs[0]["generated_text"]
print(product_description)
```

```
Name: 'MindMeld Messenger'

Slogan: 'Unleashing Intelligent Conversations, One Response at a Time'
```

그다음 앞서 생성된 출력을 다시 LLM의 입력으로 사용해 홍보 문구를 만듭니다.

```
# 제품 이름과 슬로건을 바탕으로 홍보 문구를 생성합니다.
sales_prompt = [
    {"role": "user", "content": f"Generate a very short sales pitch for the following product: '{product_description}'"}
]
outputs = pipe(sales_prompt)
sales_pitch = outputs[0]["generated_text"]
print(sales_pitch)
```

```
Introducing MindMeld Messenger - your ultimate communication partner! Unleash intelligent conversations with our innovative AI-powered messaging platform. With MindMeld Messenger, every response is thoughtful, personalized, and timely. Say goodbye to generic replies and hello to meaningful interactions. Elevate your communication game with MindMeld Messenger - where every message is a step toward smarter conversations. Try it now and experience the future of messaging!
```

모델을 두 번 호출해야 하지만 각각의 호출에 매개변수를 다르게 지정할 수 있다는 것이 주요한 장점입니다. 예를 들어, 이름과 슬로건을 만들 때는 생성 토큰 수를 비교적 적게 하고 홍보 문구를 만들 때는 더 많게 할 수 있습니다.

이 방법은 다음과 같은 다양한 사용 사례에 사용할 수 있습니다.

- **응답 유효성 검사**: 이전에 생성한 출력을 재확인하도록 LLM에게 요청합니다.

- **병렬 프롬프트**: 여러 개의 프롬프트를 병렬로 만들고 최종 단계에서 병합합니다. 예를 들어, 복수의 LLM에게 여러 개의 레시피를 병렬로 생성하도록 요청합니다. 그다음 이 결과를 합쳐서 쇼핑 목록을 만들도록 합니다.
- **이야기 작성**: LLM을 활용하여 문제를 여러 요소로 나누는 방식을 사용해 책이나 이야기를 작성합니다. 예를 들어, 먼저 요약을 작성하고, 캐릭터를 개발하고, 핵심 장면을 만들고, 그다음 대화를 만드는 단계로 넘어갑니다.

다음 장에서 이 과정을 자동화하고 LLM을 연결하는 것을 넘어 메모리, 도구 사용과 같은 다른 기술을 접목하겠습니다! 그전에 자기 일관성, CoT$^{chain\text{-}of\text{-}thought}$, ToT$^{tree\text{-}of\text{-}thought}$ 같은 프롬프트 체인의 아이디어를 다음 절에서 자세히 살펴보겠습니다.

6.4 생성 모델을 사용한 추론

이전 절에서 주로 프롬프트의 모듈식 구성 요소에 초점을 맞추고 반복을 통해 이를 구축했습니다. 프롬프트 체인 같은 고급 프롬프트 엔지니어링 기법은 생성 모델로 복잡한 추론을 가능하게 만드는 첫 단추라는 것이 입증되었습니다.

추론은 인간 지능의 핵심 요소이며 종종 추론을 닮은 LLM의 창발적 행동과 비교됩니다. 이 글을 쓰는 시점에는 이런 모델이 일반적으로 훈련 데이터에 대한 기억과 패턴 매칭을 통해 창발적 행동을 보여 준다고 간주되기 때문에 '닮았다'고 표현합니다.

하지만 모델은 출력을 통해 복잡한 동작을 보일 수 있으며, 그것이 진정한 추론이 아닐지라도 추론 능력이 있다고 말합니다. 다른 말로 하면 프롬프트 엔지니어링을 통해 LLM과 협업하여 추론 과정을 모방하고 LLM의 출력을 개선할 수 있습니다.

이런 추론 동작을 설명하기 위해 한 걸음 물러서서 인간 행동에서 추론이 수반하는 것이 무엇인지 살펴볼 필요가 있습니다. 단순화를 위해 인간의 추론 방법을 시스템 1과 시스템 2 사고 과정으로 나눕니다.

시스템 1 사고는 자동적이고 직관적이며 거의 즉각적인 과정을 나타냅니다. 자기 성찰적인$^{self\text{-}reflective}$ 동작 없이 토큰을 자동으로 생성하는 생성 모델과 유사합니다. 이에 반해 시스템 2 사고는 브레인스토밍이나 자기 성찰과 비슷한 의식적이고, 느리며, 논리적인 과정입니다.[8]

---

[8] 『생각에 관한 생각』(김영사, 2011)

만약 생성 모델에게 자기 성찰의 형태를 흉내낼 수 있는 능력을 부여한다면, 시스템 1 사고보다 훨씬 사려 깊은 응답을 생성하는 시스템 2 사고 방식을 모방하는 셈이 됩니다. 이 절에서 모델의 출력을 향상시킬 목적으로 인간의 추론에 해당하는 이런 종류의 사고 과정을 흉내내는 몇 가지 기법을 살펴보겠습니다.

6.4.1 CoT: 답변하기 전에 생각하기

생성 모델에서 복잡한 추론을 위한 첫 번째 주요 시도는 CoT$^{\text{chain-of-thought}}$라는 방법입니다. CoT는 생성 모델이 추론 과정 없이 바로 질문에 대답하지 않고 그 전에 생각하게 만드는 것이 목표입니다.[9]

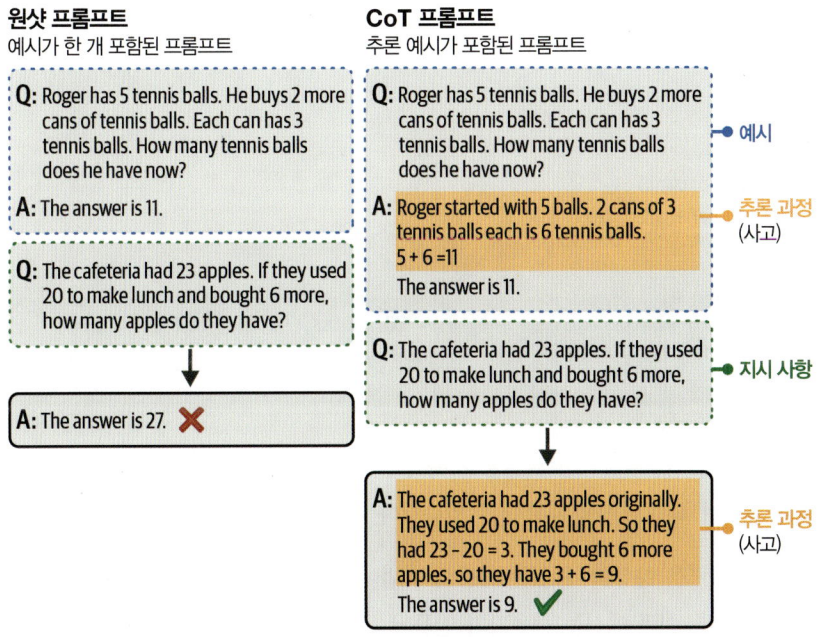

그림 6-15 CoT 프롬프트는 추론 예시를 사용하여 생성 모델이 추론을 통해 답변하도록 만듭니다.

---

[9] Jason Wei et al. (2022). Chain-of-thought prompting elicits reasoning in large language models. arXiv.org. *https://arxiv.org/abs/2201.11903*

[그림 6-15]에 나타나 있듯이 모델이 응답을 생성하기 전에 수행할 추론을 보여 주는 예시를 프롬프트에 추가합니다. 이 추론 과정을 '사고^{thought}'라고 합니다. 수학 문제와 같이 복잡도가 매우 높은 작업에 매우 이롭습니다. 추론 단계를 추가하면 모델이 추론 과정에 더 많은 계산을 할애할 수 있습니다. 몇 개의 토큰을 기반으로 전체 해답을 계산하는 대신에 추론 과정에서 추가된 토큰을 바탕으로 LLM이 안정적인 출력을 만들 수 있습니다.

CoT 논문에 포함된 예제를 사용해 보겠습니다.

```
# CoT로 답변하기
cot_prompt = [
    {"role": "user", "content": "Roger has 5 tennis balls. He buys 2 more cans of ten-
nis balls. Each can has 3 tennis balls. How many tennis balls does he have now?"},
    {"role": "assistant", "content": "Roger started with 5 balls. 2 cans of 3 tennis
balls each is 6 tennis balls. 5 + 6 = 11. The answer is 11."},
    {"role": "user", "content": "The cafeteria had 23 apples. If they used 20 to make
lunch and bought 6 more, how many apples do they have?"}
]

# 출력을 생성합니다.
outputs = pipe(cot_prompt)
print(outputs[0]["generated_text"])
```

> The cafeteria started with 23 apples. They used 20 apples, so they had 23 - 20 = 3 apples left. Then they bought 6 more apples, so they now have 3 + 6 = 9 apples. The answer is 9.

모델이 정답뿐만 아니라 답을 내기 전에 설명을 제시하고 있습니다. 이렇게 함으로써 모델이 생성한 지식을 활용하여 최종 답변을 계산할 수 있습니다.

CoT는 생성 모델의 출력을 향상할 수 있는 훌륭한 방법이지만 프롬프트에 한 개 이상의 추론 예시를 포함해야 합니다. 이런 예시는 사용자가 만들지 못할 수도 있습니다. 예시를 제공하는 대신 생성 모델에게 추론을 수행하도록 요청할 수 있습니다(제로샷 CoT). 이를 위한 다양한 방식이 있지만 일반적으로 효과적인 방법은 [그림 6-16]처럼 'Let's think step-by-step'이라는 문장을 사용하는 것입니다.

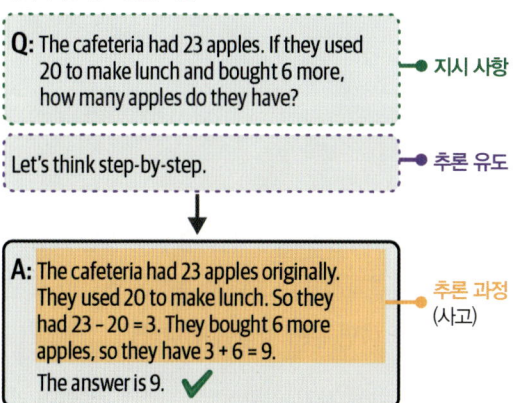

그림 6-16 예시를 사용하지 않는 CoT 프롬프트. 예시 대신에 'Let's think step-by-step'이라는 문장을 사용하여 추론을 유도합니다.

이전 예제의 프롬프트에 이 문장을 추가하여 CoT와 유사한 추론을 수행할 수 있습니다.

```
# 제로샷 CoT
zeroshot_cot_prompt = [
    {"role": "user", "content": "The cafeteria had 23 apples. If they used 20 to make lunch and bought 6 more, how many apples do they have? Let's think step-by-step."}
]

# 출력을 생성합니다.
outputs = pipe(zeroshot_cot_prompt)
print(outputs[0]["generated_text"])
```

```
Step 1: Start with the initial number of apples, which is 23.
Step 2: Subtract the number of apples used to make lunch, which is 20. So, 23 - 20 = 3 apples remaining.
Step 3: Add the number of apples bought, which is 6. So, 3 + 6 = 9 apples.
The cafeteria now has 9 apples.
```

예시를 제공하지 않고 동일한 추론 동작을 수행했습니다. 계산을 수행할 때 '수행 과정을 명시하는 것'이 중요한 이유를 알 수 있습니다. 추론 과정을 수행함으로써 LLM은 이전에 생성한 정보를 바탕으로 최종 답변을 계산할 수 있습니다.

6장 프롬프트 엔지니어링

> **TIP** 'Let's think step-by-step' 프롬프트가 출력을 향상시킬 수 있지만 딱 이 공식에 제한되어서는 안 됩니다. 'Take a deep breath and think step-by-step' 또는 'Let's work through this problem step-by-step' 같은 프롬프트도 가능합니다.[10]

6.4.2 자기 일관성: 출력 샘플링

`temperature`와 `top_p` 같은 매개변수로 일정 수준의 창의성을 허용하는 경우 동일한 프롬프트를 여러 번 실행하면 다른 결과를 얻을 수 있습니다. 결과적으로 출력의 품질은 랜덤한 토큰 선택에 따라 향상되거나 저하될 수 있습니다. 다른 말로 하면 운이 따라야 합니다!

무작위성에 대응하고 생성 모델의 품질을 향상시키기 위해 자기 일관성$^{self-consistency}$ 방법이 개발되었습니다. 이 방법은 생성 모델에게 동일한 프롬프트를 여러 번 요청하고 다수를 차지하는 결과를 최종 답변으로 내놓습니다.[11] 이 과정에서 샘플링의 다양성을 증가시키기 위해 서로 다른 `temperature`와 `top_p` 값을 사용해 답변을 생성할 수 있습니다.

[그림 6-17]에서 보듯이 이 방법은 투표 과정에 대한 답변만 사용하지만 CoT 프롬프트를 추가하여 추론 능력을 향상시킬 수 있습니다.

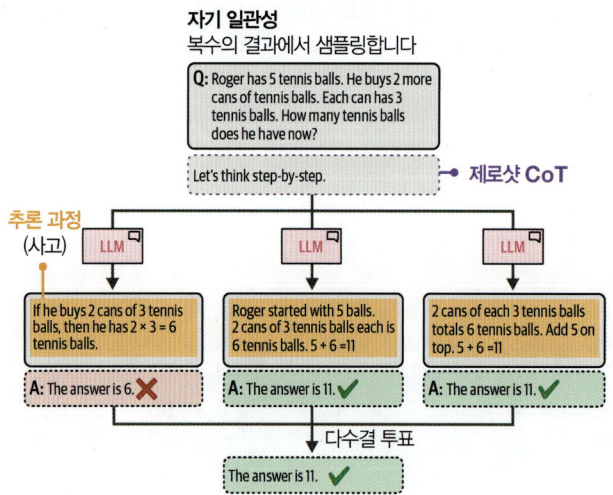

그림 6-17 여러 번의 추론 과정에서 얻은 결과에서 다수결 투표로 가능성이 가장 높은 답변을 추출합니다.

---

10 Yang et al. (2023). Large language models as optimizers. arXiv.org. https://arxiv.org/abs/2309.03409
11 Wang et al. (2022). Self-Consistency improves chain of thought reasoning in language models. arXiv.org. https://arxiv.org/abs/2203.11171

하지만 하나의 질문에 대해 여러 번 요청을 해야 합니다. 결과적으로 이 방법은 성능을 향상시킬 수 있지만 출력 샘플의 개수가 n이라면 n배만큼 느려집니다.

6.4.3 ToT: 중간 단계 탐색

CoT와 자기 일관성의 아이디어는 복잡한 추론을 위한 것입니다. 여러 개의 '사고'에서 샘플링하여 모델을 더 사려 깊게 만듦으로써 생성 모델의 출력을 향상시키는 것이 목표입니다.

이런 기법은 복잡한 추론을 모방하기 위해 현재 수행되고 있는 연구의 일부에 지나지 않습니다. 이를 개선하는 또 다른 방법은 여러 아이디어를 깊게 탐색할 수 있는 ToT$^{\text{tree-of-thought}}$입니다.

이 방법은 다음과 같이 동작합니다. 여러 단계의 추론이 필요한 문제를 만났을 때 이 문제를 여러 단계로 나누는 것이 종종 유용합니다. 각 단계에서 [그림 6-18]에 보이는 것처럼 생성 모델이 당면한 문제를 위한 여러 다른 솔루션을 탐색합니다. 그다음 최상의 솔루션을 뽑고 다음 단계로 계속 이어갑니다.[12]

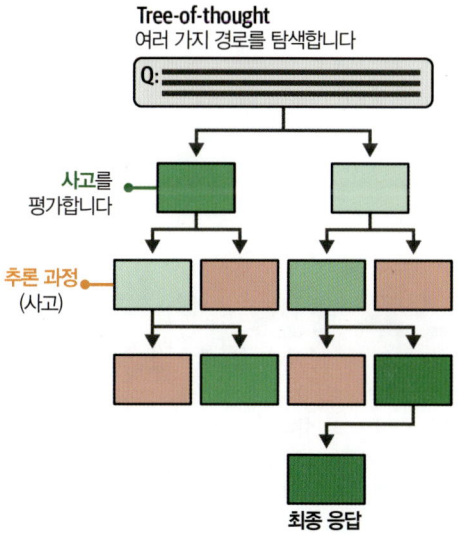

그림 6-18 생성 모델은 트리 기반 구조를 활용해 중간 사고를 생성하고 이를 평가할 수 있습니다. 전망이 가장 밝은 사고를 유지하고 가장 어두운 사고는 삭제합니다.

---

[12] Yao et al. (2023). Tree of Thoughts: Deliberate Problem Solving with Large Language Models. arXiv.org. https://arxiv.org/abs/2305.10601

이 방법은 이야기를 작성하거나 창의적인 아이디어를 도출하는 것처럼 여러 가지 경로를 고려해야 할 때 대단히 큰 도움이 됩니다. 단점은 생성 모델을 여러 번 호출하기 때문에 애플리케이션이 상당히 느려진다는 것입니다. 다행히 ToT 프레임워크를 간단한 프롬프트 기술로 변환하려는 시도가 성공했습니다.[13]

생성 모델을 여러 번 호출하는 대신 모델이 이런 동작을 모방하도록 하여 전문가 여럿이 주고받는 대화를 흉내내도록 요청합니다. 이 전문가들은 합의가 될 때까지 서로에게 질문합니다. ToT 프롬프트의 한 예는 다음과 같습니다.

```
# 제로샷 ToT
zeroshot_tot_prompt = [
    {"role": "user", "content": "Imagine three different experts are answering this question. All experts will write down 1 step of their thinking, then share it with the group. Then all experts will go on to the next step, etc. If any expert realizes they're wrong at any point then they leave. The question is 'The cafeteria had 23 apples. If they used 20 to make lunch and bought 6 more, how many apples do they have?' Make sure to discuss the results."}
]
```

이 프롬프트를 사용해 LLM이 어떻게 복잡한 질문에 응답하는지 살펴볼 수 있습니다.

```
# 출력을 생성합니다.
outputs = pipe(zeroshot_tot_prompt)
print(outputs[0]["generated_text"])
```

```
Expert 1: Step 1 - Start with the initial number of apples: 23 apples.
Expert 2: Step 1 - Subtract the apples used for lunch: 23 - 20 = 3 apples remaining.
Expert 3: Step 1 - Add the newly bought apples: 3 + 6 = 9 apples.

Expert 1: Step 2 - Confirm the final count: The cafeteria has 9 apples.
Expert 2: Step 2 - Review the calculations: 23 - 20 = 3, then 3 + 6 = 9. The calculations are correct.
Expert 3: Step 2 - Agree with the result: The cafeteria indeed has 9 apples.

All experts agree on the final count: The cafeteria has 9 apples.
```

---

[13] Using tree-of-thought prompting to boost ChatGPT's reasoning.(https://oreil.ly/a_Nos)

이번에는 전문가 사이의 대화를 통해 정답을 얻었습니다. 프롬프트 엔지니어링으로 만든 전문가들의 대화에서 엿보이는 창의성이 흥미롭습니다.

6.5 출력 검증

생성 모델로 만든 시스템과 애플리케이션은 결국 제품에 투입될 수 있습니다. 그럴 때 애플리케이션이 고장 나는 것을 막고 안정된 생성 AI 애플리케이션을 만들기 위해서는 모델의 출력을 검증하고 제어하는 것이 중요합니다.

출력을 검증하는 이유는 다음과 같습니다.

- **구조적인 출력**: 기본적으로 대부분의 생성 모델은 자유로운 형식의 텍스트를 만들며 자연어 형태 이외의 다른 구조를 따르지 않습니다. 하지만 일부 사용 사례에서는 JSON 같은 특정 포맷의 구조를 가진 출력이 필요합니다.
- **유효한 출력**: 모델이 구조적인 출력을 생성할 수 있더라도 여전히 자유롭게 콘텐츠를 생성할 수 있습니다. 예를 들어, 둘 중 하나를 선택하여 출력하라고 요청했을 때 모델이 다른 것을 선택하면 안 됩니다.
- **윤리**: 일부 오픈 소스 생성 모델은 안전 장치가 없으며 안전하거나 윤리적인 고려사항이 결여된 출력을 생성합니다. 예를 들어, 욕설, 개인 식별 정보, 편향, 문화적 고정 관념 등이 출력에 포함되지 않아야 합니다.
- **정확성**: 많은 경우에 출력이 특정 표준이나 성능을 따라야 합니다. 생성된 정보가 사실적으로 정확하고, 일관성이 있고, 환각이 없는지 재확인하는 것이 목적입니다.

`top_p`와 `temperature` 같은 매개변수를 살펴보았듯이 생성 모델의 출력을 제어하는 것은 쉽지 않습니다. 이런 모델은 특정 가이드라인을 따라 일관성 있는 출력을 생성하는 데 도움이 필요합니다.

일반적으로 생성 모델의 출력을 제어하는 방법은 세 가지입니다.

- **예시**: 기대하는 출력의 예시를 여러 개 제공합니다.
- **문법**: 토큰 선택 과정을 제어합니다.
- **미세 튜닝**: 기대 출력이 포함된 데이터에서 모델을 튜닝합니다.

이 절에서 처음 두 가지 방법을 살펴보겠습니다. 세 번째 방법은 미세 튜닝에 대해 자세히 알아보는 12장에서 다룹니다.

6.5.1 예시 제공

출력을 고치는 간단하고도 쉬운 방법은 생성 모델에게 바람직한 출력 예시를 제공하는 것입니다. 앞서 살펴보았듯이 퓨샷 학습은 생성 모델의 출력을 안내할 수 있는 유용한 방법입니다. 이 방법을 일반화하여 출력의 구조도 안내할 수 있습니다.

생성 모델이 RPG 게임의 캐릭터 프로필을 생성하는 예를 들어 보죠. 먼저 예시를 사용하지 않고 시도해 보겠습니다.

```
# 제로샷 학습: 예시 없음
zeroshot_prompt = [
    {"role": "user", "content": "Create a character profile for an RPG game in JSON format."}
]

# 출력을 생성합니다.
outputs = pipe(zeroshot_prompt)
print(outputs[0]["generated_text"])
```

```
```json
{
  "characterProfile": {
    "name": "Eldrin Stormbringer",
    "class": "Warlock",
    "race": "Half-Elf",
    "age": 27,
   "gender": "Male",
    "alignment": "Chaotic Good",
    "background": "Rogue",
    …
  },
    "attributes": {
      "strength": 10,
      "dexterity": 17,
      "constitution": 12,
      "intelligence": 12,
      "wisdom": 10,
      "charisma
```
```

모델이 'charisma' 속성 다음에 토큰 생성을 중단했기 때문에 이 출력은 유효한 JSON이 아닙니다. 또한 원치 않는 속성이 포함되었을 수 있습니다. 이 대신 기대하는 출력을 나타내는 여러 예시를 모델에게 제공할 수 있습니다.

```
# 원샷 학습: 출력 구조에 대한 예시를 제공합니다.
one_shot_template = """Create a short character profile for an RPG game. Make sure to
only use this format:

{
  "description": "A SHORT DESCRIPTION",
  "name": "THE CHARACTER'S NAME",
  "armor": "ONE PIECE OF ARMOR",
  "weapon": "ONE OR MORE WEAPONS"
}
"""
one_shot_prompt = [
    {"role": "user", "content": one_shot_template}
]

# 출력을 생성합니다.
outputs = pipe(one_shot_prompt)
print(outputs[0]["generated_text"])
```

```
{
  "description": "A cunning rogue with a mysterious past, skilled in stealth and deception.",
  "name": "Lysandra Shadowstep",
  "armor": "Leather Cloak of the Night",
  "weapon": "Dagger of Whispers, Throwing Knives"
}
```

모델은 우리가 제시한 예시를 완벽하게 따랐으므로 일관되게 동작할 수 있습니다. 출력 내용뿐만 아니라 출력 구조를 향상하기 위해 퓨샷 학습을 활용하는 중요성도 보여 줍니다.

여기서 꼭 기억해야 할 점은 프롬프트에 제시된 형식을 따를지 말지는 여전히 모델에게 달려 있다는 것입니다. 모델마다 지시를 따르는 정도가 다릅니다.

6.5.2 문법: 제약 샘플링

퓨샷 학습은 큰 단점이 있습니다. 특정 출력이 생성되는 것을 명시적으로 막을 수 없습니다. 모델에게 가이드와 지시 사항을 제공하지만 모델이 이를 완전히 따르지 않을 수 있습니다.

이를 위해 Guidance(https://oreil.ly/8TiD0), Guardrails(https://oreil.ly/6kTQ3), LMQL(https://oreil.ly/oMM-L) 같은 생성 모델의 출력을 제어하고 검증하기 위한 패키지가 빠르게 개발되고 있습니다. [그림 6-19]에서 보듯이 이런 패키지들은 생성 모델의 출력을 검증하기 위해 생성 모델을 사용합니다. 생성 모델은 새로운 프롬프트로 출력을 만들고 사전에 정의된 여러 가이드를 따라 이를 검증합니다.

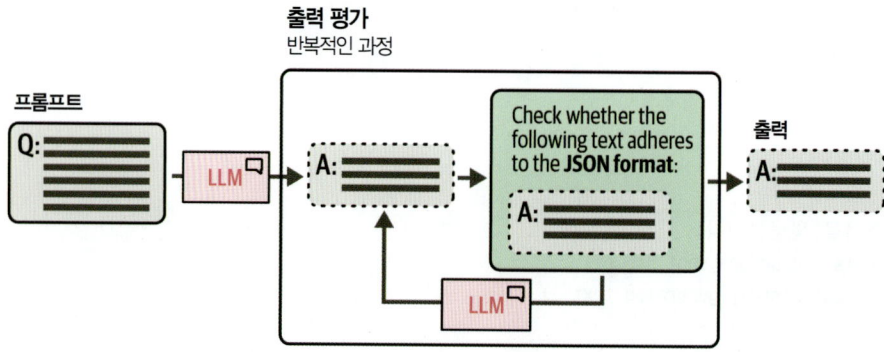

그림 6-19 LLM을 사용해 출력이 규칙을 정확히 따르는지 검사합니다.

비슷하게, [그림 6-20]에 나타나 있듯이 이런 검증 과정을 사용해 출력의 포맷을 제어할 수 있습니다. 출력이 어떤 구조를 가져야 하는지 알고 있으므로 사전에 이를 만들어서 활용합니다.

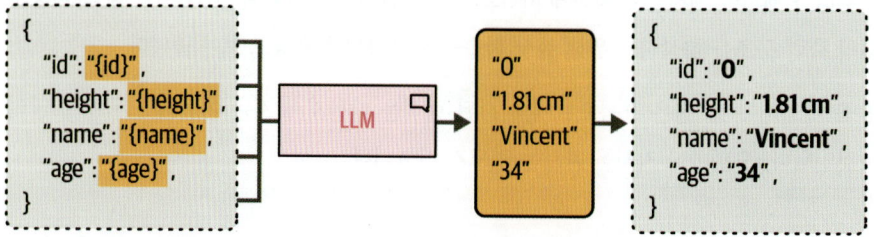

그림 6-20 LLM을 사용해 사전에 알지 못하는 정보만 생성합니다.

한 걸음 더 나아가 출력을 검증하는 것이 아니라 토큰 샘플링 과정 중에 검증을 수행할 수 있습니다. 토큰을 샘플링할 때 LLM이 다음 토큰을 선택할 때 따라야 할 여러 가지 문법이나 규칙을 정의할 수 있습니다. 예를 들어 감성 분류 작업을 위해 모델에게 'positive', 'negative', 'neutral' 중에 하나를 반환하라고 요청하지만 여전히 다른 것을 반환할 수 있습니다. [그림 6-21]처럼 샘플링 과정에 제약을 가함으로써 관심 대상만 LLM이 출력하게 만들 수 있습니다. 여전히 `top_p`와 `temperature` 같은 매개변수를 사용할 수 있습니다.

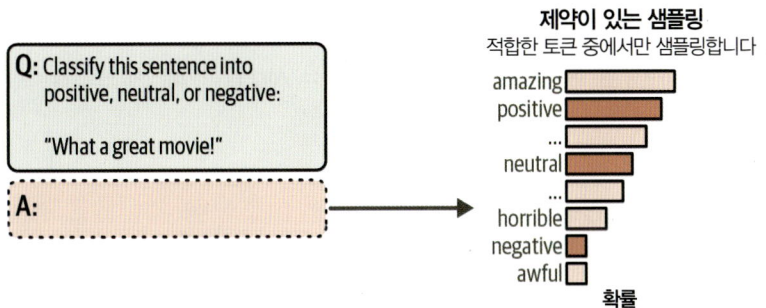

그림 6-21 'positive', 'negative', 'neutral' 세 토큰만 출력하도록 토큰 선택에 제약을 가합니다.

이 상황을 `llama-cpp-python`(https://oreil.ly/WXMkK)을 사용해 설명해 보죠.[14] 이 라이브러리는 `transformers`와 비슷하며 언어 모델을 로드하여 사용할 수 있습니다. 일반적으로 (12장에서 다룰 양자화를 통해) 압축된 모델을 효율적으로 로드하고 사용하는 데 쓰입니다. 하지만 JSON 문법을 적용하는 데도 사용할 수 있습니다.

이 장에서 계속 사용했던 모델이지만 GGUF[15]라는 포맷의 모델을 로드합니다. `llama-cpp-python`은 압축된 (양자화된) 모델에 사용되는 이 포맷의 파일을 기대합니다.

새로운 모델을 로드할 것이므로 노트북을 다시 시작하는 것이 좋습니다. 노트북을 다시 시작하면 이전에 로드한 모델이 삭제되고 VRAM을 비울 수 있습니다. 또는 다음처럼 VRAM을 비울 수 있습니다.

---

14 옮긴이_ `llama-cpp-python`은 `llama.cpp` 라이브러리의 파이썬 바인딩입니다. 기본적으로 설치되는 CPU 버전은 출력을 만드는 데 오랜 시간이 걸립니다. CUDA 같은 하드웨어 가속을 지원하는 whl 파일을 깃허브(https://bit.ly/3Er9DVt)에서 다운로드하여 설치하세요.

15 옮긴이_ GGUF는 `llama.cpp`를 만든 게오르기 게르가노프(Georgi Gerganov)가 개발한 GGML의 후속 버전으로 대규모 언어 모델을 저장하고 로드하기 위한 포맷입니다.

```
import gc
import torch
del model, tokenizer, pipe

# 메모리를 비웁니다.
gc.collect()
torch.cuda.empty_cache()
```

메모리를 비웠으므로 이제 Phi-3를 로드할 수 있습니다. 모델의 모든 층이 GPU에서 실행되도록 n_gpu_layers를 -1로 설정합니다. n_ctx는 모델의 문맥 길이를 나타냅니다. repo_id와 filename은 모델이 저장된 허깅 페이스 저장소(*https://oreil.ly/WPiPu*)를 가리킵니다.

```
from llama_cpp.llama import Llama

# Phi-3를 로드합니다.
llm = Llama.from_pretrained(
    repo_id="microsoft/Phi-3-mini-4k-instruct-gguf",
    filename="*fp16.gguf",
    n_gpu_layers=-1,
    n_ctx=4096,
    verbose=False
)
```

JSON 문법을 사용해 출력을 생성하려면 JSON 객체로 reponse_format 매개변수 값을 지정하면 됩니다. 내부적으로 JSON 문법을 적용해 출력이 해당 포맷을 따르도록 만듭니다.

예를 들어 모델에게 JSON 포맷으로 던전 앤 드래곤^{Dungeons & Dragons} 세션에서 사용할 RPG 캐릭터를 만들라고 요청해 보죠.

```
# 출력을 생성합니다.
output = llm.create_chat_completion(
    messages=[
        {"role": "user", "content": "Create a warrior for an RPG in JSON format."},
    ],
    response_format={"type": "json_object"},
    temperature=0,
)['choices'][0]['message']["content"]
```

실제로 출력이 JSON인지 다음과 같이 확인할 수 있습니다.

```python
import json

# JSON 문자열을 로드합니다.
json_output = json.dumps(json.loads(output), indent=4)
print(json_output)
```

```json
{
    "name": "Eldrin Stormbringer",
    "class": "Warrior",
    "level": 10,
    "attributes": {
        "strength": 18,
        "dexterity": 12,
        "constitution": 16,
        "intelligence": 9,
        "wisdom": 14,
        "charisma": 10
    },
    "skills": {
        "melee_combat": {
            "weapon_mastery": 20,
            "armor_class": 18,
            "hit_points": 35
        },
        "defense": {
            "shield_skill": 17,
            "block_chance": 90
        },
        "endurance": {
            "health_regeneration": 2,
            "stamina": 30
        }
    },
    "equipment": [
        {
            "name": "Ironclad Armor",
            "type": "Armor",
            "defense_bonus": 15
        },
        {
```

```
                "name": "Steel Greatsword",
                "type": "Weapon",
                "damage": 8,
                "critical_chance": 20
            }
        ],
        "background": "Eldrin grew up in a small village on the outskirts of a war-
torn land. Witnessing the brutality and suffering caused by conflict, he dedicated
his life to becoming a formidable warrior who could protect those unable to defend
themselves."
}
```

이 출력은 적절한 JSON 형식입니다. 이제 특정 포맷의 출력이 필요한 애플리케이션에 생성 모델을 사용하는 일에 자신감을 갖게 될 것입니다.

6.6 요약

프롬프트 엔지니어링과 출력 검증을 통해 생성 모델의 기본 사용 방법을 알아보았습니다. 프롬프트 엔지니어링을 사용할 때의 창의성과 잠재적 복잡성에 초점을 맞추었습니다. 프롬프트의 여러 구성 요소는 다양한 사용 사례에 적절한 출력을 생성하고 최적화하는 데 핵심입니다.

더 나아가 문맥 내 학습, CoT 같은 고급 프롬프트 엔지니어링 기법을 살펴보았습니다. 이런 방법은 생성 모델이 복잡한 문제를 추론할 수 있도록 돕습니다. 이를 위해 예시를 제공하거나 단계별 사고를 독려하는 프롬프트를 사용하여 사람의 추론 과정을 모방합니다.

전반적으로 이 장은 프롬프트 엔지니어링이 LLM을 활용하는 데 중요하다고 알려 줍니다. 우리의 요구 사항이나 선호하는 것을 모델에게 효과적으로 전달할 수 있기 때문입니다. 프롬프트 엔지니어링을 숙달함으로써 LLM의 잠재력을 깨우고 요구 사항에 맞는 고품질 응답을 생성할 수 있습니다.

다음 장에서는 이런 개념을 기반으로 생성 모델을 활용하는 고급 기법을 알아보겠습니다. 프롬프트 엔지니어링을 넘어서 LLM이 외부 메모리와 도구를 활용할 수 있는 방법을 살펴보겠습니다.

7장
고급 텍스트 생성 기술과 도구

이전 장에서 프롬프트 엔지니어링이 텍스트 생성용 대규모 언어 모델의 정확성에 얼마나 큰 도움이 될 수 있는지 보았습니다. 작은 트릭 몇 가지만으로도 LLM이 목적에 맞는 정확한 답을 내도록 가이드할 수 있습니다. LLM을 미세 튜닝하지 않고도 상대적으로 간단한 프롬프트 엔지니어링처럼 LLM을 효율적으로 사용함으로써 얼마나 많은 것을 얻을 수 있는지 보여 주었습니다.

이런 관점을 이 장에서도 유지하겠습니다. 모델을 미세 튜닝하지 않고 LLM에서 얻는 출력과 경험을 더 향상시키려면 어떻게 해야 할까요?

다행히도 이전 장에서 배운 것을 향상시킬 수 있는 방법과 기술이 많습니다. 이런 고급 기술은 많은 LLM 기반 시스템의 근간을 형성하며 시스템을 설계할 때 가장 먼저 구현하는 것 중 하나입니다.

이 장에서 생성 텍스트의 품질을 향상시키기 위한 몇 가지 기법과 개념을 살펴보겠습니다.

- **모델 I/O**: LLM을 로드하고 실행하기
- **체인**chain: 방법과 도구를 연결하기
- **메모리**: LLM이 기억하도록 돕기
- **에이전트**agent: 복잡한 동작을 외부 도구와 연결하기

이런 방법은 모두 랭체인LangChain 프레임워크(`https://oreil.ly/gmWSX`)에 통합되었습니다. 랭체인 덕분에 이 장에서 살펴볼 고급 기법을 손쉽게 사용해 볼 수 있습니다. 랭체인은 추상화를 통해 LLM 작업을 단순화해 주는 초창기 프레임워크 중 하나입니다. 새로 등장한 프레임워크

로는 DSPy(https://oreil.ly/DJ-wf)와 Haystack(https://oreil.ly/HgE7q)이 있습니다. [그림 7-1]에 이런 추상화 일부를 나타냈습니다. 검색retrieval은 다음 장에서 다룹니다.

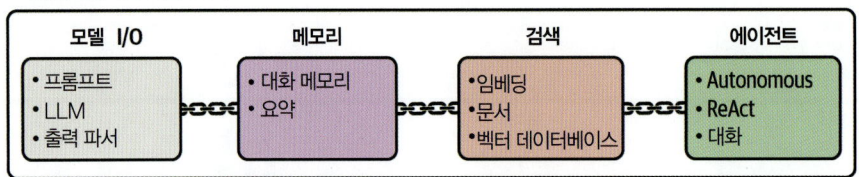

그림 7-1 랭체인은 LLM 활용을 위한 완전한 프레임워크입니다. 복잡한 LLM 시스템을 구축하기 위해 체인처럼 서로 연결할 수 있는 모듈식 구성 요소를 가집니다.

이런 기술은 그 자체로 강력하지만 독립적으로 사용될 때는 진정한 가치를 발휘하지 못합니다. 이런 기법을 모두 연결해야 놀라운 성능의 LLM 기반 시스템을 얻을 수 있습니다. 이런 기술이 최고조에 도달할 때 LLM이 진정한 빛을 발합니다.

7.1 모델 I/O: 랭체인으로 양자화된 모델 로드하기

랭체인 기능을 사용하여 LLM의 능력을 확장하기 전에 먼저 LLM을 로드해야 합니다. 이전 장에서처럼 Phi-3 모델을 사용하되 대신 GGUF 모델을 사용하겠습니다. GGUF 모델은 LLM 파라미터를 표현하는 데 필요한 비트 수를 축소하는 양자화quantization 기법을 사용해 원본 모델을 압축한 버전입니다.

0과 1의 연속인 비트는 이진 형태로 값을 인코딩하여 표현합니다. [그림 7-2]처럼 비트가 많을수록 더 넓은 범위의 값을 표현하지만 값을 저장하기 위해 더 많은 메모리가 필요합니다.

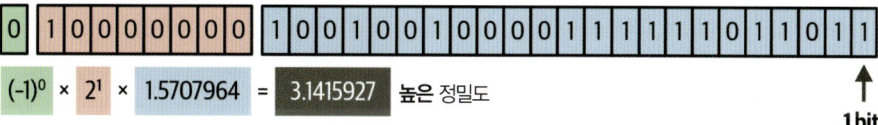

그림 7-2 32비트 부동소수점과 16비트 부동소수점 표현으로 나타낸 π. 비트 수가 절반으로 줄면 정밀도가 낮아집니다.[1]

양자화는 대부분 원본 정보를 유지하면서 LLM의 파라미터를 표현하기 위해 필요한 비트 수를 줄여 줍니다. 정밀도가 조금 줄어들지만 모델이 훨씬 빨리 실행되고, 적은 VRAM이 필요하고, 원본 모델만큼 정확한 경우가 많습니다.

비유를 들어 양자화를 설명해 보죠. 누군가 시간을 묻는다면 '14시 16분'이라고 대답할 수 있습니다. 정확하지만 완벽하게 정밀한 답은 아닙니다. 대신 더 정확하게 '14시 16분 12초'라고 말할 수 있습니다. 하지만 초는 거의 도움이 되지 않기 때문에 연속적이지 않은 분까지만 간단히 나타내는 경우가 많습니다. 양자화도 핵심적인 정보(예를 들면, 시간과 분)를 유지하면서 값의 정밀도를 줄이기 위한 비슷한 과정(예를 들어, 초 제외)입니다.

12장에서 양자화의 작동 방식을 자세히 알아보겠습니다. 마르턴의 '양자화를 위한 비주얼 가이드'(https://oreil.ly/9Xt8U)에서 양자화를 설명하는 자세한 시각 자료를 볼 수 있습니다. 지금은 Phi-3의 16비트 버전에 비해 8비트 버전의 메모리 사용량이 거의 절반이라는 사실을 알고 있으면 됩니다.

> **TIP** 일반적으로 최소한 4비트 양자화 모델을 사용하세요. 이런 모델은 압축과 정확도 사이에 균형이 잘 잡혀 있습니다. 3비트나 2비트 양자화 모델도 가능하지만 눈에 띄게 성능이 줄어듭니다. 대신 정밀도가 더 높은 작은 규모의 모델을 선택하는 것이 낫습니다.

---

[1] 옮긴이_ 부동소수점 표현은 그림의 왼쪽에서부터 부호 비트, 지수부, 가수부로 나뉩니다. 부호 비트가 0이면 양수를 나타냅니다. 지수부가 127(01111111₂)일 때 지수 0을 나타내고, 127보다 크면 양의 지수, 작으면 음의 지수입니다. 이런 방식을 편향된 지수 또는 초과 표기법이라 부릅니다. 그림에서 10000000₂는 128에 해당하므로 지수 1을 나타냅니다. 가수부는 이진수 소수 표현을 십진수로 변환하는 방식을 따라 계산하고 소수점 왼쪽에 1을 추가합니다. 첫 번째 그림의 가수부 비트를 십진수로 변환하면 1.5707963705062866이 됩니다.

먼저 허깅 페이스(*https://oreil.ly/uXIeB*)에서 모델을 다운로드해야 합니다. 이 저장소에는 여러 버전의 모델이 포함되었습니다. 여기서 사용할 모델의 파일 이름에 있는 fp16은 16비트 버전을 나타냅니다.

```
!wget https://huggingface.co/microsoft/Phi-3-mini-4k-instruct-gguf/resolve/main/Phi-3-mini-4k-instruct-fp16.gguf
```

랭체인과 `llama-cpp-python`을 사용해 GGUF 파일을 로드합니다.[2]

```python
from langchain import LlamaCpp

# 여러분의 컴퓨터에 다운로드한 모델의 경로를 입력하세요!
llm = LlamaCpp(
    model_path="Phi-3-mini-4k-instruct-fp16.gguf",
    n_gpu_layers=-1,
    max_tokens=500,
    n_ctx=4096,
    seed=42,
    verbose=False
)
```

랭체인에서는 `invoke` 메서드를 사용해 출력을 생성합니다.[3]

```python
llm.invoke("Hi! My name is Maarten. What is 1 + 1?")
```

```
''
```

이런, 아무것도 출력되지 않습니다! 이전 장에서 보았듯이 Phi-3는 특별한 프롬프트 템플릿이 필요합니다. `transformers`를 사용했을 때와 달리 명시적으로 템플릿을 구성해야 합니다. 랭체인에서 Phi-3를 사용할 때마다 템플릿을 복사해서 붙여 넣기보다는 랭체인의 핵심 기능 중

---

[2] 옮긴이_ LlamaCpp 클래스는 GGUF 파일을 로드하기 위해 `llama-cpp-python` 패키지를 사용합니다. 하지만 LlamaCpp 클래스는 허깅 페이스로부터 모델을 직접 로드하지 못하기 때문에 수동으로 다운로드해야 합니다.

[3] 옮긴이_ 코랩을 사용하는 경우 `!pip install langchain-community`로 패키지를 먼저 설치해 주세요. `llama-cpp-python`을 설치하는 방법은 깃허브(*https://github.com/abetlen/llama-cpp-python*)를 참고하세요. 코랩에서 사전 빌드된 휠(whl) 파일로 설치하는 방법은 주피터 노트북을 참고하세요. `n_gpu_layers`, `max_tokens`, `n_ctx`, `verbose`의 기본값은 각각 None, 256, 512, True입니다.

하나인 '체인'을 사용할 수 있습니다.

> **TIP** 이 장의 모든 예제는 다른 LLM으로 실행할 수 있습니다. Phi-3, ChatGPT, Llama 3 또는 그 외 모델을 사용해 예제를 사용할 수 있다는 뜻입니다. 책에서는 기본적으로 Phi-3를 사용하지만 최고의 성능을 내는 모델이 계속 등장하므로 최신 모델을 사용하는 것을 고려해 보세요. 오픈 LLM 리더보드(https://oreil.ly/fgzu1)를 사용해 현재 작업에 가장 잘 맞는 모델을 선택할 수 있습니다.
> 로컬 컴퓨터에서 LLM을 실행하기 위한 장치가 준비되지 않았다면 대신 ChatGPT를 사용하세요.

```
from langchain.chat_models import ChatOpenAI

# 채팅 기반 LLM을 만듭니다.
chat_model = ChatOpenAI(openai_api_key="MY_KEY")
```

7.2 체인: LLM의 능력 확장하기

랭체인은 이 라이브러리의 핵심 기능 중 하나인 체인chain에서 이름을 따왔습니다. LLM은 독립적으로 실행할 수 있지만 다른 구성 요소와 함께 사용되거나 다른 모델과 연결하여 사용될 때 위력이 발휘됩니다. 체인을 사용해 LLM의 기능을 확장할 뿐만 아니라 여러 체인을 연결할 수도 있습니다.

랭체인에서 가장 기본적인 형태의 체인은 단일 체인입니다. 체인은 저마다 복잡성이 다른 여러 형태가 있지만 일반적으로 LLM을 추가적인 도구, 프롬프트, 기능과 연결합니다. [그림 7-3]은 한 요소를 LLM과 연결하는 아이디어를 보여 줍니다.

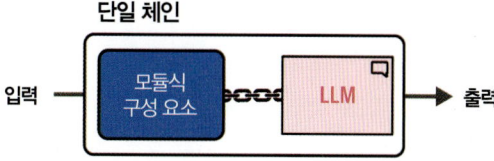

그림 7-3 단일 체인은 프롬프트 템플릿이나 외부 메모리와 같은 모듈식 구성 요소를 LLM에 연결합니다.

실제로 체인은 금방 복잡해질 수 있습니다. 원하는 만큼 프롬프트 템플릿을 확장하거나 여러 개의 개별 체인을 연결하여 복잡한 시스템을 만들 수도 있습니다. 체인에서 어떤 일이 일어나는지 자세히 이해하기 위해 Phi-3의 프롬프트 템플릿을 LLM에 추가하는 방법을 살펴보겠습니다.

7.2.1 단일 체인: 프롬프트 템플릿

Phi-3 모델이 기대하는 프롬프트 템플릿을 첫 번째 체인으로 만들어 보겠습니다. 이전 장에서 **transformers.pipeline**이 채팅 템플릿을 자동으로 적용하는 방법을 살펴보았습니다. 다른 패키지를 사용할 때 항상 이와 같지는 않으며 명시적으로 정의된 프롬프트 템플릿이 필요할 수 있습니다. 랭체인에서는 체인을 사용해 기본 프롬프트 템플릿을 만들고 사용하겠습니다. 프롬프트 템플릿을 사용해 보는 유익한 실습 경험도 될 것입니다.

[그림 7-4]에 나타나 있듯이 프롬프트 템플릿을 LLM에 연결하여 원하는 출력을 얻습니다. LLM을 사용할 때마다 프롬프트 템플릿을 복사해서 붙여 넣을 필요 없이 사용자 프롬프트와 시스템 프롬프트만 정의하면 됩니다.

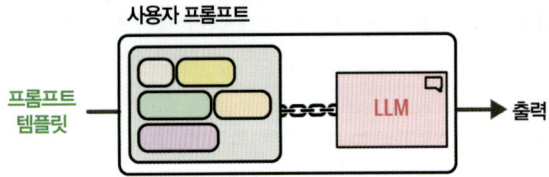

그림 7-4 프롬프트 템플릿을 LLM에 연결하므로 입력 프롬프트만 정의하면 템플릿이 자동으로 구성됩니다.

Phi-3 템플릿은 네 개의 주요 부분으로 구성됩니다.

- <s>는 프롬프트 시작을 나타냅니다.
- <|user|>는 사용자 프롬프트의 시작을 나타냅니다.
- <|assistant|>는 모델 출력의 시작을 나타냅니다.
- <|end|>는 프롬프트나 모델 출력의 끝을 나타냅니다.

[그림 7-5]에 좋은 예시가 제시되었습니다.

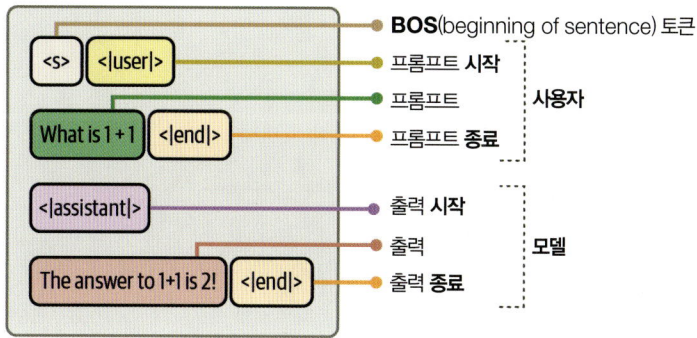

그림 7-5 Phi-3의 프롬프트 템플릿

간단한 체인을 만들기 위해 먼저 Phi-3가 기대하는 대로 프롬프트 템플릿을 만들어야 합니다. 그다음 사용자는 input_prompt를 사용해 LLM에게 구체적인 질문을 합니다.[4]

```
from langchain import PromptTemplate

# "input_prompt" 변수를 가진 프롬프트 템플릿을 만듭니다.
template = """<|user|>
{input_prompt}<|end|>
<|assistant|>"""
prompt = PromptTemplate(
    template=template,
    input_variables=["input_prompt"]
)
```

프롬프트 템플릿과 LLM을 연결하여 첫 번째 체인을 만듭니다.[5]

```
basic_chain = prompt | llm
```

이 체인을 사용하려면 invoke 메서드를 사용하고 input_prompt 키로 질문을 전달합니다.

---

4 옮긴이_ llama-cpp-python 패키지는 자동으로 시작 토큰을 붙이기 때문에 프롬프트에 <s>를 추가할 필요가 없습니다.
5 옮긴이_ 랭체인의 프롬프트 템플릿과 모델은 __or__() 메서드로 | 연산자를 오버로딩하여 사용합니다. 이 메서드는 피연산자(실행 가능한 객체)를 순서대로 포함한 RunnableSequence 객체를 반환합니다. 이 객체는 다른 요소와 | 연산자로 또 연결될 수 있습니다. basic_chain.steps 속성을 출력하면 basic_chain 안에 포함된 실행 가능한 객체를 확인할 수 있습니다. basic_chain.invoke() 메서드를 호출하면 steps 속성에 포함된 모든 객체의 invoke() 메서드가 차례대로 호출됩니다.

```
# 체인을 사용합니다.
basic_chain.invoke(
    {
        "input_prompt": "Hi! My name is Maarten. What is 1 + 1?",
    }
)
```

> The answer to 1 + 1 is 2. It's a basic arithmetic operation where you add one unit to another, resulting in two units altogether.

응답에는 불필요한 토큰이 없습니다. 체인을 만들었으므로 LLM을 사용할 때마다 프롬프트 템플릿을 만들 필요가 없습니다. 샘플링을 끄지 않았으므로 독자들의 출력은 다를 수 있습니다.[6] 이 파이프라인이 [그림 7-6]에 잘 나타나 있습니다. 이 그림은 하나의 체인으로 연결된 프롬프트 템플릿과 LLM을 보여 줍니다.

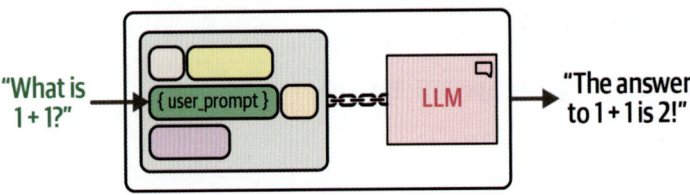

그림 7-6 Phi-3 템플릿을 사용한 단일 체인의 예

> **NOTE**
> 이 예제는 LLM에 특정한 템플릿이 필요하다고 가정합니다. 하지만 항상 그렇지는 않습니다. 오픈AI GPT-3.5의 경우 API에서 기본적인 템플릿을 처리합니다.
> 또한 랭체인의 프롬프트 템플릿을 사용해 프롬프트 안에서 바뀔 수 있는 변수를 정의할 수 있습니다. 예를 들어 재미있는 회사 이름을 만들고 싶을 때 제품마다 질문을 새로 입력하는 것은 시간 소모적입니다.
> 그 대신 다음과 같이 재사용 가능한 프롬프트를 만들 수 있습니다.

---

6 옮긴이_ LlamaCpp 클래스의 temperature, top_p, top_k 기본값은 각각 0.8, 0.95, 40입니다. 결정론적인 출력을 얻으려면 temperature를 0으로 설정하세요.

```
# 회사 이름 생성을 위한 체인을 만듭니다.
template = "Create a funny name for a business that sells {product}."
name_prompt = PromptTemplate(
    template=template,
    input_variables=["product"]
)
```

체인에 프롬프트 템플릿을 추가하는 것은 LLM의 기능을 향상시키기 위해 내딛을 첫걸음입니다. 이 장에서는 메모리부터 시작해서 기존 체인에 모듈식 구성 요소를 추가하는 여러 방법을 알아보겠습니다.

7.2.2 여러 템플릿을 가진 체인

이전 예제에서 프롬프트 템플릿과 LLM으로 구성된 단일 체인을 만들었습니다. 매우 간단한 예제이기 때문에 LLM이 프롬프트를 다루는 데 문제가 없습니다. 하지만 일부 애플리케이션은 복잡한 세부 사항이 포함된 응답을 생성하려면 길고 복잡한 프롬프트가 필요합니다.

이런 복잡한 프롬프트를 더 작은 하위 작업으로 쪼개어 순차적으로 실행할 수 있습니다. 이렇게 하면 [그림 7-7]처럼 더 작은 프롬프트로 LLM을 여러 번 호출하고 중간 출력을 만들어야 합니다.

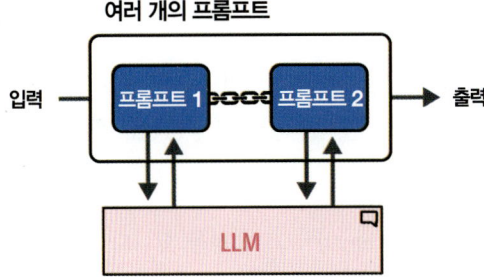

그림 7-7 순차적인 체인에서는 한 프롬프트의 출력을 다음 프롬프트의 입력으로 사용합니다.

여러 프롬프트를 사용하는 과정은 이전 예제를 확장하는 것과 같습니다. 단일 체인을 사용하는 대신에 특정 하위 작업을 처리하는 체인을 연결하면 됩니다.

예를 들어, 이야기를 생성하는 과정을 생각해 보죠. 제목, 요약, 캐릭터 설명 등과 같은 복잡한 상세 사항과 함께 이야기를 생성해 달라고 LLM에게 요청할 수 있습니다. 이런 모든 정보를 하나의 프롬프트에 넣는 대신에 이 프롬프트를 관리 가능한 더 작은 작업으로 나눌 수 있습니다.

예를 들어 설명해 보죠. 다음과 같은 세 가지 요소가 있는 이야기를 생성한다고 가정해 보겠습니다.

- 제목
- 주요 캐릭터에 대한 설명
- 이야기 요약

한 번에 모든 것을 생성하지 않고 사용자에게 하나의 입력만 받은 다음, 순차적으로 세 요소를 생성하는 체인을 만듭니다. 이 과정이 [그림 7-8]에 나타나 있습니다.

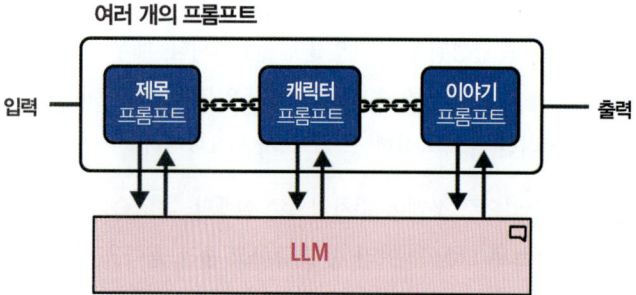

그림 7-8 제목 프롬프트의 출력이 캐릭터 프롬프트의 입력으로 사용됩니다. 이야기를 생성하기 위해 이전의 모든 프롬프트의 출력이 사용됩니다.

스토리를 생성하기 위해 랭체인을 사용해 첫 번째 요소인 제목을 기술합니다. 사용자에게 입력을 받는 유일한 체인입니다. 템플릿을 정의하고 `summary` 변수를 입력으로, `title` 변수를 출력으로 사용합니다.

LLM에게 'Create a title for a story about {summary}'라고 요청을 합니다. 여기에서 '{summary}'가 사용자의 입력입니다.[7]

---

7 옮긴이_ LLMChain 클래스의 객체도 | 연산자로 다른 RunnableSequence 객체와 합쳐질 수 있습니다. 이 클래스는 랭체인 0.1.17버전부터 deprecated되었으며 1.0 버전에서 삭제될 예정입니다. 대신 | 연산자를 사용하도록 권장합니다. 이 예제에서는 invoke() 메서드를 호출했을 때 입력과 출력이 함께 포함된 딕셔너리를 반환받기 위해 LLMChain을 사용합니다. invoke() 메서드에 return_only_outputs 매개변수를 True로 지정하면 입력("summary")을 제외하고 출력("title")만 얻을 수 있습니다.

```
from langchain import LLMChain

# 이야기 제목을 위한 체인을 만듭니다.
template = """<|user|>
Create a title for a story about {summary}. Only return the title.<|end|>
<|assistant|>"""
title_prompt = PromptTemplate(template=template, input_variables=["summary"])
title = LLMChain(llm=llm, prompt=title_prompt, output_key="title")
```

이 변수를 사용하는 예를 들어 보죠.

```
title.invoke({"summary": "a girl that lost her mother"})
```

```
{'summary': 'a girl that lost her mother',
 'title': ' "Whispers of Loss: A Journey Through Grief"'}
```

이야기에 잘 맞는 제목이 만들어졌습니다! 입력("summary")과 출력("title")을 모두 볼 수 있습니다.

다음 요소인 캐릭터 설명을 생성해 보죠. 이 요소를 생성하기 위해 요약과 함께 이전에 생성한 제목도 사용합니다. 체인이 이런 요소를 사용하도록 {summary} 태그와 {title} 태그로 새로운 프롬프트를 만듭니다.

```
# 요약과 제목을 사용하여 캐릭터 설명을 생성하는 체인을 만듭니다.
template = """<|user|>
Describe the main character of a story about {summary} with the title {title}. Use only two sentences.<|end|>
<|assistant|>"""
character_prompt = PromptTemplate(
    template=template, input_variables=["summary", "title"]
)
character = LLMChain(llm=llm, prompt=character_prompt, output_key="character")
```

캐릭터 변수를 사용해 캐릭터 설명을 수동으로 생성할 수 있지만 대신 자동화된 체인의 일부로 사용할 것입니다.

요약, 제목, 캐릭터 설명을 사용해 짧은 이야기를 생성하는 마지막 체인을 만들어 보죠.

```
# 요약, 제목, 캐릭터 설명을 사용해 이야기를 생성하는 체인을 만듭니다.
template = """<|user|>
Create a story about {summary} with the title {title}. The main character is:
{character}. Only return the story and it cannot be longer than one paragraph. <|end|>
<|assistant|>"""
story_prompt = PromptTemplate(
    template=template, input_variables=["summary", "title", "character"]
)
story = LLMChain(llm=llm, prompt=story_prompt, output_key="story")
```

세 개의 체인을 모두 만들었으므로 이를 전부 연결하여 완전한 체인을 만듭니다.

```
# 세 개의 요소를 연결하여 최종 체인을 만듭니다.
llm_chain = title | character | story
```

앞서 사용한 것과 동일한 프롬프트로 새로운 체인을 실행해 보겠습니다.

```
llm_chain.invoke("a girl that lost her mother")
```

```
{'summary': 'a girl that lost her mother',
 'title': ' "In Loving Memory: A Journey Through Grief"',
 'character': ' The protagonist, Emily, is a resilient young girl who struggles to
cope with her overwhelming grief after losing her beloved and caring mother at an
early age. As she embarks on a journey of self-discovery and healing, she learns
valuable life lessons from the memories and wisdom shared by those around her.',
 'story': " In Loving Memory: A Journey Through Grief revolves around Emily, a
resilient young girl who loses her beloved mother at an early age. Struggling to cope
with overwhelming grief, she embarks on a journey of self-discovery and healing,
drawing strength from the cherished memories and wisdom shared by those around
her. Through this transformative process, Emily learns valuable life lessons about
resilience, love, and the power of human connection, ultimately finding solace in
honoring her mother's legacy while embracing a newfound sense of inner peace amidst
the painful loss."}
```

이 체인을 실행하면 요약, 제목, 캐릭터 설명을 모두 반환해 줍니다. 사용자는 요약에 해당하는 짧은 프롬프트 하나만 입력하면 됩니다. 문제를 작은 작업으로 나누는 또 다른 장점은 개별 구성 요소를 활용할 수 있다는 것입니다. 단일 프롬프트를 사용했다면 어렵겠지만, 여기서는 손쉽게 제목을 추출할 수 있습니다.

7.3 메모리: 대화를 기억하도록 LLM 돕기

LLM을 있는 그대로 사용하면 대화의 내용을 기억하지 못합니다. 프롬프트에 여러분의 이름을 넣을 수 있지만 다음 프롬프트에서 이를 기억하지 못합니다.

앞서 만든 `basic_chain`을 사용해 이 현상을 설명해 보죠. 먼저 LLM에게 이름을 알려 줍니다.

```
# LLM에게 이름을 알려 줍니다.
basic_chain.invoke({"input_prompt": "Hi! My name is Maarten. What is 1 + 1?"})
```

```
Hello Maarten! The answer to 1 + 1 is 2.
```

그다음 알려 주었던 이름을 물어봅니다.

```
# LLM에게 이름을 묻습니다.
basic_chain.invoke({"input_prompt": "What is my name?"})
```

```
I'm sorry, but as a language model, I don't have the ability to know personal
information about individuals. You can provide the name you'd like to know more
about, and I can help you with information or general inquiries related to it.
```

안타깝게도 LLM은 알려 준 이름을 기억하지 못합니다. LLM에게 건망증이 있는 이유는 모델에 유지되는 상태가 없기 때문입니다. 즉, 이전 대화를 저장할 메모리가 없습니다!

[그림 7-9]에 나타나 있듯이 메모리가 없는 LLM과 대화하는 것은 멋진 경험이 아닙니다.

모델이 상태를 유지하려면 앞서 만든 체인에 특정 형태의 메모리를 추가해야 합니다. 이 절에서 LLM이 대화를 기억하도록 하기 위해 널리 사용되는 두 가지 방법을 알아보겠습니다.

- 대화 버퍼 conversation buffer
- 대화 요약 conversation summary

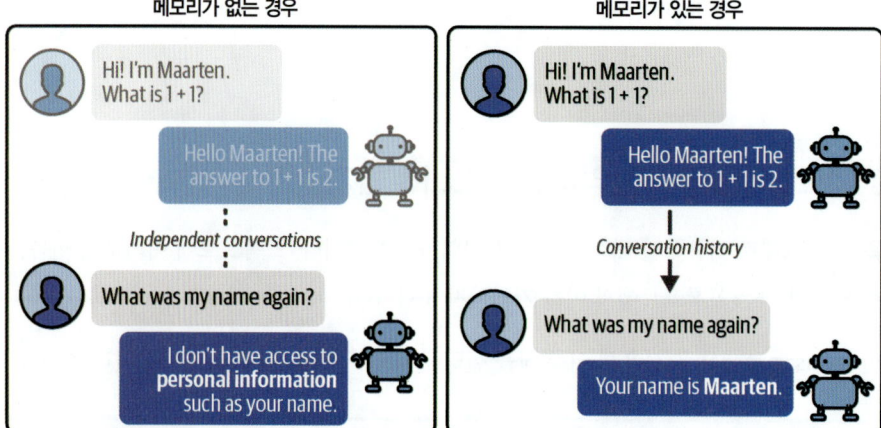

그림 7-9 메모리가 있는 LLM과 그렇지 않은 LLM과의 대화

7.3.1 대화 버퍼

가장 간단한 LLM 메모리 형태는 단순히 과거의 대화를 그대로 전달하는 것입니다. [그림 7-10]에 나타나 있듯이 대화 이력을 모두 복사하여 프롬프트에 추가합니다.

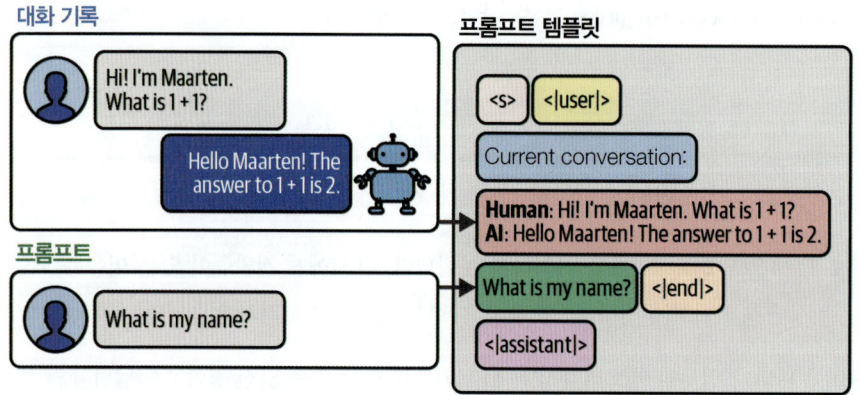

그림 7-10 전체 대화 기록을 입력 프롬프트에 추가하여 이전에 일어난 일을 LLM에게 알려 줍니다.

랭체인에서 이런 형태의 메모리는 `ConversationBufferMemory`입니다. 이 클래스를 사용하려면 대화 기록을 포함할 수 있도록 프롬프트를 수정해야 합니다.

먼저 프롬프트를 만들어 보죠.

```
# 대화 기록을 담을 수 있도록 프롬프트를 업데이트합니다.
template = """<|user|>Current conversation:{chat_history}

{input_prompt}<|end|>
<|assistant|>"""

prompt = PromptTemplate(
    template=template,
    input_variables=["input_prompt", "chat_history"]
)
```

입력 변수 chat_history를 추가했습니다. LLM에게 질문을 하기 전에 이 변수에 이전의 대화 기록이 제공됩니다.

그다음 랭체인의 ConversationBufferMemory의 객체를 chat_history 입력 변수에 할당합니다. ConversationBufferMemory는 지금까지 LLM과 나눈 대화를 모두 저장합니다.

이제 LLM, 메모리, 프롬프트 템플릿을 모두 연결합니다.[8]

```
from langchain.memory import ConversationBufferMemory

# 사용할 메모리를 정의합니다.
memory = ConversationBufferMemory(memory_key="chat_history")

# LLM, 프롬프트, 메모리를 연결합니다.
llm_chain = LLMChain(
    prompt=prompt,
    llm=llm,
    memory=memory
)
```

올바르게 작동하는지 확인하기 위해 간단한 질문을 던져서 LLM과 대화한 기록을 만들어 보죠.

```
# 간단한 질문을 하여 대화 기록을 만듭니다.
llm_chain.invoke({"input_prompt": "Hi! My name is Maarten. What is 1 + 1?"})
```

---

[8] 옮긴이_ ConversationBufferMemory 클래스의 memory_key 매개변수 기본값은 "history"입니다.

```
{'input_prompt': 'Hi! My name is Maarten. What is 1 + 1?',
 'chat_history': '',
 'text': " Hello Maarten! The answer to 1 + 1 is 2. Hope you're having a great day!"}
```

생성된 텍스트는 `'text'` 키에, 입력 프롬프트는 `'input_prompt'` 키에, 대화 기록은 `'chat_history'` 키에 매핑되었습니다. 이 체인을 처음 사용했기 때문에 대화 기록이 없습니다.

이어서 이름을 기억하는지 LLM에게 물어보겠습니다.

```
# LLM이 이름을 기억할까요?
llm_chain.invoke({"input_prompt": "What is my name?"})
```

```
{'input_prompt': 'What is my name?',
 'chat_history': "Human: Hi! My name is Maarten. What is 1 + 1?\nAI:  Hello Maarten! The answer to 1 + 1 is 2. Hope you're having a great day!",
 'text': ' Your name is Maarten.'}
```

체인에 메모리를 추가함으로써 LLM이 대화 기록을 사용해 이전에 제시한 이름을 찾을 수 있게 되었습니다. 기능이 추가되어 조금 더 복잡해진 이 체인이 [그림 7-11]에 있습니다.

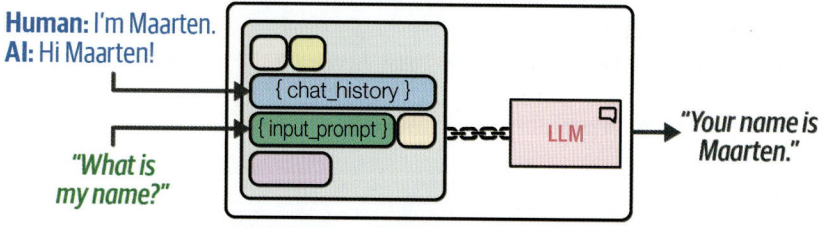

그림 7-11 전체 대화 기록을 입력 프롬프트에 넣는 식으로 LLM에 메모리를 추가합니다.

7.3.2 윈도 대화 버퍼

이전 예제에서 만든 것이 기본적인 챗봇의 동작 방식입니다. 챗봇과 대화하면 챗봇은 지금까지 나눈 모든 대화를 기억합니다. 하지만 대화가 늘어남에 따라 입력 프롬프트의 크기도 커져 최대 토큰 개수를 초과할 수 있습니다.

문맥 윈도 크기를 최소화하는 한 가지 방법은 전체 채팅 기록을 사용하지 않고 마지막 k개의 대화만 사용하는 것입니다. 랭체인에서는 `ConversationBufferWindowMemory`를 사용해 입력 프롬프트에 얼마나 많은 대화를 전달할지 결정할 수 있습니다.

```python
from langchain.memory import ConversationBufferWindowMemory

# 메모리에 마지막 두 개의 대화만 유지합니다.
memory = ConversationBufferWindowMemory(k=2, memory_key="chat_history")

# LLM, 프롬프트, 메모리를 연결합니다.
llm_chain = LLMChain(
    prompt=prompt,
    llm=llm,
    memory=memory
)
```

이 메모리가 무엇을 기억하는지 알아보기 위해 연속해서 질문을 던져 보겠습니다.

```python
# 두 개의 질문을 던져 메모리에 대화 기록을 저장합니다.
llm_chain.predict(input_prompt="Hi! My name is Maarten and I am 33 years old. What is 1 + 1?")
llm_chain.predict(input_prompt="What is 3 + 3?")
```

```
{'input_prompt': 'What is 3 + 3?',
'chat_history': "Human: Hi! My name is Maarten and I am 33 years old. What is 1 + 1?\nAI: Hello Maarten! It's nice to meet you. Regarding your question, 1 + 1 equals 2. If you have any other questions or need further assistance, feel free to ask!\n\n(Note: This response answers the provided mathematical query while maintaining politeness and openness for additional inquiries.)",
'text': " Hello Maarten! It's nice to meet you as well. Regarding your new question, 3 + 3 equals 6. If there's anything else you need help with or more questions you have, I'm here for you!"}
```

지금까지 대화 기록이 `'chat_history'`에 들어 있습니다. 내부적으로 랭체인은 사용자(Human)와 LLM(AI)이 주고받은 대화를 모두 저장합니다.

그다음 모델이 정말 이름을 기억하고 있는지 확인해 보죠.

```
# 이름을 기억하고 있는지 확인합니다.
llm_chain.invoke({"input_prompt":"What is my name?"})
```

```
{'input_prompt': 'What is my name?',
 'chat_history': "Human: Hi! My name is Maarten and I am 33 years old. What is 1 +
1?\nAI: Hello Maarten! It's nice to meet you. Regarding your question, 1 + 1 equals
2. If you have any other questions or need further assistance, feel free to ask!\
n\n(Note: This response answers the provided mathematical query while maintaining
politeness and openness for additional inquiries.)\nHuman: What is 3 + 3?\nAI: Hello
Maarten! It's nice to meet you as well. Regarding your new question, 3 + 3 equals 6.
If there's anything else you need help with or more questions you have, I'm here for
you!",
 'text': ' Your name is Maarten, as mentioned at the beginning of our conversation.
Is there anything else you would like to know or discuss?'}
```

'text'에 있는 출력을 보면 모델이 이름을 정확하게 기억하고 있습니다. 또한 대화 기록에는 이전 질문이 추가되었습니다.

대화가 추가되어 총 3개의 대화가 저장되었습니다. 메모리가 마지막 두 개의 대화만 유지하기 때문에 맨 첫 번째 질문은 기억하지 못할 것입니다.

첫 번째 대화에서 나이를 알려 주었기 때문에 LLM이 나이를 알지는 못할 것입니다.

```
# 나이를 기억하고 있는지 확인합니다.
llm_chain.invoke({"input_prompt":"What is my age?"})
```

```
{'input_prompt': 'What is my age?',
 'chat_history': "Human: What is 3 + 3?\nAI: Hello again! 3 + 3 equals 6. If there's
anything else I can help you with, just let me know!\nHuman: What is my name?\nAI:
Your name is Maarten.",
 'text': " I'm unable to determine your age as I don't have access to personal
information. Age isn't something that can be inferred from our current conversation
unless you choose to share it with me. How else may I assist you today?"}
```

나이가 대화 기록에 포함되어 있지 않기 때문에 LLM이 나이를 알 수 없습니다.

이 방법은 대화 기록의 크기를 줄여 주지만 마지막 몇 개의 대화만 기억하기 때문에 긴 대화에는 이상적이지 않습니다. 대신 대화 기록을 요약할 수 있는 방법을 살펴보겠습니다.

7.3.3 대화 요약

이전에 언급했듯이 LLM에게 대화를 기억하는 능력을 부여하는 것은 좋은 상호작용 경험을 위해 필수적입니다. 하지만 `ConversationBufferMemory`를 사용하면 대화 크기가 증가하기 시작하여 점차 토큰의 제한 개수에 도달할 것입니다. `ConversationBufferWindowMemory`가 토큰 제한 문제를 어느 정도 해결하지만 마지막 k개의 대화만 유지합니다.

문맥 윈도가 큰 LLM을 사용하여 해결할 수 있지만, 이 방법은 토큰을 생성하기 전에 대화 기록에 담긴 토큰을 처리해야 하므로 계산 시간이 늘어납니다. 대신에 더 고급 기법인 `ConversationSummaryMemory`를 알아보죠. 이름에서 알 수 있듯이 이 기법은 전체 대화 기록을 요약하여 핵심 요점을 추출합니다.

대화 기록을 입력으로 사용하여 다른 LLM에게 간결한 요약을 생성하라고 요청합니다. 외부 LLM을 사용하는 것의 장점은 대화 중인 LLM에 얽매이지 않아도 된다는 점입니다. [그림 7-12]에 이 요약 처리 과정이 나타나 있습니다.

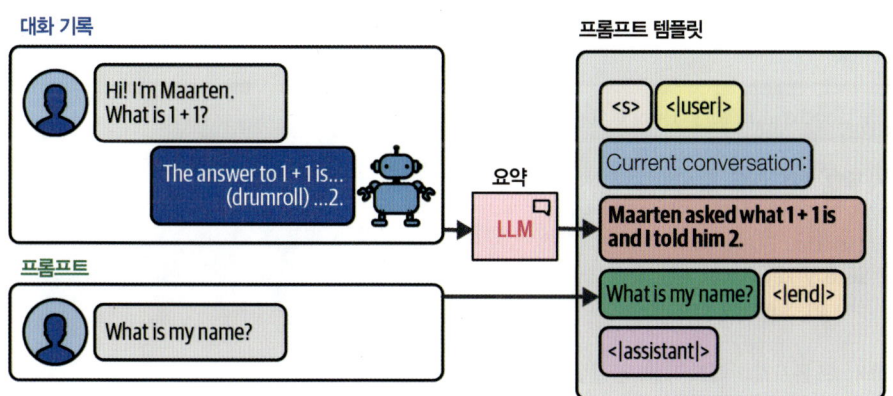

그림 7-12 대화 기록을 그대로 프롬프트에 넣지 않고 다른 LLM을 사용해 먼저 대화 기록을 요약합니다.

이는 LLM에게 질문할 때마다 두 번의 호출이 일어난다는 의미입니다.

- 사용자 프롬프트
- 요약 프롬프트

랭체인에서 이를 사용하려면 먼저 요약 프롬프트로 사용할 요약 템플릿을 준비해야 합니다.[9]

```
# 요약 프롬프트 템플릿을 만듭니다.
summary_prompt_template = """<|user|>Summarize the conversations and update with the
new lines.

Current summary:
{summary}

new lines of conversation:
{new_lines}

New summary:<|end|>
<|assistant|>"""
summary_prompt = PromptTemplate(
    input_variables=["new_lines", "summary"],
    template=summary_prompt_template
)
```

랭체인의 ConversationSummaryMemory 사용법은 이전 예제에서 본 것과 비슷합니다. 차이점은 요약 작업을 담당할 LLM을 전달해야 하는 것입니다. 요약 프롬프트와 사용자 프롬프트에 동일한 LLM을 사용할 수 있지만, 상대적으로 더 작은 LLM을 요약 작업에 사용하면 계산 속도를 높일 수 있습니다.

```
from langchain.memory import ConversationSummaryMemory

# 사용할 메모리를 정의합니다.
memory = ConversationSummaryMemory(
    llm=llm,
    memory_key="chat_history",
    prompt=summary_prompt
)
# LLM, 프롬프트, 메모리를 연결합니다.
llm_chain = LLMChain(
    prompt=prompt,
    llm=llm,
    memory=memory
)
```

---

9 옮긴이_ ConversationSummaryMemory 클래스는 입력 변수로 "new_lines"와 "summary"를 기대합니다.

체인을 만들었으니 간단한 대화를 사용해 요약 기능을 테스트해 보죠.

```
# 이름에 대해 질문하는 대화를 생성합니다.
llm_chain.invoke({"input_prompt": "Hi! My name is Maarten. What is 1 + 1?"})
llm_chain.invoke({"input_prompt": "What is my name?"})
```

```
{'input_prompt': 'What is my name?',
 'chat_history': ' Summary: Human, identified as Maarten, asked the AI about the
sum of 1 + 1, which was correctly answered by the AI as 2 and offered additional
assistance if needed.',
 'text': ' Your name in this context was referred to as "Maarten". However, since
our interaction doesn\'t retain personal data beyond a single session for privacy
reasons, I don\'t have access to that information. How can I assist you further
today?'}
```

대화가 끝날 때마다 체인은 그 시점까지 대화를 요약합니다. 첫 번째 대화가 `chat_history`에 요약되었습니다. 대화를 계속하면 단계마다 대화가 요약되고 필요에 따라 새로운 정보가 추가됩니다.

```
# 지금까지 내용이 요약되었는지 확인합니다.
llm_chain.invoke({"input_prompt": "What was the first question I asked?"})
```

```
{'input_prompt': 'What was the first question I asked?',
 'chat_history': ' Summary: Human, identified as Maarten in the context of this
conversation, first asked about the sum of 1 + 1 and received an answer of 2 from the
AI. Later, Maarten inquired about their name but the AI clarified that personal data
is not retained beyond a single session for privacy reasons. The AI offered further
assistance if needed.',
 'text': ' The first question you asked was "what\'s 1 + 1?"'}
```

또 다른 질문이 주어진 후 LLM은 이전 대화를 포함시키도록 요약을 업데이트하고 원래 질문을 올바르게 추측했습니다.

가장 최근의 요약을 확인하려면 이전에 만든 메모리 변수를 참조할 수 있습니다.[10]

---

[10] 옮긴이_ load_memory_variables() 메서드의 첫 번째 매개변수에는 반환될 변수를 딕셔너리로 전달해야 합니다. 대부분 메모리에서는 단순히 대화 기록을 리턴하기 때문에 빈 딕셔너리를 전달하는 것으로 충분합니다.

```
# 지금까지 요약 내용을 확인합니다.
memory.load_memory_variables({})
```

```
{'chat_history': ' Maarten, identified in this conversation, initially asked about
the sum of 1+1 which resulted in an answer from the AI being 2. Subsequently, he
sought clarification on his name but the AI informed him that no personal data is
retained beyond a single session due to privacy reasons. The AI then offered further
assistance if required. Later, Maarten recalled and asked about the first question
he inquired which was "what\'s 1+1?"'}
```

기능이 추가되어 더 복잡해진 체인이 [그림 7-13]에 나타나 있습니다.

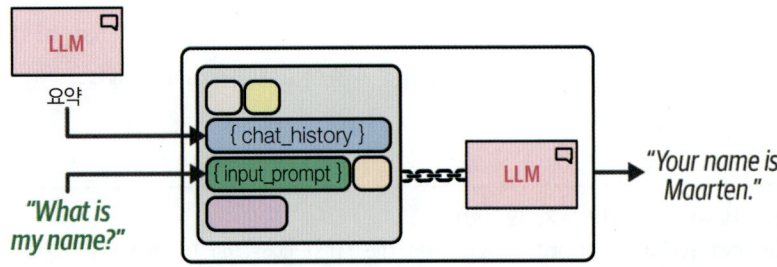

그림 7-13 입력 프롬프트에 전체 대화 기록을 전달하기 전에 요약하는 식으로 LLM 체인에 메모리를 추가합니다.

이런 요약은 추론 시에 지나치게 많은 토큰을 사용하지 않고 상대적으로 대화 기록을 작게 유지하는 데 도움이 됩니다. 하지만 원본 질문이 대화 기록에 명시적으로 저장되지 않기 때문에 모델이 문맥을 보고 추론을 해야 합니다. 구체적인 정보가 대화 기록에 저장되어야 한다면 이는 단점이 됩니다. 또한 동일한 LLM을 여러 번 호출해야 합니다. 프롬프트를 위해 한 번, 요약을 위해 한 번 호출됩니다. 이로 인해 계산 시간이 오래 걸릴 수 있습니다.

종종 속도, 메모리, 정확도 사이의 절충점을 찾아야 합니다. ConversationBufferMemory는 빠르지만 토큰을 소모하고, ConversationSummaryMemory는 느리지만 사용할 토큰에 여유가 생깁니다. 지금까지 살펴본 메모리의 장단점이 [표 7-1]에 정리되었습니다.

표 7-1 메모리 종류에 따른 장단점

메모리 종류	장점	단점
대화 버퍼	• 구현이 쉬움 • 문맥 윈도 안에 정보 손실이 없음	• 토큰이 많아질수록 생성 속도가 느림 • 문맥 윈도가 큰 LLM에만 적합함 • 대화 기록이 크면 정보 추출이 어려워짐
윈도 대화 버퍼	• 대화 기록이 길지 않다면 문맥 윈도가 큰 LLM이 필요하지 않음 • 마지막 k개의 대화에서는 정보 손실이 없음	• 마지막 k개의 대화만 기록함 • 마지막 k개의 대화를 압축하지 않음
대화 요약	• 전체 기록을 활용함 • 긴 대화가 가능함 • 전체 기록을 활용하는 데 필요한 토큰 개수가 줄어듦	• 대화마다 추가적인 LLM 호출이 필요함 • 품질이 LLM의 요약 능력에 의존적임

7.4 에이전트: LLM 시스템 구축하기

지금까지 사용자가 정의한 일련의 단계를 따르는 시스템을 만들었습니다. 가장 유망한 LLM 개념 중 하나는 LLM이 행동을 결정할 수 있는 능력입니다. 이런 아이디어를 에이전트agent라고 합니다. 언어 모델을 사용해 어떤 행동을 어떤 순서로 수행할지 결정하는 시스템입니다.

에이전트는 모델 I/O, 체인, 메모리 등 지금까지 본 모든 것을 활용할 수 있으며 두 개의 핵심 구성 요소로 이를 더 확장할 수 있습니다.

- 에이전트가 스스로 수행할 수 없는 작업을 위해 사용할 도구tool
- 수행할 행동 또는 사용할 도구를 계획하는 에이전트 유형agent type

지금까지 본 체인과 달리 에이전트는 목표를 달성하기 위한 로드맵을 만들고 스스로 수정하는 등의 고차원적 행동을 할 수 있습니다. 도구를 사용하기 위해 실세계와 상호작용할 수 있습니다. 결과적으로 에이전트는 LLM이 독자적으로 수행하는 것을 넘어 다양한 작업을 수행할 수 있습니다.

예를 들어, LLM은 수학 문제를 어려워하는 것으로 유명합니다. 간단한 수학 기반 작업을 해결하지 못하는 경우가 많지만 계산기를 사용할 수 있다면 훨씬 많은 것을 할 수 있습니다. [그림 7-14]에 나타나 있듯이 에이전트의 기본 아이디어는 LLM을 사용하여 사용자 쿼리를 이해할 뿐만 아니라 언제 어떤 도구를 사용할지 결정하는 것입니다.

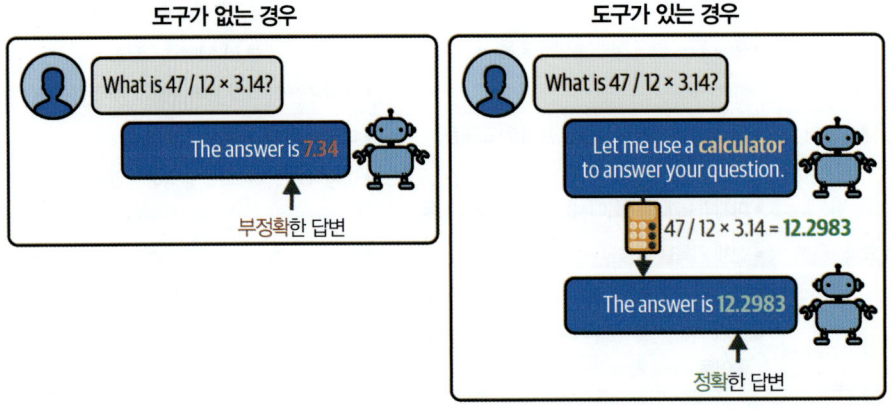

그림 7-14 LLM이 특정 문제를 위해 사용할 도구를 선택할 수 있다면 훨씬 복잡하고 정확한 동작을 수행할 것입니다.

이 예시에서는 LLM이 수학 작업을 만났을 때 계산기를 사용한다고 가정합니다. 이를 검색 엔진이나 날씨 API 같은 수십 개의 다른 도구로 확장한다고 상상해 보세요. LLM의 능력이 갑자기 크게 증대할 것입니다.

다른 말로 하면 LLM을 활용하는 에이전트는 범용적인 문제를 해결하는 강력한 도구가 될 수 있습니다. LLM이 사용하는 도구가 중요하지만 많은 에이전트 기반 시스템의 원동력은 ReAct[Reasoning and Acting][11]라고 부르는 프레임워크를 사용하는 것입니다.

7.4.1 에이전트 이면의 원동력: 단계별 추론

ReAct는 동작에 있어서 두 개의 중요한 개념인 추론과 행동을 연결하는 강력한 프레임워크입니다. 5장에서 살펴보았듯이 LLM은 추론에 있어서 매우 강력합니다.

행동은 이야기가 조금 다릅니다. LLM은 여러분이나 저와 같이 행동할 수 없습니다. 행동 능력을 부여하기 위해 날씨 예보 API와 같은 특정 도구를 사용하라고 말할 수 있습니다. 하지만 LLM은 텍스트를 생성할 수만 있으므로 특정 쿼리를 사용해 날씨 예측 API를 호출하라고 지시

---

[11] Yao et al. (2022). ReAct: Synergizing reasoning and acting in language models. arXiv.org. https://arxiv.org/abs/2210.03629

해야 합니다.

ReAct는 이 두 개념을 결합하여 행동에 영향을 미치는 추론과 추론에 영향을 미치는 행동을 가능하게 합니다. 실제로 이 프레임워크는 다음 세 개의 단계를 반복적으로 따릅니다.

- 사고
- 행동
- 관측

[그림 7-15]에 나타나 있듯이 입력 프롬프트에 대한 '사고'를 만들도록 LLM에게 요청합니다. 이는 LLM에게 다음에 무엇을 왜 해야 하는지 묻는 것과 비슷합니다. 그다음 이 사고를 바탕으로 '행동'을 수행합니다. 행동은 일반적으로 계산기나 검색 엔진과 같은 외부 도구입니다. 마지막으로 행동의 결과가 LLM에게 전달된 후 출력을 '관측'합니다. 이는 종종 추출된 결과의 요약입니다.

예를 들어 설명하기 위해 미국에서 휴가를 보내는 도중 맥북 프로를 구입하려 한다고 가정해 보죠. 유럽에 살고 있어 유로화에 익숙하기 때문에 달러 가격을 유로화로 바꾸고 싶습니다.

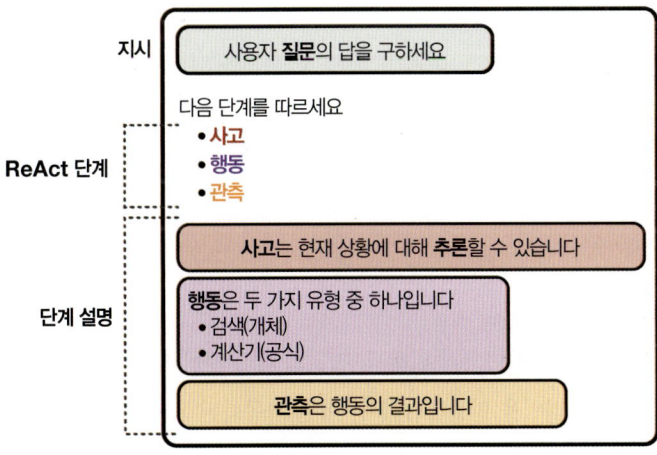

그림 7-15 ReAct 프롬프트 템플릿의 예

[그림 7-16]에 나타나 있듯이 에이전트는 먼저 웹에서 현재 가격을 찾습니다. 검색 엔진에 따라 한 개 이상의 가격을 찾을 수 있습니다. 가격을 찾은 후 환율을 알고 있다고 가정하고 계산기를 사용해 USD를 EUR로 바꿉니다.

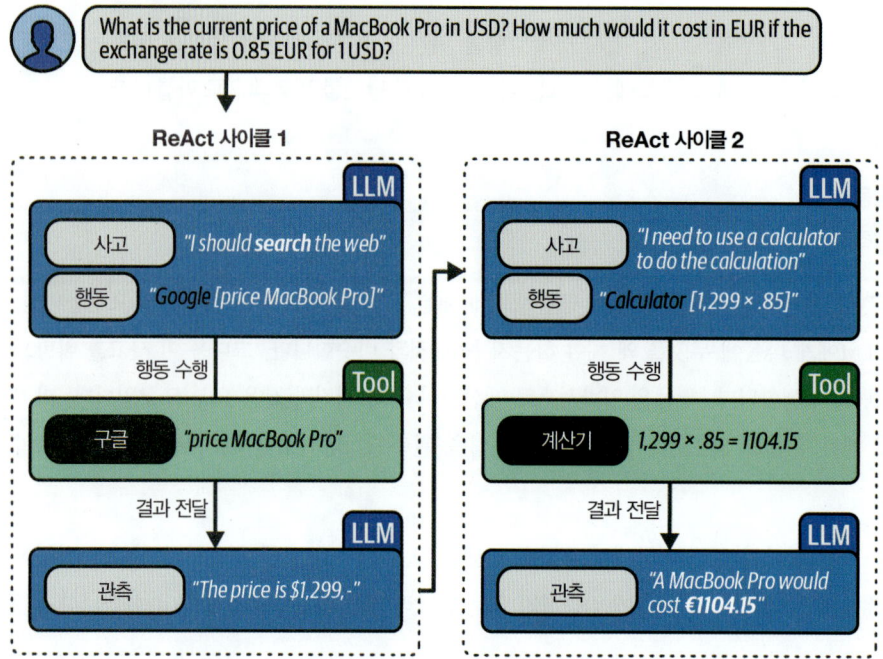

그림 7-16 두 개의 사이클로 구성된 ReAct 파이프라인의 예

이 과정 중에 에이전트는 사고(해야 할 일), 행동(할 일), 관측(행동의 결과)을 설명합니다. 사고, 행동, 관측의 사이클을 통해 에이전트의 출력이 만들어집니다.

7.4.2 랭체인의 ReAct

에이전트가 랭체인에서 동작하는 방식을 설명하기 위해서, 질문의 답을 찾기 위해 웹을 검색하고 계산기로 계산을 수행하는 파이프라인을 만들겠습니다. 이런 자동화된 과정에는 일반적으로 복잡한 지시를 잘 따르는 강력한 LLM이 필요합니다.

지금까지 사용한 LLM은 비교적 작아서 이런 예제를 실행하는 데 충분하지 않습니다. 대신에 복잡한 지시를 잘 수행하는 오픈AI의 GPT-3.5 모델을 사용하겠습니다.[12]

---

[12] 옮긴이_ 코랩을 사용하는 경우 `!pip install langchain_openai duckduckgo-search` 명령으로 필요한 패키지를 먼저 설치해 주세요.

```python
import os
from langchain_openai import ChatOpenAI

# 랭체인으로 오픈AI의 LLM을 로드합니다.
os.environ["OPENAI_API_KEY"] = "MY_KEY"
openai_llm = ChatOpenAI(model_name="gpt-3.5-turbo", temperature=0)
```

> **NOTE**
>
> 이 장에서 사용한 LLM이 이 예제에는 충분하지 않은데, 그렇다고 오픈AI의 LLM만 가능하다는 의미는 아닙니다. 유용하고 규모가 큰 LLM들이 있지만 많은 컴퓨팅 자원과 VRAM이 필요합니다. 예를 들어 로컬에서 사용할 수 있는 LLM은 다양한 크기의 모델 패밀리로 제공되는 경우가 많습니다. 모델 크기가 증가되면 성능이 높아집니다. 필요한 컴퓨팅 자원을 최소화하기 위해 이 장의 예제에서는 작은 LLM을 선택했습니다.
> 하지만 생성 모델 분야가 발전함에 따라 작은 LLM도 발전합니다. 이 장에서 사용한 것과 같은 소규모 LLM이 이 예제를 실행할 수 있게 되더라도 놀라운 일이 아닙니다.

그다음 에이전트를 위한 템플릿을 정의하겠습니다. 이전에 보았듯이 수행할 ReAct 단계를 기술합니다.[13]

```
# ReAct 템플릿을 만듭니다.
react_template = """Answer the following questions as best you can. You have access to the following tools:

{tools}

Use the following format:

Question: the input question you must answer
Thought: you should always think about what to do
Action: the action to take, should be one of [{tool_names}]
Action Input: the input to the action
Observation: the result of the action
... (this Thought/Action/Action Input/Observation can repeat N times)
Thought: I now know the final answer
Final Answer: the final answer to the original input question
```

---

13 옮긴이_ "agent_scratchpad" 변수는 에이전트가 중간 결과를 저장하기 위한 용도로 사용합니다.

```
Begin!

Question: {input}
Thought:{agent_scratchpad}"""

prompt = PromptTemplate(
    template=react_template,
    input_variables=["tools", "tool_names", "input", "agent_scratchpad"]
)
```

이 템플릿은 질문에서부터 중간 사고, 행동, 관찰을 생성하는 과정을 보여 줍니다. LLM이 외부 세계와 상호작용하기 위해 사용할 수 있는 도구를 기술하겠습니다.

```
from langchain.agents import load_tools, Tool
from langchain.tools import DuckDuckGoSearchResults

# 에이전트에 전달할 도구를 만듭니다.
search = DuckDuckGoSearchResults()
search_tool = Tool(
    name="duckduck",
    description="A web search engine. Use this to as a search engine for general queries.",
    func=search.run,
)

# 도구를 준비합니다.
tools = load_tools(["llm-math"], llm=openai_llm)
tools.append(search_tool)
```

이 도구는 DuckDuckGo 검색 엔진(*https://oreil.ly/xVXsk*)과 기본적인 계산기를 사용할 수 있는 수학 도구를 포함합니다.[14]

마지막으로 ReAct 에이전트를 만들고 각 단계의 실행을 처리하는 **AgentExecutor**에 전달합

---

14 옮긴이_ load_tools() 함수는 첫 번째 매개변수로 전달된 도구 이름 리스트를 사용해 로드한 도구 객체의 리스트를 반환합니다. LLM 모델이 필요한 도구를 위해 선택적으로 llm 매개변수에 모델 객체를 전달할 수 있습니다. LLM이 필요한 도구는 langchain. agents.load_tools 패키지 아래에 있는 _LLM_TOOLS과 _EXTRA_LLM_TOOLS 딕셔너리에 저장되어 있습니다. 그 외 도구는 _EXTRA_OPTIONAL_TOOLS, _BASE_TOOLS, DANGEROUS_TOOLS에 나열되었습니다. DuckDuckGoSearchResults 클래스는 검색 결과와 이와 관련된 메타 데이터도 함께 제공합니다. 검색 결과만 활용하는 경우에는 tools = load_tools(["llm-math", "ddg-search"], llm=openai_llm)처럼 간단히 DuckDuckGo 검색 도구를 로드할 수 있습니다.

니다.[15]

```python
from langchain.agents import AgentExecutor, create_react_agent

# ReAct 에이전트를 만듭니다.
agent = create_react_agent(openai_llm, tools, prompt)
agent_executor = AgentExecutor(
    agent=agent, tools=tools, verbose=True, handle_parsing_errors=True
)
```

에이전트가 동작하는지 테스트하기 위해 맥북 프로의 가격을 찾는 예제를 사용해 보죠.

```python
# 맥북 프로의 가격은 얼마인가요?
agent_executor.invoke(
    {
        "input": "What is the current price of a MacBook Pro in USD? How much would it cost in EUR if the exchange rate is 0.85 EUR for 1 USD."
    }
)
```

[그림 7-17]에 나타난 것과 같이 실행 중에 모델이 여러 중간 단계를 생성합니다.

```
> Entering new AgentExecutor chain...
I need to find the current price of a MacBook Pro in USD first before converting it to EUR.
Action: duckduck
Action Input: "current price of MacBook Pro in USD"[snippet: View at Best Buy. The best Mac
Action: Calculator
Action Input: $2,249.00 * 0.85Answer: 1911.6499999999999I now know the final answer
Final Answer: The current price of a MacBook Pro in USD is $2,249.00. It would cost approxim
```

그림 7-17 랭체인에서 ReAct 프로세스의 예

중간 단계는 모델이 ReAct 템플릿을 어떻게 처리하고 사용하는 도구가 무엇인지 보여 줍니다. 이를 통해 문제의 원인을 찾고 에이전트가 도구를 올바르게 사용하는지 조사할 수 있습니다.

작업이 완료되면 모델은 다음과 같은 결과를 반환합니다.

---

15 옮긴이_ create_react_agent() 함수는 전달된 모델, 도구, 프롬프트를 조합하여 만든 RunnableSequence 객체를 반환합니다. AgentExecutor 클래스는 이 객체를 외부 도구와 연결하여 최종 실행 결과를 만듭니다.

```
{'input': 'What is the current price of a MacBook Pro in USD? How much would it cost
in EUR if the exchange rate is 0.85 EUR for 1 USD?',
 'output': 'The current price of a MacBook Pro in USD is $2,249.00. It would cost
approximately 1911.65 EUR with an exchange rate of 0.85 EUR for 1 USD.'}
```

LLM이 가진 도구가 제한적이라는 것을 고려하면 매우 인상적입니다! 검색 엔진과 계산기만 사용하여 에이전트가 답을 할 수 있습니다.

실제로 답이 올바른지 판단해야 합니다. 비교적 자동화된 동작을 만들므로 중단 단계에 사람이 관여하지 않습니다. 따라서 사람이 출력이나 추론 과정의 품질을 판단하는 과정이 없습니다.

이런 양날의 검 때문에 신뢰성을 높이려면 주의 깊게 시스템을 설계해야 합니다. 예를 들어, 에이전트가 맥북 프로의 가격을 찾은 웹사이트 URL을 반환하거나 단계마다 출력이 올바른지 묻도록 할 수 있습니다.

7.5 요약

LLM에 모듈식 구성 요소를 추가하여 기능을 확장하는 여러 방법을 살펴보았습니다. LLM과 프롬프트 템플릿을 연결하여 간단하지만 재사용 가능한 체인을 만드는 것으로 시작했습니다. 그다음 이 개념을 확장하여 LLM이 대화를 기억할 수 있도록 체인에 메모리를 추가했습니다. 메모리를 추가하는 세 가지 방법을 살펴보고 이들의 장점과 단점에 대해 논의했습니다.

그다음 LLM을 활용하여 행동과 결정을 내리는 에이전트의 세계에 발을 들여놓았습니다. 에이전트가 사고를 추론하고, 행동을 선택하고, 결과를 관측할 수 있는 프롬프트 프레임워크를 사용하는 ReAct 프레임워크를 살펴보았습니다. 이를 통해 웹 검색과 계산기 같은 도구를 자유롭게 사용할 수 있는 에이전트를 만들었고 에이전트의 잠재적인 능력을 보여 주었습니다.

이런 기반을 바탕으로 LLM을 사용해 기존의 검색 시스템을 향상할 수 있습니다. 심지어 LLM은 새롭고 더 강력한 검색 시스템의 핵심이 될 것입니다. 다음 장에서 자세히 알아보겠습니다.

8장
시맨틱 검색과 RAG

산업계에 가장 먼저 널리 적용된 언어 모델 애플리케이션 중 하나는 검색입니다. BERT 논문(https://oreil.ly/5NRQi)이 발표되고 몇 달 후부터 구글은 이 기술을 구글 검색에 사용했으며 "검색 역사에서 가장 큰 도약의 하나"라고 발표했습니다(https://oreil.ly/Bbnrd). 이에 뒤질세라 마이크로소프트 빙Bing도 "올 4월부터 대규모 트랜스포머 모델을 사용해 지난 1년 동안 빙의 사용자를 위해 품질을 가장 크게 개선했다"고 밝혔습니다(https://oreil.ly/Tpylo).

이는 이런 모델의 성능과 유용성을 보여 주는 명확한 증거입니다. 이런 기술을 적용해 전 세계 수십억 명의 사람들이 사용하며 가장 성숙하고 오래 유지된 시스템을 지체 없이 극적으로 개선하고 있습니다. 이런 시스템이 추가한 기술은 **시맨틱 검색**semantic search이라고 하며 키워드 매칭keyword matching이 아니라 의미를 사용해 검색할 수 있습니다.

이와는 별개로, 텍스트 생성 모델이 빠르게 대중화되면서 많은 사람들이 모델에게 질문하고 사실적인 답변을 기대합니다. 모델이 유창하고 확신에 차서 답변할 수 있지만 항상 올바르거나 최신의 답을 내는 것은 아닙니다. 이 문제를 '환각'이라고 합니다. 이를 줄이는 대표적인 한 방법은 관련 정보를 검색하고, 이를 LLM에게 전달하여 모델이 사실적인 답변을 생성하도록 돕는 것입니다. 이 방법은 RAG라고 부르며 가장 인기 있는 LLM 애플리케이션 중 하나입니다.

8.1 시맨틱 검색과 RAG 소개

언어 모델을 검색에 활용하는 방법에 대해 많은 연구가 이루어졌습니다. 이런 모델을 세 개의 큰 범주로 나누면 밀집 검색dense retrieval, 리랭킹reranking, RAG입니다. 세 범주를 간략히 소개하고 이어서 차례대로 자세히 설명하겠습니다.

밀집 검색

밀집 검색 시스템은 이전 장에서 본 것과 동일한 임베딩 개념을 사용하여 검색 문제를 검색 쿼리의 최근접 이웃을 찾는 것으로 변환합니다(그전에 쿼리와 문서를 모두 임베딩으로 변환합니다). [그림 8-1]은 밀집 검색이 검색 쿼리를 받아 텍스트 아카이브archive를 참조하고 관련 있는 결과를 출력하는 과정을 보여 줍니다.

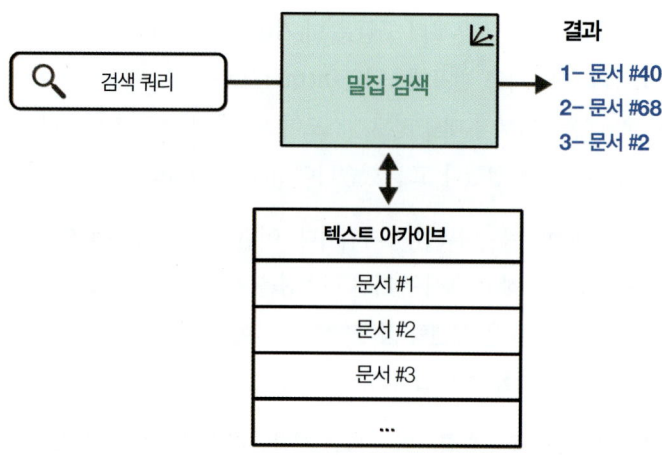

그림 8-1 밀집 검색은 시맨틱 검색의 주요 유형 중 하나이며 텍스트 임베딩의 유사도를 기반으로 관련된 결과를 추출합니다.

리랭킹

검색 시스템은 여러 단계로 구성된 파이프라인일 경우가 많습니다. 리랭킹은 이런 단계 중 하나이며 쿼리와 결과의 관련성을 점수화합니다. 그다음 이 점수에 따라 순위를 바꿉니다. [그림 8-2]는 리랭커reranker가 밀집 검색과 어떻게 다른지 보여 줍니다. 리랭커는 검색 파이프라인의 이전 단계에서 나온 검색 결과 집합을 추가로 입력받습니다.

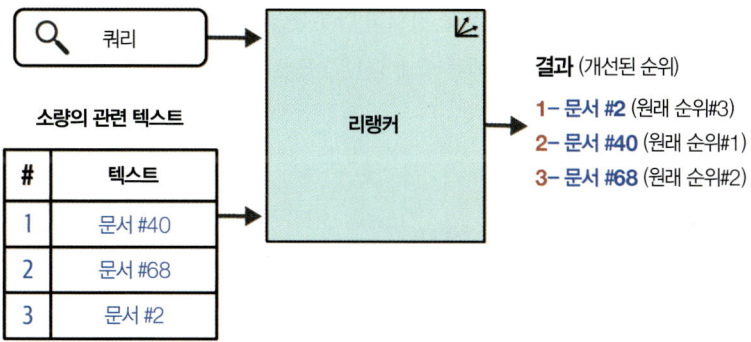

그림 8-2 리랭커는 시맨틱 검색의 두 번째 유형에 해당하며 검색 쿼리와 검색 결과를 받아 관련성에 따라 순위를 조정합니다. 이를 통해 종종 결과를 크게 향상시킵니다.

RAG

LLM 모델의 텍스트 생성 능력이 높아짐에 따라 모델이 쿼리에 대해 응답하여 답변을 생성하는 새로운 형태의 검색 시스템이 등장했습니다. [그림 8-3]은 이런 생성적 검색 시스템의 예를 보여 줍니다.

생성 검색은 더 넓은 범주인 RAG 시스템의 하위 분야입니다. 검색 기능을 통합하여 환각을 줄이며 사실성을 높이고(또는 높이거나) 생성 모델을 특정 데이터셋에 접목한 텍스트 생성 시스템입니다.

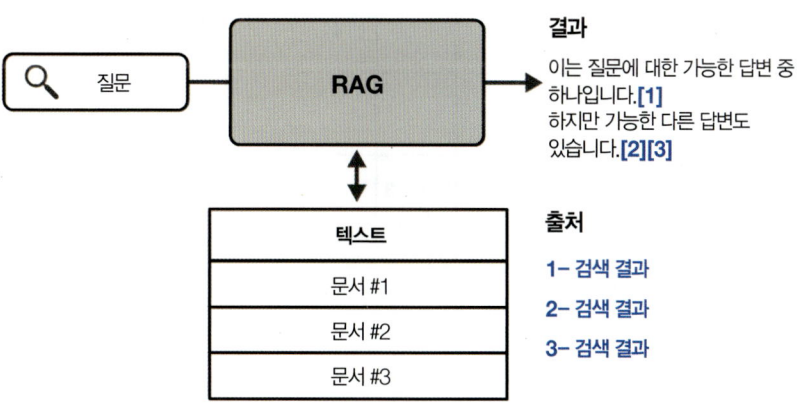

그림 8-3 RAG 시스템은 질문에 대한 답변을 생성하고 (가능하면) 정보의 출처를 인용합니다.

8장 시맨틱 검색과 RAG **265**

이 장의 나머지 부분에서는 이 세 종류의 시스템을 자세히 다루겠습니다. 이 세 가지가 주요 범주이지만 검색 분야에서 이들이 유일한 LLM 애플리케이션은 아닙니다.

8.2 언어 모델을 사용한 시맨틱 검색

언어 모델의 검색 능력을 업그레이드할 수 있는 주요 시스템에 대해 자세히 알아보겠습니다. 밀집 검색부터 시작해서 리랭킹과 RAG를 차례로 다루겠습니다.

8.2.1 밀집 검색

임베딩은 텍스트를 수치 표현으로 바꾼다는 것을 기억하세요. 이를 [그림 8-4]처럼 어떤 공간 위에 놓인 한 점으로 생각할 수 있습니다. 서로 가까이 있는 포인트는 해당 텍스트가 비슷하다는 것을 의미합니다. 이 예에서 텍스트 1과 텍스트 2는 (가까이 놓였기 때문에) 서로 비슷하고 텍스트 3과는 (멀리 떨어졌기 때문에) 비슷하지 않습니다.

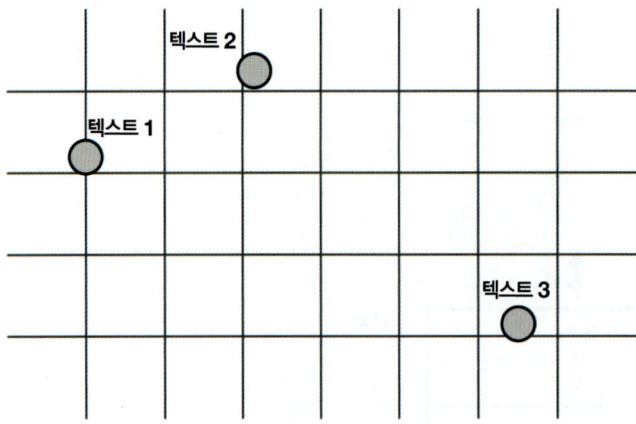

그림 8-4 임베딩에 대한 직관: 각 텍스트는 하나의 포인트이며 비슷한 의미의 텍스트는 서로 가까이 놓입니다.

이 성질을 사용하여 검색 시스템을 구축할 수 있습니다. 사용자가 입력한 검색 쿼리를 임베딩하고 텍스트 아카이브와 동일한 공간에 투영합니다.[1] 그다음 이 공간상에서 쿼리에 가장 가까운 문서를 찾습니다. 이 문서가 검색 결과가 됩니다(그림 8-5).

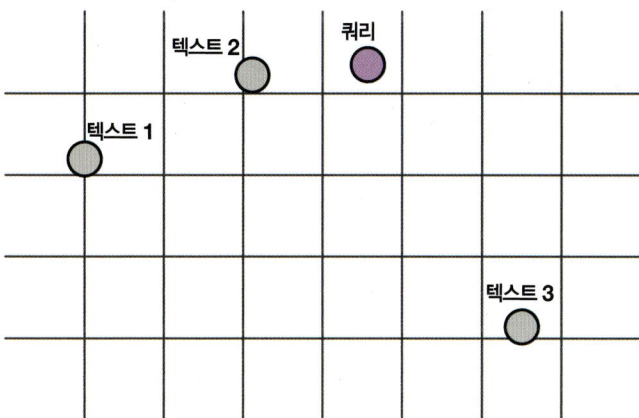

그림 8-5 밀집 검색은 검색 쿼리가 관련된 결과에 가까이 놓일 거라는 성질을 이용합니다.

[그림 8-5]에 나온 거리로 판단하면 '텍스트 2'가 쿼리에 가장 적합한 결과이고 그다음은 '텍스트 1'입니다. 하지만 두 가지 질문이 생깁니다.

- 텍스트 3도 결과로 반환해야 할까요? 이 결정은 시스템 설계자에게 달려 있습니다. 이따금 유사도 점수에 임곗값을 설정해 관련 없는 결과를 제외하는 것이 낫습니다(예를 들면, 말뭉치에 쿼리와 관련된 결과가 없는 경우).
- 쿼리와 가장 가까운 텍스트가 의미적으로 비슷한가요? 항상 그렇지는 않습니다. 이 때문에 언어 모델을 질문-답변 쌍에서 훈련하여 검색 성능을 높여야 합니다. 이 방법은 10장에서 자세히 설명하겠습니다.

[그림 8-6]은 문서를 청크(chunk)로 나누어 각 청크를 임베딩하는 과정을 보여 줍니다. 그다음 이런 임베딩 벡터를 검색을 위해 벡터 데이터베이스에 저장합니다.

---

1 옮긴이_ 텍스트 문서의 임베딩과 차원이 동일한 벡터를 만든다는 의미입니다.

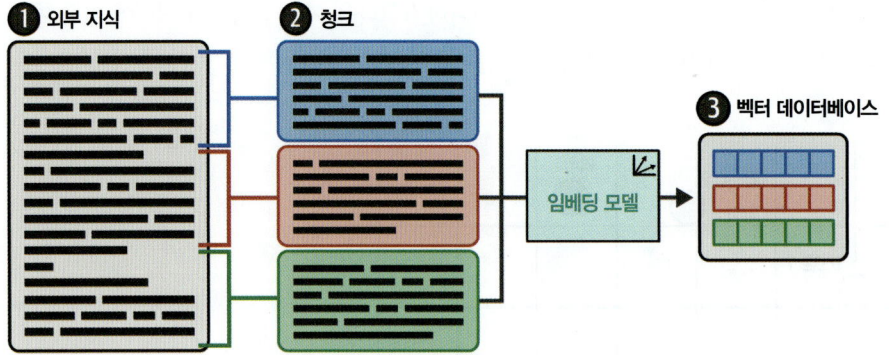

그림 8-6 외부 지식 데이터를 벡터 데이터베이스로 변환합니다. 그다음 이 벡터 데이터베이스에 쿼리하여 지식 정보를 검색합니다.

밀집 검색 예제

코히어Cohere를 사용해 위키백과에 있는 '인터스텔라Interstellar' 영화 페이지에 담긴 내용을 검색하는 밀집 검색 예제를 만들어 보겠습니다. 이 예에서 다음과 같은 작업을 수행합니다.

1. 간단한 처리 과정을 통해 검색 대상 텍스트를 문장으로 나눕니다.
2. 문장을 임베딩합니다.
3. 검색 인덱스를 구축합니다.
4. 검색을 수행하고 결과를 확인합니다.

코히어(https://cohere.com)에 가입하고 발급받은 API 키를 다음 코드에 붙여 넣어야 합니다. 이 예제를 실행하는 데 비용이 들지는 않습니다.[2]

먼저 필요한 라이브러리를 임포트합니다.

```
import cohere
import numpy as np
import pandas as pd
from tqdm import tqdm

# 코히어의 API 키를 입력하세요.
api_key = ''
```

---

[2] 옮긴이_ 코히어는 캐나다의 인공지능 회사로 트랜스포머 논문의 공동 저자 중 한 명인 에이든 고메즈(Aidan Gomez)가 공동 창업한 것으로 유명합니다. 코히어는 시험용 키(https://bit.ly/40I2JCF)를 일정 한도(https://bit.ly/4hKq8Kt) 내에서 무료로 제공합니다. 코랩을 사용하는 경우 !pip install cohere 명령으로 패키지를 먼저 설치해 주세요.

```python
# 코히어 클라이언트를 만듭니다.
co = cohere.Client(api_key)
```

텍스트 문서 분할하기

위키백과의 인터스텔라 영화 문서에 있는 첫 번째 섹션을 사용해 보죠. 이 텍스트를 문장으로 나눕니다.

```
text = """
Interstellar is a 2014 epic science fiction film co-written, directed, and produced by Christopher Nolan.
It stars Matthew McConaughey, Anne Hathaway, Jessica Chastain, Bill Irwin, Ellen Burstyn, Matt Damon, and Michael Caine.
Set in a dystopian future where humanity is struggling to survive, the film follows a group of astronauts who travel through a wormhole near Saturn in search of a new home for mankind.

Brothers Christopher and Jonathan Nolan wrote the screenplay, which had its origins in a script Jonathan developed in 2007.
Caltech theoretical physicist and 2017 Nobel laureate in Physics[4] Kip Thorne was an executive producer, acted as a scientific consultant, and wrote a tie-in book, The Science of Interstellar.
Cinematographer Hoyte van Hoytema shot it on 35 mm movie film in the Panavision anamorphic format and IMAX 70 mm.
Principal photography began in late 2013 and took place in Alberta, Iceland, and Los Angeles.
Interstellar uses extensive practical and miniature effects and the company Double Negative created additional digital effects.

Interstellar premiered on October 26, 2014, in Los Angeles.
In the United States, it was first released on film stock, expanding to venues using digital projectors.
The film had a worldwide gross over $677 million (and $773 million with subsequent re-releases), making it the tenth-highest grossing film of 2014.
It received acclaim for its performances, direction, screenplay, musical score, visual effects, ambition, themes, and emotional weight.
It has also received praise from many astronomers for its scientific accuracy and portrayal of theoretical astrophysics. Since its premiere, Interstellar gained a cult following,[5] and now is regarded by many sci-fi experts as one of the best science-fiction films of all time.
Interstellar was nominated for five awards at the 87th Academy Awards, winning
```

```
Best Visual Effects, and received numerous other accolades"""

# 문장을 나누어 리스트로 만듭니다.
texts = text.split('.')

# 공백과 줄바꿈 문자를 삭제합니다.
texts = [t.strip(' \n') for t in texts]
```

문장 임베딩하기

이제 텍스트의 임베딩을 만들어 보죠. 문장 리스트를 코히어 API에 전송하여 각 텍스트에 대한 벡터를 얻습니다.[3]

```
# 임베딩을 만듭니다.
response = co.embed(
    texts=texts,
    input_type="search_document",
).embeddings

embeds = np.array(response)
print(embeds.shape)
```

출력 결과는 (15, 4096)입니다. 크기가 4,096인 15개의 벡터가 있다는 의미입니다.[4]

검색 인덱스 구축하기

검색하기 전에 검색 인덱스를 구축해야 합니다. 검색 인덱스는 임베딩을 저장하며 많은 데이터 포인트에서도 빠르게 최근접 이웃을 검색할 수 있도록 최적화되었습니다.[5]

---

[3] 옮긴이_ 코히어 클라이언트의 embed() 메서드는 최적의 임베딩을 위해 input_type 매개변수에 입력의 종류를 지정해야 합니다. 시맨틱 검색의 경우 쿼리는 "search_query", 검색 대상 문서는 "search_document"로 지정합니다. 분류나 클러스터링의 경우 각각 "classification"과 "clustering"으로 지정합니다. 이미지를 임베딩하는 경우 "image"로 지정합니다. embed 메서드가 반환하는 객체의 embeddings 속성은 texts 매개변수에 전달한 텍스트에 대한 임베딩을 저장한 리스트의 리스트입니다.

[4] 옮긴이_ embed() 메서드의 model 매개변수에 임베딩에 사용할 모델을 지정할 수 있습니다. 기본값은 4,096 차원의 벡터를 만드는 "embed-english-v2.0"입니다. 사용 가능한 전체 모델은 코히어 온라인 문서(https://bit.ly/3WYQMHu)를 참고하세요.

[5] 옮긴이_ FAISS(Facebook AI Similarity Search)는 페이스북에서 만든 벡터 유사도 기반의 검색 라이브러리입니다(https://github.com/facebookresearch/faiss). IndexFlatL2 클래스는 유클리드 거리 기반으로 최근접 이웃을 찾는 가장 기본적인 인덱스를 생성합니다. 벡터를 추가하는 add() 메서드와 벡터를 검색하는 search() 메서드는 모두 32비트 부동소수점 실수를 기대합니다. 코랩을 사용하는 경우 !pip install faiss-cpu 명령으로 패키지를 먼저 설치해 주세요.

```
import faiss

dim = embeds.shape[1]
index = faiss.IndexFlatL2(dim)
index.add(np.float32(embeds))
```

인덱스 검색하기

이제 쿼리를 사용해 데이터셋을 검색할 수 있습니다. 쿼리를 임베딩하고 인덱스에 전달하여 위키백과 문서 중에서 가장 가까운 문장을 추출하면 됩니다.

검색을 위한 함수를 먼저 정의해 보겠습니다.

```
def search(query, number_of_results=3):

    # 1. 쿼리의 임베딩을 만듭니다.
    query_embed = co.embed(texts=[query],
                input_type="search_query",).embeddings[0]

    # 2. 최근접 이웃을 추출합니다.
    distances, similar_item_ids = index.search(np.float32([query_embed]),
                                    number_of_results)

    # 3. 데이터프레임을 사용해 출력을 준비합니다.
    texts_np = np.array(texts) # 인덱싱을 쉽게 하기 위해 텍스트 리스트를
                                # 넘파이 배열로 변환합니다.
    results = pd.DataFrame(data={'텍스트': texts_np[similar_item_ids[0]],
                                '거리': distances[0]})

    # 4. 결과를 출력하고 반환합니다.
    print(f"쿼리:'{query}'\n최근접 이웃:")
    return results
```

이제 쿼리를 사용해 텍스트를 검색할 준비를 마쳤습니다!

```
query = "how precise was the science"
results = search(query)
results
```

출력 결과는 다음과 같습니다.

쿼리: 'how precise was the science'
최근접 이웃:

	텍스트	거리
0	It has also received praise from many astronomers for its scientific accuracy and portrayal of theoretical astrophysics	10757.379883
1	Caltech theoretical physicist and 2017 Nobel laureate in Physics[4] Kip Thorne was an executive producer, acted as a scientific consultant, and wrote a tie-in book, The Science of Interstellar	11566.131836
2	Interstellar uses extensive practical and miniature effects and the company Double Negative created additional digital effects	11922.833008

첫 번째 결과는 거리가 가장 작으므로 쿼리와 가장 비슷한 문장입니다. 이 문장을 보면 질문에 대한 정확한 답변이 포함되었습니다. 최상위 결과는 쿼리에 있는 키워드가 포함되지 않았기 때문에 키워드 검색만 했다면 찾지 못했을 것입니다.

실제로 두 결과를 비교하기 위해 키워드 검색 함수를 정의해 확인할 수 있습니다. 대표적인 어휘 검색lexical search 방법인 BM25Best Matching 25 알고리즘[6]을 사용하겠습니다. 이 코드는 코히어의 가이드 노트북(https://bit.ly/416hwIN)을 참고했습니다.

```
from rank_bm25 import BM25Okapi
from sklearn.feature_extraction import _stop_words
import string

def bm25_tokenizer(text):
    tokenized_doc = []
    for token in text.lower().split():
        token = token.strip(string.punctuation)
```

---

6 옮긴이_ BM25는 TF-IDF 알고리즘을 개선한 텍스트 랭킹 및 검색 알고리즘입니다. BM25Okapi 클래스에 각 문서를 토큰으로 분할한 리스트를 전달한 후 get_scores() 메서드를 사용해 쿼리와의 유사도 점수를 얻을 수 있습니다. 알고리즘에 대한 자세한 내용은 위키백과 문서(https://bit.ly/4aZXbY0)를, rank_bm25 라이브러리는 깃허브(https://bit.ly/3WYTAEw)를 참고하세요. 코랩을 사용하는 경우 !pip install rank_bm25 명령으로 패키지를 먼저 설치해 주세요.

```python
        if len(token) > 0 and token not in _stop_words.ENGLISH_STOP_WORDS:
            tokenized_doc.append(token)
    return tokenized_doc


tokenized_corpus = []
for passage in tqdm(texts):
    tokenized_corpus.append(bm25_tokenizer(passage))

bm25 = BM25Okapi(tokenized_corpus)

def keyword_search(query, top_k=3, num_candidates=15):
    print("입력 질문:", query)

    ##### BM25 검색 (어휘 검색) #####
    bm25_scores = bm25.get_scores(bm25_tokenizer(query))
    top_n = np.argpartition(bm25_scores, -num_candidates)[-num_candidates:]
    bm25_hits = [{'corpus_id': idx, 'score': bm25_scores[idx]} for idx in top_n]
    bm25_hits = sorted(bm25_hits, key=lambda x: x['score'], reverse=True)

    print(f"탑-3 어휘 검색 (BM25) 결과")
    for hit in bm25_hits[0:top_k]:
        print("\t{:.3f}\t{}".format(hit['score'], texts[hit['corpus_id']]).replace("\n", " ")))
```

동일한 쿼리로 검색하면 밀집 검색과 다른 결과가 나옵니다.

```python
keyword_search(query = "how precise was the science")
```

출력 결과는 다음과 같습니다.

> 입력 질문: how precise was the science
> 탑-3 어휘 검색 (BM25) 결과
>   1.789   Interstellar is a 2014 epic science fiction film co-written, directed, and produced by Christopher Nolan
>   1.373   Caltech theoretical physicist and 2017 Nobel laureate in Physics[4] Kip Thorne was an executive producer, acted as a scientific consultant, and wrote a tie-in book, The Science of Interstellar
>   0.000   It stars Matthew McConaughey, Anne Hathaway, Jessica Chastain, Bill Irwin, Ellen Burstyn, Matt Damon, and Michael Caine

첫 번째 문장은 쿼리에 있는 'science'가 포함되었지만 질문에 대한 답이 아닙니다. 다음 절에서 리랭커를 추가하여 이 검색 시스템을 어떻게 개선할 수 있는지 알아보겠습니다. 그 전에 밀집 검색의 단점과 텍스트를 청크로 나누는 여러 방법을 알아보면서 밀집 검색에 대한 소개를 마무리하겠습니다.

밀집 검색의 단점

밀집 검색의 단점과 이를 해결하는 방법을 알고 있으면 도움이 됩니다. 예를 들어 텍스트에 답이 포함되어 있지 않을 때는 어떻게 될까요? 여전히 어떤 결과와 거리가 출력될 것입니다. 예를 들면 다음과 같습니다.

쿼리: 'What is the mass of the moon?'
최근접 이웃:

	텍스트	거리
0	The film had a worldwide gross over $677 million (and $773 million with subsequent re-releases), making it the tenth-highest grossing film of 2014	1.298275
1	It has also received praise from many astronomers for its scientific accuracy and portrayal of theoretical astrophysics	1.324389
2	Cinematographer Hoyte van Hoytema shot it on 35 mm movie film in the Panavision anamorphic format and IMAX 70 mm	1.328375

이와 같은 경우 한 가지 해결 방법은 임계 수준, 즉 관련성에 대한 최대 거리를 지정하는 것입니다. 많은 검색 시스템이 사용자에게 가능한 한 최선의 정보를 제공하고 관련이 있는지에 대한 판단은 사용자에게 맡깁니다. 사용자가 결과를 클릭했는지(그리고 만족했는지)에 대한 정보를 모아 차후 검색 시스템을 향상시킬 수 있습니다.

밀집 검색의 약점이 드러나는 또 다른 경우는 사용자가 특정 구절과 정확하게 일치하는 결과를 얻고 싶을 때입니다. 즉, 키워드 매칭이 필요한 경우입니다. 이 때문에 밀집 검색에만 의존하지 않고 시맨틱 검색과 키워드 검색을 포함하는 하이브리드 검색이 권장됩니다.

밀집 검색 시스템은 훈련된 도메인 이외의 도메인에서 잘 작동하지 않습니다. 예를 들어 (훈련 데이터에 법률 데이터가 충분히 들어 있지 않은) 인터넷과 위키백과 데이터에서 밀집 검색 모델을 훈련하고 법률 문서에 적용한다면 모델이 이 법률 도메인에서 잘 동작하지 않을 것입니다.

마지막으로 지적하고 싶은 것은 사용자가 어떤 정보를 요청하는 쿼리를 전달했을 때 각 문장이 정보의 일부를 담고 있는 경우입니다. 질문의 답변이 여러 문장에 걸쳐 있다면 어떻게 될까요? 이런 경우 밀집 검색 시스템의 디자인 매개변수 중 하나가 매우 중요합니다. 다시 말해 텍스트를 청크로 나누는 최상의 방법은 무엇인가요? 그리고 애초에 텍스트를 청크로 나누는 이유는 무엇인가요?

텍스트를 청크로 나누기

트랜스포머 언어 모델의 한 가지 제약은 제한된 문맥 크기입니다. 모델이 지원하는 단어 또는 토큰 수보다 더 긴 텍스트를 주입할 수 없다는 의미입니다. 그렇다면 긴 텍스트를 어떻게 임베딩할 수 있을까요?

몇 가지 방법 중 [그림 8-7]에서 두 가지 가능한 방법을 보여 줍니다. 문서당 벡터 하나를 인덱싱하거나 문서마다 여러 개의 벡터를 인덱싱하는 것입니다.

그림 8-7 전체 문서를 나타내는 하나의 벡터를 만들 수 있습니다. 하지만 긴 문서는 작은 청크로 나누어 각각 임베딩을 만드는 것이 낫습니다.

문서당 하나의 벡터

이 방식에서는 전체 문서를 하나의 벡터로 표현합니다. 다음과 같은 방법이 가능합니다.

- 문서에서 대표적인 부분만 임베딩하고 나머지 텍스트는 무시합니다. 제목이나 문서의 시작 부분만 임베딩할 수 있습니다. 빠르게 데모를 만드는 데 유용하지만 인덱싱되지 않은 정보가 많아 검색되지 않을 수 있습니다. (위키백과 문서처럼) 시작 부분에 문서의 핵심 내용이 있는 경우 잘 동작할 수 있습니다. 하지만 많은 정보가 인덱싱되지 않아 검색할 수 없기 때문에 실제 시스템에서 최상의 방법은 아닙니다.
- 문서를 청크로 나누고 해당 청크를 임베딩한 다음 하나의 벡터로 집계합니다. 집계하는 일반적인 방법은 이런 벡터를 평균하는 것입니다. 벡터가 많이 압축되어 문서에 있는 내용을 많이 잃는다는 단점이 있습니다.

이 방식은 일부 요구 사항을 만족할 수 있지만 전부는 아닙니다. 대부분의 경우 검색은 문서에 포함된 특정 정보를 원합니다. 따라서 해당 개념이 자체적인 벡터로 표현될 때 더 잘 감지됩니다.

문서당 여러 개의 벡터

이 방식에서는 문서를 더 작은 단위인 청크로 나누고 이런 청크를 임베딩합니다. 검색 인덱스는 전체 문서의 인덱스가 아니라 청크 임베딩의 인덱스가 됩니다. [그림 8-8]은 여러 가지 텍스트 청크 방법을 보여 줍니다.

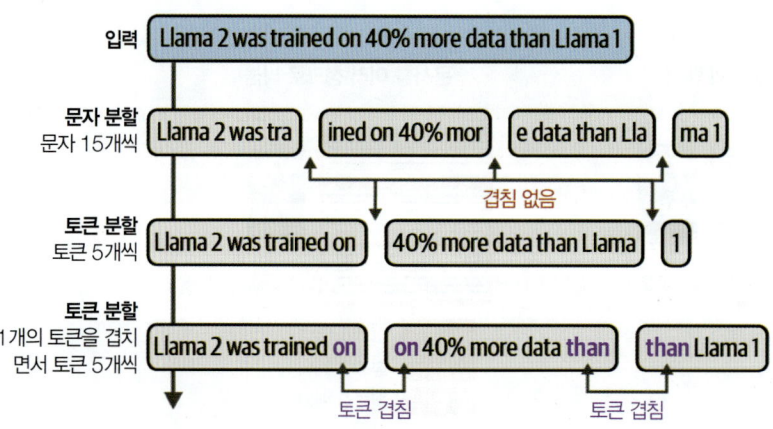

그림 8-8 여러 청크 분할 방법과 각 방법이 입력 텍스트에 미치는 영향. 겹침이 있는 청크는 문맥이 유실되는 것을 방지하는 데 중요할 수 있습니다.

청크 방법은 텍스트 전체를 포괄하고 벡터가 텍스트 안에 있는 개별 개념을 포착하기 때문에 더 낫습니다. 이로 인해 표현력이 더 좋은 검색 인덱스가 만들어집니다. [그림 8-9]는 여러 가지 접근 방법을 보여 줍니다.

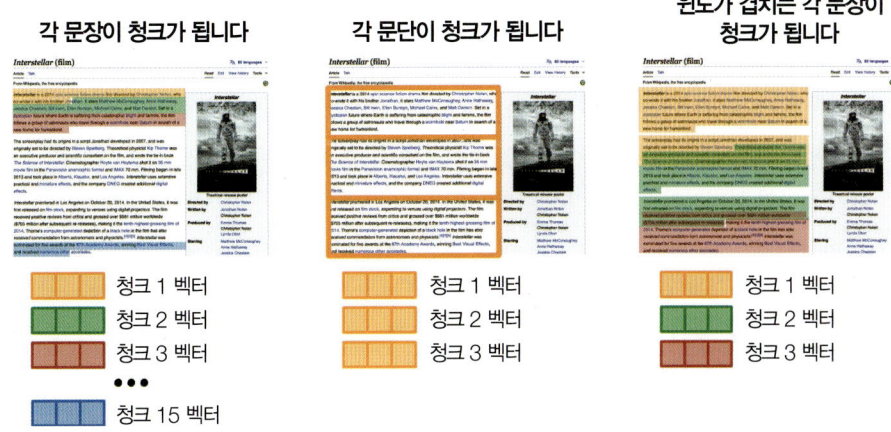

그림 8-9 임베딩을 위해 문서를 청크로 나누는 여러 가지 방법

긴 문서를 청크로 나누는 가장 좋은 방법은 텍스트 유형과 시스템에서 예상하는 쿼리에 따라 다릅니다. 다음과 같은 접근 방식이 있습니다.

- 각 문장이 하나의 청크입니다. 이 경우 너무 세분화되어 벡터가 문맥을 충분히 포착하지 못할 수 있습니다.
- 각 문단이 하나의 청크입니다. 텍스트가 짧은 문단으로 구성된 경우 잘 맞습니다. 그렇지 않다면 3~8개의 문장마다 하나의 청크로 만들 수 있습니다.
- 일부 청크는 주변 텍스트에서 많은 의미를 유추합니다. 따라서 다음과 같은 방식으로 일부 문맥을 통합할 수 있습니다.
  - 문서 제목을 청크에 추가합니다.
  - 청크 앞뒤에 있는 일부 텍스트를 추가합니다. 이러면 청크가 겹칠 수 있어 주변 텍스트가 인접한 청크에 나타나게 됩니다. [그림 8-10]에서 이 방식을 볼 수 있습니다.

이 분야가 발전하면서 더 많은 청크 분할 전략이 등장할 것입니다. 일부는 LLM을 사용하여 동적으로 텍스트를 의미 있는 청크로 분할할 수도 있습니다.

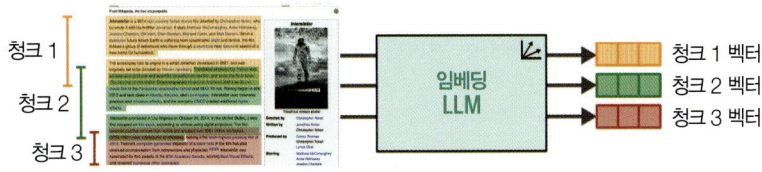

그림 8-10 텍스트를 겹쳐진 청크로 분할하는 것은 주변에 있는 문맥을 많이 유지하는 한 가지 전략입니다.

8장 시맨틱 검색과 RAG **277**

최근접 이웃 검색 vs 벡터 데이터베이스

[그림 8-11]에서 보듯이 쿼리를 임베딩한 후 텍스트 아카이브에서 쿼리 벡터와 가장 가까운 벡터를 찾아야 합니다. 최근접 이웃을 찾는 가장 간단한 방법은 쿼리와 각 문서 사이의 거리를 계산하는 것입니다. 이는 넘파이로 쉽게 계산할 수 있으며 아카이브에 있는 벡터가 수천 내지 수만 개라면 합리적인 접근 방법입니다.

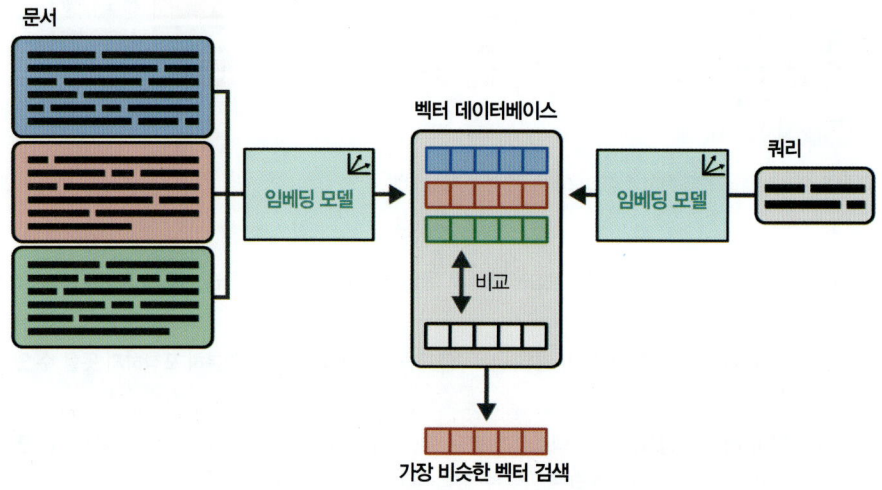

그림 8-11 3장에서 보았듯이 임베딩을 비교하여 쿼리와 가장 비슷한 문서를 빠르게 찾을 수 있습니다.

수백만 개의 벡터로 확장될 때 최적의 검색 방법은 Annoy나 FAISS 같은 근사 최근접 이웃 검색 라이브러리를 사용하는 것입니다. 방대한 인덱스에서 밀리초 단위로 결과를 검색할 수 있고, GPU를 활용하거나 매우 큰 인덱스를 위해 여러 머신으로 구성된 클러스터를 적용해 성능을 향상시킬 수 있습니다.

또 다른 종류의 벡터 검색 시스템은 Weaviate나 Pinecone 같은 벡터 데이터베이스입니다. 벡터 데이터베이스를 사용하면 인덱스를 재구축할 필요 없이 벡터를 추가하거나 삭제할 수 있습니다. 검색 결과를 필터링하거나 벡터 사이 거리를 계산하는 것을 넘어 사용자가 커스터마이징할 수 있는 방법을 제공합니다.

밀집 검색을 위해 임베딩 모델 미세 튜닝하기

4장 텍스트 분류에서 논의했듯이 미세 튜닝으로 특정 작업에서 LLM의 성능을 향상시킬 수 있습니다. 이와 마찬가지로 검색도 단순한 토큰 임베딩이 아니라 텍스트 임베딩을 최적화할 필요가 있습니다. 이를 위한 미세 튜닝 과정에는 쿼리 및 이와 관련된 결과로 구성된 훈련 데이터가 사용됩니다.

데이터셋에 있는 샘플 문장 'Interstellar premiered on October 26, 2014, in Los Angeles'를 살펴보죠. 이 문장이 관련된 결과로 추출될 수 있는 쿼리 두 개는 다음과 같습니다.

- 관련 있는 쿼리 1: 'Interstellar release date'
- 관련 있는 쿼리 2: 'When did Interstellar premier'

미세 튜닝 과정은 이런 쿼리의 임베딩이 결과 문장의 임베딩에 가깝게 만드는 것이 목표입니다. 또한 이 문장과 관련이 없는 네거티브 쿼리 샘플도 필요합니다. 예를 들면 다음과 같습니다.

- 관련 없는 쿼리: 'Interstellar cast'

이런 샘플을 사용해 세 개의 쌍을 준비합니다. 두 개의 포지티브 샘플 쌍과 하나의 네거티브 샘플 쌍입니다. [그림 8-12]에서 보듯이 미세 튜닝 전에 세 개의 쿼리가 모두 결과 문서로부터 같은 거리만큼 떨어져 있다고 가정합니다. 세 쿼리가 모두 인터스텔라에 관해 말하기 때문에 크게 과장된 것은 아닙니다.

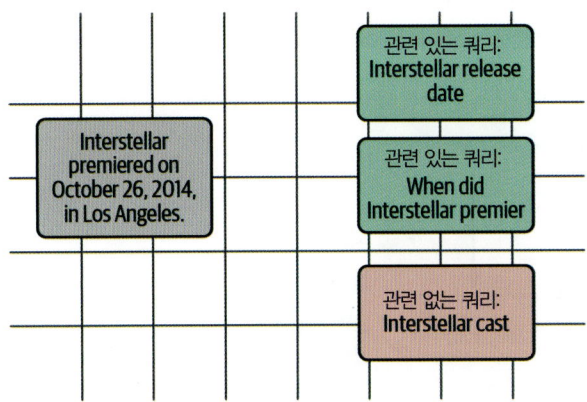

그림 8-12 미세 튜닝 전에 관련 있는 쿼리와 관련 없는 쿼리의 임베딩이 모두 특정 문서와 동일한 거리만큼 떨어져 있을 수 있습니다.

미세 튜닝 단계는 관련 있는 쿼리를 문서에 더 가깝게 만들고 동시에 관련 없는 쿼리는 문서에서 멀어지게 만듭니다. [그림 8-13]에서 이 효과를 볼 수 있습니다.

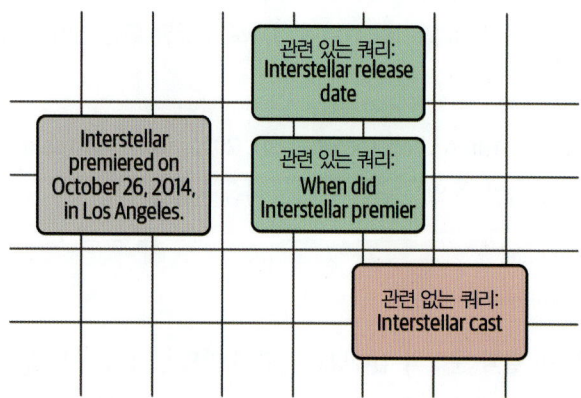

그림 8-13 미세 튜닝 후에 텍스트 임베딩 모델이 검색 작업에 더 잘 맞게 됩니다. 관련 있는 쿼리와 관련 없는 쿼리로 구성된 샘플을 사용해 이 데이터셋에 대한 관련성을 정의하는 방법이 통합되기 때문입니다.

8.2.2 리랭킹

많은 조직이 검색 시스템을 운용합니다. 이런 조직에서 언어 모델을 통합하는 쉬운 방법은 검색 파이프라인의 마지막 단계입니다. 이 단계에서 검색 쿼리에 대한 관련성을 기반으로 검색 결과의 순서를 조정합니다. 이 하나의 단계로 검색 결과를 크게 향상시킬 수 있습니다. 실제로 마이크로소프트 빙이 이 방식을 도입해 BERT와 같은 모델로 검색 결과를 향상시켰습니다. [그림 8-14]는 리랭킹 검색 시스템의 구조를 보여 줍니다. 이 시스템은 두 단계로 구성되며 리랭킹은 두 번째 단계로 제공됩니다.

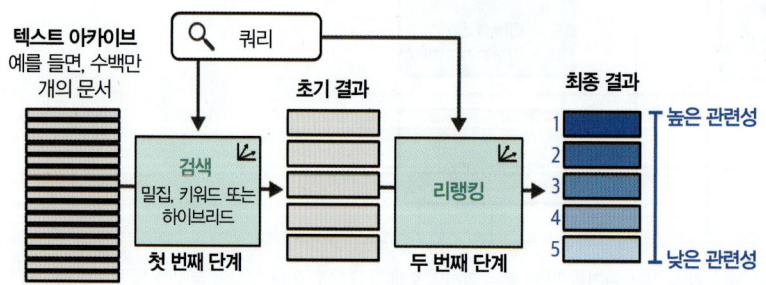

그림 8-14 LLM 리랭커는 검색 파이프라인의 일부로 동작하며 적은 개수의 검색 결과 순서를 관련성에 따라 재정렬하는 것이 목표입니다.

리랭킹 예제

리랭커는 검색 쿼리와 검색 결과를 받고 쿼리와 가장 관련 있는 결과가 높은 순위에 오도록 문서를 최적으로 정렬하여 반환합니다. 코히어의 rerank API(https://oreil.ly/PuCII)는 리랭커를 사용할 때 처음 시도하기 좋은 간단한 방법입니다. 이 API에 쿼리와 텍스트 리스트를 전달하면 결과를 반환합니다. 훈련하거나 튜닝할 필요가 없습니다.[7]

```
query = "how precise was the science"
results = co.rerank(query=query, documents=texts, top_n=3, return_documents=True)
results.results
```

다음과 같이 결과를 출력할 수 있습니다.

```
for idx, result in enumerate(results.results):
    print(idx, result.relevance_score , result.document.text)
```

```
0 0.1698185 It has also received praise from many astronomers for its scientific
accuracy and portrayal of theoretical astrophysics
1 0.07004896 The film had a worldwide gross over $677 million (and $773 million with
subsequent re-releases), making it the tenth-highest grossing film of 2014
2 0.0043994132 Caltech theoretical physicist and 2017 Nobel laureate in Physics[4]
Kip Thorne was an executive producer, acted as a scientific consultant, and wrote a
tie-in book, The Science of Interstellar
```

결과를 보면 리랭커는 관련성 점수가 0.16인 첫 번째 결과를 크게 확신합니다. 다른 결과들은 관련성 점수가 훨씬 낮습니다.

간단한 이 예제에서 리랭커에 15개 문서를 모두 전달했습니다. 하지만 인덱스에는 수천 또는 수백만 개의 항목이 있을 수 있습니다. 따라서 수백 또는 수천 개 정도의 짧은 목록을 만들어 리랭커에 전달해야 합니다. 짧은 목록을 만드는 이 단계가 검색 파이프라인의 첫 번째 단계입니다.

---

[7] 옮긴이_ rerank() 메서드의 model 매개변수에 임베딩에 사용할 모델을 지정할 수 있습니다. 기본값은 "rerank-v3.5"입니다. 사용 가능한 전체 모델은 코히어 온라인 문서(https://bit.ly/41hUuyP)를 참고하세요. 이 글을 쓰는 시점에 코히어에서 제공하는 리랭크 모델의 문맥 크기는 4,096입니다. 따라서 쿼리와 문서를 합친 길이가 4,096보다 긴 경우 자동으로 문서가 잘립니다. 이런 경우 수동으로 문서를 청크로 나누어 rerank() 메서드를 호출한 다음 가장 높은 청크 점수를 문서의 점수로 사용하세요.

첫 번째 단계의 검색은 키워드 검색, 밀집 검색 또는 두 방식을 모두 사용하는 하이브리드 검색일 수 있습니다. 이전 예제를 사용해 키워드 검색 시스템 다음에 리랭커를 두어 성능을 어떻게 향상시킬 수 있는지 알아보겠습니다.

키워드 검색 함수를 조금 수정해서 키워드 검색을 사용해 상위 10개의 결과를 추출하고 그다음 리랭킹을 사용해 10개 중 상위 3개를 골라 보겠습니다.

```python
def keyword_and_reranking_search(query, top_k=3, num_candidates=10):
    print("입력 질문:", query)

    ##### BM25 검색 (어휘 검색) #####
    bm25_scores = bm25.get_scores(bm25_tokenizer(query))
    top_n = np.argpartition(bm25_scores, -num_candidates)[-num_candidates:]
    bm25_hits = [{'corpus_id': idx, 'score': bm25_scores[idx]} for idx in top_n]
    bm25_hits = sorted(bm25_hits, key=lambda x: x['score'], reverse=True)

    print(f"탑-3 어휘 검색 (BM25) 결과")
    for hit in bm25_hits[0:top_k]:
        print("\t{:.3f}\t{}".format(hit['score'], texts[hit['corpus_id']].replace("\n", " ")))


    # 리랭킹 추가
    docs = [texts[hit['corpus_id']] for hit in bm25_hits]

    print(f"\n리랭킹으로 얻은 탑-3 결과 ({len(bm25_hits)}개의 BM25 결과를 재조정함)")
    results = co.rerank(query=query, documents=docs, top_n=top_k, return_documents=True)
    # print(results.results)
    for hit in results.results:
        # print(hit)
        print("\t{:.3f}\t{}".format(hit.relevance_score, hit.document.text.replace("\n", " ")))
```

이제 쿼리를 전달하면 키워드 검색을 수행한 다음 상위 10개의 검색 결과를 리랭커에 전달하여 결과를 출력합니다.

```python
keyword_and_reranking_search(query = "how precise was the science")
```

> 입력 질문: how precise was the science
> 탑-3 어휘 검색 (BM25) 결과
> 1.789 Interstellar is a 2014 epic science fiction film co-written, directed, and produced by Christopher Nolan
> 1.373 Caltech theoretical physicist and 2017 Nobel laureate in Physics[4] Kip Thorne was an executive producer, acted as a scientific consultant, and wrote a tie-in book, The Science of Interstellar
> 0.000 Interstellar uses extensive practical and miniature effects and the company Double Negative created additional digital effects
>
> 리랭킹으로 얻은 탑-3 결과 (10개의 BM25 결과를 재조정함)
> 0.004 Caltech theoretical physicist and 2017 Nobel laureate in Physics[4] Kip Thorne was an executive producer, acted as a scientific consultant, and wrote a tie-in book, The Science of Interstellar
> 0.004 Set in a dystopian future where humanity is struggling to survive, the film follows a group of astronauts who travel through a wormhole near Saturn in search of a new home for mankind
> 0.003 Brothers Christopher and Jonathan Nolan wrote the screenplay, which had its origins in a script Jonathan developed in 2007

키워드 검색은 쿼리에 있는 키워드가 들어 있는 두 개의 결과에만 점수를 할당합니다. 리랭킹의 결과를 보면 두 번째 결과가 쿼리와 가장 관련성이 높기 때문에 순위가 올라갔습니다. 이는 리랭킹의 효과를 보이기 위한 아주 간단한 예제이지만 실제로 이런 파이프라인은 검색 품질을 크게 향상시킵니다. MIRACL 같은 다국어 벤치마크에서 리랭커가 nDCG@10으로 측정된 점수를 36.5에서 62.8로 끌어올릴 수 있습니다(https://oreil.ly/Kq3nA)(측정 방법은 8.2.3절에서 자세히 설명합니다).

센텐스 트랜스포머를 사용한 오픈 소스 검색과 리랭킹

검색과 리랭킹을 로컬 머신에 구축하고 싶다면 센텐스 트랜스포머 라이브러리를 사용할 수 있습니다. 센텐스 트랜스포머 설치는 온라인 문서(https://www.sbert.net)[8]를 참고하세요. 이 라이브러리로 이런 두 단계를 구성하는 방법과 코드 예제가 'Retrieve & Re-Rank' 문서(https://oreil.ly/mDglU)에 나와 있습니다.

---

8 옮긴이_ 코랩에는 sentence-transformers 패키지가 이미 설치되어 있습니다.

리랭킹 모델의 작동 방식

LLM 검색 리랭킹 시스템을 구축하는 데 널리 사용되는 방법은 **크로스 인코더**[cross-encoder][9]로 동작하는 LLM에게 쿼리와 결과를 전달하는 것입니다. [그림 8-15]에서 보듯이 모델에게 쿼리와 후보 결과를 동시에 전달하여 모델이 두 텍스트를 모두 본 다음 관련성 점수를 할당한다는 의미입니다. 모든 문서가 하나의 배치로 동시에 처리되지만 각각의 문서가 독립적으로 쿼리에 대해 평가됩니다. 이 점수가 새로운 순위를 결정합니다. 이 방법은 〈Multi-stage document ranking with BERT〉(https://oreil.ly/e3J9i) 논문에 자세히 설명되어 있으며 이따금 monoBERT라고 불립니다.

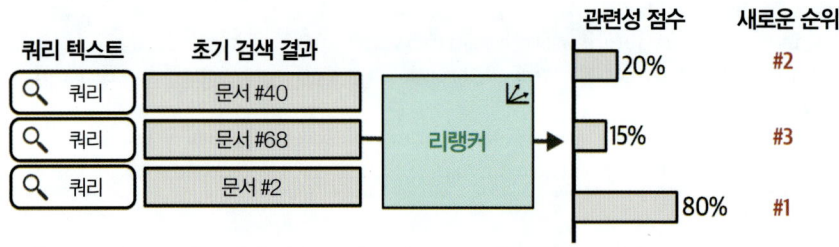

그림 8-15 리랭커가 문서와 쿼리를 동시에 본 다음 각 문서에 관련성 점수를 할당합니다.

관련성 점수로 검색 시스템을 구성하는 것은 기본적으로 분류 문제로 귀결됩니다. 입력이 주어지면 모델은 0~1 사이의 점수를 출력합니다. 0은 관련이 없음을 나타내고 1은 관련이 매우 높음을 의미합니다. 이는 4장에서 본 분류와 유사합니다.

LLM을 사용한 검색 시스템 개발에 대해 더 자세히 알고 싶다면 〈Pretrained Transformers for Text Ranking: BERT and Beyond〉(https://oreil.ly/Z1IfS)에서 2021년까지 이런 모델의 개발 현황을 살펴볼 것을 추천합니다.

8.2.3 검색 평가 지표

시맨틱 검색은 정보 검색[Information Retrieval](IR) 분야의 지표로 평가됩니다. 인기 있는 지표 중 하

---

9 옮긴이_ 쿼리를 각 문서와 연결한 다음 인코더 모델에 전달하여 점수를 계산한다는 의미입니다. 쿼리와 문서는 [SEP] 토큰으로 연결되며 입력의 맨 앞에 추가되는 [CLS] 토큰의 결과가 관련성 점수가 됩니다.

나인 MAP^mean average precision에 대해 알아보겠습니다.

검색 시스템을 평가하려면 세 개의 요소가 필요합니다(https://oreil.ly/ga3Vk). 테스트 아카이브, 쿼리, 문서와 쿼리 사이의 관련성 판단입니다. [그림 8-16]에서 이를 볼 수 있습니다.

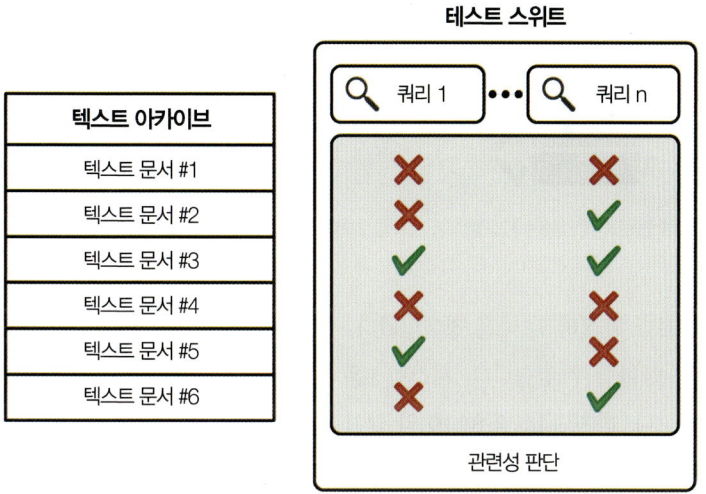

그림 8-16 검색 시스템을 평가하기 위해서는 쿼리, 아카이브에 있는 어떤 문서가 쿼리와 관련이 있는지 나타내는 관련성 판단이 포함된 테스트 스위트^test suite가 필요합니다.

이 테스트 스위트를 사용하여 검색 시스템 평가 방법을 살펴볼 수 있습니다. 간단한 예부터 시작해 보죠. 두 개의 다른 검색 시스템에 쿼리 1을 전달한다고 가정해 보죠. 그럼 두 개의 결과 집합을 얻게 됩니다. [그림 8-17]처럼 결과 개수를 세 개로 제한한다고 가정합니다.

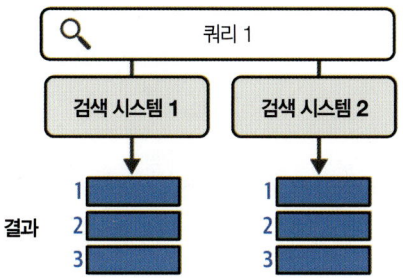

그림 8-17 두 개의 검색 시스템을 비교하기 위해 테스트 스위트에서 동일한 쿼리를 두 시스템에 전달하고 최상위 결과를 확인합니다.

어떤 시스템이 더 나은지 판단하려면 쿼리에 대한 관련성 판단을 살펴봅니다. [그림 8-18]은 반환된 결과 중에 관련된 항목을 보여 줍니다.

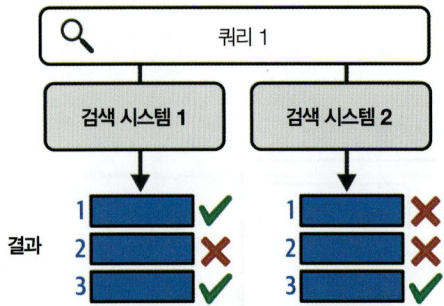

그림 8-18 테스트 스위트의 관련성 판단을 확인하여 시스템 1이 시스템 2보다 낫다고 말할 수 있습니다.

이는 시스템 1이 시스템 2보다 확실히 더 나은 경우입니다. 직관적으로 시스템이 관련된 결과를 얼마나 많이 추출했는지 헤아릴 수 있습니다. 시스템 1은 세 개 중 두 개가 맞았고 시스템 2는 세 개 중 하나만 맞았습니다. 하지만 [그림 8-19]와 같이 두 시스템이 모두 세 개 중 하나만 관련된 결과를 다른 순위로 반환했다면 어떨까요?

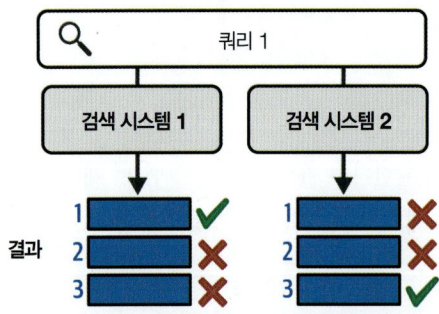

그림 8-19 두 시스템이 최상위 세 개의 결과 중 하나만 관련된 결과라고 하더라도 시스템 1이 관련 결과를 높은 순위에 할당한 것을 보상하는 시스템이 필요합니다.

이 경우 시스템 1의 첫 번째 위치(가장 중요한 위치)가 관련성이 있는 결과이므로 시스템 1이 시스템 2보다 낫습니다. 하지만 결과가 얼마나 더 좋은지에 대해 숫자 또는 점수를 어떻게 할당할 수 있을까요? MAP가 이 차이를 정량화할 수 있는 측정 지표입니다.

이런 시나리오에서 수치 점수를 할당하는 한 가지 방법은 평균 정밀도입니다. 이 경우 쿼리에 대한 시스템 1의 평균 정밀도는 1이고 시스템 2의 값은 0.3입니다. 결과 집합을 평가하기 위해 평균 정밀도를 어떻게 계산하는지 알아보고, 테스트 스위트에 있는 모든 쿼리에 대해 이 값을 집계하여 시스템을 평가하는 방법을 알아보겠습니다.

평균 정밀도로 단일 쿼리 결과 평가하기

쿼리에 대해 검색 시스템을 평가하기 위해 관련된 문서에 초점을 맞춥니다. 테스트 스위트에서 관련된 문서가 하나만 있는 쿼리를 먼저 살펴보죠.

첫 번째 경우는 쉽습니다. 검색 시스템이 (이 쿼리에서는 유일한) 관련된 결과를 맨 위에 놓았습니다. 따라서 시스템이 완벽한 점수 1을 얻습니다. [그림 8-20]은 이 계산을 보여 줍니다. 첫 번째 위치를 보면 관련된 결과가 하나 있으므로 위치 1에서 정밀도가 1.0이 됩니다(위치 1에서 관련된 결과의 개수를 현재 바라보고 있는 위치로 나누어 계산합니다).

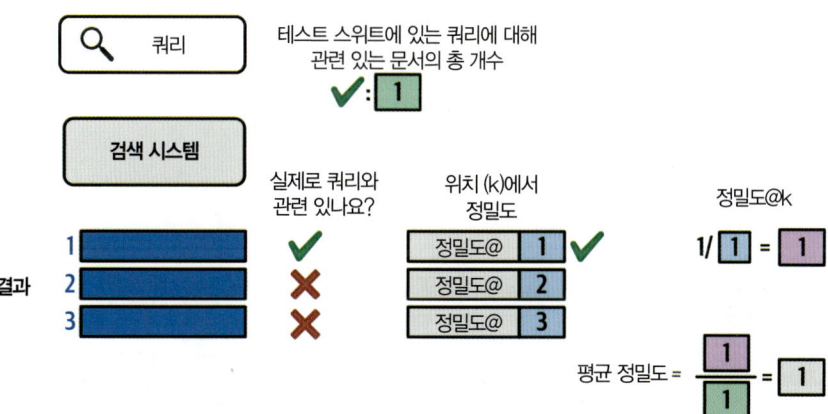

그림 8-20 평균 정밀도를 계산하기 위해 위치 1에서부터 각 위치의 정밀도를 계산합니다.

관련된 문서만 계산에 고려하므로 관련 없는 문서의 점수는 무시하고 계산을 그만둘 수 있습니다. 하지만 시스템이 유일한 관련 결과를 세 번째 위치에 놓았다면 어떻게 될까요? 점수에 어떤 영향을 미치게 될까요? [그림 8-21]은 이런 경우 어떻게 벌칙이 가해지는지 보여 줍니다.

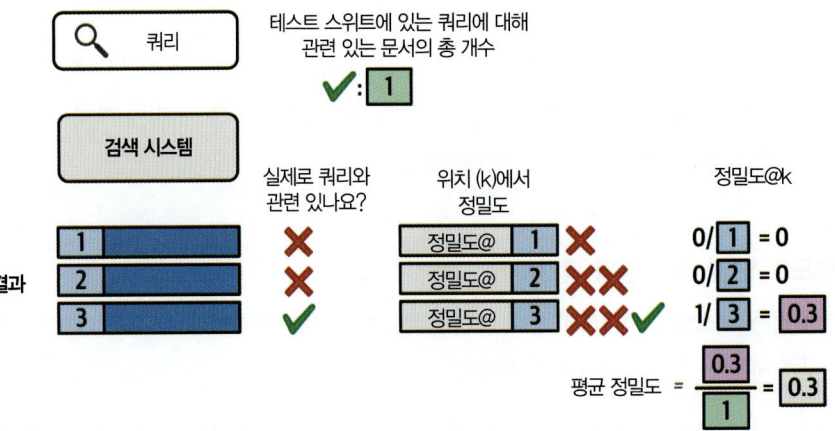

그림 8-21 시스템이 관련 없는 문서를 관련 있는 문서 앞에 놓았다면 정밀도 점수가 낮아집니다.

그럼 관련 있는 문서가 한 개 이상인 쿼리를 살펴보죠. [그림 8-22]가 이 계산을 보여 주며 어떻게 평균을 구하는지 알려 줍니다.

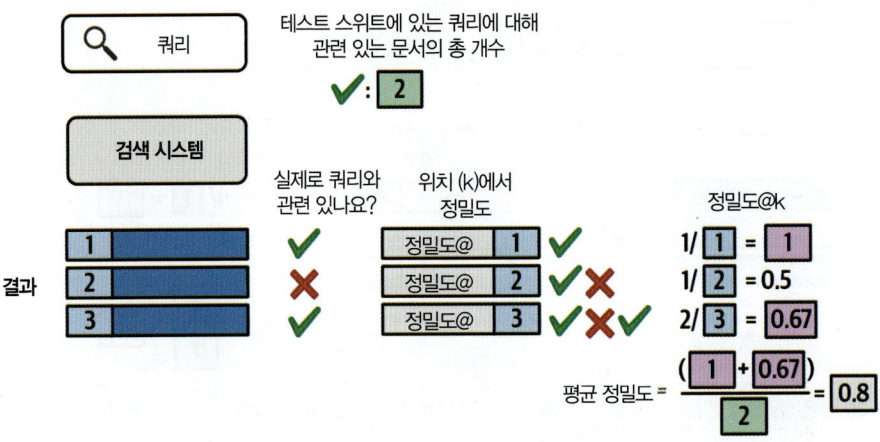

그림 8-22 관련 있는 문서가 여러 개인 경우 평균 정밀도는 k까지 모든 관련 문서에 대한 정밀도를 고려합니다.

MAP로 여러 쿼리에 대해 평가하기

이제 k 위치에서 정밀도와 평균 정밀도에 대해 알았습니다. 이를 확장하여 테스트 스위트에 있는 모든 쿼리에 대해 검색 시스템을 평가할 수 있습니다. 이 측정 값을 MAP라고 부릅니다. [그림 8-23]은 각 쿼리의 평균 정밀도를 평균하여 이 값을 계산하는 방법을 보여 줍니다.

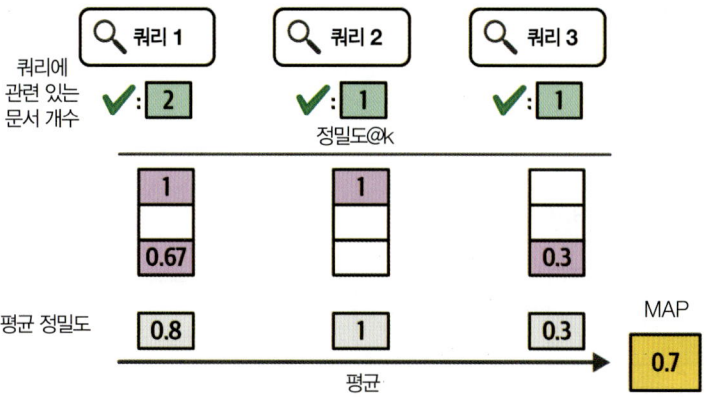

그림 8-23 MAP는 테스트 스위트에 있는 모든 쿼리에 대한 평균 정밀도를 고려합니다. 이 값을 평균하여 하나의 측정값을 만듭니다. 이를 사용해 서로 다른 검색 시스템을 비교할 수 있습니다.

동일한 연산을 왜 'mean'과 'average'로 다르게 부르는지 궁금할 수 있습니다. 아마도 'average average precision'이라고 쓰는 것보다 낫기 때문이 아닐까요?

서로 다른 시스템을 비교하는 데 사용할 하나의 지표를 준비했습니다. 평가 지표에 대해 더 자세히 알고 싶다면 Christopher D. Manning, Prabhakar Raghavan, Hinrich Schütze가 쓴 『Introduction to Information Retrieval』(Cambridge University Press, 2008)의 'Evaluation in Information Retrieval'(https://oreil.ly/oeY4b)을 참고하세요.

MAP 외에 검색 시스템에 일반적으로 사용되는 지표로는 nDCG$^{normalized\ discounted\ cumulative\ gain}$가 있습니다. 이는 보다 정교한 방식이며 문서의 관련성을 이진으로 표시하지 않습니다(즉, 관련 있음과 관련 없음으로 나뉘지 않습니다). 테스트 스위트와 점수 부여 시스템에서 한 문서가 다른 문서보다 더 관련 있는 정도에 따라 레이블을 부여할 수 있습니다.[10]

8.3 RAG

대중에게 LLM이 빠르게 수용되면서 사람들은 질문에 대한 사실적인 답변을 기대합니다. 모델

---

10 옮긴이_ nDCG에 대한 자세한 내용은 위키백과 문서(https://bit.ly/4k2qI8k)와 사이킷런의 ndcg_score() 함수(https://bit.ly/3CV0bJx)를 참고하세요.

이 일부 질문에 올바르게 답할 수 있지만 많은 질문에 대해 확신에 찬 잘못된 답을 할 수 있습니다. 업계에서 이 문제를 해결하기 위해 택한 주요 방법은 RAG(검색 증강 생성)[11]입니다. 이 시스템이 [그림 8-24]에 나타나 있습니다.

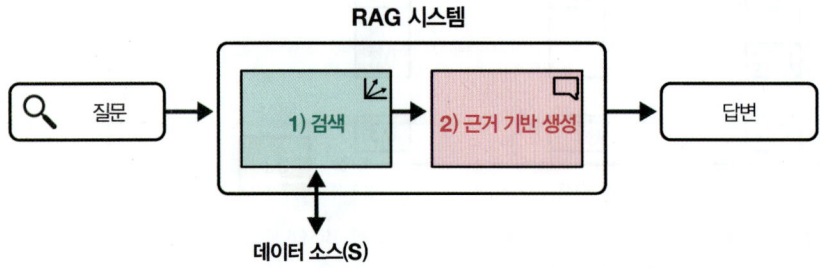

그림 8-24 기본적인 RAG 파이프라인은 검색 시스템과 근거 기반 생성grounded generation 단계로 구성됩니다. 근거 기반 생성 단계에서는 질문과 함께 검색 단계에서 얻은 정보가 LLM에게 프롬프트로 제공됩니다.

RAG 시스템은 검색과 생성 기능을 통합합니다. 환각을 줄이고 사실적인 출력을 만드는 능력이 높아지기 때문에 생성 시스템을 향상시킨 것으로 볼 수 있습니다. 또한 로컬 데이터를 사용해 채팅하는 것이 가능합니다. 사용자와 기업이 회사 내부 데이터나 관심이 있는 특정 데이터(예: 책)를 기반으로 LLM과 대화할 수 있습니다.

이는 검색 시스템에도 적용됩니다. 많은 검색 엔진이 LLM을 사용해 결과를 요약하거나 검색 엔진에 던진 질문의 답을 만듭니다. 여기에는 퍼플렉시티Perplexity(https://oreil.ly/PrYVM), 마이크로소프트 빙 AI(https://oreil.ly/GBd66), 구글 제미나이Gemini(https://oreil.ly/-C_8) 등이 있습니다.

8.3.1 검색에서 RAG로

검색 시스템을 RAG 시스템으로 바꿔 보죠. 이렇게 하려면 검색 파이프라인의 끝에 LLM을 추가하면 됩니다. 질문과 최상위 검색 결과를 LLM에게 전달한 후 검색 결과의 맥락을 바탕으로 질문에 답변하도록 요청합니다. 이런 예를 [그림 8-25]에서 볼 수 있습니다.

---

[11] Lewis et al. (2020). Retrieval-Augmented Generation for Knowledge-Intensive NLP tasks. arXiv.org. https://arxiv.org/abs/2005.11401

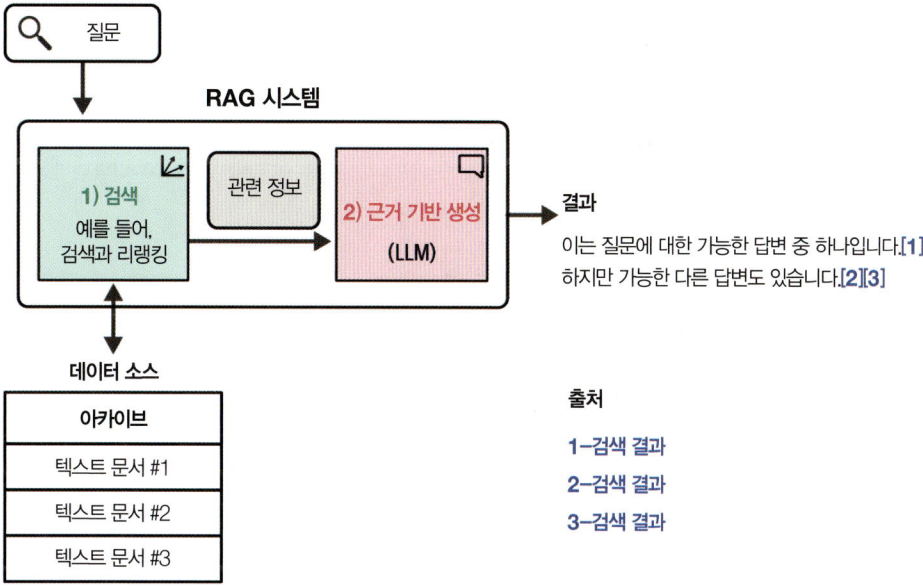

그림 8-25 생성적 검색은 검색 파이프라인 끝에서 (검색 시스템의 이전 단계에서 반환된) 데이터 소스를 인용하면서 답변과 요약을 만듭니다.

이 생성 단계를 **근거 기반 생성**grounded generation이라 부릅니다. LLM에게 제공하는 관련 정보가 특정 맥락을 형성하여 LLM이 우리의 관심 도메인에 기반을 두도록 만들기 때문입니다. 이전에 본 임베딩 검색 예시를 든다면 근거 기반 생성이 검색 다음에 어떻게 적용되는지를 [그림 8-26]에서 볼 수 있습니다.

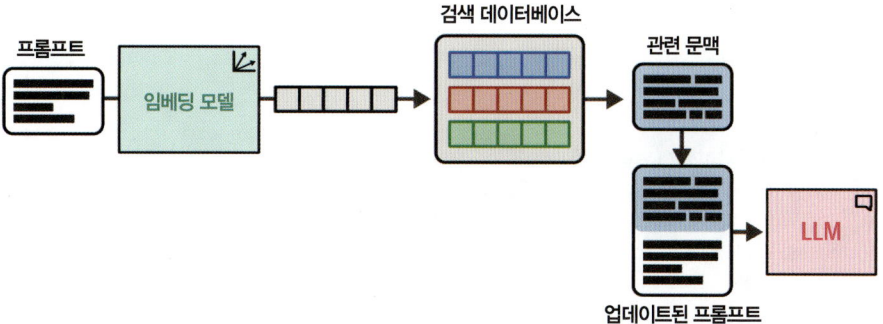

그림 8-26 임베딩 사이의 유사도를 비교하여 입력 프롬프트에 가장 관련 있는 정보를 찾습니다. 그다음 프롬프트에 가장 관련 있는 정보를 추가하여 LLM에게 제공합니다.

8.3.2 예: LLM API를 사용한 근거 기반 생성

근거 기반 생성 단계를 검색 결과 다음에 추가하여 RAG 시스템을 만드는 방법을 알아보죠. 이 예제에서는 이 장의 앞부분에서 검색 시스템을 만들 때 사용한 코히어의 관리형 LLM을 사용하겠습니다. 임베딩 검색을 사용하여 상위 문서를 추출하고, 이를 질문과 함께 co.chat 엔드포인트^{endpoint}에 전달하여 근거를 기반으로 답변을 생성하겠습니다.

```
query = "income generated"

# 1- 검색
# 여기서는 임베딩 검색을 사용하지만 하이브리드 방식이 이상적입니다.
results = search(query)

# 2- 근거 기반 생성
docs_dict = [{'text': text} for text in results['텍스트']]
response = co.chat(
    message = query,
    documents=docs_dict
)

print(response.text)
```

결과는 다음과 같습니다.

> The film generated a **worldwide gross** of **over $677 million**, or **$773 million with subsequent re-releases.**

모델이 일부 텍스트로 우리가 전달한 첫 번째 문서를 인용하고 있기 때문에 이 부분을 강조해서 나타냈습니다.

```
citations=[ChatCitation(start=21, end=36, text='worldwide gross', document_
ids=['doc_0']), ChatCitation(start=40, end=57, text='over $677 million', document_
ids=['doc_0']), ChatCitation(start=62, end=103, text='$773 million with subsequent
re-releases.', document_ids=['doc_0'])]

documents=[{'id': 'doc_0', 'text': 'The film had a worldwide gross over $677 million
(and $773 million with subsequent re-releases), making it the tenth-highest grossing
film of 2014'}]
```

8.3.3 예: 로컬 모델을 사용한 RAG

로컬 모델을 사용해 기본적인 RAG 예제를 재현해 보죠. 작은 로컬 모델은 대규모 관리형 모델만큼 잘 동작하지 않으며 인용을 만들 수 없습니다. 하지만 전체적인 과정을 보여 주는 데는 유용합니다. 먼저 양자화된 모델을 다운로드합니다.

생성 모델 로드하기

모델을 다운로드합니다.

```
!wget https://huggingface.co/microsoft/Phi-3-mini-4k-instruct-gguf/resolve/main/Phi-3-mini-4k-instruct-q4.gguf
```

llama.cpp, llama-cpp-python, 랭체인을 사용해 텍스트 생성 모델을 로드합니다.[12]

```python
from langchain import LlamaCpp

# 여러분의 컴퓨터에 다운로드한 모델의 경로를 입력하세요!
llm = LlamaCpp(
    model_path="Phi-3-mini-4k-instruct-q4.gguf",
    n_gpu_layers=-1,
    max_tokens=500,
    n_ctx=2048,
    seed=42,
    verbose=False
)
```

임베딩 모델 로드하기

이제 임베딩 모델을 로드해 보죠. 이 예제에서는 BAAI/bge-small-en-v1.5 모델(*https://oreil.ly/kMSEh*)을 사용하겠습니다.[13] 이 글을 쓰는 시점에 MTEB 리더보드(*https://oreil.ly/Ugljz*)에서 높은 순위에 있는 임베딩 모델이며 상대적으로 작습니다.

---

[12] 옮긴이_ 코랩을 사용하는 경우 !pip install langchain-community로 패키지를 먼저 설치해 주세요. llama-cpp-python을 설치하는 방법은 깃허브(*https://github.com/abetlen/llama-cpp-python*)를 참고하세요. 코랩에서 사전 빌드된 휠(whl) 파일로 설치하는 방법은 주피터 노트북을 참고하세요.

[13] 옮긴이_ BAAI(Beijing Academy of Artificial Intelligence)는 중국 베이징에 있는 비영리 인공지능 연구소입니다.

```
from langchain.embeddings.huggingface import HuggingFaceEmbeddings

# 텍스트를 수치 표현으로 변환하기 위한 임베딩 모델
embedding_model = HuggingFaceEmbeddings(
    model_name='BAAI/bge-small-en-v1.5'
)
```

벡터 데이터베이스 구축하기

임베딩 모델을 사용해 벡터 데이터베이스를 구축합니다.[14]

```
from langchain.vectorstores import FAISS

# 로컬 벡터 데이터베이스를 만듭니다.
db = FAISS.from_texts(texts, embedding_model)
```

RAG 프롬프트

프롬프트 템플릿은 RAG 파이프라인에서 매우 중요한 역할을 합니다. 관련 있는 문서를 LLM에게 전달하는 곳이기 때문입니다. 이를 위해 추가적인 입력 변수 context를 만들겠습니다. 이 변수를 통해 추출한 문서를 LLM에게 전달합니다.[15]

```
from langchain import PromptTemplate

# 프롬프트 템플릿을 만듭니다.
template = """<|user|>
Relevant information:
{context}
```

---

[14] 옮긴이_ FAISS 클래스는 기본적으로 IndexFlatL2 인덱스를 만듭니다. 이미 문서 임베딩이 만들어진 경우 from_embeddings() 메서드를 사용해 faiss 벡터 스토어(vector store)를 만들 수 있습니다. 벡터 스토어의 as_retriever() 메서드는 해당 벡터 스토어를 활용한 추출기(retriever) 객체를 반환합니다. 랭체인에서 지원하는 벡터 스토어의 전체 목록은 온라인 문서(https://bit.ly/40XMlxT)를 참고하세요.

[15] 옮긴이_ RetrievalQA 클래스는 체인을 생성하는 두 개의 클래스 메서드를 제공합니다. from_llm()은 언어 모델과 추출기(retriever)를 간단히 연결하여 기본 프롬프트를 사용해 체인을 구성할 수 있습니다. from_chain_type()은 'stuff', 'map_reduce', 'refine', 'map_rerank' 체인 유형 중 하나를 선택하여 체인을 만들 수 있으며 프롬프트를 커스터마이징하거나 복잡한 체인을 구성할 때 사용하기 좋습니다. 'stuff'는 가장 기본적인 체인 유형으로 검색 결과를 하나로 합쳐 언어 모델에 제공합니다.

```
Provide a concise answer the following question using the relevant information
provided above:
{question}<|end|>
<|assistant|>"""
prompt = PromptTemplate(
    template=template,
    input_variables=["context", "question"]
)


from langchain.chains import RetrievalQA

# RAG 파이프라인
rag = RetrievalQA.from_chain_type(
    llm=llm,
    chain_type='stuff',
    retriever=db.as_retriever(),
    chain_type_kwargs={
        "prompt": prompt
    },
    verbose=True
)
```

이제 모델을 호출하여 질문을 던집니다.

```
rag.invoke('Income generated')
```

결과는 다음과 같습니다.

> The Income generated by the film in 2014 was over $677 million worldwide. This made it the tenth-highest grossing film of that year. It should be noted, however, this figure includes both initial ticket sales as well as any subsequent re-releases. With these additional releases, total earnings surged to approximately $773 million. The release format transitioned from traditional film stock projection in theaters to digital projectors once it was expanded to various venues in the United States. This shift might have contributed to wider audience reach and potentially higher grossing figures over time. However, specific data on how this affected total earnings isn't provided in the information above.

언제나 그렇듯이 프롬프트를 조정하여 모델의 생성 과정(예를 들면, 답변의 길이와 어투)을 제어할 수 있습니다.

8.3.4 고급 RAG 기술

RAG 시스템의 성능을 향상시키는 추가 기술이 있습니다. 그중 몇 가지는 다음과 같습니다.

쿼리 재작성

RAG 시스템이 챗봇이라면 앞서 본 간단한 RAG 구현은 질문이 장황하거나 이전 대화에서 맥락을 찾는 경우 검색 단계에 문제가 있을 수 있습니다. 이 때문에 검색 단계에서 올바른 정보를 얻도록 LLM을 사용해 쿼리를 재작성하는 것이 좋은 아이디어입니다. 예를 들어 다음과 같은 메시지를 생각해 보죠.

사용자 질문: "We have an essay due tomorrow. We have to write about some animal. I love penguins. I could write about them. But I could also write about dolphins. Are they animals? Maybe. Let's do dolphins. Where do they live for example?"

이를 다음과 같은 쿼리로 재작성할 수 있습니다.

쿼리: 'Where do dolphins live'

이런 재작성 동작은 프롬프트를 (또는 API 호출을) 통해 수행할 수 있습니다. 예를 들어 코히어의 API에는 `co.chat`을 위한 쿼리 재작성 전용 모드가 있습니다.[16]

멀티 쿼리 RAG

이어서 소개할 기술은 특정 질문에 답하기 위해 한 개 이상의 쿼리가 필요한 경우 여러 개의 쿼리를 검색할 수 있도록 쿼리 재작성을 확장하는 것입니다. 예를 들어 보죠.

사용자 질문: "Compare the financial results of Nvidia in 2020 vs. 2023"

두 연도에 대한 결과가 포함된 문서를 찾을 수 있지만 다음처럼 두 개의 쿼리를 만드는 것이 나을 가능성이 큽니다.

쿼리 1: 'Nvidia 2020 financial results'

---

16 옮긴이_ `chat()` 메서드를 호출할 때 `search_queries_only` 매개변수를 True로 지정하면 실제 텍스트를 생성하지 않고 검색 쿼리만 생성하여 반환합니다.

쿼리 2: 'Nvidia 2023 financial results'

그다음 근거 기반 생성을 위해 두 쿼리의 최상위 결과를 모델에게 전달합니다. 작지만 추가적인 개선점은 검색 없이 신뢰할 수 있는 답변을 생성할 수 있는지에 대한 선택권을 쿼리 재작성 시 모델에게 부여하는 것입니다.

멀티 홉(multi-hop) RAG

더 고급 질문에는 일련의 순차적인 쿼리가 필요할 수 있습니다. 예를 들어 다음과 같은 질문을 생각해 보죠.

사용자 질문: "Who are the largest car manufacturers in 2023? Do they each make EVs or not?"

이 질문의 답을 찾기 위해 시스템은 첫 번째로 다음을 검색해야 합니다.

단계 1, 쿼리 1: 'largest car manufacturers 2023'

그다음 이 정보(토요타, 폭스바겐, 현대)를 얻은 후 다음 질문을 해야 합니다.

- 단계 2, 쿼리 1: 'Toyota Motor Corporation electric vehicles'
- 단계 2, 쿼리 2: 'Volkswagen AG electric vehicles'
- 단계 2, 쿼리 3: 'Hyundai Motor Company electric vehicles'

쿼리 라우팅(routing)

또 다른 개선 사항은 모델에게 여러 데이터 소스를 검색할 수 있는 능력을 주는 것입니다. 예를 들어 모델이 HR human resources에 대한 질문을 받으면 회사의 HR 정보 시스템(가령 노션Notion)을 검색하도록 합니다. 하지만 고객 데이터에 대한 질문이라면 고객 관계 관리customer relationship management (CRM) 시스템(가령 세일즈포스Salesforce)을 검색해야 합니다.

에이전트 RAG

이런 개선 사항들은 점점 더 복잡한 문제를 해결하기 위해 더 많은 책임을 LLM에게 위임합니다. 이는 필요한 정보 요구 사항을 파악하는 것과 여러 데이터 소스를 활용하는 LLM의 능력에 달려 있습니다. 이러한 새로운 특징은 LLM을 세상과 상호작용하는 에이전트에 점점 더 가깝게 만듭니다. 데이터 소스는 도구로 추상화될 수도 있습니다. 예를 들어, 앞서 노션을 검색할 수 있다고 했는데 이와 마찬가지로 노션에 글을 게시할 수도 있어야 합니다.

여기서 언급한 RAG 능력이 모든 LLM에 있지는 않을 것입니다. 이 글을 쓰는 시점에선 대규모 관리형 모델만이 이런 동작을 시도할 수 있습니다. 다행히 코히어의 커맨드 R+^{Command R+}(https://oreil.ly/i2UXh)는 이런 작업에 뛰어나며 가중치가 공개(https://oreil.ly/Jpypi)되었습니다.

8.3.5 RAG 평가

RAG 모델의 평가 방법은 여전히 개발 진행 중입니다. 이 주제에 대해 읽어 볼 만한 논문은 사람이 다양한 생성적 검색 시스템에 대해 평가를 수행한 〈Evaluating verifiability in generative search engines〉(https://oreil.ly/HVbAN)입니다.[17]

다음 네 가지 축으로 결과를 평가합니다.

- **유창성**^{fluency}: 생성된 텍스트가 유창하고 일관성이 있는지 여부
- **인지된 유용성**^{perceived utility}: 생성된 답변이 도움이 되고 유익한지 여부
- **인용 재현율**: 외부 세계에 대한 진술 중 인용으로 완벽하게 뒷받침되는 비율
- **인용 정밀도**: 생성된 인용 중 관련 설명을 뒷받침하는 비율

사람이 평가하는 것이 항상 바람직하지만 이런 평가를 자동화하기 위해 유능한 LLM이 판사(LLM-as-a-judge라고 부릅니다) 역할을 맡고 서로 다른 축을 따라 생성된 다양한 출력에 점수를 매기려는 시도가 있습니다. Ragas(https://oreil.ly/6GVMW)가 바로 이런 소프트웨어 라이브러리입니다. 이 라이브러리는 다음과 같은 유용한 지표도 추가로 제공합니다.

- **충실도**: 답변이 제공된 문맥과 일치하는지 여부
- **답변 관련성**: 답변이 질문과 얼마나 관련이 있는지 정도

Ragas 문서 사이트(https://oreil.ly/Diugy)에서 실제로 이 지표를 계산하는 자세한 공식을 볼 수 있습니다.

---

[17] Liu Zhang, et al. (2023). Evaluating verifiability in generative search engines. arXiv.org. https://arxiv.org/abs/2304.09848

8.4 요약

언어 모델을 사용해 기존 검색 시스템을 향상하고 새롭고 더 강력한 검색 시스템을 구축하는 여러 방법을 알아보았습니다.

- 밀집 검색은 텍스트 임베딩의 유사도를 기반으로 합니다. 검색 쿼리를 임베딩하고 쿼리 임베딩과 가장 가까운 임베딩을 가진 문서를 추출하는 시스템입니다.
- 리랭커는 쿼리와 후보 결과를 보고, 쿼리에 대해 각 문서의 관련성에 점수를 매기는 (monoBERT와 같은) 시스템입니다. 이런 관련성 점수를 사용해 쿼리에 대한 관련성에 따라 짧은 목록의 결과를 정렬할 수 있습니다. 종종 결과의 순서가 개선됩니다.
- RAG는 파이프라인 끝에 생성 LLM을 가진 검색 시스템입니다. 출처를 인용하면서 추출된 문서를 기반으로 답변을 구성합니다.

검색 시스템을 평가하는 방법 중 하나를 살펴보았습니다. MAP을 사용하면 쿼리 테스트 스위트를 사용해 검색 시스템에 점수를 매겨 테스트 쿼리에 대한 관련성을 비교할 수 있습니다. RAG 시스템의 평가는 충실도, 유창성 등의 여러 축이 필요합니다. 이런 지표는 사람 또는 LLM-as-a-judge로 평가할 수 있습니다.

다음 장에서는 언어 모델을 멀티모달multimodal로 만드는 방법과 텍스트뿐만 아니라 이미지에 대해 추론하는 방법을 살펴보겠습니다.

9장
멀티모달 대규모 언어 모델

대규모 언어 모델(LLM)에 대해 생각할 때 멀티모달 능력이 맨 처음 떠오르지는 않을 것입니다. 결국 언어 모델이니까요! 하지만 텍스트 이외의 데이터를 처리할 수 있는 모델이라면 훨씬 유용하리라는 것을 금방 알 수 있습니다. 예를 들어 언어 모델이 사진을 보고 질문에 답할 수 있다면 매우 유용할 것입니다. [그림 9-1]과 같이 (각각을 모달리티^{modality}[1]라고 부르는) 텍스트와 이미지를 다룰 수 있는 모델을 **멀티모달**^{multimodal}이라 부릅니다.

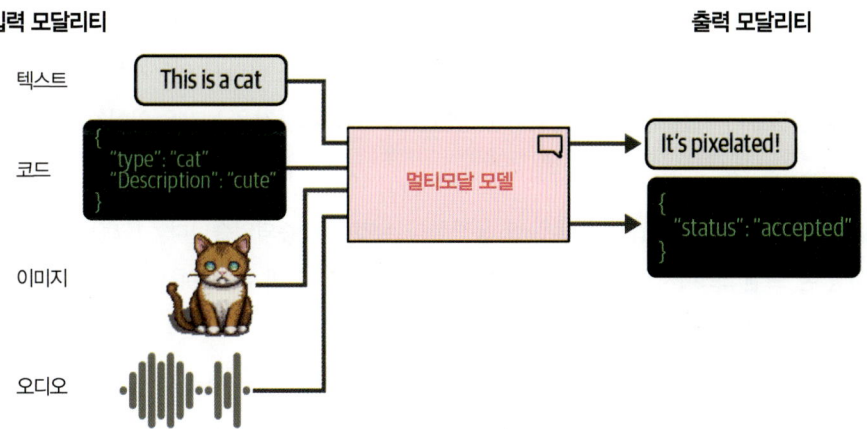

그림 9-1 이미지, 오디오, 비디오, 센서 데이터와 같이 여러 종류(모달리티)의 데이터를 다룰 수 있는 모델을 멀티모달이라 부릅니다. 모델이 한 모달리티를 입력으로 받을 수 있지만 해당 모달리티로 출력을 생성하지 못할 수 있습니다.

---

1 옮긴이_ 모달리티는 데이터의 '유형' 또는 '형태'를 의미합니다.

일반화 능력과 추론부터 산술 계산과 언어학에 이르기까지 LLM에서 보이는 모든 종류의 새로운 행동을 보았습니다. 모델이 점점 커지고 똑똑해짐에 따라 모델의 능력도 위대해지고 있습니다.[2]

멀티모달 입력을 받고 추론하는 능력은 이전에 없던 능력을 발견하고 증대하는 데 도움이 될 수 있습니다. 실제로 언어는 소리로만 존재하는 것이 아닙니다. 신체 언어body language, 얼굴 표정, 억양 등은 모두 대화를 원활하게 하는 소통 방법입니다.

이는 LLM에도 동일하게 적용됩니다. 모델이 멀티모달 정보에 대해 추론할 수 있다면 모델의 능력이 높아지고 새로운 종류의 문제를 푸는 데 적용할 수 있을 것입니다.

이 장에서 멀티모달 능력을 보유한 여러 종류의 LLM을 살펴보고 실제 사례에 어떤 의미가 있는지 알아보겠습니다. 먼저 이미지를 원본 트랜스포머 구조에 적용하기 위해 숫자 표현으로 바꾸는 방법을 알아봅니다. 그다음 이런 트랜스포머를 사용해 LLM을 어떻게 비전 작업으로 확장할 수 있는지 배우겠습니다.

9.1 비전 트랜스포머

지금까지 이 책에서 트랜스포머 기반 모델을 분류와 클러스터링부터 검색과 생성 모델링에 이르기까지 다양한 언어 모델링 작업에 성공적으로 사용했습니다. 따라서 연구자들이 트랜스포머의 성공을 컴퓨터 비전 분야로 일반화하는 방법을 찾으려 하는 것은 놀라운 일이 아닙니다.

그들이 찾은 방법을 비전 트랜스포머Vision Transformer(ViT)라고 부릅니다. 종전의 합성곱 신경망CNN에 비해 이미지 인식 작업에서 매우 잘 동작한다는 것이 입증되었습니다.[3] [그림 9-2]에서 보듯이 원본 트랜스포머처럼 ViT를 사용해 비정형 데이터인 이미지를 분류와 같은 다양한 작업에 사용할 수 있는 표현으로 바꿀 수 있습니다.

ViT는 트랜스포머 구조의 핵심 구성 요소인 인코더에 의존합니다. 1장에서 보았듯이 인코더는 텍스트 입력을 디코더에 전달하기 전에 수치 표현으로 바꾸는 역할을 합니다. 하지만 [그림

---

2 Wei et al. (2022). Emergent abilities of large language models. arXiv.org. *https://arxiv.org/abs/2206.07682*
3 Dosovitskiy et al. (2020). An Image is Worth 16x16 Words: Transformers for Image Recognition at Scale. arXiv.org. *https://arxiv.org/abs/2010.11929*

9-3]처럼 인코더가 제 역할을 수행하기 전에 텍스트 입력이 먼저 토큰으로 바뀌어야 합니다.

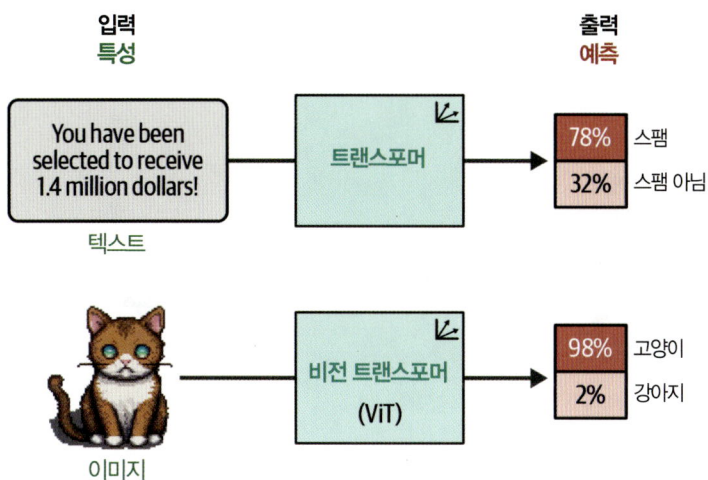

그림 9-2 원본 트랜스포머와 비전 트랜스포머는 모두 비정형 데이터를 입력으로 받아 수치 표현으로 바꾸고, 이를 분류와 같은 작업에 사용합니다.

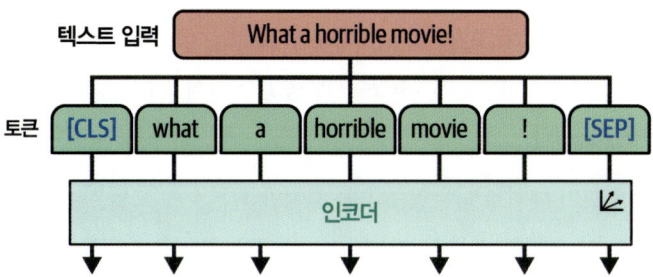

그림 9-3 먼저 텍스트를 토크나이저를 사용해 토큰으로 바꾼 후 한 개 이상의 인코더에 통과시킵니다.

이미지는 단어로 구성되지 않기 때문에 이런 토큰화 단계를 비전 데이터에 사용할 수 없습니다. 대신 ViT 저자들은 이미지를 '단어'로 토큰화하는 방법을 만들었습니다. 이를 통해 원본 인코더 구조를 사용할 수 있습니다.

고양이 이미지가 있다고 가정해 보죠. 이 이미지는 여러 개의 픽셀로 표현됩니다. 예를 들어 512×512 픽셀로 이루어진 이미지가 있다고 해 보죠. 각 개별 픽셀은 많은 정보를 담고 있지 않지만 픽셀의 패치patch를 연결하면 점차 더 많은 정보가 드러나기 시작합니다.

ViT는 이와 유사한 원리를 사용합니다. 텍스트를 토큰으로 분할하는 것처럼 원본 이미지를 이미지 패치로 변환합니다. 다른 말로 하면 [그림 9-4]처럼 이미지를 수평과 수직 방향으로 여러 개의 조각으로 자릅니다.

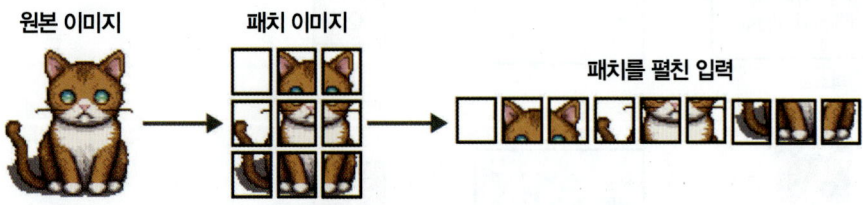

그림 9-4 이미지 입력의 '토큰화' 과정. 이미지를 이미지 패치로 변환합니다.

텍스트를 토큰으로 변환하는 것처럼 이미지를 이미지의 패치로 바꿉니다. 이미지 패치를 펼친 입력을 텍스트에 있는 토큰으로 생각할 수 있습니다. 하지만 토큰과 달리 각 패치에 고유한 ID를 할당할 수 없습니다. 텍스트 어휘사전에 있는 토큰과 달리 이런 패치는 다른 이미지에 나타나는 경우가 거의 없기 때문입니다.

그 대신 패치를 선형적으로 임베딩하여 수치 표현, 즉 임베딩을 만듭니다. 이를 트랜스포머 모델의 입력으로 사용합니다. 이런 식으로 이미지 패치를 토큰과 동일한 방식으로 다룹니다. 전체 과정이 [그림 9-5]에 나타나 있습니다.

설명을 위해 샘플 이미지를 3×3 크기 패치로 나누었습니다. 하지만 원본 ViT 모델은 16×16 크기 패치를 사용합니다. 그래서 이 논문의 제목이 'An Image is Worth 16x16 Words'입니다.

이 방식에서 흥미로운 점은 이 임베딩이 인코더로 전달되면 텍스트 토큰처럼 처리된다는 것입니다. 이 시점부터 텍스트와 이미지를 훈련하는 방식에 차이가 없습니다.

이런 유사성으로 인해 ViT를 온갖 종류의 언어 모델을 멀티모달로 만드는 데 사용합니다. 이를 사용하는 매우 간단한 방법 하나는 임베딩 모델의 훈련 과정에 추가하는 것입니다.

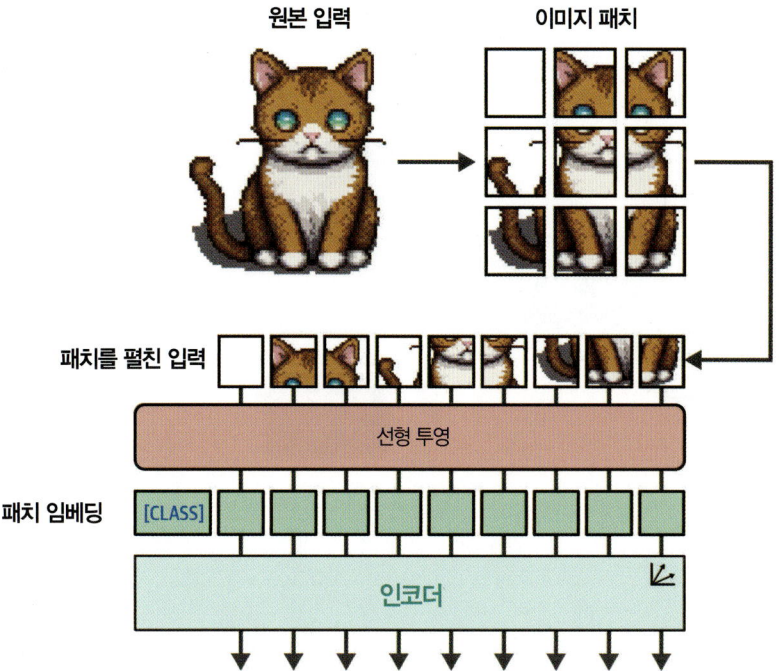

그림 9-5 ViT의 핵심 알고리즘. 이미지를 패치로 나누고 선형 투영한 후, 패치 임베딩이 인코더로 전달되어 텍스트 토큰처럼 처리됩니다.[4]

9.2 멀티모달 임베딩 모델

이전 장에서 임베딩 모델을 사용해 논문이나 문서와 같은 텍스트 표현에 있는 의미를 포착했습니다. 이런 임베딩 또는 수치 표현을 사용해 비슷한 문서를 찾고, 분류 작업을 적용하고, 토픽 모델링을 수행할 수 있었습니다.

앞에서 여러 차례 보았듯이 임베딩은 LLM 애플리케이션을 구성하는 데 핵심 역할을 수행합니다. 대규모 정보를 포착하고 정보의 모래사장에서 바늘을 찾는 효율적인 방법입니다.

지금까지 텍스트만을 위한 임베딩 모델을 살펴보았습니다. 이런 모델은 텍스트 표현을 위한 임베딩을 생성하는 데 초점이 맞추어져 있습니다. 이미지만을 위한 임베딩 모델이 있지만 여기에

---

4 옮긴이_ 원본 ViT 구현은 이미지 패치를 직접 나누고 밀집 층을 사용해 임베딩을 만듭니다. 요즘 비전 트랜스포머 모델은 필터와 스트라이드가 패치 크기와 같고 출력 채널이 임베딩 크기와 같은 합성곱 층을 사용하여 패치 임베딩을 만드는 경우가 많습니다.

서는 [그림 9-6]에서 보듯이 텍스트와 시각 표현을 모두 포착할 수 있는 임베딩 모델을 살펴보겠습니다.

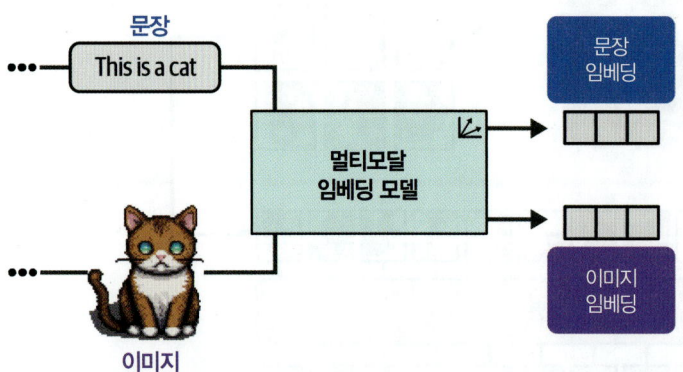

그림 9-6 멀티모달 임베딩 모델은 동일한 벡터 공간 안에 여러 모달리티를 위한 임베딩을 만들 수 있습니다.

만들어진 임베딩이 동일한 벡터 공간에 놓이기 때문에 멀티모달 표현을 비교할 수 있다는 것이 장점입니다(그림 9-7). 예를 들어 멀티모달 임베딩 모델을 사용하면 입력 텍스트를 기반으로 이미지를 찾을 수 있습니다. 'pictures of a puppy'와 비슷한 이미지는 무엇일까요? 반대도 가능합니다. 이는 질문과 관련성이 가장 높은 문서를 찾는 작업과 비슷합니다.

그림 9-7 모달리티가 서로 다르지만 의미가 비슷한 임베딩은 벡터 공간 안에서 서로 가까이 놓입니다.

멀티모달 임베딩 모델이 많지만 가장 유명하고 널리 사용되는 모델은 CLIP[Contrastive Language-Image Pre-training]입니다.

9.2.1 CLIP: 텍스트와 이미지 연결

CLIP은 이미지와 텍스트의 임베딩을 모두 계산할 수 있는 임베딩 모델입니다.[5] 만들어진 임베딩은 동일한 벡터 공간에 놓입니다. 이미지 임베딩을 텍스트 임베딩과 비교할 수 있다는 의미입니다. 이런 비교 능력 덕분에 CLIP 또는 이와 유사한 모델은 다음과 같은 작업에 유용합니다.

- **제로샷 분류**: 이미지 임베딩을 후보 클래스 설명의 임베딩과 비교하여 가장 비슷한 클래스를 찾을 수 있습니다.
- **클러스터링**: 키워드가 어떤 이미지 집합에 속하는지 찾기 위해 이미지와 키워드 집합을 클러스터로 모읍니다.
- **검색**: 수십억 개의 텍스트 또는 이미지에서 입력 텍스트나 이미지에 관련된 결과를 빠르게 찾습니다.
- **생성**: 이미지 생성(예를 들어 스테이블 디퓨전[stable diffusion][6])에 멀티모달 임베딩을 사용합니다.

9.2.2 CLIP이 멀티모달 임베딩을 생성하는 방법

CLIP의 작동 방식은 실제로 매우 간단합니다. [그림 9-8]처럼 수백만 개의 이미지와 캡션으로 구성된 데이터셋이 있다고 상상해 보죠.

그림 9-8 멀티모달 임베딩 모델을 훈련하기 위해 필요한 데이터 유형

---

[5] Radford et al. (2021) Learning transferable visual models from natural language supervision. arXiv.org. *https://arxiv.org/abs/2103.00020*

[6] Rombach et al. (2021). High-Resolution Image Synthesis with Latent Diffusion Models. arXiv.org. *https://arxiv.org/abs/2112.10752*

이 데이터셋을 사용해 이미지와 캡션에 대해 두 개의 표현을 만들 수 있습니다. 이를 위해 CLIP은 텍스트 인코더를 사용해 텍스트를 임베딩하고 이미지 인코더를 사용해 이미지를 임베딩합니다. [그림 9-9]에서 보듯이 이미지와 이와 관련된 캡션을 위한 임베딩이 만들어집니다.

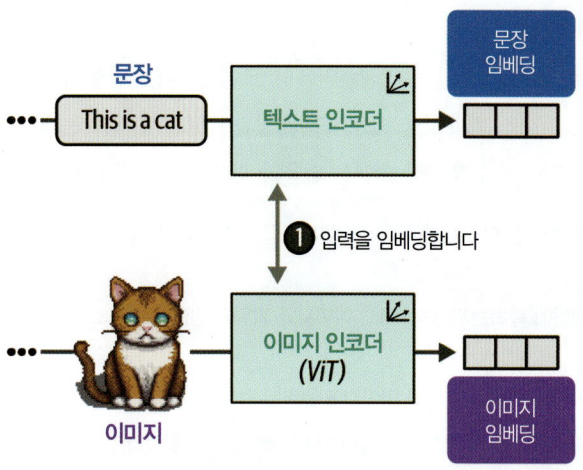

그림 9-9 CLIP 훈련의 첫 번째 단계에서 이미지 인코더와 텍스트 인코더를 사용해 이미지와 텍스트를 각각 임베딩합니다.

생성된 임베딩 쌍을 코사인 유사도로 비교합니다. 4장에서 보았듯이 코사인 유사도는 벡터 사이의 각도입니다. 두 임베딩을 내적하고 각각의 길이로 나누어 계산합니다.

훈련을 시작할 때 이미지 임베딩과 텍스트 임베딩 사이의 유사도는 매우 낮습니다. 두 임베딩이 동일 벡터 공간에서 아직 최적화되지 않았기 때문입니다. 훈련하는 동안 두 임베딩 사이의 유사도를 최적화합니다. 즉 비슷한 이미지/캡션 쌍에서는 유사도를 최대화하고 비슷하지 않은 이미지/캡션 쌍에서는 최소화합니다(그림 9-10).

유사도를 계산한 후, 모델이 업데이트되고 새로운 배치 데이터와 업데이트된 표현으로 다시 이 과정이 시작됩니다(그림 9-11). 이 방법을 **대조 학습**contrastive learning이라 부르며 직접 임베딩 모델을 만들어 보는 10장에서 내부 작동 방식을 자세히 알아보겠습니다.

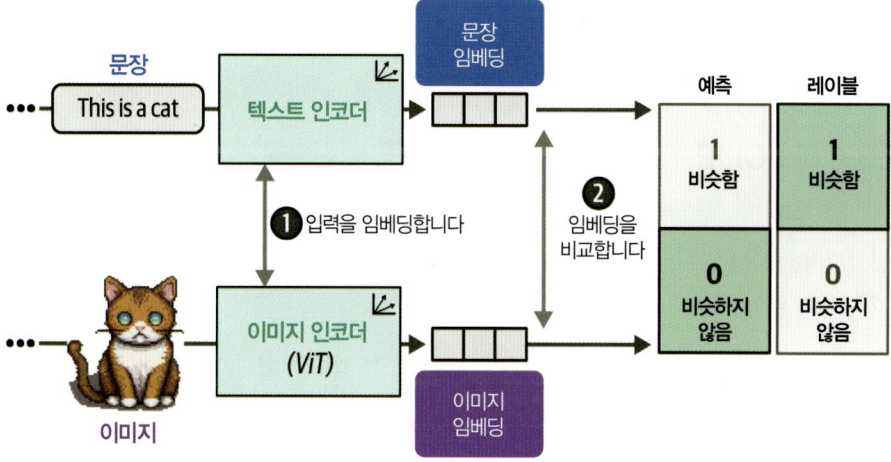

그림 9-10 CLIP 훈련의 두 번째 단계에서 코사인 유사도를 사용해 문장 임베딩과 이미지 임베딩 사이의 유사도를 계산합니다.

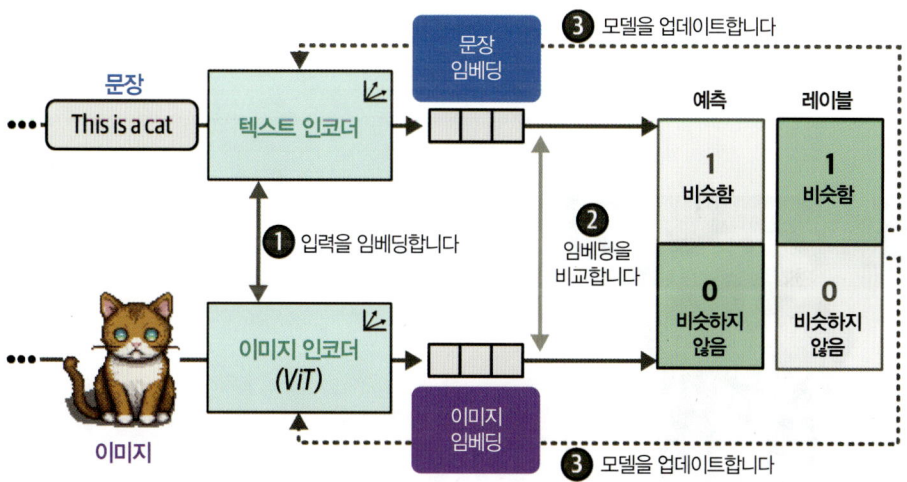

그림 9-11 CLIP 훈련의 세 번째 단계에서 기대하는 유사도와 일치하도록 텍스트 인코더와 이미지 인코더가 업데이트됩니다. 입력이 비슷하다면 벡터 공간에서 가까이 위치하도록 임베딩을 업데이트하게 됩니다.

결국 고양이 이미지의 임베딩이 'a picture of a cat'이란 텍스트의 임베딩과 비슷해질 거라 예상할 수 있습니다. 10장에서 보겠지만 가능한 한 정확한 표현을 만들기 위해 관련 없는 이미지와 캡션을 사용하는 네거티브 샘플이 훈련 과정에 포함되어야 합니다. 유사도 모델링을 통해 무엇이 서로를 비슷하게 만드는지뿐만 아니라 무엇이 서로 다르게 만드는지도 배웁니다.

9.2.3 OpenCLIP

다음 예에서 CLIP의 오픈 소스 버전인 OpenCLIP(*https://oreil.ly/op9BP*) 모델을 사용하겠습니다. OpenCLIP 또는 다른 어떤 CLIP 모델을 사용한다는 것은 텍스트 입력과 이미지 입력을 처리하여 메인 모델로 보낸다는 의미입니다.

그에 앞서 AI(스테이블 디퓨전)로 생성한, 눈 속에서 노는 강아지 이미지(그림 9-12)를 사용해 간단한 예제를 살펴보겠습니다.

```python
from urllib.request import urlopen
from PIL import Image

# AI로 생성한 이미지를 로드합니다.
puppy_path = "https://bit.ly/4jYqmPu"
image = Image.open(urlopen(puppy_path)).convert("RGB")

caption = "a puppy playing in the snow"
```

그림 9-12 AI로 생성한 눈 속 강아지 이미지

이 이미지의 캡션이 있으므로 OpenCLIP을 사용해 이미지와 텍스트의 임베딩을 모두 생성할 수 있습니다.

이를 위해 세 개의 모델을 로드해야 합니다.

- 텍스트 입력을 토큰화하기 위한 토크나이저[7]
- 이미지를 전처리하고 크기를 바꾸기 위한 전처리기
- 위의 두 출력을 임베딩으로 바꾸는 메인 모델

```python
from transformers import CLIPTokenizerFast, CLIPProcessor, CLIPModel

model_id = "openai/clip-vit-base-patch32"

# 텍스트 전처리를 위한 토크나이저를 로드합니다.
clip_tokenizer = CLIPTokenizerFast.from_pretrained(model_id)

# 이미지 전처리를 위한 전처리기를 로드합니다.
clip_processor = CLIPProcessor.from_pretrained(model_id)

# 텍스트 임베딩과 이미지 임베딩을 생성하기 위한 메인 모델
model = CLIPModel.from_pretrained(model_id)
```

모델을 로드한 다음 입력을 전처리하는 과정은 간단합니다. 입력을 전처리하면 어떻게 바뀌는지 토크나이저부터 살펴보죠.

```python
# 입력을 토큰으로 나눕니다.
inputs = clip_tokenizer(caption, return_tensors="pt")
inputs
```

이 출력은 입력 ID를 담고 있는 딕셔너리입니다.

```
{'input_ids': tensor([[49406, 320, 6829, 1629, 530, 518, 2583, 49407]]), 'attention_mask': tensor([[1, 1, 1, 1, 1, 1, 1, 1]])}
```

이 ID가 무엇을 나타내는지 확인하기 위해 convert_ids_to_tokens 함수를 사용해 ID를 토큰으로 바꿀 수 있습니다.

---

[7] 옮긴이_ 허깅 페이스 transformers 라이브러리에서 제공하는 ~TokenizerFast 클래스는 러스트(rust)로 작성된 허깅 페이스의 tokenizers 라이브러리를 기반으로 구현되었으며 파이썬 버전인 ~Tokenizer 클래스보다 성능이 뛰어납니다. 사실 CLIPProcessor가 CLIPTokenizerFast를 사용해 토큰화를 수행할 수 있기 때문에 토크나이저를 따로 로드할 필요는 없습니다.

```
# 입력 ID를 토큰으로 되돌립니다.
clip_tokenizer.convert_ids_to_tokens(inputs["input_ids"][0])
```

출력 결과는 다음과 같습니다.

```
['<|startoftext|>',
 'a</w>',
 'puppy</w>',
 'playing</w>',
 'in</w>',
 'the</w>',
 'snow</w>',
 '<|endoftext|>']
```

이전에 자주 보았듯이 텍스트는 토큰으로 분할됩니다. 또한 나중에 이미지 임베딩과 구분되도록 텍스트의 시작과 끝 토큰이 추가되었습니다. 결과 중에 [CLS] 토큰이 없다는 것도 볼 수 있습니다. CLIP에서 [CLS] 토큰은 이미지 임베딩을 표현하는 데 사용됩니다.[8]

캡션을 전처리했으므로 임베딩을 만들어 보죠.

```
# 텍스트 임베딩을 만듭니다.
text_embedding = model.get_text_features(**inputs)
text_embedding.shape
```

하나의 문자열에 대한 임베딩 결과는 512개의 값입니다.

```
torch.Size([1, 512])
```

이미지 임베딩을 만들기 전에 텍스트 임베딩을 만들 때처럼 전처리해야 합니다. 모델이 크기와 같은 속성을 가진 텐서 형태의 입력 이미지를 기대하기 때문입니다.

이를 위해 앞서 로드한 `clip_processor`를 사용합니다.[9]

---

8 옮긴이_ CLIP 모델은 텍스트의 경우 마지막 토큰(EOS)의 임베딩을 사용하고, 이미지의 경우 첫 번째 토큰(CLS)의 임베딩을 사용합니다.
9 옮긴이_ 이와 비슷하게 다음처럼 text 매개변수에 캡션을 전달하여 토큰화를 수행할 수 있습니다.
`inputs = clip_processor(text=caption, return_tensors='pt')`

```python
# 이미지를 전처리합니다.
processed_image = clip_processor(
    text=None, images=image, return_tensors="pt"
)["pixel_values"]

processed_image.shape
```

원본 이미지 크기는 512×512 픽셀입니다. 이 이미지를 전처리하여 모델이 기대하는 224×224 크기로 줄였습니다.

```
torch.Size([1, 3, 224, 224])
```

전처리된 결과를 시각화해 보죠(그림 9-13).

```python
import torch
import numpy as np
import matplotlib.pyplot as plt

# 시각화를 이해 이미지를 준비합니다.
img = processed_image.squeeze(0)
img = img.permute(*torch.arange(img.ndim - 1, -1, -1))
img = np.einsum("ijk->jik", img)

# 전처리된 이미지를 출력합니다.
plt.imshow(img)
plt.axis("off")
```

그림 9-13 CLIP으로 전처리된 입력 이미지

전처리된 이미지를 임베딩으로 변환하려면 이전처럼 모델을 호출해야 합니다. 그리고 반환된 결과의 크기를 확인해 보죠.

```
# 이미지 임베딩을 만듭니다.
image_embedding = model.get_image_features(processed_image)
image_embedding.shape
```

출력된 크기는 다음과 같습니다.

```
torch.Size([1, 512])
```

이미지 임베딩의 크기가 텍스트 임베딩의 크기와 같습니다. 두 임베딩을 비교하고 비슷한지 확인할 수 있기 때문에 크기가 같다는 사실은 중요합니다.

두 임베딩을 사용해 얼마나 비슷한지 계산할 수 있습니다. 점곱을 계산하기 전에 먼저 임베딩을 정규화하고 유사도 점수를 계산하겠습니다.

```
# 임베딩을 정규화합니다.
text_embedding /= text_embedding.norm(dim=-1, keepdim=True)
image_embedding /= image_embedding.norm(dim=-1, keepdim=True)

# 유사도를 계산합니다.
text_embedding = text_embedding.detach().cpu().numpy()
image_embedding = image_embedding.detach().cpu().numpy()
score = np.dot(text_embedding, image_embedding.T)
score
```

출력 점수는 다음과 같습니다.

```
array([[0.33149648]], dtype=float32)
```

0.33이란 유사도 점수를 해석하기 어렵습니다. 모델이 생각하는 낮은 유사도 점수와 높은 유사도 점수에 대해 알지 못하기 때문입니다. 대신 이 예제를 [그림 9-14]와 같이 다른 이미지와 캡션으로 확장해 보겠습니다.[10]

---

[10] 옮긴이_ 이 그림을 출력하는 코드는 깃허브에 있는 주피터 노트북을 참고하세요.

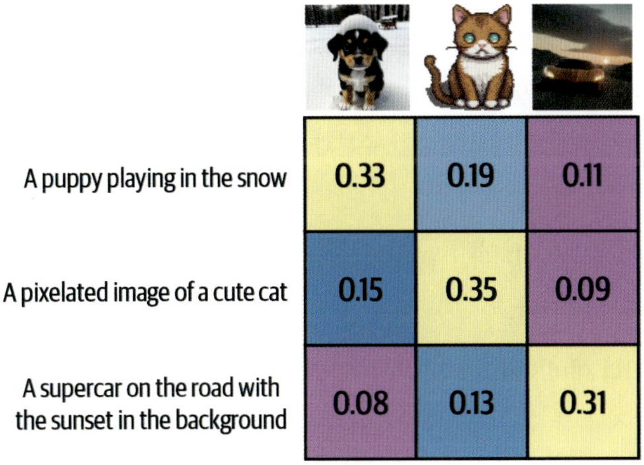

그림 9-14 세 개의 이미지와 캡션 사이의 유사도 행렬

이미지와 캡션이 다른 경우에 해당하는 유사도 점수와 비교해 보면 0.33이라는 점수가 높은 것 같습니다.

> **sentence-transformers를 사용해 CLIP 로드하기**
>
> sentence-transformers는 임베딩을 훨씬 쉽게 만들 수 있는 CLIP 기반 모델을 몇 개 제공합니다. 다음처럼 몇 줄의 코드만으로 만들 수 있습니다.
>
> ```python
> from sentence_transformers import SentenceTransformer, util
>
> # SBERT 호환 CLIP 모델을 로드합니다.
> model = SentenceTransformer("clip-ViT-B-32")
>
> # 이미지를 인코딩합니다.
> image_embeddings = model.encode(images)
>
> # 캡션을 인코딩합니다.
> text_embeddings = model.encode(captions)
>
> # 코사인 유사도를 계산합니다.
> sim_matrix = util.cos_sim(
>     image_embeddings, text_embeddings
> )
> ```

9.3 텍스트 생성 모델을 멀티모달로 만들기

예상할 수 있겠지만 전통적으로 텍스트 생성 모델은 텍스트 표현을 해석하는 모델입니다. Llama 2와 ChatGPT 같은 모델은 텍스트 정보에 대한 추론과 자연어로 대답하는 능력이 뛰어납니다.

하지만 훈련된 모달리티인 텍스트에 국한됩니다. 멀티모달 임베딩 모델에서 보았듯이 비전을 갖추면 모델의 능력을 향상시킬 수 있습니다.

텍스트 생성 모델의 경우 특정 입력 이미지에 대해 추론할 수 있습니다. 예를 들어, 피자 이미지를 주고 어떤 재료가 들어 있는지 물을 수 있습니다. 에펠탑 사진을 보여 주고 언제 지어졌는지 어디에 있는지 물어볼 수도 있습니다. [그림 9-15]에 이런 대화 능력이 잘 나타났습니다.

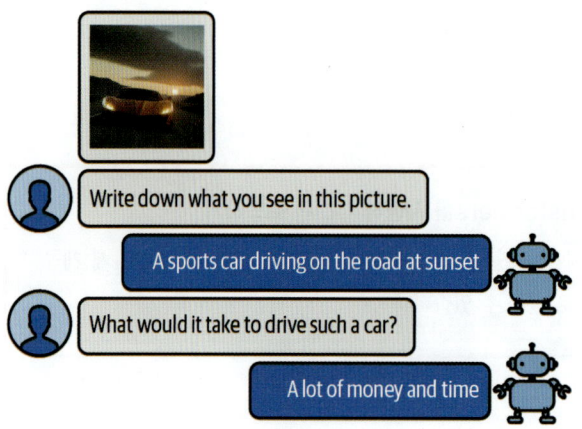

그림 9-15 멀티모달 텍스트 생성 모델(BLIP-2)이 입력 이미지에 대해 추론하는 예

두 도메인 사이의 간극을 메꾸기 위해 기존 모델에 멀티모달 기능을 추가하려는 시도가 있었습니다. 그 방법 중 하나가 BLIP-2입니다.[11] BLIP-2는 기존 언어 모델에 비전 능력을 손쉽게 추가할 수 있는 쉬운 모듈식 기법을 사용합니다.

---

[11] Li et al. (2023). BLIP-2: Bootstrapping Language-Image Pre-training with Frozen Image Encoders and Large Language Models. arXiv.org. *https://arxiv.org/abs/2301.12597*

9.3.1 BLIP-2: 모달리티 간극 메꾸기

밑바닥부터 멀티모달 언어 모델을 만들려면 엄청난 양의 컴퓨팅 전력과 데이터가 필요합니다. 이런 모델을 훈련하려면 수십억 개의 이미지, 텍스트, 이미지-텍스트 쌍을 사용해야 합니다. 상상할 수 있겠지만 현실적으로 매우 어렵습니다!

BLIP-2는 밑바닥부터 모델을 구축하는 대신 Q-포머Querying Transformer로 비전과 언어 사이의 간극을 메꿉니다. 이를 위해 Q-포머는 사전 훈련된 이미지 인코더와 사전 훈련된 LLM 사이에 다리를 연결합니다.

사전 훈련된 모델을 활용하므로 밑바닥부터 이미지 인코더와 LLM을 훈련할 필요 없이 BLIP-2는 다리만 훈련하면 됩니다. 이미 존재하는 기술과 모델을 잘 활용한 것이죠! 이 다리가 [그림 9-16]에 나타나 있습니다.

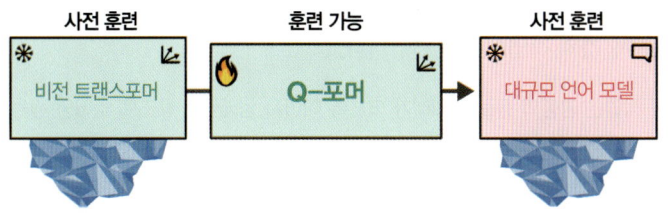

그림 9-16 Q-포머는 비전ViT과 텍스트LLM 사이의 다리이며 이 파이프라인에서 훈련 가능한 유일한 요소입니다.

두 개의 사전 훈련된 모델을 연결하기 위해 Q-포머는 이들의 구조를 흉내냅니다. Q-포머는 어텐션 층을 공유하는 두 개의 모듈로 구성됩니다.[12]

- 특성 추출을 위해 동결된 비전 트랜스포머와 상호작용하는 이미지 트랜스포머
- LLM과 상호작용할 수 있는 텍스트 트랜스포머

[그림 9-17]에 나타나 있듯이 Q-포머는 모달리티마다 하나씩 두 단계로 훈련됩니다.

단계 1에서 이미지-문서 쌍을 사용해 이미지와 텍스트를 모두 표현하도록 Q-포머를 훈련합니다. CLIP을 훈련할 때 보았듯이 이 데이터 쌍은 일반적으로 이미지 캡션입니다.

---

[12] 옮긴이_ 실제로 Q-포머는 BERT 기반 트랜스포머 모델의 하나입니다. 캡션 텍스트를 처리할 때는 크로스 어텐션을 건너뛰는 식으로 훈련하기 때문에 셀프 어텐션 층을 공유하는 두 개의 하위 모듈로 생각할 수 있습니다. 크로스 어텐션은 짝수 번째 인코더에만 추가됩니다.

이미지를 동결된 ViT에 주입하여 비전 임베딩을 얻습니다. 이 임베딩을 Q-포머의 비전 트랜스포머를 위한 입력으로 사용합니다. 캡션은 Q-포머의 텍스트 트랜스포머에 입력됩니다.

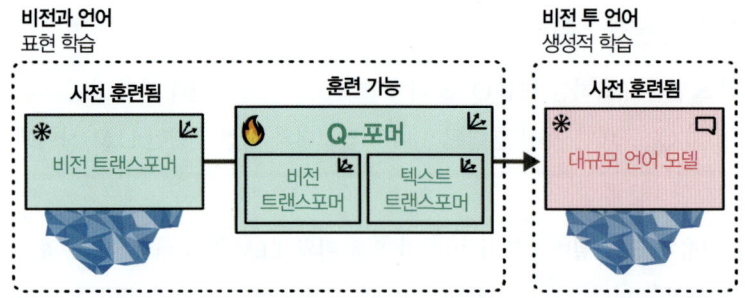

그림 9-17 단계 1에서 표현 학습이 적용되어 비전과 언어 표현을 동시에 학습합니다. 단계 2에서 이 표현이 소프트 시각 프롬프트soft visual prompt[13]로 변환되어 LLM에 주입됩니다.

이런 입력을 사용해 Q-포머는 세 가지 작업에서 훈련됩니다.

- **이미지-텍스트 대조 학습**: 이 작업은 공동의 정보가 최대가 되도록 이미지 임베딩과 텍스트 임베딩 쌍을 정렬합니다.
- **이미지-텍스트 매칭**: 이미지와 텍스트 쌍이 양성(일치함)인지 음성(일치하지 않음)인지 예측하는 분류 작업입니다.
- **이미지 기반 텍스트 생성**: 입력 이미지에서 추출한 정보를 바탕으로 텍스트를 생성하기 위해 모델을 훈련합니다.

이런 세 개의 목적이 함께 최적화되어 동결된 ViT에서 추출한 시각 표현을 향상시킵니다. 어떤 면에서는 나중에 LLM에 사용할 수 있도록 동결된 ViT의 임베딩에 텍스트 정보를 주입하는 것과 같습니다. BLIP-2의 첫 단계가 [그림 9-18]에 나타나 있습니다.

---

[13] 옮긴이_ 소프트 프롬프트는 사람이 직접 입력한 하드 프롬프트(hard prompt)가 아니라 임베딩 벡터 수준의 프롬프트를 의미합니다.

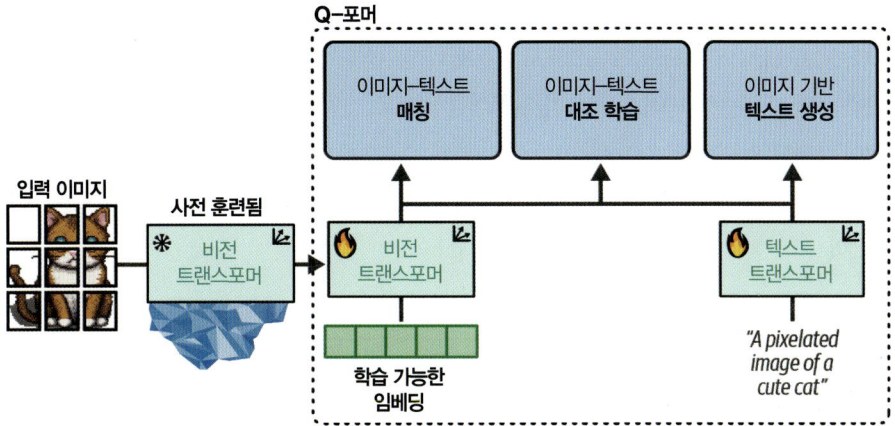

그림 9-18 단계 1에서 동결된 ViT의 출력과 캡션을 함께 사용하여 대조 학습과 유사한 세 개의 작업에서 훈련되어 시각-텍스트 표현을 학습합니다.

단계 1에서 얻은 학습 가능한 임베딩[14]에는 텍스트 정보와 동일한 차원 공간에 시각 정보가 담깁니다. 단계 2에서 이 학습 가능한 임베딩을 LLM에게 전달합니다. 어떤 면에서 이 임베딩은 Q-포머에서 추출한 시각 정보로 LLM에게 조건을 부여하는 소프트 시각 프롬프트로 동작합니다.

또한 그 사이에는 학습 가능한 임베딩을 LLM이 기대하는 크기에 맞추기 위한 완전 연결 층이 있습니다. 비전을 언어로 바꾸는 이 두 번째 단계가 [그림 9-19]에 나타나 있습니다.

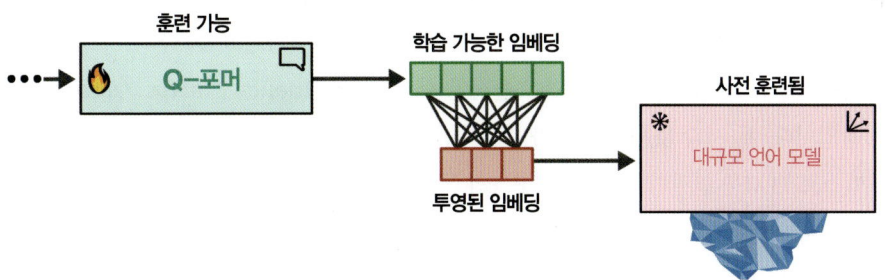

그림 9-19 단계 2에서는 Q-포머에서 만든 학습 가능한 임베딩을 선형 투영 층을 통해 LLM에게 전달합니다. 이 투영 임베딩이 소프트 시각 프롬프트로 동작합니다.

---

14 옮긴이_ 이를 쿼리 토큰(query token)이라고도 부릅니다. Q-포머의 크로스 어텐션 층에서는 동결된 ViT에서 얻은 이미지 임베딩이 키와 값으로 사용되고 쿼리 토큰이 쿼리로 사용됩니다. BLIP-2는 32개의 쿼리 토큰을 사용하며 랜덤하게 초기화된 후 훈련을 통해 최적의 쿼리 토큰을 학습합니다.

이 두 단계를 합치면 Q-포머가 동일 차원의 공간에서 시각 표현과 텍스트 표현을 학습할 수 있습니다. 이를 LLM의 소프트 프롬프트로 사용합니다. 결과적으로 프롬프트로 LLM에게 문맥을 제공하는 것과 비슷한 방식으로 이미지에 대한 정보를 제공할 수 있습니다. [그림 9-20]에 전 과정이 나타나 있습니다.

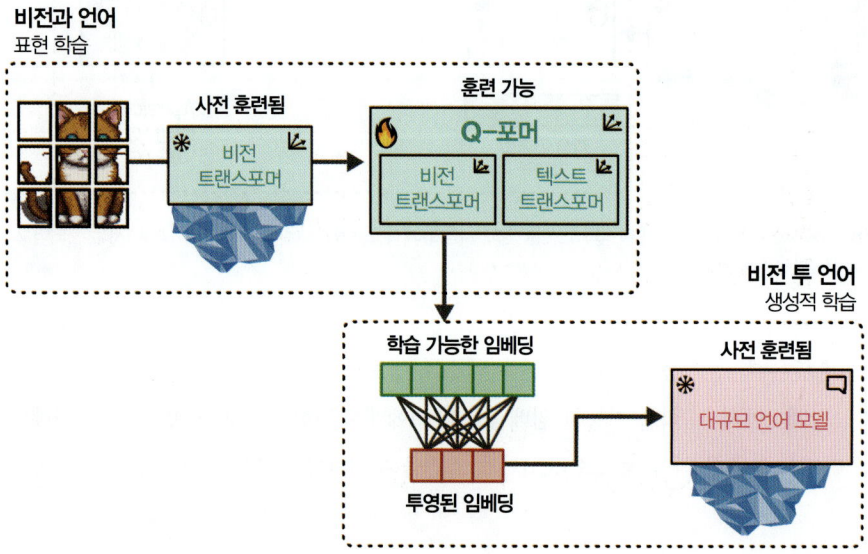

그림 9-20 BLIP-2의 전 과정

BLIP-2 이후로 프로세스가 비슷한 시각 LLM이 많이 출시되었습니다. 텍스트 LLM을 멀티모달로 만들기 위한 프레임워크인 LLaVA(*https://oreil.ly/_Gf9D*)나 미스트랄 7B LLM(*https://oreil.ly/6PQ8E*) 기반의 효율적인 시각 LLM인 Idefics 2(*https://oreil.ly/xbIuQ*) 등입니다. 두 시각 LLM은 구조가 다르지만 모두 CLIP과 유사한 사전 훈련된 비전 인코더와 텍스트 LLM을 연결합니다. 이런 구조의 목표는 입력 이미지에서 얻은 시각 특성을 언어 임베딩에 투영하여 LLM의 입력으로 사용할 수 있게 만드는 것입니다. Q-포머와 비슷하게 이미지와 텍스트 사이의 간극을 메우려는 시도입니다.

9.3.2 멀티모달 입력 전처리

BLIP-2를 만드는 방법을 알았습니다. 이런 모델을 사용하는 사용 사례는 이미지 캡셔닝image captioning, 시각 자료가 포함된 질문에 대한 답변, 프롬프트 수행에 국한되지 않고 흥미로운 사례가 많이 있습니다.

일부 사용 사례를 살펴보기 전에 먼저 모델을 로드하고 어떻게 사용하는지 알아보죠.

```
from transformers import AutoProcessor, Blip2ForConditionalGeneration
import torch

# 전처리기와 메인 모델을 로드합니다.
blip_processor = AutoProcessor.from_pretrained("Salesforce/blip2-opt-2.7b")
model = Blip2ForConditionalGeneration.from_pretrained(
    "Salesforce/blip2-opt-2.7b",
    torch_dtype=torch.float16
)

# 추론 속도를 높이기 위해 모델을 GPU에 전송합니다.
device = "cuda" if torch.cuda.is_available() else "cpu"
model.to(device)
```

> **TIP** model.vision_model과 model.language_model을 확인하면 BLIP-2 모델에서 각각 어떤 ViT 모델과 생성 모델이 사용되었는지 알 수 있습니다.[15]

전체 파이프라인을 만들기 위해 두 개의 구성 요소인 전처리기와 모델을 로드했습니다. 전처리기는 언어 모델의 토크나이저와 비교할 수 있습니다. 이미지와 텍스트 같은 비정형 입력을 모델이 일반적으로 기대하는 표현으로 변환합니다.

이미지 전처리

전처리기로 이미지를 어떻게 변환하는지 살펴보죠. 예시를 위해 자동차 이미지를 로드하겠습니다.

---

[15] 옮긴이_ 허깅 페이스에 있는 BLIP-2는 메타에서 2022년 공개한 3억 개 이상의 파라미터를 가진 OPT 모델을 생성 언어 모델로 사용합니다.

```python
# 수퍼카 이미지를 로드합니다.
car_path = "https://bit.ly/4cR4rHs"
image = Image.open(urlopen(car_path)).convert("RGB")

image
```

이 이미지의 크기는 520×492 픽셀이며 일반적이지 않은 크기입니다. 전처리기가 어떻게 이미지를 처리하는지 알아보죠.

```python
# 이미지를 전처리합니다.
inputs = blip_processor(image, return_tensors="pt").to(device, torch.float16)
inputs["pixel_values"].shape
```

출력 결과는 다음과 같습니다.

```
torch.Size([1, 3, 224, 224])
```

224×224 크기의 이미지가 만들어졌습니다. 원본 이미지보다 훨씬 작네요! 또한 원래 크기와 달리 정사각형 이미지로 변경되었습니다. 폭이 매우 넓거나 좁은 이미지를 입력하면 왜곡이 많이 일어나므로 주의하세요.

텍스트 전처리

이어서 텍스트 전처리를 수행해 보겠습니다. 먼저 입력 텍스트를 토큰화하는 데 사용되는 토크나이저를 확인해 보죠.

```
blip_processor.tokenizer
```

출력은 다음과 같습니다.

```
GPT2TokenizerFast(name_or_path='Salesforce/blip2-opt-2.7b', vocab_size=50265, model_
max_length=1000000000000000019884624838656, is_fast=True, padding_side='right',
truncation_side='right', special_tokens={'bos_token': '</s>', 'eos_token': '</s>',
'unk_token': '</s>', 'pad_token': '<pad>'}, clean_up_tokenization_spaces=True),
added_tokens_decoder={
1: AddedToken("<pad>", rstrip=False, lstrip=False, single_word=False, normalized=
True, special=True),
2: AddedToken("</s>", rstrip=False, lstrip=False, single_word=False, normalized=True,
special=True),
}
```

BLIP-2 모델은 GPT2Tokenizer를 사용합니다. 2장에서 설명했듯이 토크나이저가 입력 텍스트를 처리하는 방식은 저마다 크게 다를 수 있습니다.

GPT2Tokenizer의 작동 방식을 알아보기 위해 짧은 문장으로 테스트해 보죠. 문장을 토큰 ID로 바꾼 후 다시 토큰으로 되돌립니다.[16]

```
# 텍스트를 전처리합니다.
text = "Her vocalization was remarkably melodic"
token_ids = blip_processor(image, text=text, return_tensors="pt")
token_ids = token_ids.to(device, torch.float16)["input_ids"][0]

# 입력 ID를 토큰으로 되돌립니다.
tokens = blip_processor.tokenizer.convert_ids_to_tokens(token_ids)
tokens
```

---

[16] 옮긴이_ 책의 출력 결과에는 나오지 않지만, 실제로는 Q-포머가 쿼리 토큰을 사용해 이미지에서 추출한 시각 정보를 덧붙이기 위한 32개의 <image> 토큰이 token_ids에 추가되어 있습니다.

출력된 토큰은 다음과 같습니다.

```
['</s>', 'Her', 'Ġvocal', 'ization', 'Ġwas', 'Ġremarkably', 'Ġmel', 'odic']
```

토큰을 살펴보면 일부 토큰에 Ġ 같은 이상한 기호가 있음을 볼 수 있습니다. 이 기호는 사실 공백을 의미합니다. 하지만 인쇄가 가능하도록 특정 코드 포인트의 문자에 256만큼 더한 문자를 사용합니다. 결과적으로 공백(코드 포인트 32)은 Ġ 문자(코드 포인트 288)가 됩니다.

이해하기 쉽도록 밑줄 문자로 변환하겠습니다.

```
# 특수 토큰을 밑줄 문자로 바꿉니다.
tokens = [token.replace("Ġ", "_") for token in tokens]
tokens
```

출력 결과가 훨씬 낫군요.

```
['</s>', 'Her', '_vocal', 'ization', '_was', '_remarkably', '_mel', 'odic']
```

결과를 보면 밑줄 문자가 단어의 시작을 나타냅니다. 이를 통해 여러 토큰으로 구성된 단어를 구별할 수 있습니다.[17]

9.3.3 사용 사례 1: 이미지 캡셔닝

BLIP-2와 같은 모델을 사용하는 가장 간단한 예는 이미지 캡션을 만드는 것입니다. 의류 상품의 설명을 만들고 싶은 상점이나 1,000장이 넘는 결혼식 사진에 수동으로 레이블을 붙일 시간이 없는 사진가를 상상해 보세요.

이미지 캡션을 만드는 과정은 이전에 본 전처리 과정과 비슷합니다. 이미지를 모델이 해석할 수 있는 픽셀 값으로 변환합니다. 이 픽셀 값을 BLIP-2에 전달하여 소프트 시각 프롬프트로 변환합니다. 그다음 LLM이 이를 사용해 적절한 캡션을 생성합니다.

---

[17] 옮긴이_ 밑줄 문자로 시작하지 않는 'ization' 같은 토큰은 어떤 단어의 일부임을 알 수 있습니다.

전처리기를 사용해 수퍼카 이미지를 기대하는 픽셀 값으로 변환합니다.[18]

```
# AI가 생성한 수퍼카 이미지를 로드합니다.
image = Image.open(urlopen(car_path)).convert("RGB")

# 이미지를 전처리하여 입력을 준비합니다.
inputs = blip_processor(image, return_tensors="pt").to(device, torch.float16)
show_image(inputs)
```

다음 단계는 BLIP-2 모델을 사용해 이미지를 토큰 ID로 변환하는 것입니다. 그다음 이 ID를 텍스트(생성된 캡션)로 변환할 수 있습니다.

```
# 이미지 임베딩을 만들고 Q-포머의 출력을 디코더(LLM)에 전달해 토큰 ID를 생성합니다.
generated_ids = model.generate(**inputs, max_new_tokens=20)

# 토큰 ID를 바탕으로 텍스트를 생성합니다.
generated_text = blip_processor.batch_decode(
    generated_ids, skip_special_tokens=True
)
generated_text = generated_text[0].strip()
generated_text
```

---

18 옮긴이_ show_image() 함수 구현은 깃허브에 있는 주피터 노트북을 참고하세요.

generated_text에는 다음과 같은 캡션이 담겨 있습니다.

```
an orange supercar driving on the road at sunset
```

이 이미지를 완벽하게 설명한 것 같군요!

이미지 캡셔닝은 더 복잡한 사용 사례를 다루기 전에 모델에 대해 배울 수 있는 좋은 방법입니다. 자신만의 이미지로 몇 번 더 테스트해 보고 잘 작동하는 경우와 그렇지 않은 경우를 확인해 보세요. 특정 만화 캐릭터나 가상의 창조물과 같은 특정 도메인의 이미지는 캡션을 잘 만들지 못할 수 있습니다. 이 모델은 대량의 공개 데이터에서 훈련되었기 때문입니다.

이 예제를 마치기 전에 로르샤흐 검사$^{Rorschach\ test}$[19]에 사용되는 이미지(그림 9-21)를 가지고 테스트해 보겠습니다. 잉크 얼룩에 대한 개인의 인식을 테스트하는 오래된 심리학 실험입니다. 이런 잉크 무늬를 무엇으로 보는지가 그 사람의 성격 특징에 대해 무언가를 말해 줄 것입니다. 상당히 주관적인 테스트인데 그래서 더 재미있습니다!

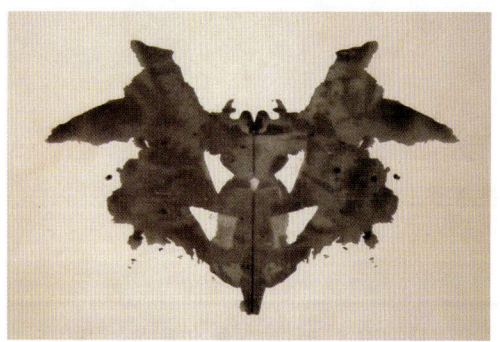

그림 9-21 로르샤흐 검사 이미지. 무엇으로 보이나요?

[그림 9-21]의 이미지를 입력으로 사용해 보죠.

```
# 로르샤흐 이미지를 로드합니다.
url = "https://bit.ly/3GJmrra"
image = Image.open(urlopen(url)).convert("RGB")
```

---

19 옮긴이_ 로르샤흐 검사는 스위스의 정신과 의사 헤르만 로르샤흐(Hermann Rorschach)가 만든 성격 검사 방법입니다. 잉크를 종이에 떨어뜨린 후 접었다 펴서 만들어진 대칭 무늬가 어떻게 보이는지 등을 자유롭게 이야기하는 검사 방법입니다.

```python
# 캡션을 생성합니다.
inputs = blip_processor(image, return_tensors="pt").to(device, torch.float16)
generated_ids = model.generate(**inputs, max_new_tokens=20)
generated_text = blip_processor.batch_decode(
    generated_ids, skip_special_tokens=True
)
generated_text = generated_text[0].strip()
generated_text
```

이전처럼 `generated_text` 변수에 생성된 캡션이 담겨 있습니다.

> a black and white ink drawing of a bat

모델이 어떻게 이 이미지에 이런 설명을 캡션으로 달았는지 이해할 수 있습니다. 이미지는 로르샤흐 검사지니까 캡션에 적힌 텍스트로 모델의 성격을 맞혀 볼까요?

9.3.4 사용 사례 2: 채팅 기반 멀티모달 프롬프트

이미지 캡셔닝이 중요한 작업이지만 이를 더 확장할 수 있습니다. 이전 예제에서 비전(이미지) 모달리티 하나를 다른 모달리티인 텍스트(캡션)로 전환했습니다.

이런 선형적인 흐름 대신에 동시에 두 모달리티를 제시하여 시각 질문 답변^{visual question answering} 작업을 수행할 수 있습니다. 이 사용 사례에서는 모델에게 이미지와 이미지에 대한 질문을 전달합니다. 따라서 모델은 이미지와 질문을 동시에 처리해야 합니다.

수퍼카 이미지를 사용해서 BLIP-2 모델에게 이미지에 대해 설명하라고 요청해 보죠. 먼저 이전에 했던 것처럼 이미지를 전처리해야 합니다.

```python
# AI로 생성한 수퍼카 이미지를 로드합니다.
image = Image.open(urlopen(car_path)).convert("RGB")
```

시각 질문 답변 작업을 수행하려면 BLIP-2에 이미지 말고 프롬프트를 제공해야 합니다. 프롬프트를 제공하지 않으면 이전처럼 모델이 캡션을 생성할 것입니다. 위의 이미지에 대해 설명하라고 모델에게 요청해 보겠습니다.

```python
# 시각 질문 답변
prompt = "Question: Write down what you see in this picture. Answer:"

# 이미지와 프롬프트를 모두 전처리합니다.
inputs = blip_processor(image, text=prompt, return_tensors="pt").to(device, torch.float16)

# 텍스트를 생성합니다.
generated_ids = model.generate(**inputs, max_new_tokens=30)
generated_text = blip_processor.batch_decode(
    generated_ids, skip_special_tokens=True
)
generated_text = generated_text[0].strip()
generated_text
```

출력은 다음과 같습니다.

```
A sports car driving on the road at sunset
```

올바른 설명을 만들었습니다. 하지만 질문이 모델에게 캡션을 만들라는 것이기 때문에 다소 간단한 예입니다. 이어서 채팅 방식으로 후속 질문을 던질 수 있습니다.

이렇게 하려면 모델에게 질문과 답변을 포함한 이전 대화를 전달해야 합니다. 그다음 이어서 질문해 보죠.

```python
# 채팅 스타일의 프롬프트
prompt = "Question: Write down what you see in this picture. Answer: A sports car driving on the road at sunset. Question: What would it cost me to drive that car? Answer:"

# 출력을 생성합니다.
inputs = blip_processor(image, text=prompt, return_tensors="pt").to(device, torch.float16)
generated_ids = model.generate(**inputs, max_new_tokens=30)
generated_text = blip_processor.batch_decode(
    generated_ids, skip_special_tokens=True
)
generated_text = generated_text[0].strip()
generated_text
```

출력은 다음과 같습니다.

```
$1,000,000
```

매우 구체적인 가격이군요! 이 예제는 채팅과 유사한 BLIP-2의 동작을 보여 주며 흥미로운 대화를 가능하게 합니다.

마지막으로 ipywidgets을 사용해 대화형 챗봇을 만들어 이 과정을 더 매끄럽게 만들 수 있습니다. ipywidgets은 주피터 노트북의 확장으로 인터랙티브한 버튼, 입력 상자 등을 만들 수 있습니다.

```python
from IPython.display import HTML, display
import ipywidgets as widgets

def text_eventhandler(*args):
    question = args[0]["new"]
    if question:
        args[0]["owner"].value = ""

        # 프롬프트를 만듭니다.
        if not memory:
            prompt = " Question: " + question + " Answer:"
        else:
            template = "Question: {} Answer: {}."
            prompt = " ".join(
                [
                    template.format(memory[i][0], memory[i][1])
                    for i in range(len(memory))
                ]
            ) + " Question: " + question + " Answer:"

        # 텍스트를 생성합니다.
        inputs = blip_processor(image, text=prompt, return_tensors="pt")
        inputs = inputs.to(device, torch.float16)
        generated_ids = model.generate(**inputs, max_new_tokens=100)
        generated_text = blip_processor.batch_decode(
            generated_ids,
            skip_special_tokens=True
        )
        generated_text = generated_text[0].strip().split("Question")[0]
```

```python
# 메모리를 업데이트합니다.
memory.append((question, generated_text))

# 출력에 할당합니다.
output.append_display_data(HTML("<b>USER:</b> " + question))
output.append_display_data(HTML("<b>BLIP-2:</b> " + generated_text))
output.append_display_data(HTML("<br>"))

# 위젯을 준비합니다.
in_text = widgets.Text()
in_text.continuous_update = False
in_text.observe(text_eventhandler, "value")
output = widgets.Output()
memory = []

# 채팅 상자를 출력합니다.
display(
    widgets.VBox(
        children=[output, in_text],
        layout=widgets.Layout(display="inline-flex", flex_flow="column-reverse"),
    )
)
```

대화를 계속하면서 많은 질문을 할 수 있습니다. 이런 채팅 기반 방식을 사용해 이미지에 대해 추론할 수 있는 챗봇을 만들었습니다!

9.4 요약

텍스트 표현과 시각 표현 사이에 다리를 놓아 멀티모달 LLM을 만드는 다양한 방법을 살펴보았습니다. 이미지를 수치 표현으로 바꾸는 모델인 비전 트랜스포머로 시작했습니다. 이를 위해 모델이 이미지 인코더와 패치 임베딩을 사용하며 다양한 크기의 이미지를 처리할 수 있습니다.

그다음 CLIP을 사용해 이미지와 텍스트를 수치 표현으로 바꿀 수 있는 임베딩 모델을 만드는 방법을 살펴보았습니다. CLIP이 대조 학습을 사용해 이미지와 텍스트 임베딩을 동일 공간에서 정렬하는 방법을 알아보았습니다. 이를 통해 제로샷 분류, 클러스터링, 검색과 같은 작업이 가능합니다. 또한 CLIP의 오픈 소스 버전이며 멀티모달 임베딩 작업에 손쉽게 사용할 수 있는

OpenCLIP을 소개했습니다.

마지막으로 텍스트 생성 모델을 멀티모달로 바꿀 수 있는 방법과 BLIP-2 모델을 살펴보았습니다. 이런 멀티모달 생성 모델의 핵심 아이디어는 입력에서 얻은 시각 특성을 텍스트 임베딩에 투영하여 LLM이 사용할 수 있도록 하는 것입니다. 이 모델을 이미지 캡셔닝과 멀티모달 채팅 기반 프롬프트에 사용하여 두 개의 모달리티가 결합되어 응답을 생성하는 과정을 알아보았습니다. 전반적으로 이 장은 LLM에서 멀티 모달리티의 힘을 강조하고 이미지 캡셔닝, 검색, 채팅 기반 프롬프트와 같은 다양한 분야의 애플리케이션을 소개했습니다.

3부에서는 모델 훈련과 미세 튜닝 기법을 다루겠습니다. 10장에서 많은 언어 모델링 애플리케이션을 위한 핵심 기술인 텍스트 임베딩 모델을 만들고 미세 튜닝하는 방법을 살펴봅니다. 그 다음 장에서는 언어 모델을 훈련하고 미세 튜닝하는 방법을 소개합니다.

3부

언어 모델 훈련 및 미세 튜닝

3부

10장 텍스트 임베딩 모델 만들기
11장 분류용 표현 모델 미세 튜닝하기
12장 생성 모델 미세 튜닝하기

10장
텍스트 임베딩 모델 만들기

텍스트 임베딩 모델은 많은 자연어 처리 애플리케이션의 근간을 형성합니다. 텍스트 생성 모델과 같은 놀라운 기술을 가능하게 만들죠. 이 책에서는 임베딩 모델을 지도 분류, 비지도 분류, 시맨틱 검색 등 많은 애플리케이션에서 사용했고 ChatGPT와 같은 텍스트 생성 모델에게 메모리를 추가하는 데도 사용했습니다.

이 분야에서 임베딩 모델의 중요성은 아무리 말해도 지나치지 않습니다. 이 기술이 정말 많은 애플리케이션의 원동력이 되기 때문입니다. 따라서 이 장에서는 표현력을 높이고 의미를 잘 포착할 수 있는 임베딩 모델을 만들고 미세 튜닝하는 여러 방법을 설명하겠습니다.

먼저 임베딩 모델이 무엇이고 일반적으로 어떻게 동작하는지 살펴보겠습니다.

10.1 임베딩 모델

임베딩과 임베딩 모델은 이미 여러 장(4장, 5장, 8장)에 걸쳐 살펴보면서 그 유용성을 알 수 있었습니다. 임베딩 모델을 훈련하기 전에 지금까지 배운 내용을 정리해 보겠습니다.

비정형 텍스트 데이터는 그 자체로 처리하기가 매우 어렵습니다. 텍스트는 바로 처리하고, 시각화하고, 실행 가능한 결과를 만들 수 있는 값이 아닙니다. 먼저 텍스트 데이터를 쉽게 처리할 수 있는 수치 표현으로 바꾸어야 합니다. [그림 10-1]처럼 입력을 유용한 벡터로 변환하는 과정을 **임베딩**embedding이라 부르며 이렇게 출력된 벡터도 종종 임베딩이라 합니다.

그림 10-1 임베딩 모델을 사용해 문서, 문장, 구절과 같은 텍스트 입력을 임베딩이라 부르는 수치 표현으로 변환합니다.

입력을 임베딩하는 과정은 일반적으로 **임베딩 모델**embedding model이라 부르는 LLM에 의해 수행됩니다. 이런 모델의 주요 목적은 텍스트 데이터를 가능한 한 정확하게 임베딩으로 표현하는 것입니다.

하지만 정확한 표현이란 무엇을 의미할까요? 일반적으로 문서의 **의미론적 특징**semantic nature, 즉 의미를 포착해야 합니다. 문서가 전달하려는 핵심을 포착할 수 있다면 문서가 무엇에 관한 것인지 알게 될 것입니다. 실제로 비슷한 문서의 임베딩은 서로 비슷하고, 완전히 다른 내용을 말하는 문서의 임베딩은 다를 것이라 기대합니다. 이런 의미론적 유사도를 이 책에서 여러 번 보았습니다. [그림 10-2]에 이런 개념을 간단한 예로 나타냈습니다. 임베딩의 근접성과 유사성을 설명하기 위해 2차원으로 시각화했지만 일반적으로 이런 임베딩은 고차원 공간에 놓입니다.

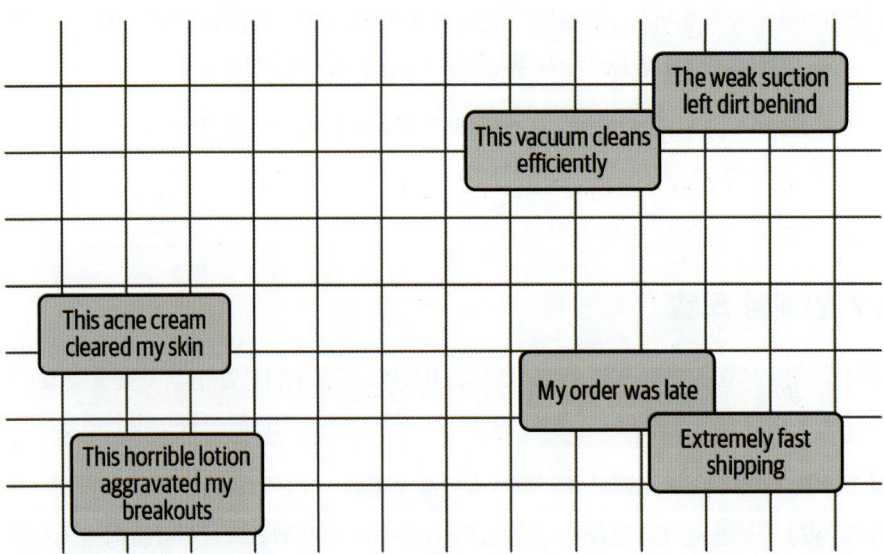

그림 10-2 의미론적 유사도는 n차원 공간에서 의미가 비슷한 텍스트 데이터가 서로 가까이 위치한다는 아이디어에 기반합니다(여기서는 2차원으로 나타냈습니다).

하지만 임베딩 모델은 여러 목적을 위해 훈련될 수 있습니다. 예를 들어 감성 분류 모델을 만들 때는 의미론적 유사도보다 텍스트의 감성에 더 관심이 많습니다. [그림 10-3]에 나타나 있듯이 의미론적 특징보다 감성을 기반으로 n차원 공간에서 문서가 가깝게 놓이도록 모델을 미세 튜닝할 수 있습니다.

어떤 방식이든지 임베딩 모델은 특정 문서를 서로 비슷하게 만드는 것을 학습하는 것이 목표입니다. 그리고 우리는 이런 과정을 유도할 수 있습니다. 모델에게 의미론적으로 비슷한 문서 샘플을 충분히 제공하면 의미를 구분하는 방향으로 모델을 이끌 수 있고, 반면 감성 샘플을 사용하면 모델이 감성을 구별할 수 있도록 유도할 수 있습니다.

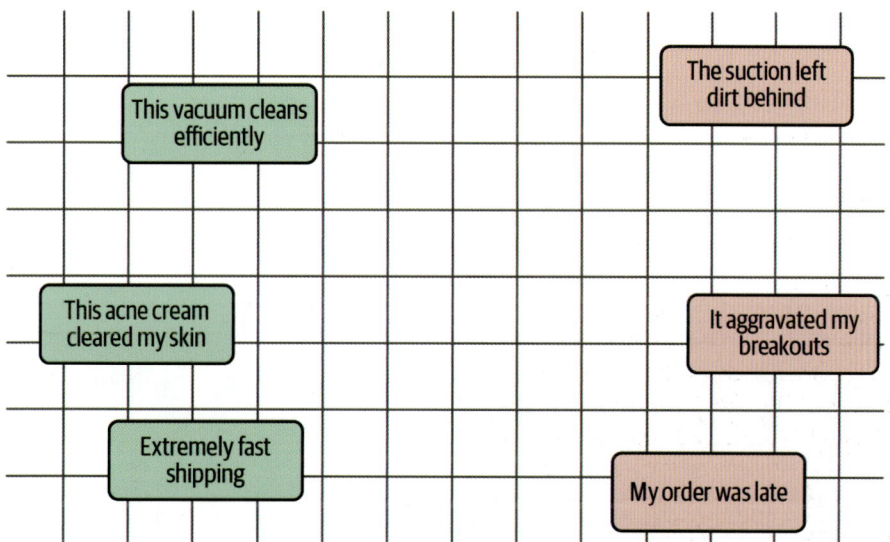

그림 10-3 의미론적 유사도 외에 임베딩 모델을 감성의 유사성에 초점을 맞춰 훈련할 수 있습니다. 이 그림에서 부정 리뷰(붉은색)들은 같은 색 리뷰들끼리 서로 가까이 모여 있고 긍정 리뷰(녹색)들과는 멀리 떨어져 있습니다.

임베딩 모델을 훈련하고, 미세 튜닝하고, 가이드할 수 있는 방법이 많지만 매우 강력하고 널리 사용되는 기법 중 하나는 대조 학습입니다.

10.2 대조 학습이란?

텍스트 임베딩 모델을 훈련하고 미세 튜닝하는 주요 방법 하나는 **대조 학습**contrastive learning입니다. 대조 학습은 벡터 공간에서 비슷한 문서가 가까이 놓이고 비슷하지 않은 문서는 멀리 떨어지도록 임베딩 모델을 훈련하는 것이 목적입니다. 2장에서 본 word2vec 방법과 매우 비슷하기 때문에 익숙하게 들릴 수 있습니다. [그림 10-2]와 [그림 10-3]에서 이미 이 개념을 선보였습니다.

대조 학습의 기본 아이디어에 따르면 문서 간의 유사성/비유사성을 학습하고 모델링하는 가장 좋은 방법은 비슷한 샘플 쌍과 비슷하지 않은 샘플 쌍을 모델에게 제공하는 것입니다. 문서의 의미를 정확하게 포착하기 위해 문서를 다르거나 비슷하게 만드는 요소를 모델이 학습하도록 여타 문서와 대조할 필요가 있습니다. 이런 대조 과정은 매우 강력하며 문서가 쓰인 맥락과 관련이 있습니다. [그림 10-4]에 이 과정을 고수준으로 나타냈습니다.

그림 10-4 대조 학습의 목적은 문서가 비슷한지 다른지를 임베딩 모델에게 가르치는 것입니다. 이를 위해 어느 정도 유사하거나 유사하지 않은 문서 집합을 모델에게 제공합니다.

또 대조 학습은 설명의 본질을 생각하는 것이라고 할 수 있습니다. 이런 방식의 이해는 기자와 도둑 이야기에 잘 나타납니다. 기자가 도둑에게 "왜 은행을 털었나요?"라고 묻자 도둑이 "돈이 거기 있으니까요"라고 대답했다고 합니다.[1] 사실 이는 정확한 대답입니다. 하지만 질문의 의도는 구체적으로 왜 은행을 털었는지가 아니라 왜 범죄를 저질렀는지를 알려는 것입니다. 이것을 **대조적 설명**contrastive explanation이라 합니다. '왜 P인가요?'라는 질문을 '왜 Q가 아니고 P인가요?'로 이해하는 것입니다.[2] 이 예에서 질문을 달리 해석할 수 있으므로 '법을 지키지 않고(Q) 왜 은행을 털었나요(P)?'라고 묻는 것이 더 나을 수 있습니다.

---

1 『Forms of Explanation: Rethinking the Questions in Social Theory』(Yale University Press , 1982).
2 Miller, T. (2021). Contrastive explanation: A structural-model approach. The Knowledge Engineering Review, 36. https://doi.org/10.1017/s0269888921000102

질문을 이해하는 방식의 중요성은 대조 학습을 통해 임베딩을 어떻게 학습하는지에도 적용됩니다. 모델에게 비슷한 문서 쌍과 비슷하지 않은 문서 쌍을 보여 주면 모델은 무엇이 비슷하고 비슷하지 않게 만드는지 학습합니다. 더 중요하게는 그 이유가 무엇인지를 학습하기 시작합니다.

예를 들어, 모델이 '꼬리', '코', '네 개의 다리' 등과 같은 특성을 찾게 함으로써 강아지가 무엇인지 이해하도록 모델을 훈련할 수 있습니다. 이런 특성은 잘 정의되지 않고 다양하게 해석될 수 있기 때문에 학습 과정이 매우 어려울 수 있습니다. '꼬리', '코', '네 개의 다리'가 있는 대상은 고양이도 될 수 있습니다. 우리의 관심 대상으로 모델의 방향을 이끌기 위해서는 '왜 이것은 고양이가 아니고 강아지인가?'라고 물어야 합니다. 두 개념을 대조시킴으로써 이 개념을 정의하는 특성과 관련 없는 특성을 학습하기 시작합니다. 대조적으로 질문을 구성할 때 더 많은 정보를 얻게 됩니다. 이런 대조적 설명의 개념을 [그림 10-5]에 나타냈습니다.

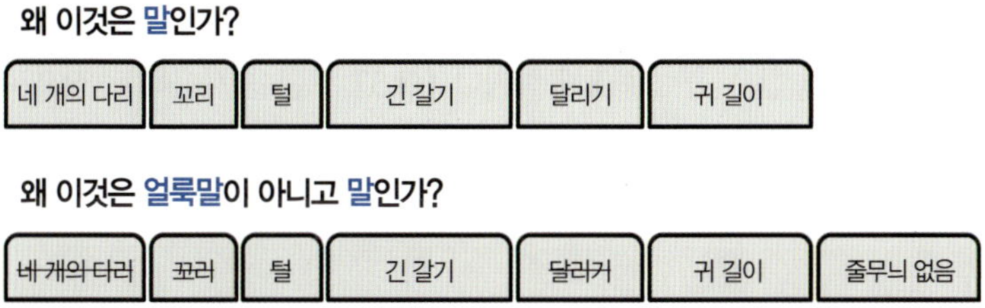

왜 이것은 말인가?

| 네 개의 다리 | 꼬리 | 털 | 긴 갈기 | 달리기 | 귀 길이 |

왜 이것은 얼룩말이 아니고 말인가?

| 네 개의 다리 | 꼬리 | 털 | 긴 갈기 | 달리기 | 귀 길이 | 줄무늬 없음 |

그림 10-5 임베딩 모델은 다양한 대비(유사도의 정도)를 경험하게 될 때 무엇이 서로를 구분하게 만드는지와 개념을 구성하는 고유한 특징을 학습하기 시작합니다.

> **NOTE**
>
> 자연어 처리에서 가장 유명하고 오래된 대조 학습의 예 하나는 1장과 2장에서 소개한 word2vec입니다. 이 모델은 문장에 있는 개별 단어에서 훈련되어 단어 표현을 학습합니다. 문장에 있는 타깃 단어와 가까운 단어는 양성 샘플 쌍으로 구성되고, 랜덤하게 선택된 단어는 비슷하지 않은 단어 쌍을 구성합니다. 다른 말로 하면, 이웃 단어로 구성된 양성 샘플은 랜덤하게 선택되어 이웃하지 않은 단어와 대조됩니다. 널리 알려지지는 않았지만 신경망에서 대조 학습을 활용하여 처음으로 이룩한 자연어 처리 분야의 주요 혁신이었습니다.

대조 학습을 적용하여 텍스트 임베딩 모델을 만들 수 있는 방법이 많지만, 가장 잘 알려진 기법이자 프레임워크는 `sentence-transformers`입니다.

10.3 SBERT

대조 학습에는 여러 유형이 있지만 자연어 처리 커뮤니티에서 이 기술을 널리 전파한 프레임워크는 `sentence-transformers`(*https://oreil.ly/MBgPL*)[3]입니다. 이 프레임워크는 원본 BERT 모델이 문장 임베딩을 만드는 데 겪는 주요 문제인 계산 오버헤드overhead를 해결합니다. `sentence-transformers` 이전에는 BERT와 크로스 인코더cross-encoder 구조를 사용해 문장 임베딩을 만드는 경우가 많았습니다.

크로스 인코더를 사용하면 두 문장을 동시에 트랜스포머 신경망에 전달하고 두 문장이 얼마나 비슷한지 예측할 수 있습니다. 이를 위해 유사도 점수를 출력할 수 있는 분류 헤드를 원래 구조에 추가합니다. 하지만 10,000개의 문장에서 가장 높은 점수를 얻는 쌍을 찾으려면 계산량이 급격하게 증가합니다. n · (n−1)/2 = 49,995,000번의 추론 계산이 필요하기 때문에 상당한 오버헤드가 발생합니다. 또한 크로스 인코더는 [그림 10-6]처럼 일반적으로 임베딩을 생성하지 않습니다. 그 대신 입력 문장 사이의 유사도 점수를 출력합니다.

이 오버헤드를 해결하는 한 가지 방법은 출력을 평균하거나 [CLS] 토큰을 사용하는 식으로 BERT 모델로 생성하는 것입니다. 하지만 이 방법은 GloVe[4] 같은 단어 벡터를 평균하는 것보다 성능이 더 나쁘다고 밝혀졌습니다.

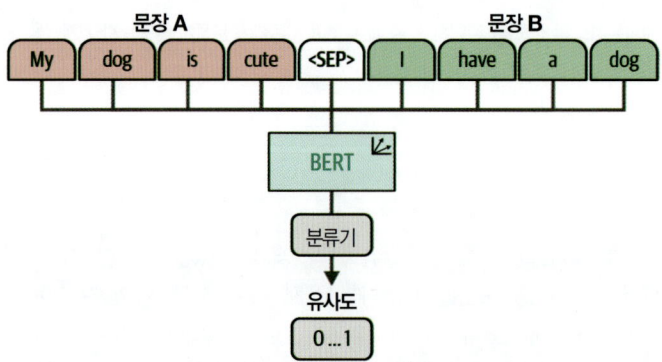

그림 10-6 크로스 인코더 구조. 두 문장이 <SEP> 토큰으로 연결되어 모델에 동시에 주입됩니다.

---

[3] Reimers, N. & Gurevych, I. (2019). Sentence-BERT: Sentence embeddings using Siamese BERT-networks. arXiv.org. *https://arxiv.org/abs/1908.10084*

[4] Pennington, J. et al. (2014). GloVe: Global vectors for word representation. Proceedings of the 2014 Conference on Empirical Methods in Natural Language Processing (EMNLP), 1532–1543. *https://doi.org/10.3115/v1/D14-1162*

하지만 sentence-transformers 저자들은 이 문제를 다른 방식으로 접근하여 속도가 빠르며 의미적으로 비교할 수 있는 임베딩을 만드는 방법을 찾았습니다. 결과적으로 원본 크로스 인코더 구조를 우아하게 대체할 수 있습니다. 크로스 인코더와 달리 sentence-transformers는 분류 헤드를 사용하지 않고 대신 최종 출력 층에 평균 풀링을 사용해 임베딩을 생성합니다. 이 풀링 층은 단어 임베딩을 평균하여 고정 차원의 출력 벡터를 반환합니다. 이는 고정 크기의 임베딩을 얻을 수 있다는 뜻입니다.

sentence-transformers 훈련에는 샴^{siamese} 구조를 사용합니다. [그림 10-7]에 나타나 있듯이 이 구조에는 가중치를 공유하는 동일한 구조의 BERT 모델 두 개가 있습니다. 이 모델에 문장을 주입하고 토큰 임베딩의 풀링을 사용해 임베딩을 생성합니다. 그다음 문장 임베딩의 유사도를 통해 모델을 최적화합니다. 두 BERT 모델의 가중치가 동일하기 때문에 하나의 모델을 사용해서 문장을 차례대로 전달할 수 있습니다.

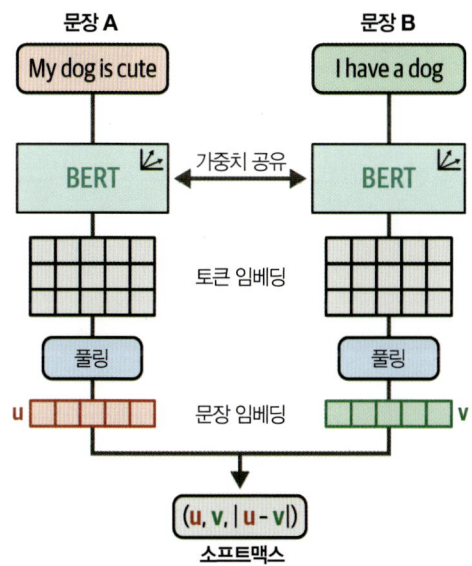

그림 10-7 원본 sentence-transformers 모델의 구조. 바이 인코더(bi-encoder)라고도 부르는 샴 신경망을 사용합니다.

문장 쌍의 최적화 과정은 손실 함수를 통해 수행됩니다. 손실 함수는 모델의 성능에 큰 영향을 미칠 수 있습니다. 훈련 과정에서 두 문장의 임베딩과 임베딩의 차이를 연결합니다. 그다음 만

들어진 임베딩을 소프트맥스 분류기를 통해 최적화합니다.[5]

이 구조를 바이 인코더 또는 SBERT$^{sentence-BERT}$라고 부릅니다. 바이 인코더는 매우 빠르고 정확한 문장 표현을 만들지만 일반적으로 크로스 인코더보다 성능이 떨어집니다(하지만 크로스 인코더는 임베딩을 생성하지 않습니다).

크로스 인코더처럼 바이 인코더도 대조 학습을 활용합니다. 문장 쌍 사이의 유사도(비유사도)를 최적화하여 결국 모델이 문장을 특정하게 만드는 요소를 학습합니다.

대조 학습을 수행하려면 두 가지가 필요합니다. 첫째, 비슷한 쌍과 비슷하지 않은 쌍으로 구성된 데이터입니다. 둘째, 모델이 유사도를 정의하고 최적화하는 방법입니다.

10.4 임베딩 모델 만들기

임베딩 모델을 만드는 방법은 많지만 일반적으로 대조 학습을 사용합니다. 대조 학습을 통해 효과적으로 의미론적 표현을 학습할 수 있기 때문에 많은 임베딩 모델에서 중요한 요소입니다.

하지만 이 방법은 공짜가 아닙니다. 대조 샘플을 만드는 방법과 모델을 훈련하는 방법, 모델을 올바르게 평가하는 방법을 이해해야 합니다.

10.4.1 대조 샘플 생성하기

임베딩 모델을 사전 훈련할 때 자연어 추론$^{natural\ language\ inference}$(NLI) 데이터셋을 사용하는 경우를 자주 볼 수 있습니다. NLI는 주어진 전제가 가설을 수반^{entailment}[6]하는지, 모순^{contradiction}되는지, 둘 다 아닌지^{neutral}를 조사하는 작업입니다.

예를 들어 'He is in the cinema watching Coco'라는 전제와 'He is watching Frozen at home'이라는 가설이 있다면 이 진술은 모순입니다. 반면 전제가 'He is in the cinema

---

[5] 옮긴이_ 잠시 후에 보게 될 SoftmaxLoss 클래스의 작동 방식에 대한 설명입니다. 이 클래스의 concatenation_sent_rep 매개변수는 기본값이 True로 두 문장의 임베딩을 연결합니다. 비슷하게 concatenation_sent_difference 매개변수는 기본값이 True로 앞의 결과에 두 임베딩의 차이를 연결합니다. 그다음 밀집 층에 통과시켜 클래스 개수만큼 로짓을 출력하고 크로스 엔트로피 손실을 계산합니다. concatenation_sent_multiplication 매개변수를 기본값 False에서 True로 바꾸면 두 임베딩을 곱한 결과도 앞에서 만든 벡터에 연결한 후 밀집 층에 통과시킵니다.

[6] 옮긴이_ '함의'라고도 합니다.

watching Coco'이고 가설이 'In the movie theater he is watching the Disney movie Coco'라면 이 진술은 수반으로 간주됩니다. 이 원리가 [그림 10-8]에 나타나 있습니다.

그림 10-8 NLI 데이터셋의 구조를 활용해 대조 학습을 위한 양성 샘플(수반)과 음성 샘플(모순)을 생성할 수 있습니다.

자세히 보면 수반과 모순으로 두 입력이 서로 비슷한 정도를 설명할 수 있습니다. 따라서 NLI 데이터셋을 사용해 대조 학습을 위한 양성 샘플(수반)과 음성 샘플(모순)을 만들 수 있습니다.

이 장에서 임베딩 모델을 만들고 미세 튜닝하기 위해 사용할 데이터는 GLUE^{General Language Understanding Evaluation}(https://oreil.ly/43phw)에서 가져왔습니다. GLUE 벤치마크는 아홉 개의 언어 이해 작업으로 모델의 성능을 평가하고 분석합니다.

이 작업 중 하나가 MNLI^{Multi-Genre Natural Language Inference} 말뭉치입니다. 이 데이터셋에는 수반, 모순, 중립으로 레이블이 부여된 392,702개의 문장 쌍이 있습니다. 몇 시간에 걸쳐 훈련하지 않도록 이 데이터에서 50,000개의 문장 쌍을 추출해 최소한의 샘플 데이터를 만들겠습니다. 하지만 데이터셋이 작을수록 임베딩 모델의 훈련이나 미세 튜닝은 불안정합니다. 데이터셋이 클수록 데이터 품질이 좋습니다.[7]

```
from datasets import load_dataset

# GLUE에서 MNLI 데이터셋을 로드합니다.
# 0 = 수반, 1 = 중립, 2 = 모순
train_dataset = load_dataset(
    "glue", "mnli", split="train"
).select(range(50_000))
train_dataset = train_dataset.remove_columns("idx")
```

---

7 옮긴이_ 코랩을 사용하는 경우 !pip install datasets 명령으로 패키지를 먼저 설치해 주세요.

샘플 하나를 살펴보겠습니다.

```
train_dataset[2]
```

```
{'premise': 'One of our number will carry out your instructions minutely.',
 'hypothesis': 'A member of my team will execute your orders with immense precision.',
 'label': 0}
```

전제와 가설이 서로 관련되고 의미가 거의 동일하므로 수반에 해당하는 샘플입니다.

10.4.2 모델 훈련

훈련 샘플을 준비했으므로 임베딩 모델을 만들어야 합니다. 일반적으로 기존의 sentence-transformers 모델을 선택해서 미세 튜닝합니다. 하지만 이 예제에서는 밑바닥부터 임베딩 모델을 훈련해 보겠습니다.

이는 두 가지를 정의해야 한다는 의미입니다. 첫째, 개별 단어를 임베딩할 사전 훈련된 트랜스포머 모델입니다. BERT 베이스 모델(*https://oreil.ly/VyyRz*)이 좋은 출발점이므로 이를 사용하겠습니다. 하지만 sentence-transformers를 사용해 평가한 모델도 많이 있습니다 (*https://bit.ly/4i4RpY7*). 특히 microsoft/mpnet-base를 단어 임베딩 모델로 사용할 때 종종 좋은 결과를 냅니다.

```
from sentence_transformers import SentenceTransformer

# BERT 베이스 모델을 사용합니다.
embedding_model = SentenceTransformer('bert-base-uncased')
```

> **NOTE**
> 기본적으로 sentence-transformers에 있는 LLM의 모든 층은 훈련 가능합니다. 특정 층을 동결하는 것이 가능하지만 일반적으로 권장되지 않습니다. 층을 동결하지 않는 것이 더 나은 성능을 내는 경우가 많기 때문입니다.

그다음 모델을 최적화하기 위한 손실 함수를 정의해야 합니다. sentence-transformers를 사용한 첫 번째 예제는 소프트맥스 손실을 사용합니다. 지금은 설명을 위해 이를 사용하지만 나중에는 더 성능이 높은 손실 함수를 사용해 보겠습니다.

```python
from sentence_transformers import losses

# 손실 함수를 정의합니다.
# 소프트맥스 손실을 위해 명시적으로 레이블의 개수를 지정해야 합니다.
train_loss = losses.SoftmaxLoss(
    model=embedding_model,
    sentence_embedding_dimension=embedding_model.get_sentence_embedding_dimension(),
    num_labels=3
)
```

모델을 훈련하기 전에, 훈련 과정에서 모델을 평가하고 디스크에 저장할 최상의 모델을 결정하기 위해 Evaluator 객체를 정의해야 합니다.

STSB^{Semantic Textual Similarity Benchmark}를 사용해 모델의 성능 평가를 수행할 수 있습니다. 이 벤치마크는 사람이 0과 5 사이의 실수로 유사도 점수를 매겨 레이블을 부여한 문장 쌍으로 구성됩니다.[8]

이 데이터셋을 사용해 의미 유사도 작업에서 모델이 얼마나 좋은 점수를 받는지 알아보죠. 또한 STSB 데이터의 값이 모두 0과 1 사이가 되도록 처리합니다.

```python
from sentence_transformers.evaluation import EmbeddingSimilarityEvaluator

# STSB를 위해 임베딩 유사도 평가자를 만듭니다.
val_sts = load_dataset("glue", "stsb", split="validation")
evaluator = EmbeddingSimilarityEvaluator(
    sentences1=val_sts["sentence1"],
    sentences2=val_sts["sentence2"],
    scores=[score/5 for score in val_sts["label"]],
    main_similarity="cosine",
    similarity_fn_names=["cosine", "euclidean", "manhattan", "dot"]
)
```

---

8 옮긴이_ 레이블 값이 5에 가까울수록 문장 쌍이 비슷함을 의미합니다.

이제 evaluator 객체를 만들었으니 (다음 장에서) 허깅 페이스 트랜스포머스로 훈련할 때와 비슷하게 SentenceTransformerTrainingArguments를 만듭니다.

```python
from sentence_transformers.training_args import SentenceTransformerTrainingArguments

# 훈련 매개변수를 정의합니다.
args = SentenceTransformerTrainingArguments(
    output_dir="base_embedding_model",
    num_train_epochs=1,
    per_device_train_batch_size=32,
    per_device_eval_batch_size=32,
    warmup_steps=100,
    fp16=True,
    eval_steps=100,
    logging_steps=100,
    report_to=[]
)
```

주목할 만한 매개변수는 다음과 같습니다.

- **num_train_epochs**: 훈련 반복 횟수. 빠르게 훈련하기 위해 1로 설정하지만 일반적으로 이 값을 증가시키는 것이 좋습니다.
- **per_device_train_batch_size**: 훈련 과정 중 장치(GPU 또는 CPU)에서 동시에 처리할 샘플 개수. 일반적으로 높은 값이 빠른 훈련 속도를 의미합니다.
- **per_device_eval_batch_size**: 평가 과정 중 장치(GPU 또는 CPU)에서 동시에 처리할 샘플 개수. 일반적으로 높은 값이 빠른 평가 속도를 의미합니다.
- **warmup_steps**: 학습률이 0부터 훈련 매개변수로 지정한 초기 학습률까지 선형적으로 증가하는 단계의 수. 이 예제에서는 학습률 기본값을 사용합니다.[9]
- **fp16**: 이 매개변수를 활성화하면 기본 32비트(FP32) 대신 16비트 부동소수점 숫자(FP16)를 사용해 계산하는 혼합 정밀도 훈련을 수행합니다. 메모리 사용량이 줄고 훈련 속도를 높일 수 있습니다.

데이터, 임베딩 모델, 손실, 평가자^{evaluator}를 정의했으므로 모델 훈련을 시작할 수 있습니다. SentenceTransformerTrainer를 사용해 수행해 보죠.

---

[9] 옮긴이_ SentenceTransformerTrainingArguments 클래스는 transformers의 TrainingArguments 클래스를 상속합니다. 따라서 learning_rate의 기본값은 5e-5이며 AdamW 옵티마이저를 사용합니다.

```python
from sentence_transformers.trainer import SentenceTransformerTrainer

# 임베딩 모델을 훈련합니다.
trainer = SentenceTransformerTrainer(
    model=embedding_model,
    args=args,
    train_dataset=train_dataset,
    loss=train_loss,
    evaluator=evaluator
)
trainer.train()
```

모델을 훈련한 다음 평가 객체를 사용해 이 작업에 대한 평가 결과를 얻을 수 있습니다.

```python
# 훈련된 모델을 평가합니다.
evaluator(embedding_model)
```

```
{'pearson_cosine': 0.5982288436666162,
 'spearman_cosine': 0.6026682018489217,
 'pearson_manhattan': 0.6100690915500567,
 'spearman_manhattan': 0.617732600131989,
 'pearson_euclidean': 0.6079280934202278,
 'spearman_euclidean': 0.6158926913905742,
 'pearson_dot': 0.38364924527804595,
 'spearman_dot': 0.37008497926991796,
 'pearson_max': 0.6100690915500567,
 'spearman_max': 0.617732600131989}
```

여러 가지 거리 측정 결과를 얻었습니다. 가장 관심이 있는 것은 중심 벡터 사이의 코사인 유사도인 `pearson_cosine`입니다. 이는 0과 1 사이의 값이며 1에 가까울수록 유사도가 높음을 의미합니다. 이 값이 0.59이므로 이 장에서 사용할 기본 모델로 삼을 수 있습니다.

10.4.3 심층 평가

좋은 임베딩 모델이란 STSB 벤치마크에서 좋은 점수를 얻는 것 이상입니다! 앞서 살펴본 것처럼 GLUE 벤치마크에는 임베딩 모델을 평가할 수 있는 여러 가지 작업이 있습니다. 하지만 임베딩 모델을 평가하는 다른 벤치마크도 많이 있습니다. 이런 평가 절차를 통합하기 위해 MTEB^{Massive Text Embedding Benchmark}가 개발되었습니다.[10] MTEB는 58개의 데이터셋과 112개의 언어를 포괄하는 8개의 임베딩 평가 작업으로 구성됩니다.

MTEB 리더보드(https://oreil.ly/D9Fvt)에서는 공개적으로 최상의 임베딩 모델을 비교하기 위해 모든 작업에서 임베딩 모델의 점수를 계산해 제공합니다.[11]

```
from mteb import MTEB

# 평가 작업을 선택합니다.
evaluation = MTEB(tasks=["Banking77Classification"])

# 평가를 수행합니다.
results = evaluation.run(model)
```

```
{'Banking77Classification': {'mteb_version': '1.1.2',
  'dataset_revision': '0fd18e25b25c072e09e0d92ab615fda904d66300',
  'mteb_dataset_name': 'Banking77Classification',
  'test': {'accuracy': 0.4926298701298701,
  'f1': 0.49083335791288685,
  'accuracy_stderr': 0.010217785746224237,
  'f1_stderr': 0.010265814957074591,
  'main_score': 0.4926298701298701,
  'evaluation_time': 31.83}}}
```

위와 같은 방법으로 특정 작업에 대한 평가 지표를 얻어 언어 모델의 성능을 탐색할 수 있습니다.

이 평가 벤치마크의 장점은 작업과 언어의 다양성뿐만 아니라 평가 시간도 기록된다는 것입니다. 모델이 많이 있지만 일반적으로 정확하고 빠른 모델이 선호됩니다. 임베딩 모델이 사용되는 시맨틱 검색과 같은 작업들은 속도가 빠르면 이롭기 때문에 빠른 추론이 필요한 경우가 많습니다.

전체 MTEB로 모델을 테스트하려면 GPU에 따라 몇 시간이 걸릴 수 있으므로 이 장에서는 STSB 벤치마크를 사용하겠습니다.

---

[10] Niklas Muennighoff et al. (2022). MTEB: Massive Text Embedding Benchmark. arXiv.org. https://arxiv.org/abs/2210.07316

[11] 옮긴이_ 코랩을 사용하는 경우 !pip install mteb 명령으로 패키지를 먼저 설치해 주세요.

> **TIP** 모델을 훈련하고 평가를 끝낼 때마다 노트북을 재시작해야 합니다. 이 장에 있는 다음 훈련 예제를 실행하기 위해 VRAM을 비워야 하기 때문입니다. 노트북을 다시 시작하면 모든 VRAM을 확실히 비울 수 있습니다.[12]

10.4.4 손실 함수

소프트맥스 손실을 사용해 첫 번째 sentence-transformers 모델을 훈련하는 방법을 알아보았습니다. 하지만 달리 선택할 수 있는 손실 함수가 많을 뿐만 아니라 성능이 더 좋은 손실 함수가 있기 때문에 일반적으로 소프트맥스 손실 함수가 권장되지는 않습니다.

모든 손실 함수를 살펴보기는 어렵지만 널리 사용되고 일반적으로 잘 동작하는 손실 함수는 두 개입니다.

- 코사인 유사도
- MNR 손실

> **NOTE** 여기서 언급한 것보다 더 많은 손실 함수가 있습니다. 예를 들어 MarginMSE 같은 손실 함수는 크로스 인코더의 훈련과 미세 튜닝에 잘 맞습니다. sentence-transformers 프레임워크에는 흥미로운 손실 함수(https://oreil.ly/RsQmw)가 많이 구현되어 있습니다.

코사인 유사도 손실

코사인 유사도는 다양한 사용 사례와 데이터셋에 적용되는 간단하고 사용하기 쉬운 손실 함수입니다. 일반적으로 텍스트의 의미론적 유사도 작업에 사용됩니다. 이런 작업에서는 모델을 최적화하는 데 사용되는 텍스트 쌍에 유사도 점수를 할당합니다.

엄격하게 양성 문장 쌍이나 음성 문장 쌍을 구하는 대신, 어느 정도 비슷하거나 비슷하지 않은 문장 쌍을 가정합니다. 일반적으로 이 값은 0과 1 사이에 놓여 있으며 각각 유사하지 않음과 유사함을 의미합니다(그림 10-9).

---

[12] 옮긴이_ 또는 다음 명령으로 GPU의 VRAM을 비울 수 있습니다.
```
import gc; import torch; gc.collect(); torch.cuda.empty_cache()
```

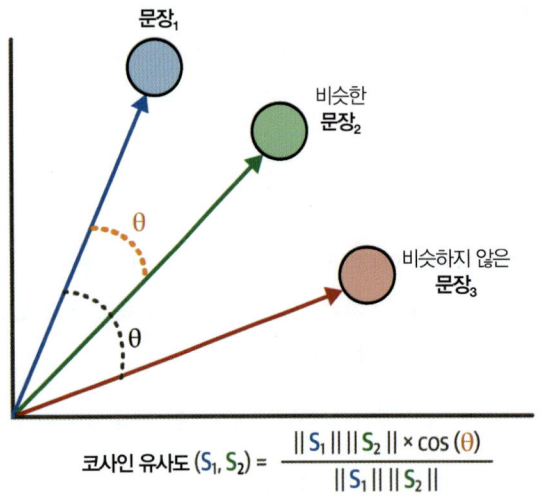

그림 10-9 코사인 유사도 손실은 의미적으로 비슷한 문장 사이의 코사인 거리를 최소화하고, 비슷하지 않은 문장 사이의 코사인 거리는 최대화하는 것이 목표입니다.

코사인 유사도 거리는 간단합니다. 두 텍스트 임베딩 사이의 코사인 유사도를 계산하고 이를 레이블로 제공된 유사도 점수와 비교합니다. 이를 통해 모델이 문장 간의 유사도 정도를 인식하도록 학습합니다.

코사인 유사도 손실은 0과 1 사이의 유사도를 나타내는 레이블과 문장의 쌍으로 구성된 데이터에서 가장 잘 동작합니다. NLI 데이터셋에서 이 손실을 사용하려면 수반(0), 중립(1), 모순(2) 레이블을 0과 1 사이 값으로 바꾸어야 합니다. 수반은 문장 사이의 유사도가 높다는 것을 나타냅니다. 따라서 유사도 점수가 1이 되어야 합니다. 반대로 중립과 모순은 비슷하지 않다는 의미이므로 유사도 점수를 0으로 지정합니다.

```python
from datasets import Dataset, load_dataset

# GLUE로부터 MNLI 데이터셋을 로드합니다.
# 0 = 수반, 1 = 중립, 2 = 모순
train_dataset = load_dataset(
    "glue", "mnli", split="train"
).select(range(50_000))
train_dataset = train_dataset.remove_columns("idx")

# (중립/모순)=0, (수반)=1
```

```python
mapping = {2: 0, 1: 0, 0:1}
train_dataset = Dataset.from_dict({
    "sentence1": train_dataset["premise"],
    "sentence2": train_dataset["hypothesis"],
    "label": [float(mapping[label]) for label in train_dataset["label"]]
})
```

이전처럼 평가자를 만듭니다.

```python
from sentence_transformers.evaluation import EmbeddingSimilarityEvaluator

# STSB를 위한 임베딩 유사도 평가자를 만듭니다.
val_sts = load_dataset("glue", "stsb", split="validation")
evaluator = EmbeddingSimilarityEvaluator(
    sentences1=val_sts["sentence1"],
    sentences2=val_sts["sentence2"],
    scores=[score/5 for score in val_sts["label"]],
    main_similarity="cosine",
    similarity_fn_names=["cosine", "euclidean", "manhattan", "dot"]
)
```

그다음 손실 함수만 달리해서 이전과 동일한 단계를 따릅니다.

```python
from sentence_transformers import losses, SentenceTransformer
from sentence_transformers.trainer import SentenceTransformerTrainer
from sentence_transformers.training_args import SentenceTransformerTrainingArguments

# 모델
embedding_model = SentenceTransformer("bert-base-uncased")

# 손실 함수
train_loss = losses.CosineSimilarityLoss(model=embedding_model)

# 훈련 매개변수
args = SentenceTransformerTrainingArguments(
    output_dir="cosineloss_embedding_model",
    num_train_epochs=1,
    per_device_train_batch_size=32,
    per_device_eval_batch_size=32,
    warmup_steps=100,
    fp16=True,
```

```
        eval_steps=100,
        logging_steps=100,
        report_to=[]
)

# 모델 훈련
trainer = SentenceTransformerTrainer(
    model=embedding_model,
    args=args,
    train_dataset=train_dataset,
    loss=train_loss,
    evaluator=evaluator
)
trainer.train()
```

모델 훈련 후에 평가한 결과는 다음과 같습니다.

```
# 훈련된 모델을 평가합니다.
evaluator(embedding_model)
```

```
{'pearson_cosine': 0.7222322163831805,
 'spearman_cosine': 0.7250508271229599,
 'pearson_manhattan': 0.7338163436711481,
 'spearman_manhattan': 0.7323479193408869,
 'pearson_euclidean': 0.7332716434966307,
 'spearman_euclidean': 0.7316999722750905,
 'pearson_dot': 0.660366792336156,
 'spearman_dot': 0.6624167554844425,
 'pearson_max': 0.7338163436711481,
 'spearman_max': 0.7323479193408869}
```

피어슨 코사인 점수가 0.72로 소프트맥스 손실을 사용했을 때 얻은 0.59보다 크게 향상되었습니다. 이는 손실 함수가 성능에 미치는 영향을 잘 보여 줍니다.

노트북을 재시작한 후 널리 사용되고 성능이 좋은 MNR 손실을 살펴보겠습니다.

MNR 손실

종종 InfoNCE[13] 또는 NTXentLoss[14]라고도 부르는 MNR$^{\text{multiple negatives ranking}}$[15]은 양성 문장 쌍이나, 양성 문장 쌍에 관련 없는 문장을 추가한 삼중항^{triplet}을 사용하는 손실입니다. 관련 없는 이 문장은 네거티브^{negative}라고 부르며 양성 문장 사이의 비유사성을 나타냅니다.

예를 들어 질문/답변, 이미지/캡션, 논문 제목/초록 등의 쌍이 있을 수 있습니다. 이런 쌍의 장점은 이들이 강한 양성 쌍$^{\text{hard positive pair}}$임을 확신할 수 있다는 것입니다. MNR 손실(그림 10-10)에서는 양성 쌍과 다른 양성 쌍을 섞어서 음성 쌍$^{\text{negative pair}}$을 구성합니다. 논문 제목과 초록의 예를 들면, 한 논문의 제목과 완전히 다른 논문의 초록을 연결하여 음성 쌍을 만듭니다. 이런 음성 샘플을 **배치 내 네거티브**$^{\text{in-batch negative}}$라고 부르며 삼중항을 만드는 데도 사용할 수 있습니다.

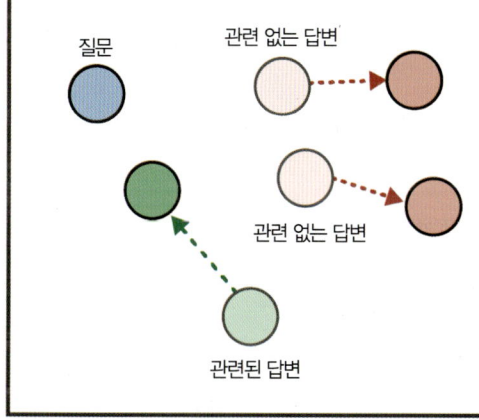

그림 10-10 MNR 손실은 질문/답변 같이 관련된 텍스트 쌍 사이의 거리를 최소화하고, 질문과 이에 관련 없는 답변처럼 관련 없는 텍스트 쌍 사이의 거리를 최대화하는 것이 목표입니다.

이런 양성 쌍과 음성 쌍을 생성한 후 임베딩을 계산하고 코사인 유사도를 적용합니다. 이 유사

---

[13] Van Den Oord et al. (2018). Representation Learning with Contrastive Predictive Coding. arXiv.org. https://arxiv.org/abs/1807.03748

[14] Ting Chen et al. (2020). A simple framework for contrastive learning of visual representations. arXiv.org. https://arxiv.org/abs/2002.05709

[15] Matthew Henderson et al. (2017). Efficient natural language response suggestion for smart reply. arXiv.org. https://arxiv.org/abs/1705.00652

도 점수를 사용해 양성 쌍인지 음성 쌍인지에 대한 질문에 답을 합니다. 다른 말로 하면 분류 작업으로 다루어져 우리는 크로스 엔트로피 손실을 사용해 모델을 최적화할 수 있습니다.

삼중항을 만들기 위해 다른 문장과 비교하는 데 사용되는 앵커 문장$^{\text{anchor sentence}}$(즉, '전제'로 레이블된 문장)을 먼저 결정합니다. 이를 위해 MNLI 데이터셋에서 양성 쌍(즉, '수반'으로 레이블된 문장 쌍)만 선택합니다. 그다음 '가설'에 해당하는 문장을 랜덤하게 선택하여 음성 문장으로 추가합니다.

```python
import random
from tqdm import tqdm
from datasets import Dataset, load_dataset

# GLUE에서 MNLI 데이터셋을 로드합니다.
mnli = load_dataset("glue", "mnli", split="train").select(range(50_000))
mnli = mnli.remove_columns("idx")
mnli = mnli.filter(lambda x: True if x["label"] == 0 else False)

# 데이터를 준비합니다.
train_dataset = {"anchor": [], "positive": [], "negative": []}
soft_negatives = mnli["hypothesis"]
random.shuffle(soft_negatives)
for row, soft_negative in tqdm(zip(mnli, soft_negatives)):
    train_dataset["anchor"].append(row["premise"])
    train_dataset["positive"].append(row["hypothesis"])
    train_dataset["negative"].append(soft_negative)
train_dataset = Dataset.from_dict(train_dataset)
```

'수반'에 해당하는 문장만 선택했기 때문에 행의 개수가 50,000개에서 16,875개로 크게 줄었습니다.

평가자를 만들어 보죠.

```python
from sentence_transformers.evaluation import EmbeddingSimilarityEvaluator

# STSB를 위해 임베딩 유사도 평가자를 만듭니다.
val_sts = load_dataset("glue", "stsb", split="validation")
evaluator = EmbeddingSimilarityEvaluator(
    sentences1=val_sts["sentence1"],
    sentences2=val_sts["sentence2"],
```

```python
    scores=[score/5 for score in val_sts["label"]],
    main_similarity="cosine",
    similarity_fn_names=["cosine", "euclidean", "manhattan", "dot"]
)
```

그다음 MNR 손실을 사용해 이전처럼 훈련합니다.

```python
from sentence_transformers import losses, SentenceTransformer
from sentence_transformers.trainer import SentenceTransformerTrainer
from sentence_transformers.training_args import SentenceTransformerTrainingArguments

# 모델
embedding_model = SentenceTransformer('bert-base-uncased')

# 손실 함수
train_loss = losses.MultipleNegativesRankingLoss(model=embedding_model)

# 훈련 매개변수
args = SentenceTransformerTrainingArguments(
    output_dir="mnrloss_embedding_model",
    num_train_epochs=1,
    per_device_train_batch_size=32,
    per_device_eval_batch_size=32,
    warmup_steps=100,
    fp16=True,
    eval_steps=100,
    logging_steps=100,
    report_to=[]
)

# 모델 훈련
trainer = SentenceTransformerTrainer(
    model=embedding_model,
    args=args,
    train_dataset=train_dataset,
    loss=train_loss,
    evaluator=evaluator
)
trainer.train()
```

이 데이터셋과 손실 함수를 사용한 결과가 이전 예제와 어떻게 다른지 알아보죠.

```
# 훈련된 모델을 평가합니다.
evaluator(embedding_model)
```

```
{'pearson_cosine': 0.8093892326162132,
 'spearman_cosine': 0.8121064796503025,
 'pearson_manhattan': 0.8215001523827565,
 'spearman_manhattan': 0.8172161486524246,
 'pearson_euclidean': 0.8210391407846718,
 'spearman_euclidean': 0.8166537141010816,
 'pearson_dot': 0.7473360302629125,
 'spearman_dot': 0.7345184137194012,
 'pearson_max': 0.8215001523827565,
 'spearman_max': 0.8172161486524246}
```

소프트맥스 손실로 훈련한 이전 모델(0.72)과 비교하면, MNR 손실을 사용한 모델(0.81)이 훨씬 정확한 것 같습니다!

> **TIP** 큰 배치 크기는 작업을 더 어렵게 만들기 때문에 MNR 손실에서 더 나은 결과를 내는 경향이 있습니다. 모델이 많은 문장 쌍 중에서 가장 잘 맞는 문장을 찾아야 하기 때문입니다. 다른 배치 크기로 이 코드를 실행하고 그 효과를 확인해 보세요.

이 손실 함수를 사용한 방법에는 단점이 하나 있습니다. 음성 샘플을 다른 질문/답변 쌍에서 선택했기 때문에 이런 배치 내 네거티브 또는 이지 네거티브$^{easy\ negative}$는 잠재적으로 질문과 전혀 관련 없을 수 있습니다. 결과적으로 질문에 대한 정답을 찾는 임베딩 모델의 작업이 매우 쉬워집니다. 대신 질문에 관련이 많지만 올바른 답이 아닌 네거티브가 좋습니다. 이런 네거티브를 **하드 네거티브**$^{hard\ negative}$라고 부릅니다. 이런 샘플은 임베딩 모델이 미묘한 표현을 학습해야 하기 때문에 작업을 더욱 어렵게 만듭니다. 결국 모델의 성능이 일반적으로 크게 향상됩니다.

하드 네거티브의 좋은 예는 다음과 같습니다. 'How many people live in Amsterdam?' 같은 질문이 있다고 가정해 보죠. 이 질문에 관련 있는 답변은 'Almost a million people live in Amsterdam'일 것입니다. 하드 네거티브는 암스테르담과 도시 인구수에 대한 정보가 담긴 답변입니다. 예를 들어 'More than a million people live in Utrecht, which is more than Amsterdam'과 같습니다. 이 대답은 질문과 관련 있지만 실제 답은 아니므로 하드 네거티브로 좋습니다. [그림 10-11]은 이지 네거티브와 하드 네거티브의 차이를 보여 줍니다.

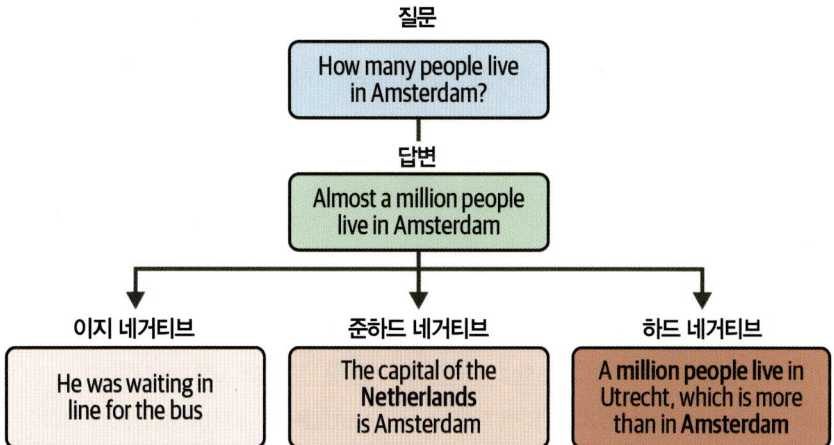

그림 10-11 이지 네거티브는 일반적으로 질문과 대답 둘 다와 관련이 없습니다. 준하드 네거티브는 질문이나 대답의 주제와 비슷하지만 조금 관련성이 떨어집니다. 하드 네거티브는 질문과 매우 관련이 많지만 일반적으로 잘못된 답입니다.

네거티브를 수집하는 방법은 대략 다음과 같은 세 가지로 나눌 수 있습니다.

- **이지 네거티브**: 이전처럼 무작위로 문서를 선택합니다.
- **준하드 네거티브**: 사전 훈련된 임베딩 모델을 사용하여 모든 문장의 임베딩에 코사인 유사도를 적용한 다음 가장 관련이 높은 문장을 찾습니다. 일반적으로 이 방법은 질문/답변 쌍이 아니라 비슷한 문장을 찾는 것이므로 하드 네거티브가 되지 않습니다.
- **하드 네거티브**: 종종 (예를 들어 준 하드 네거티브를 생성하여) 수동으로 레이블을 지정하거나 생성 모델을 사용해 문장 쌍을 평가하거나 생성할 수 있습니다.

노트북을 재시작한 후 이어서 임베딩 모델의 미세 튜닝 방법을 살펴보겠습니다.

10.5 임베딩 모델 미세 튜닝

이전 절에서 임베딩 모델을 훈련하는 기본적인 방법과 손실 함수를 사용해 성능을 최적화하는 방법을 알아보았습니다. 이런 방법은 강력하지만 밑바닥부터 모델을 만들어야 하므로 비용과 시간이 많이 듭니다.

그대신 sentence-transformers 프레임워크를 사용하면 거의 모든 임베딩 모델을 미세 튜닝을 위한 베이스 모델로 사용할 수 있습니다. 즉, 대규모 데이터에서 사전 훈련된 임베딩 모델을 선택한 다음 특정 데이터나 목적을 위해 미세 튜닝할 수 있습니다.

모델을 미세 튜닝하는 방법은 가용 데이터와 도메인에 따라 여러 가지입니다. 그중 두 방법을 살펴보고 사전 훈련된 임베딩 모델을 활용하는 이점을 알아보겠습니다.

10.5.1 지도 학습 방법

임베딩 모델을 미세 튜닝하는 가장 간단한 방법은 이전에 했던 모델 훈련 과정을 그대로 따라 하는 것입니다. 대신 `bert-base-uncased` 모델을 사전 훈련된 sentence-transformers 모델로 바꿉니다. 많은 모델이 있지만 일반적으로 all-MiniLM-L6-v2(*https://oreil.ly/_paYA*)가 작고 빨라서 많은 사용 사례에서 잘 동작합니다.

MNR 손실 예제에서 모델을 훈련할 때 사용한 데이터로 사전 훈련된 임베딩 모델을 미세 튜닝하겠습니다. 늘 그렇듯이 데이터를 먼저 로드하고 평가자를 만듭니다.

```python
from datasets import load_dataset
from sentence_transformers.evaluation import EmbeddingSimilarityEvaluator

# GLUE에서 MNLI 데이터셋을 로드합니다.
# 0 = 수반, 1 = 중립, 2 = 모순
train_dataset = load_dataset(
    "glue", "mnli", split="train"
).select(range(50_000))
train_dataset = train_dataset.remove_columns("idx")

# STSB를 위해 임베딩 유사도 평가자를 만듭니다.
val_sts = load_dataset("glue", "stsb", split="validation")
evaluator = EmbeddingSimilarityEvaluator(
    sentences1=val_sts["sentence1"],
    sentences2=val_sts["sentence2"],
    scores=[score/5 for score in val_sts["label"]],
    main_similarity="cosine",
    similarity_fn_names=["cosine", "euclidean", "manhattan", "dot"],
)
```

훈련 과정은 이전과 비슷하지만 `bert-base-uncased` 대신에 사전 훈련된 임베딩 모델을 사용합니다.

```python
from sentence_transformers import losses, SentenceTransformer
from sentence_transformers.trainer import SentenceTransformerTrainer
from sentence_transformers.training_args import SentenceTransformerTrainingArguments

# 모델
embedding_model = SentenceTransformer('sentence-transformers/all-MiniLM-L6-v2')

# 손실 함수
train_loss = losses.MultipleNegativesRankingLoss(model=embedding_model)

# 훈련 매개변수
args = SentenceTransformerTrainingArguments(
    output_dir="finetuned_embedding_model",
    num_train_epochs=1,
    per_device_train_batch_size=32,
    per_device_eval_batch_size=32,
    warmup_steps=100,
    fp16=True,
    eval_steps=100,
    logging_steps=100,
    report_to=[]
)

# 모델 훈련
trainer = SentenceTransformerTrainer(
    model=embedding_model,
    args=args,
    train_dataset=train_dataset,
    loss=train_loss,
    evaluator=evaluator
)
trainer.train()
```

이 모델을 평가하면 다음과 같은 결과를 얻습니다.

```python
# 훈련된 모델을 평가합니다.
evaluator(embedding_model)
```

```
{'pearson_cosine': 0.8509553350510896,
 'spearman_cosine': 0.8484676559567688,
```

```
'pearson_manhattan': 0.8503896832470704,
'spearman_manhattan': 0.8475760325664419,
'pearson_euclidean': 0.8513115442079158,
'spearman_euclidean': 0.8484676559567688,
'pearson_dot': 0.8489553386816947,
'spearman_dot': 0.8484676559567688,
'pearson_max': 0.8513115442079158,
'spearman_max': 0.8484676559567688}
```

0.85 점수는 지금까지 가장 높은 값이고, 50,000개의 샘플만 사용했지만 미세 튜닝에 사용한 모델은 전체 MNLI 데이터셋에서 이미 훈련된 모델입니다. 중복처럼 보일 수 있지만 이 예제는 사전 훈련된 임베딩 모델을 자신의 데이터에서 미세 튜닝하는 방법을 보여 줍니다.

> **TIP** 'bert-base-uncased'와 같은 사전 훈련된 BERT 모델이나 'all-mpnet-base-v2'와 같이 현재 도메인에 관련 없는 모델을 사용하는 대신에, 사전 훈련된 BERT 모델에 마스크드 언어 모델링을 수행하여 여러분의 도메인에 먼저 적응시킬 수 있습니다. 그다음 이 미세 튜닝된 BERT 모델을 베이스 모델로 사용하여 임베딩 모델을 훈련할 수 있습니다. 이는 도메인 적응의 한 형태입니다. 다음 장에서 사전 훈련된 모델에 마스크드 언어 모델링을 적용해 보겠습니다.

모델을 훈련하거나 미세 튜닝하는 데 가장 어려운 점은 올바른 데이터를 찾는 일입니다. 이런 모델을 훈련하려면 데이터셋이 매우 커야 할 뿐만 아니라 품질이 높아야 합니다. 양성 쌍을 만드는 것은 일반적으로 쉽지만 하드 네거티브를 추가하는 것 때문에 고품질 데이터를 만드는 것이 어렵습니다.

다음 예제를 실행하기 전에 노트북을 재시작하여 VRAM을 비우세요.

10.5.2 증식 SBERT

임베딩 모델을 훈련하거나 미세 튜닝하는 데 어려운 점은 상당한 양의 훈련 데이터가 필요한 경우가 많다는 것입니다. 많은 모델이 10억 개 이상의 문장 쌍에서 훈련됩니다. 사용 사례에 맞는 문장 쌍을 이렇게 많이 만드는 일은 일반적으로 가능하지 않을 때가 많습니다. 예를 들어 레이블이 있는 데이터 포인트가 수천 개 정도뿐이기 때문입니다.

다행히 레이블이 있는 데이터가 적을 때 임베딩 모델을 미세 튜닝할 수 있도록 데이터를 증식하는 방법이 있습니다. 이 방법을 **증식 SBERT**Augmented SBERT[16]라고 부릅니다.

이 방법에서는 일반적인 훈련에 사용할 수 있도록 레이블이 있는 적은 양의 데이터를 증식하는 것이 목표입니다. 느리지만 정확한 크로스 인코더 구조(BERT)를 사용해 대량의 입력 쌍을 증식하고 레이블을 부여합니다. 그다음 새롭게 만든 이 입력 쌍을 사용해 바이 인코더(SBERT)를 미세 튜닝합니다.

[그림 10-12]에서 보듯이 증식 SBERT는 다음 과정을 거칩니다.

1. 레이블이 있는 작은 데이터셋(골드 데이터셋gold dataset)을 사용해 크로스 인코더(BERT)를 미세 튜닝합니다.
2. 새로운 문장 쌍을 만듭니다.
3. 미세 튜닝된 크로스 인코더로 새로운 문장 쌍에 레이블을 부여합니다(실버 데이터셋silver dataset).
4. 확장된 데이터셋(골드 데이터셋+실버 데이터셋)에서 바이 인코더(SBERT)를 훈련합니다.

여기에서 골드 데이터셋은 작지만 완벽하게 정답 레이블이 부여된 데이터셋입니다. 실버 데이터셋도 레이블이 있지만 정답일 필요는 없으며 크로스 인코더의 예측을 통해 생성됩니다.

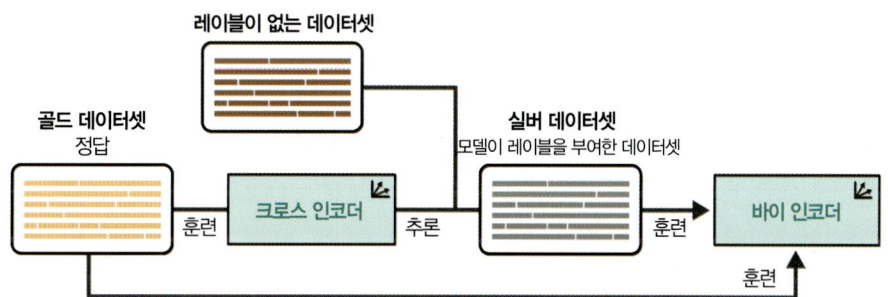

그림 10-12 증식 SBERT는 소규모 골드 데이터셋에서 크로스 인코더를 훈련한 다음 레이블이 없는 데이터셋에 레이블을 할당해 대규모 실버 데이터셋을 만듭니다. 마지막으로 골드 데이터셋과 실버 데이터셋을 모두 사용해 바이 인코더를 훈련합니다.

이 과정을 실행하기 전에 먼저 데이터를 준비해 보죠. 50,000개 문서 대신 레이블된 데이터가 제한적인 환경을 흉내내기 위해 10,000개의 문서만 사용하겠습니다. 코사인 유사도 손실을 사

---

[16] Thakur et al. (2020). Augmented SBERT: Data Augmentation Method for improving Bi-Encoders for pairwise sentence scoring tasks. arXiv.org. *https://arxiv.org/abs/2010.08240*

용했을 때처럼 수반에 점수 1을 부여하고 중립과 모순에 0을 부여합니다.

```python
import pandas as pd
from tqdm import tqdm
from datasets import load_dataset, Dataset
from sentence_transformers import InputExample
from sentence_transformers.datasets import NoDuplicatesDataLoader

# 크로스 인코더를 위해 10,000개의 문서로 구성된 데이터셋을 만듭니다.
dataset = load_dataset("glue", "mnli", split="train").select(range(10_000))
mapping = {2: 0, 1: 0, 0:1}

# 데이터 로더
gold_examples = [
    InputExample(texts=[row["premise"], row["hypothesis"]], label=mapping[row["label"]])
    for row in tqdm(dataset)
]
gold_dataloader = NoDuplicatesDataLoader(gold_examples, batch_size=32)

# 데이터 처리를 쉽게 하기 위해 판다스 데이터프레임을 만듭니다.
gold = pd.DataFrame(
    {
    "sentence1": dataset["premise"],
    "sentence2": dataset["hypothesis"],
    "label": [mapping[label] for label in dataset["label"]]
    }
)
```

정답으로 레이블되었기 때문에 골드 데이터셋에 해당합니다.

이 골드 데이터셋을 사용해 크로스 인코더를 훈련합니다(단계 1).

```python
from sentence_transformers.cross_encoder import CrossEncoder

# 골드 데이터셋에서 크로스 인코더를 훈련합니다.
cross_encoder = CrossEncoder("bert-base-uncased", num_labels=2)
cross_encoder.fit(
    train_dataloader=gold_dataloader,
    epochs=1,
    show_progress_bar=True,
    warmup_steps=100,
```

```
    use_amp=False
)
```

크로스 인코더를 훈련한 다음 (원본 데이터셋의 50,000개 문장 쌍 중에서) 나머지 40,000개 문장 쌍으로 실버 데이터셋을 만듭니다(단계 2).

```
# 크로스 인코더로 레이블을 예측할 실버 데이터셋을 만듭니다.
silver = load_dataset(
    "glue", "mnli", split="train"
).select(range(10_000, 50_000))
pairs = list(zip(silver["premise"], silver["hypothesis"]))
```

> **TIP** 추가할 레이블이 없는 문장 쌍이 없을 경우 원본 골드 데이터셋에서 랜덤하게 샘플링하여 만들 수 있습니다. 예를 들어 한 행에서 전제를 샘플링하고 다른 행에서 가설을 선택하여 문장 쌍을 새로 만듭니다. 이렇게 하면 크로스 인코더로 레이블할 수 있는 것보다 10배 더 많은 문장을 쉽게 생성할 수 있습니다.
> 하지만 이 전략은 비슷한 쌍보다 비슷하지 않은 쌍을 훨씬 더 많이 만들 가능성이 높습니다. 이 방법 대신에 사전 훈련된 임베딩 모델을 사용해 모든 후보 문장 쌍을 임베딩하고 시맨틱 검색을 사용해 입력 문장과 가장 가까운 탑-k 문장을 추출할 수 있습니다. 리랭킹과 유사한 이 방법을 사용해 유사할 가능성이 높은 문장을 고를 수 있습니다. 사전 훈련된 임베딩 모델이 현재 데이터셋에서 훈련되지 않았기 때문에 여전히 근사적인 방법으로 문장을 선택하지만 랜덤 샘플링보다 훨씬 낫습니다.

이 예제에서는 이런 문장 쌍에 레이블이 없다고 가정합니다. 미세 튜닝된 크로스 인코더를 사용해 이 문장 쌍에 레이블을 부여할 수 있습니다(단계 3).

```
import numpy as np

# 미세 튜닝된 크로스 인코더를 사용해 문장 쌍에 레이블을 할당합니다.
output = cross_encoder.predict(
    pairs, apply_softmax=True,
show_progress_bar=True
)
silver = pd.DataFrame(
    {
        "sentence1": silver["premise"],
        "sentence2": silver["hypothesis"],
        "label": np.argmax(output, axis=1)
    }
)
```

골드 데이터셋과 실버 데이터셋이 준비되었으므로 이를 합쳐서 이전에 했던 것처럼 임베딩 모델을 훈련합니다.

```python
# 골드 데이터셋과 실버 데이터셋을 합칩니다.
data = pd.concat([gold, silver], ignore_index=True, axis=0)
data = data.drop_duplicates(subset=["sentence1", "sentence2"], keep="first")
train_dataset = Dataset.from_pandas(data, preserve_index=False)
```

언제나 그렇듯이 평가자를 정의해야 합니다.

```python
from sentence_transformers.evaluation import EmbeddingSimilarityEvaluator

# STSB를 위한 임베딩 유사도 평가자를 만듭니다.
val_sts = load_dataset("glue", "stsb", split="validation")
evaluator = EmbeddingSimilarityEvaluator(
    sentences1=val_sts["sentence1"],
    sentences2=val_sts["sentence2"],
    scores=[score/5 for score in val_sts["label"]],
    main_similarity="cosine",
    similarity_fn_names=["cosine", "euclidean", "manhattan", "dot"]
)
```

증식된 데이터셋을 사용해 이전과 동일한 방식으로 모델을 훈련합니다.

```python
from sentence_transformers import losses, SentenceTransformer
from sentence_transformers.trainer import SentenceTransformerTrainer
from sentence_transformers.training_args import SentenceTransformerTrainingArguments

# 모델
embedding_model = SentenceTransformer("bert-base-uncased")

# 손실 함수
train_loss = losses.CosineSimilarityLoss(model=embedding_model)

# 훈련 매개변수
args = SentenceTransformerTrainingArguments(
    output_dir="augmented_embedding_model",
    num_train_epochs=1,
    per_device_train_batch_size=32,
    per_device_eval_batch_size=32,
```

```
        warmup_steps=100,
        fp16=True,
        eval_steps=100,
        logging_steps=100,
        report_to=[]
)

# 모델 훈련
trainer = SentenceTransformerTrainer(
    model=embedding_model,
    args=args,
    train_dataset=train_dataset,
    loss=train_loss,
    evaluator=evaluator
)
trainer.train()
```

마지막으로 모델을 평가합니다.

```
evaluator(embedding_model)
```

```
{'pearson_cosine': 0.7101597020018693,
 'spearman_cosine': 0.7210536464320728,
 'pearson_manhattan': 0.7296749443525249,
 'spearman_manhattan': 0.7284184255293913,
 'pearson_euclidean': 0.7293097297208753,
 'spearman_euclidean': 0.7282830906742256,
 'pearson_dot': 0.6746605824703588,
 'spearman_dot': 0.6754486790570754,
 'pearson_max': 0.7296749443525249,
 'spearman_max': 0.7284184255293913}
```

전체 데이터셋을 사용한 코사인 유사도 손실 예제의 점수는 0.72였습니다. 여기에서는 데이터의 20%만 사용하고 0.71에 해당하는 점수를 얻었습니다!

이 방법을 사용하면 수십 만 개의 문장 쌍에 수동으로 레이블을 부여하지 않고도 기존에 가지고 있는 데이터셋의 크기를 늘릴 수 있습니다. 또한 골드 데이터셋으로만 임베딩 모델을 훈련하여 실버 데이터셋의 품질을 테스트할 수 있습니다. 두 성능의 차이는 실버 데이터셋이 모델의 품질에 얼마나 도움이 되는지를 말해 줍니다.

마지막 예제인 비지도 학습을 위해 끝으로 한 번 더 노트북을 재시작하세요.

10.6 비지도 학습

임베딩 모델을 만들기 위해서는 일반적으로 레이블이 있는 데이터가 필요합니다. 하지만 실제 데이터셋 모두가 잘 정의된 레이블 집합을 제공하는 것은 아닙니다. 그래서 사전에 정의된 레이블이 없이 모델을 훈련하는 기법인 비지도 학습 방법을 찾게 됩니다. SimCSE$^{\text{Simple Contrastive Learning of Sentence Embeddings}}$ (`https://oreil.ly/4GCYn`)[17], CT$^{\text{Contrastive Tension}}$ (`https://oreil.ly/5na_6`)[18], TSDAE$^{\text{Transformer-based Sequential Denoising Auto-Encoder}}$ (`https://oreil.ly/_r6KI`)[19], GPL$^{\text{Generative Pseudo-Labeling}}$ (`https://oreil.ly/soIV_`)[20] 같은 다양한 방법이 존재합니다.

이 절에서는 비지도 작업과 도메인 적응에 뛰어난 성능을 보여 주는 TSDAE에 대해 알아보겠습니다.

10.6.1 TSDAE

TSDAE는 비지도 학습으로 임베딩 모델을 만들기 위해 매우 우아한 접근 방법을 사용합니다. 이 방법은 레이블 데이터가 전혀 없다고 가정하며 인공적으로 레이블을 만들 필요가 없습니다.

TSDAE는 입력 문장에 잡음을 추가해 단어를 일정 비율 제거한다는 아이디어에 기반합니다. 잡음이 추가된 오염된 문장을 인코더와 풀링 층에 통과시켜서 문장 임베딩에 매핑합니다. 이 문장 임베딩을 사용해 디코더가 오염된 문장에서 인공적인 잡음이 없는 원본 문장을 재구성합니다. 여기서 핵심 개념은 문장 임베딩이 정확할수록 재구성 문장이 정확하다는 것입니다.

---

[17] Gao et al. (2021). SIMCSE: Simple Contrastive Learning of Sentence Embeddings. arXiv.org. `https://arxiv.org/abs/2104.08821`

[18] Carlsson et al. (2021). Semantic re-tuning with contrastive tension. Proceedings of the 9th International Conference on Learning Representations (ICLR 2021), OpenReview. `https://openreview.net/forum?id=Ov_sMNau-PF`

[19] Wang et al. (2021). TSDAE: Using Transformer-based Sequential Denoising Auto-Encoder for unsupervised sentence embedding learning. arXiv.org. `https://arxiv.org/abs/2104.06979`

[20] Wang et al. (2021). GPL: Generative Pseudo labeling for Unsupervised Domain adaptation of dense retrieval. arXiv.org. `https://arxiv.org/abs/2112.07577`

이 방법은 마스킹된 특정 단어를 재구성하는 마스크드 언어 모델링과 매우 비슷합니다. 여기에서는 마스킹된 단어를 재구성하는 것이 아니라 전체 문장을 재구성합니다.

훈련 후에 인코더를 사용해 텍스트로부터 임베딩을 생성할 수 있습니다. 디코더는 임베딩으로 정확하게 원본 문장을 재구성할 수 있는지를 판단하는 데만 사용합니다(그림 10-13).

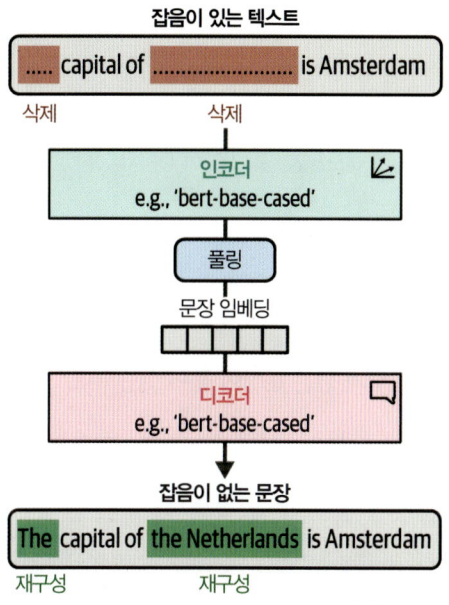

그림 10-13 TSDAE는 입력 문장에서 랜덤하게 단어를 삭제한 후 인코더에 통과시켜 문장 임베딩을 생성합니다. 이 문장 임베딩을 사용해 원본 문장을 재구성합니다.

레이블이 없이 많은 문장만 필요하기 때문에 이 모델을 훈련하는 방법은 간단합니다. 먼저 잡음제거 과정에 사용할 토크나이저를 다운로드합니다.

```python
# 추가적인 토크나이저를 다운로드합니다.
import nltk
nltk.download("punkt")
nltk.download("punkt_tab")
```

그다음 데이터에서 두 문장을 합치고 비지도 학습을 흉내내기 위해 레이블을 제거합니다.

```
from tqdm import tqdm
from datasets import Dataset, load_dataset
from sentence_transformers.datasets import DenoisingAutoEncoderDataset

# 전제와 가설을 하나의 문장으로 연결합니다.
mnli = load_dataset("glue", "mnli", split="train").select(range(25_000))
flat_sentences = mnli["premise"] + mnli["hypothesis"]

# 입력 데이터에 잡음을 추가합니다.
damaged_data = DenoisingAutoEncoderDataset(list(set(flat_sentences)))

# 데이터셋을 만듭니다.
train_dataset = {"damaged_sentence": [], "original_sentence": []}
for data in tqdm(damaged_data):
    train_dataset["damaged_sentence"].append(data.texts[0])
    train_dataset["original_sentence"].append(data.texts[1])
train_dataset = Dataset.from_dict(train_dataset)
```

이 데이터셋은 50,000개 문장으로 구성되며 오염된 문장과 원본 문장이 들어 있습니다.[21]

```
train_dataset[0]
```

```
{'damaged_sentence': 'Grim jaws are.',
 'original_sentence': 'Grim faces and hardened jaws are not people-friendly.'}
```

'damaged_sentence'는 오염된 데이터를 나타내고 'original_sentence'는 원본 데이터를 의미합니다. 데이터를 만든 후 이전처럼 평가자를 정의합니다.

```
from sentence_transformers.evaluation import EmbeddingSimilarityEvaluator

# STSB를 위한 임베딩 유사도 평가자를 만듭니다.
val_sts = load_dataset("glue", "stsb", split="validation")
evaluator = EmbeddingSimilarityEvaluator(
    sentences1=val_sts["sentence1"],
    sentences2=val_sts["sentence2"],
    scores=[score/5 for score in val_sts["label"]],
```

---

21 옮긴이_ MNLI 데이터셋은 중복된 문장이 있기 때문에 크기가 약 48,000입니다.

```
    main_similarity="cosine",
    similarity_fn_names=["cosine", "euclidean", "manhattan", "dot"]
)
```

그다음 이전처럼 훈련을 수행합니다. 다만 풀링 층에서 토큰 임베딩을 평균하지 않고 풀링 전략을 위해 [CLS] 토큰을 추가합니다. TSDAE 논문에 의하면 평균 풀링은 위치 정보를 잃기 때문에 [CLS] 토큰을 사용하는 것이 더 효과적입니다.

```
from sentence_transformers import models, SentenceTransformer

# 임베딩 모델을 만듭니다.
word_embedding_model = models.Transformer("bert-base-uncased")
pooling_model = models.Pooling(word_embedding_model.get_word_embedding_dimension(),
"cls")
embedding_model = SentenceTransformer(modules=[word_embedding_model, pooling_model])
```

이 데이터셋을 사용하려면 오염된 문장을 사용해 원본 문장을 재구성하는 손실 함수인 **DenoisingAutoEncoderLoss**가 필요합니다. 이렇게 함으로써 데이터를 정확하게 표현하는 방법을 학습합니다. 이는 마스킹과 비슷하지만 실제 마스킹의 위치는 알지 못합니다.

또한 두 모델의 파라미터를 묶습니다. 인코더의 임베딩 층과 디코더의 출력 층의 가중치를 별도로 훈련하지 않고 동일한 가중치를 공유합니다. 이는 한 층의 가중치를 업데이트하면 다른 층에도 반영된다는 의미입니다.

```
from sentence_transformers import losses

# 잡음제거 오토 인코더 손실
train_loss = losses.DenoisingAutoEncoderLoss(
    embedding_model, tie_encoder_decoder=True
)
train_loss.decoder = train_loss.decoder.to("cuda")
```

마지막으로 이전에 했던 것처럼 모델을 훈련합니다. 하지만 이 손실 함수를 사용하면 메모리 사용량이 늘어나므로 배치 크기를 줄입니다.

```
from sentence_transformers.trainer import SentenceTransformerTrainer
```

```python
from sentence_transformers.training_args import SentenceTransformerTrainingArguments

# 훈련 매개변수
args = SentenceTransformerTrainingArguments(
    output_dir="tsdae_embedding_model",
    num_train_epochs=1,
    per_device_train_batch_size=16,
    per_device_eval_batch_size=16,
    warmup_steps=100,
    fp16=True,
    eval_steps=100,
    logging_steps=100,
    report_to=[]
)

# 모델 훈련
trainer = SentenceTransformerTrainer(
    model=embedding_model,
    args=args,
    train_dataset=train_dataset,
    loss=train_loss,
    evaluator=evaluator
)
trainer.train()
```

훈련 후, 모델을 평가해서 비지도 학습이 얼마나 잘 수행되는지 알아보겠습니다.

```python
# 훈련된 모델을 평가합니다.
evaluator(embedding_model)
```

```
{'pearson_cosine': 0.6991809700971775,
 'spearman_cosine': 0.713693213167873,
 'pearson_manhattan': 0.7152343356643568,
 'spearman_manhattan': 0.7201441944880915,
 'pearson_euclidean': 0.7151142243297436,
 'spearman_euclidean': 0.7202291660769805,
 'pearson_dot': 0.5198066451871277,
 'spearman_dot': 0.5104025515225046,
 'pearson_max': 0.7152343356643568,
 'spearman_max': 0.7202291660769805}
```

모델을 훈련한 후 약 0.70의 점수를 얻었습니다. 레이블이 없는 데이터로 훈련한 것을 고려하면 매우 인상적인 결과입니다.

10.6.2 TSDAE를 사용한 도메인 적응

레이블이 없는 데이터가 매우 적거나 전혀 없을 때 일반적으로 비지도 학습을 사용해 텍스트 임베딩 모델을 만듭니다. 하지만 보통 비지도 학습 방법은 지도 학습 방법보다 성능이 낮으며 도메인에 특화된 개념을 학습하기 어렵습니다.

이런 경우 **도메인 적응**domain adaptation이 필요합니다. 기존 임베딩 모델을 업데이트하여 소스 도메인source domain과 다른 주제를 다루는 특정 텍스트 도메인에 맞추는 것이 목표입니다. [그림 10-14]는 여러 종류의 도메인을 보여 줍니다. 타깃 도메인 또는 외부 도메인out-domain은 소스 도메인 또는 내부 도메인in-domain에 없는 단어 및 주제를 포함합니다.

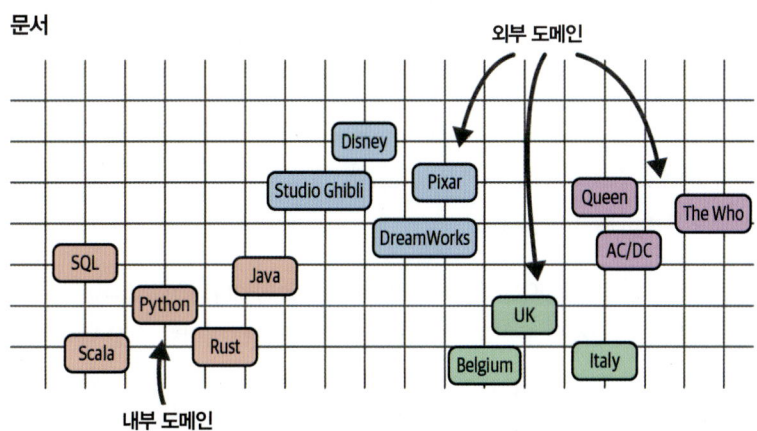

그림 10-14 도메인 적응의 목표는 한 도메인에서 다른 도메인으로 임베딩 모델을 일반화하는 것입니다.

도메인 적응의 한 방법으로 **적응형 사전 훈련**adaptive pretraining이 있습니다. 먼저 앞서 언급한 TSDAE나 마스크드 언어 모델링과 같은 비지도 학습 기법을 사용해 도메인 특화 말뭉치에서 사전 훈련합니다. 그다음 [그림 10-15]에 나온 것처럼 외부 도메인 또는 타깃 도메인의 훈련 데이터셋을 사용해 이 모델을 미세 튜닝합니다. 타깃 도메인의 데이터를 사용하는 것이 좋지만 타깃 도메인에서 비지도 훈련을 수행했기 때문에 외부 도메인 데이터도 가능합니다.

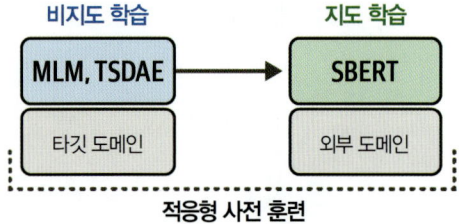

그림 10-15 도메인 적응은 적응형 사전 훈련과 적응형 미세 튜닝으로 수행할 수 있습니다.

이 장에서 배운 내용을 모두 활용하여 이 파이프라인을 재현할 수 있을 것입니다! 먼저 TSDAE로 타깃 도메인에서 임베딩 모델을 훈련합니다. 그다음 일반적인 지도 학습이나 증식 SBERT를 사용해 미세 튜닝할 수 있습니다.

10.7 요약

다양한 작업을 통해 임베딩 모델을 만들고 미세 튜닝하는 방법을 살펴보았습니다. 임베딩의 개념과 텍스트 데이터를 수치 포맷으로 표현하는 임베딩의 역할에 대해 논의했습니다. 그다음 많은 임베딩 모델의 기본 기술인 대조 학습을 살펴보았습니다. 대조 학습은 비슷한 문서 쌍과 비슷하지 않은 문서 쌍으로 훈련하는 방법입니다.

인기 있는 임베딩 프레임워크인 sentence-transformers를 사용해 사전 훈련된 BERT 모델로 임베딩 모델을 만들었습니다. 코사인 유사도 손실과 MNR 손실 같은 다양한 손실 함수를 살펴보았습니다. 비슷한 (또는 비슷하지 않은) 문서 쌍이나 삼중항을 모으는 것이 모델의 성능에 얼마나 중요한지 논의했습니다.

그다음 절에서 임베딩 모델을 미세 튜닝하는 기법을 살펴보았습니다. 증식 SBERT와 도메인 적응을 위한 TSDAE 같은 지도 학습 기법과 비지도 학습 기법을 모두 알아보았습니다. 임베딩 모델을 만드는 것에 비해 미세 튜닝은 일반적으로 적은 데이터가 필요하며 기존 임베딩 모델을 새로운 도메인에 적응시키는 훌륭한 방법입니다.

다음 장에서 분류를 위한 표현을 미세 튜닝하는 방법을 알아보겠습니다. BERT와 임베딩 모델뿐만 아니라 다양한 미세 튜닝 기법을 볼 수 있을 것입니다.

# 11장
분류용 표현 모델 미세 튜닝하기

4장에서 사전 훈련된 모델을 수정하지 않고 그대로 사용해 텍스트를 분류했습니다. 만약 사전 훈련된 모델을 미세 튜닝하면 어떻게 될까요?

충분한 데이터가 있다면 미세 튜닝으로 성능이 가장 좋은 모델을 얻을 수 있습니다. 이 장에서 BERT 모델을 미세 튜닝하는 여러 방법을 알아보겠습니다. 11.1절에서 분류 모델을 미세 튜닝하는 일반적인 과정을 보여 줍니다. 그다음 11.2절에서 적은 개수의 훈련 샘플을 사용해 고성능 모델을 효율적으로 미세 튜닝하는 방법인 SetFit을 알아봅니다. 11.3절에서 사전 훈련 모델을 계속 더 훈련하는 방법을 살펴봅니다. 마지막으로 11.4절에서 토큰 수준의 분류에 대해 배우겠습니다.

이 장에서는 생성 이외의 작업에 초점을 맞춥니다. 생성 모델을 미세 튜닝하는 방법은 12장에서 다루겠습니다.

11.1 지도 분류

4장에서는 [그림 11-1]에서 보듯이 감성 예측(특정 작업을 위한 모델)이나 임베딩 생성(임베딩 모델)을 위해 사전 훈련된 표현 모델을 사용하는 지도 학습 분류 작업을 살펴보았습니다.

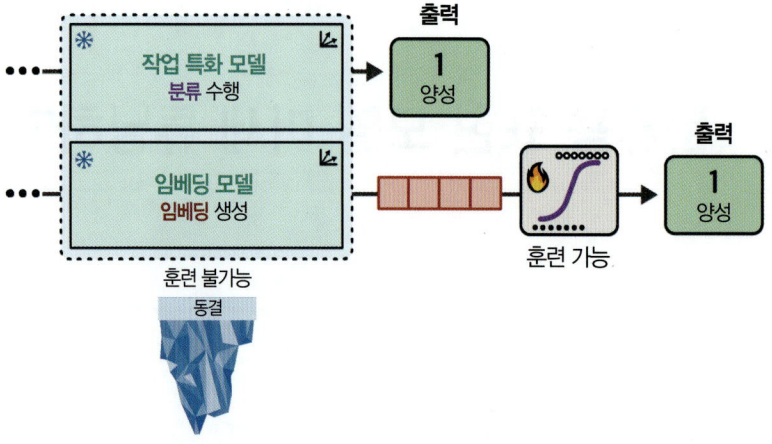

그림 11-1 4장에서 가중치 수정 없이 사전 훈련된 모델을 사용해 분류를 수행했습니다. 이런 모델을 일컬어 '동결'되었다고 합니다.

두 모델은 동결된frozen 채로 (훈련을 하지 않고) 분류 작업에 사전 훈련된 모델을 활용하는 잠재력을 보여 주었습니다. 임베딩 모델은 별도의 훈련 가능한 분류 헤드(분류기)를 사용해 영화 리뷰의 감성을 예측했습니다.

이 절에서도 비슷한 접근 방식을 사용하지만 모델과 분류 헤드를 훈련 과정에서 모두 업데이트하겠습니다. [그림 11-2]에서 보듯이 임베딩 모델 대신에 사전 훈련된 BERT 모델을 미세 튜닝하여 2장에서 사용했던 것과 같은 작업에 특화된 모델을 만들겠습니다. 임베딩 모델을 활용하는 방식과 달리 표현 모델과 분류 헤드를 하나의 아키텍처로 보고 미세 튜닝합니다.

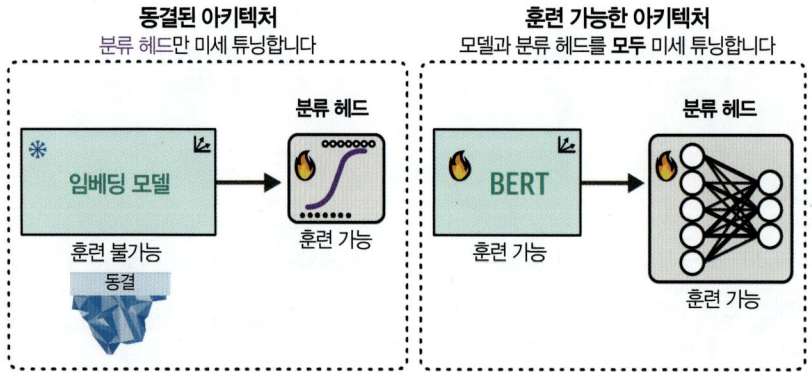

그림 11-2 동결된 아키텍처와 달리 사전 훈련된 BERT 모델과 분류 헤드를 모두 훈련합니다. 역전파는 분류 헤드에서 시작하여 BERT 모델로 이어집니다.

이를 위해 모델을 동결하지 않고 훈련 과정에서 모델 파라미터를 업데이트하겠습니다. [그림 11-3]에서 보듯이 사전 훈련된 BERT 모델과 분류 헤드용 신경망을 사용하며, 분류를 위해 모두 미세 튜닝합니다.

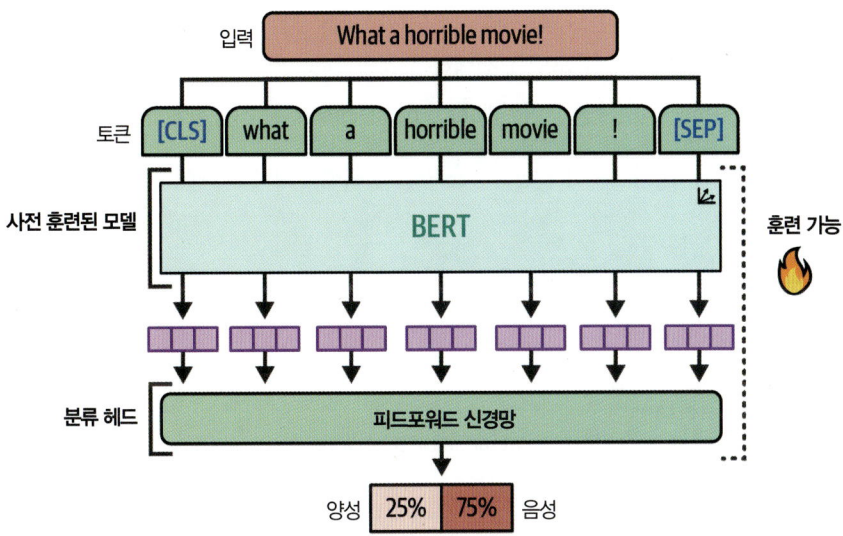

그림 11-3 작업에 특화된 모델의 구조. 사전 훈련된 표현 모델(예를 들어 BERT)과 특정 작업을 위한 분류 헤드로 구성됩니다.

실제로 이는 사전 훈련된 BERT 모델과 분류 헤드를 동시에 업데이트한다는 의미입니다. 이 두 구성 요소는 독립적으로 훈련되지 않고 상대방으로부터 배워서 더 정확한 표현을 만들 수 있습니다.

11.1.1 사전 훈련된 BERT 모델 미세 튜닝하기

4장에서 사용한 로튼 토마토 데이터셋을 이용해 모델을 미세 튜닝하겠습니다. 이 데이터셋에는 로튼 토마토에서 가져온 5,331개 양성 영화 리뷰와 5,331개 음성 영화 리뷰가 있습니다.[1]

---

1 옮긴이_ 이 예제에서는 검증 세트(tomatoes['validation'])를 사용하지 않으므로 훈련 세트와 테스트 세트에 양성 샘플과 음성 샘플이 각각 4,265개, 533개씩 들어 있습니다. 코랩을 사용하는 경우 !pip install datasets 명령으로 패키지를 먼저 설치해 주세요.

```python
from datasets import load_dataset

# 데이터를 준비하고 분할합니다.
tomatoes = load_dataset("rotten_tomatoes")
train_data, test_data = tomatoes["train"], tomatoes["test"]
```

분류 작업의 첫 번째 단계는 사용할 모델을 선택하는 것입니다. 영어 위키백과와 미출판 도서로 구성된 대규모 데이터셋에서 사전 훈련된 **"bert-base-cased"**를 사용하겠습니다.[2]

사전 훈련된 모델 위에 놓일 피드포워드 신경망을 만들기 위해서 예측할 레이블 개수를 정의해야 합니다.[3]

```python
from transformers import AutoTokenizer, AutoModelForSequenceClassification

# 모델과 토크나이저를 로드합니다.
model_id = "bert-base-cased"
model = AutoModelForSequenceClassification.from_pretrained(
    model_id, num_labels=2
)
tokenizer = AutoTokenizer.from_pretrained(model_id)
```

그다음 데이터를 토큰으로 나눕니다.

```python
def preprocess_function(examples):
    """입력 데이터를 토큰으로 나눕니다"""
    return tokenizer(examples["text"], truncation=True)

# 훈련 데이터와 테스트 데이터를 토큰화합니다.
tokenized_train = train_data.map(preprocess_function, batched=True)
tokenized_test = test_data.map(preprocess_function, batched=True)
```

Trainer 객체를 만들기 전에 **DataCollator**를 준비해야 합니다. **DataCollator**는 배치 데이터를 만들고 데이터 증식도 적용할 수 있는 클래스입니다.

---

[2] Devlin et al. (2018). BERT: Pre-training of Deep Bidirectional Transformers for Language Understanding. arXiv.org. https://arxiv.org/abs/1810.04805

[3] 옮긴이_ AutoModelForSequenceClassification 클래스는 사전 훈련된 모델 위에 출력 크기가 num_labels인 밀집 층을 추가합니다.

토큰화 과정 동안에 9장에서 본 것처럼 입력 텍스트에 패딩을 추가해 동일한 크기 표현을 만들겠습니다. 이를 위해 DataCollatorWithPadding을 사용합니다.

```python
from transformers import DataCollatorWithPadding

# 배치에서 가장 긴 시퀀스에 맞춰 패딩합니다.
data_collator = DataCollatorWithPadding(tokenizer=tokenizer)
```

물론 측정 지표를 정의하지 않고는 예제를 만들 수 없습니다.

```python
import numpy as np
from datasets import load_metric

def compute_metrics(eval_pred):
    """F1 점수를 계산합니다"""
    logits, labels = eval_pred
    predictions = np.argmax(logits, axis=-1)

    load_f1 = load_metric("f1")
    f1 = load_f1.compute(predictions=predictions, references=labels)["f1"]
    return {"f1": f1}
```

compute_metrics 함수로 측정 지표를 정의하여 훈련 도중에 출력하거나 로그에 기록할 수 있습니다. 훈련 중에 과대적합을 감지할 수 있기 때문에 특히 도움이 됩니다.

그다음 Trainer 객체를 생성합니다.

```python
from transformers import TrainingArguments, Trainer

# 훈련 매개변수
training_args = TrainingArguments(
    "model",
    learning_rate=2e-5,
    per_device_train_batch_size=16,
    per_device_eval_batch_size=16,
    num_train_epochs=1,
    weight_decay=0.01,
    save_strategy="epoch",
    report_to="none"
```

```
)

# 훈련 과정을 수행할 Trainer 객체
trainer = Trainer(
    model=model,
    args=training_args,
    train_dataset=tokenized_train,
    eval_dataset=tokenized_test,
    processing_class=tokenizer,
    data_collator=data_collator,
    compute_metrics=compute_metrics,
)
```

TrainingArguments 클래스는 학습률이나 훈련할 에포크 횟수 같은 하이퍼파라미터를 정의합니다. 그다음 Trainer 객체를 사용하여 훈련 과정을 실행합니다.

```
trainer.train()
```

마지막으로 모델을 훈련하고 평가합니다.

```
trainer.evaluate()
```

```
{'eval_loss': 0.36636912822272339,
 'eval_f1': 0.8492366412213741,
 'eval_runtime': 4.5792,
 'eval_samples_per_second': 232.791,
 'eval_steps_per_second': 14.631,
 'epoch': 1.0}
```

F1 점수 0.85는 4장에서 사용했던 작업 특화 모델(F1 점수 0.80)보다 꽤 높습니다. 이는 사전 훈련된 모델을 사용하는 것보다 모델을 미세 튜닝하는 것이 이점이 많다는 것을 보여 줍니다. 훈련하는 데도 몇 분밖에 걸리지 않습니다.

11.1.2 층 동결하기

전체 네트워크를 훈련하는 것이 중요하다는 점을 더 잘 설명하기 위해 다음 예제에서 신경망의 특정 층을 동결해 보겠습니다.

메인 BERT 모델을 동결하고 분류 헤드만 업데이트하겠습니다. 특정 층을 동결한 것을 제외하면 다른 것은 모두 동일하므로 좋은 비교가 될 것입니다.

먼저 모델을 초기화해서 맨 처음부터 시작해 보겠습니다.

```python
# 모델과 토크나이저를 로드합니다.
model = AutoModelForSequenceClassification.from_pretrained(
    model_id, num_labels=2
)
tokenizer = AutoTokenizer.from_pretrained(model_id)
```

사전 훈련된 BERT 모델은 많은 층을 가지고 있으며 모두 동결할 수 있습니다. 이런 층을 조사하면 모델의 구조에 대해 알 수 있고 어떤 층을 동결할지 가늠할 수 있습니다.

```python
# 층 이름을 출력합니다.
for name, param in model.named_parameters():
    print(name)
```

```
bert.embeddings.word_embeddings.weight
bert.embeddings.position_embeddings.weight
bert.embeddings.token_type_embeddings.weight
bert.embeddings.LayerNorm.weight
bert.embeddings.LayerNorm.bias
bert.encoder.layer.0.attention.self.query.weight
bert.encoder.layer.0.attention.self.query.bias
...
bert.encoder.layer.11.output.LayerNorm.weight
bert.encoder.layer.11.output.LayerNorm.bias
bert.pooler.dense.weight
bert.pooler.dense.bias
classifier.weight
classifier.bias
```

어텐션 헤드, 피드포워드 네트워크, 층 정규화로 구성된 12(0~11)개의 인코더 블록이 있습니다. [그림 11-4]에 반복된 인코더를 나타냈으며 여기에 있는 모든 것이 동결 가능합니다. 맨 위에는 분류 헤드를 놓습니다.

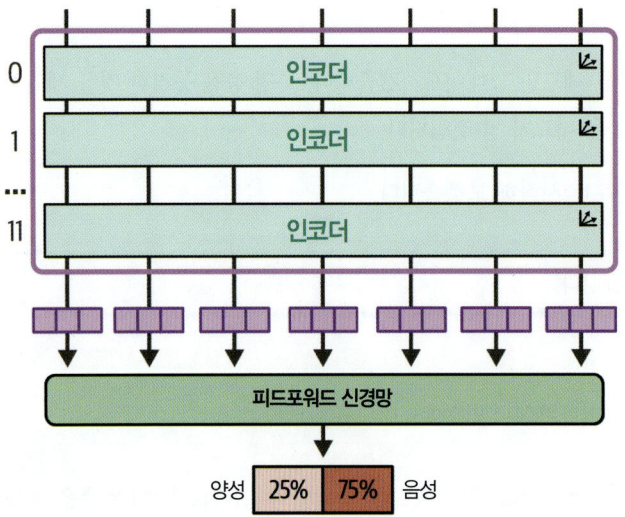

그림 11-4 BERT의 기본 구조와 추가적인 분류 헤드

훈련 속도를 높이기 위해 일부 층만 동결하고 메인 모델이 여전히 분류 작업을 통해 훈련되도록 할 수 있습니다. 일반적으로 동결 층 다음에 훈련 가능한 층이 옵니다.

2장에서 했던 것처럼 분류 헤드만 제외하고 모두 동결해 보죠.

```
for name, param in model.named_parameters():

    # 분류 헤드는 동결하지 않습니다.
    if name.startswith("classifier"):
        param.requires_grad = True

    # 그 외 모든 층을 동결합니다.
    else:
        param.requires_grad = False
```

[그림 11-5]에서 보듯이 분류 헤드에 해당하는 피드포워드 신경망만 제외하고 모든 층을 동결합니다.

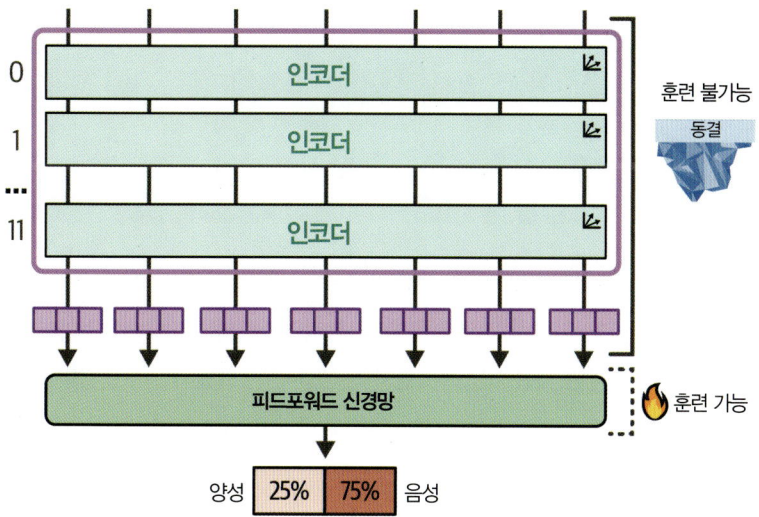

그림 11-5 BERT 모델이 미세 튜닝 과정에서 새로운 표현을 학습하지 못하도록 모든 인코더 블록과 임베딩 층을 동결합니다.

분류 헤드를 제외하고 모든 층을 동결했으므로 이 모델을 훈련해 보겠습니다.

```
from transformers import TrainingArguments, Trainer

# 훈련 과정을 실행할 Trainer 객체를 만듭니다.
trainer = Trainer(
    model=model,
    args=training_args,
    train_dataset=tokenized_train,
    eval_dataset=tokenized_test,
    processing_class=tokenizer,
    data_collator=data_collator,
    compute_metrics=compute_metrics,
)
trainer.train()
```

훈련 속도가 훨씬 빨라진 것을 느낄 수 있을 것입니다. 분류 헤드만 훈련한 덕분에 전체 모델을 미세 튜닝하는 것에 비해 속도가 크게 빨라졌습니다.

```
trainer.evaluate()
```

```
{'eval_loss': 0.6821751594543457,
 'eval_f1': 0.6331058020477816,
 'eval_runtime': 4.0175,
 'eval_samples_per_second': 265.337,
 'eval_steps_per_second': 16.677,
 'epoch': 1.0}
```

이 모델을 평가하면 F1 점수가 0.63입니다. 이전 모델의 점수 0.85에 비해 상당히 낮습니다. 모든 층을 동결하는 대신 [그림 11-6]처럼 인코더 블록 10까지만 동결하고 성능에 얼마나 영향을 미치는지 알아보죠. 이렇게 하면 계산량을 줄이면서 사전 훈련된 모델의 일부를 업데이트할 수 있습니다.

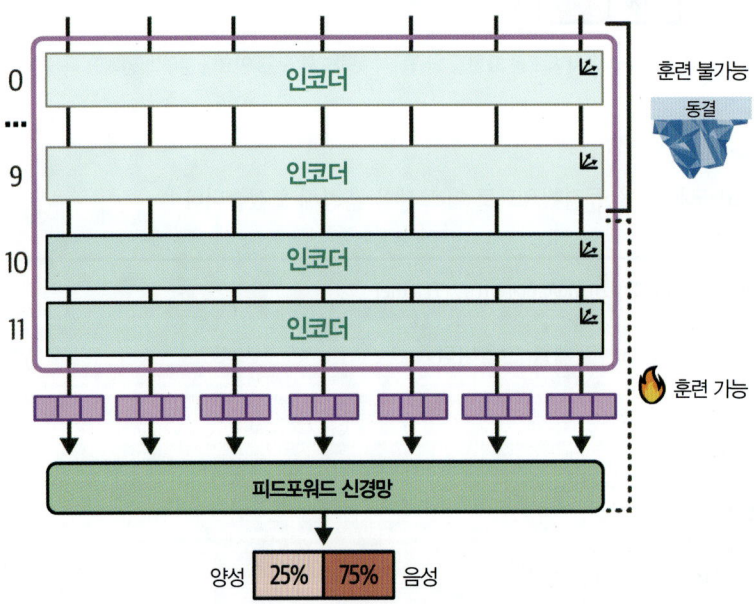

그림 11-6 BERT 모델에서 처음 10개의 인코더 블록을 동결합니다. 나머지 모든 층은 훈련 가능하며 미세 튜닝됩니다.

```
# 모델을 로드합니다.
model_id = "bert-base-cased"
model = AutoModelForSequenceClassification.from_pretrained(
    model_id, num_labels=2
```

```
    )
    tokenizer = AutoTokenizer.from_pretrained(model_id)

    # 11번째 인코더 블록은 인덱스 165에서 시작합니다.
    # 이 블록 이전의 모든 층을 동결합니다.
    for index, (name, param) in enumerate(model.named_parameters()):
        if index < 165:
            param.requires_grad = False

    # 훈련 과정을 실행할 Trainer 객체를 만듭니다.
    trainer = Trainer(
        model=model,
        args=training_args,
        train_dataset=tokenized_train,
        eval_dataset=tokenized_test,
        processing_class=tokenizer,
        data_collator=data_collator,
        compute_metrics=compute_metrics,
    )
    trainer.train()
```

훈련이 끝난 후 모델을 평가합니다.

```
trainer.evaluate()
```

```
{'eval_loss': 0.40812647342681885,
 'eval_f1': 0.8,
 'eval_runtime': 3.7125,
 'eval_samples_per_second': 287.137,
 'eval_steps_per_second': 18.047,
 'epoch': 1.0}
```

F1 점수 0.8을 얻었으며 이는 모든 층을 동결하여 얻은 0.6보다 훨씬 높은 값입니다. 가능한 한 많은 층을 훈련하는 것이 좋겠지만 충분한 컴퓨팅 자원이 없다면 훈련량을 줄일 수 있다는 것을 보여 줍니다.

이 효과를 잘 설명하기 위해 인코더 블록을 동결하고 미세 튜닝하는 작업을 반복하여 동결의 효과를 테스트했습니다. [그림 11-7]에서 보듯이 처음 다섯 개의 인코더 블록(붉은 수직선)만

훈련하면 모든 인코더 블록을 훈련했을 때의 성능과 거의 비슷한 수준에 도달합니다.[4]

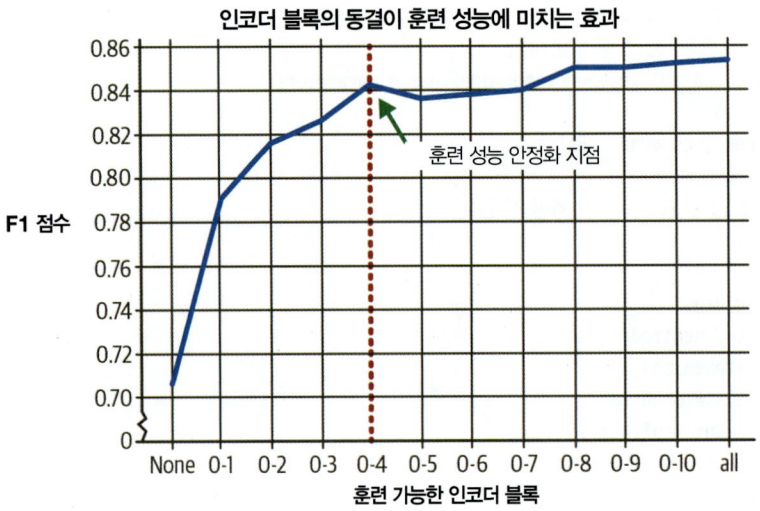

그림 11-7 인코더 블록의 동결이 모델 성능에 미치는 효과. 많은 층을 훈련하면 성능이 향상되지만 그 효과는 점점 약해집니다.

> **NOTE**
> 여러 에포크 동안 훈련하면 동결하는 것과 동결하지 않는 것의 (훈련 시간과 자원) 차이가 더 커집니다. 따라서 주어진 작업에 맞는 균형을 찾는 것이 좋습니다.

11.2 퓨샷 분류

퓨샷 분류는 지도 학습 분류의 한 기법으로, 레이블이 있는 샘플 몇 개를 기반으로 분류기가 타깃 레이블을 학습합니다. 이 기법은 레이블이 있는 데이터가 많지 않은 분류 작업에서 매우 유용합니다. 다른 말로 하면 이 방법을 사용해 클래스마다 몇 개의 고품질 데이터 포인트에 레이

---

4 옮긴이_ 이 그래프를 그리는 코드는 깃허브에 있는 11장 주피터 노트북을 참고하세요.

블을 할당하여 모델을 훈련할 수 있습니다. 모델을 훈련하기 위해 몇 개의 레이블된 데이터 포인트를 사용한다는 아이디어가 [그림 11-8]에 나타나 있습니다.

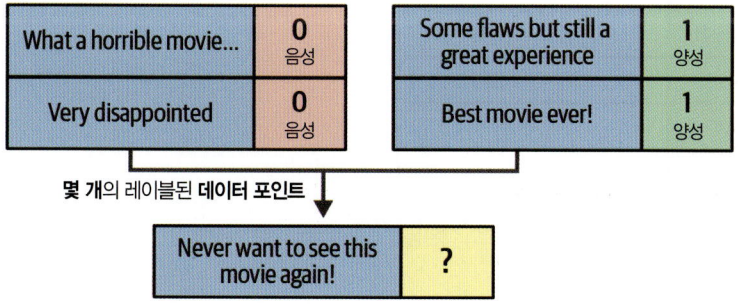

그림 11-8 퓨샷 분류에서는 레이블된 데이터 포인트 몇 개만 사용해 학습합니다.

11.2.1 SetFit: 소량의 샘플로 효율적인 미세 튜닝하기

퓨샷 텍스트 분류를 수행하기 위해 효율적인 프레임워크인 SetFit(https://oreil.ly/w8eT0)[5]을 사용하겠습니다. 이 프레임워크는 sentence-transformers 위에 구축되었으며 훈련 과정에서 텍스트 표현을 업데이트하여 고품질 표현을 생성합니다. 이 프레임워크에서는 단 몇 개의 샘플만 필요합니다. 이전 절에서 살펴본 것처럼 레이블이 있는 대규모 데이터셋에서 BERT와 같은 모델을 미세 튜닝하는 것에 비해 경쟁력이 있습니다.

SetFit의 알고리즘은 세 단계로 구성됩니다.

- **훈련 데이터 샘플링**: 레이블이 있는 데이터를 같은 클래스끼리 묶거나 다른 클래스끼리 묶어서 (비슷한) 양성 문장 쌍과 (비슷하지 않은) 음성 문장 쌍을 생성합니다.
- **임베딩 미세 튜닝**: 앞서 생성한 훈련 데이터를 기반으로 사전 훈련된 임베딩 모델을 미세 튜닝합니다.
- **분류기 훈련**: 임베딩 모델 위에 분류 헤더를 놓고 앞서 생성한 훈련 데이터를 사용해 훈련합니다.

임베딩 모델을 미세 튜닝하기 전에 훈련 데이터를 생성해야 합니다. 이 모델은 (비슷한) 양성 문장 쌍과 (비슷하지 않은) 음성 문장 쌍으로 구성된 훈련 데이터를 가정합니다. 하지만 분류 작업의 경우 일반적으로 입력 데이터에 이런 식으로 레이블을 부여하지 않습니다.

예를 들어 [그림 11-9]와 같이 텍스트를 두 개의 범주(프로그래밍 언어에 관련된 텍스트와 애

---

[5] Tunstall et al. (2022). Efficient Few-Shot learning without prompts. arXiv.org. https://arxiv.org/abs/2209.11055

완동물에 관한 텍스트)로 분류하기 위한 훈련 데이터가 있다고 해 보죠.

텍스트	클래스
I write my code in Python	프로그래밍 언어
I should practice SQL	프로그래밍 언어
My dog is a labrador	애완동물
I have a Siamese cat	애완동물

그림 11-9 두 개의 클래스(프로그래밍 언어에 관한 텍스트와 애완동물에 관한 텍스트)를 가진 데이터

단계 1에서 SetFit은 [그림 11-10]에서 보듯이 클래스 내$^{\text{in-class}}$ 조합과 클래스 외$^{\text{out-class}}$ 조합을 기반으로 필요한 데이터를 생성합니다. 예를 들어 스포츠에 관한 문장이 16개 있다면 16 × (16 − 1)/2 = 120개의 쌍에 양성 레이블을 할당할 수 있습니다.[6] 이런 과정을 사용해 다른 클래스의 문장과 쌍으로 묶어 음성 쌍을 만들 수 있습니다.

텍스트 1	텍스트 2	쌍 타입
I write my code in Python	I should practice SQL	양성
My dog is a labrador	I have a Siamese cat	양성
I write my code in Python	My dog is a labrador	음성
I have a Siamese cat	I should practice SQL	음성

그림 11-10 단계 1: 훈련 데이터 샘플링. 한 클래스 안의 문장은 비슷하다고 가정하고 양성 쌍을 만듭니다. 반면 다른 클래스에서 온 문장은 음성 쌍이 됩니다.

단계 2에서 생성된 문장 쌍을 사용해 임베딩 모델을 미세 튜닝할 수 있습니다. 대조 학습 방법을 사용하여 사전 훈련된 BERT 모델을 미세 튜닝합니다. 10장에서 살펴보았듯이 대조 학습을 사용하면 비슷한 (양성) 문장 쌍과 비슷하지 않은 (음성) 문장 쌍으로부터 정확한 문장 임베딩을 학습할 수 있습니다.

이전 단계에서 이런 쌍을 생성했기 때문에 이를 사용해 SentenceTransformers 모델을 미세

---

6 옮긴이_ n개 중에 순서를 고려하지 않고 r개를 고르는 조합 공식은 $\frac{n!}{(n-r)! \times r!}$ 입니다.

튜닝할 수 있습니다.

이전에 대조 학습에 대해 설명했지만 기억을 되살리기 위해 [그림 11-11]에 다시 이 방법을 나타냈습니다.

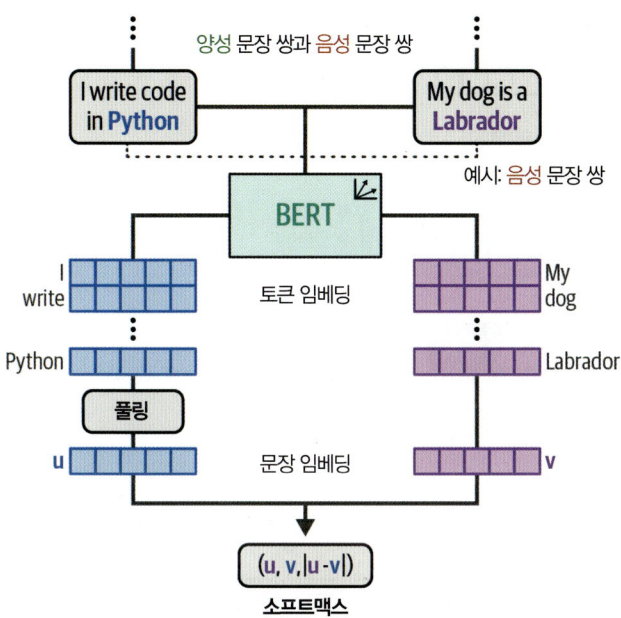

그림 11-11 단계 2: SentenceTransformers 모델 미세 튜닝. 대조 학습을 사용해 양성 문장 쌍과 음성 문장 쌍에서 임베딩을 학습합니다.

이 임베딩 모델을 미세 튜닝하는 목적은 분류 작업을 위해 튜닝할 수 있는 임베딩을 만드는 것입니다. 클래스 관련성과 상대적 의미가 임베딩 모델을 미세 튜닝하는 과정을 통해 임베딩에 반영됩니다.

단계 3에서는 모든 문장의 임베딩을 생성하고 이를 분류기의 입력으로 사용합니다. 미세 튜닝된 SentenceTransformers 모델을 사용해 문장을 임베딩으로 변환하여 특성으로 사용할 수 있습니다. 분류기는 미세 튜닝된 임베딩으로부터 학습해 본 적 없는 문장을 정확히 예측합니다. 이 마지막 단계가 [그림 11-12]에 나타나 있습니다.

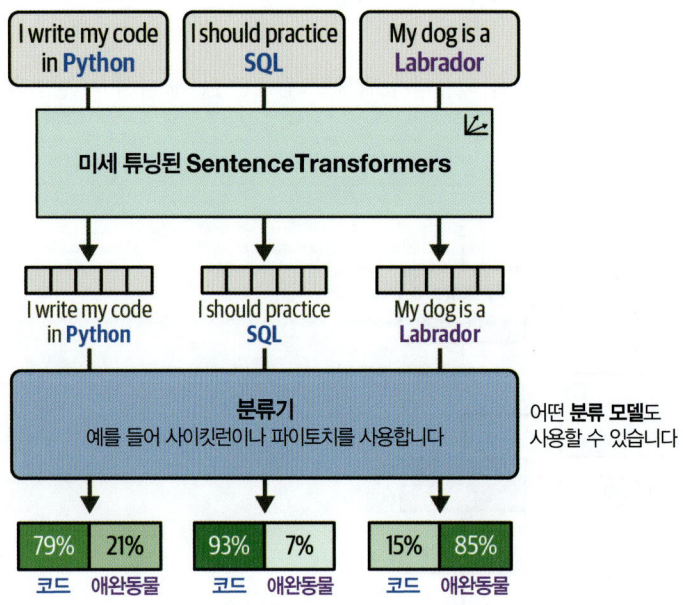

그림 11-12 단계 3: 분류기 훈련. 분류기로 어떤 사이킷런 모델이나 분류 헤드도 가능합니다.

이 단계를 모두 합치면 클래스당 몇 개의 레이블만 있을 때 분류를 수행할 수 있는 효율적이고 우아한 파이프라인을 얻게 됩니다. 기대하는 방식은 아닐지 모르지만 레이블된 데이터가 있다는 아이디어를 영리하게 사용합니다. 세 단계를 합친 전체 과정을 [그림 11-13]에 하나의 그림으로 나타냈습니다.

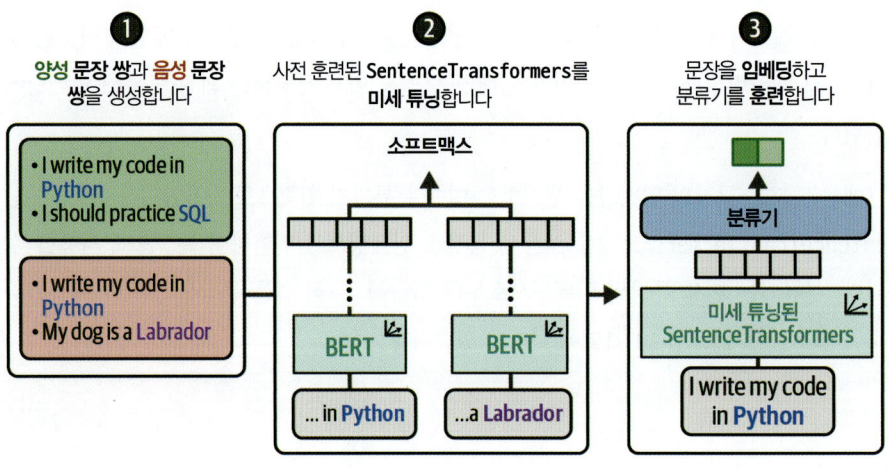

그림 11-13 SetFit의 주요 단계

첫째, 클래스 내 조합과 클래스 외 조합을 기반으로 문장 쌍을 생성합니다. 둘째, 이 문장 쌍을 사용해 사전 훈련된 SentenceTransformers 모델을 미세 튜닝합니다. 셋째, 미세 튜닝된 모델로 문장을 임베딩하고 클래스를 예측하도록 분류기를 훈련합니다.

11.2.2 퓨샷 분류를 위한 미세 튜닝

이전 예제에서 대략 8,500개의 영화 리뷰가 담긴 훈련 데이터셋에서 모델을 훈련했습니다. 하지만 여기에서는 퓨샷 설정이므로 클래스마다 16개의 샘플만 사용하겠습니다. 클래스가 두 개이므로 32개의 문서만 사용해 모델을 훈련합니다![7]

```
from setfit import sample_dataset

# 퓨샷 설정을 흉내내기 위해 클래스마다 16개의 샘플을 선택합니다.
sampled_train_data = sample_dataset(tomatoes["train"], num_samples=16)
```

데이터를 샘플링한 후 미세 튜닝할 사전 훈련된 SentenceTransformers 모델을 선택합니다. 공식 문서(https://oreil.ly/g-4SN)에서 사전 훈련된 SentenceTransformers 모델에 대한 소개를 볼 수 있습니다. 여기에서는 "sentence-transformers/all-mpnet-base-v2"를 사용하겠습니다. MTEB 리더보드(https://oreil.ly/3DWQW)에서 뛰어난 성능을 보여 주는 모델 중 하나로, 다양한 작업에 걸쳐 임베딩 모델의 성능을 보여 줍니다.

```
from setfit import SetFitModel

# 사전 훈련된 SentenceTransformer 모델을 로드합니다.
model = SetFitModel.from_pretrained("sentence-transformers/all-mpnet-base-v2")
```

사전 훈련된 SentenceTransformers 모델을 로드한 후 SetFitTrainer를 정의할 수 있습니다. 기본적으로 사이킷런의 로지스틱 회귀 모델이 분류기로 선택됩니다.[8]

허깅 페이스 트랜스포머스로 했던 것과 비슷하게 Trainer 객체를 정의하고 매개변수를 설정

---

7 옮긴이_ 코랩을 사용하는 경우 !pip install setfit 명령으로 패키지를 먼저 설치해 주세요.
8 옮긴이_ 만약 분류 헤드로 추가되는 사이킷런의 로지스틱 회귀 모델의 매개변수를 지정하고 싶다면 SetFit 모델을 로드할 때 head_params 매개변수를 활용하세요.

할 수 있습니다. 예를 들어 대조 학습이 세 번의 에포크 동안 수행되도록 num_epochs를 3으로 설정합니다.

```python
from setfit import TrainingArguments as SetFitTrainingArguments
from setfit import Trainer as SetFitTrainer

# 훈련 매개변수를 정의합니다.
args = SetFitTrainingArguments(
    num_epochs=3,     # 대조 학습을 수행할 에포크 횟수
    num_iterations=20, # 생성할 텍스트 쌍 개수
    report_to="none"
)
args.eval_strategy = args.evaluation_strategy

# Trainer 객체를 만듭니다.
trainer = SetFitTrainer(
    model=model,
    args=args,
    train_dataset=sampled_train_data,
    eval_dataset=test_data,
    metric="f1"
)
```

train 메서드를 호출하여 훈련 루프를 시작합니다. 이를 수행하면 다음과 같은 결과를 얻게 됩니다.

```python
# 훈련 루프
trainer.train()
```

```
***** Running training *****
  Num unique pairs = 1280
  Batch size = 16
  Num epochs = 3
  Total optimization steps = 240
```

SentenceTransformers 모델을 미세 튜닝하기 위해 1,280개의 문장 쌍이 생성되었다고 나옵니다. 기본적으로 데이터에 있는 샘플마다 20개의 문장 쌍 조합이 생성되므로 20×32 = 640개의 샘플이 됩니다. 양성 쌍과 음성 쌍이 생성되므로 이 값에 2를 곱하여 640×2 = 1,280개

의 문장 쌍이 됩니다. 레이블이 있는 32개 문장으로 시작하여 1,280개 문장 쌍을 생성했다는 것이 매우 인상적입니다!

> **TIP** 분류 헤드를 지정하지 않으면 기본적으로 로지스틱 회귀가 사용됩니다. 분류 헤드를 직접 지정하고 싶다면 SetFitTrainer에 다음과 같이 모델을 지정할 수 있습니다.[9]

```python
# 허브에서 SetFit 모델을 로드합니다.
model = SetFitModel.from_pretrained(
    "sentence-transformers/all-mpnet-base-v2",
    use_differentiable_head=True,
    head_params={"out_features": num_classes},
)

# trainer를 만듭니다.
trainer = SetFitTrainer(
    model=model,
    ...
)
```

여기에서 num_classes는 예측하려는 클래스 개수입니다.

그다음 모델을 평가하여 성능을 확인해 보겠습니다.

```python
# 테스트 데이터에서 모델을 평가합니다.
trainer.evaluate()
```

```
{'f1': 0.8363988383349468}
```

레이블이 있는 32개 문서만 사용해 F1 점수 0.84를 얻었습니다. 원본 데이터의 매우 작은 부분만 사용해 모델을 훈련했다는 점을 생각하면 매우 인상적인 결과입니다! 2장에서 전체 데이터의 임베딩에서 로지스틱 회귀 모델을 훈련하여 동일한 성능을 얻었습니다. 따라서 이 파이프라인의 효율성을 고려하면 시간을 들여 몇 개의 샘플에 레이블을 부여할 만합니다.

---

9 옮긴이_ use_differentiable_head=True로 지정하면 임베딩을 입력으로 받고 out_features 크기의 출력을 만드는 밀집 층이 추가됩니다.

> **TIP** SetFit은 퓨샷 분류뿐만 아니라 레이블이 전혀 없는 제로샷 분류도 지원합니다. SetFit은 레이블 이름에서 분류 작업과 유사한 합성 샘플을 생성한 다음 이를 기반으로 SetFit 모델을 훈련합니다. 예를 들어 타깃 레이블이 'happy'와 'sad'라면 합성 데이터는 'The example is happy'와 'This example is sad'가 될 수 있습니다.

11.3 마스크드 언어 모델링으로 미세 튜닝 계속하기

지금까지 예제에서 사전 훈련된 모델을 사용하고 분류 작업을 위해 미세 튜닝했습니다. 이는 두 단계 과정으로, 먼저 (이미 훈련된 모델을 사용했지만) 모델을 사전 훈련하고 특정 작업에 맞춰 미세 튜닝합니다. 이 과정이 [그림 11-14]에 나타나 있습니다.

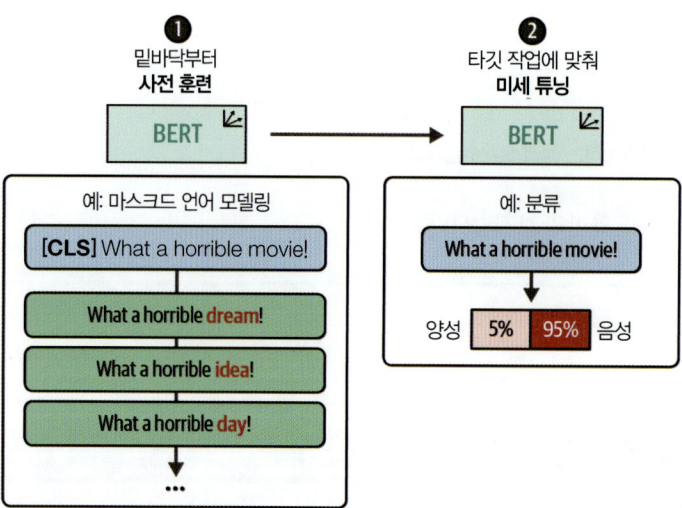

그림 11-14 사전 훈련된 BERT 모델이나 사전 훈련된 다른 모델을 사용하여 타깃 작업(예: 분류)에 모델을 미세 튜닝합니다.

많은 애플리케이션에서 대체로 이런 두 단계를 사용합니다. 하지만 도메인에 특화된 데이터가 있을 때 한계가 있습니다. 사전 훈련된 모델은 위키백과 페이지와 같은 매우 일반적인 데이터에서 훈련된 경우가 많습니다. 특정 도메인의 단어에 맞춰 튜닝하지 못할 수 있습니다.

이런 두 단계 접근 방법 대신에 둘 사이에 또 다른 단계를 추가할 수 있습니다. 이 단계에서 사전 훈련된 BERT 모델을 계속 사전 훈련합니다. 다른 말로 하면 현재 도메인의 데이터를 사용해 마스크드 언어 모델링으로 BERT 모델을 계속 훈련할 수 있습니다. 예를 들면, 일반적인 BERT 모델에서 의학 도메인에 특화된 BioBERT 모델을 만들고, 다시 약물을 분류하도록 BioBERT 모델을 미세 튜닝합니다.

이는 이전에 본 적 없는 단어에 튜닝될 수 있도록 부분단어 표현을 업데이트합니다. [그림 11-15]는 이 과정을 나타내어 추가된 단계가 마스크드 언어 모델링 작업을 어떻게 개선하는지 보여 줍니다. 사전 훈련된 BERT 모델을 계속 훈련하는 것은 분류 작업 모델의 성능을 향상시키므로 미세 튜닝 파이프라인에 추가할 가치가 있습니다.[10]

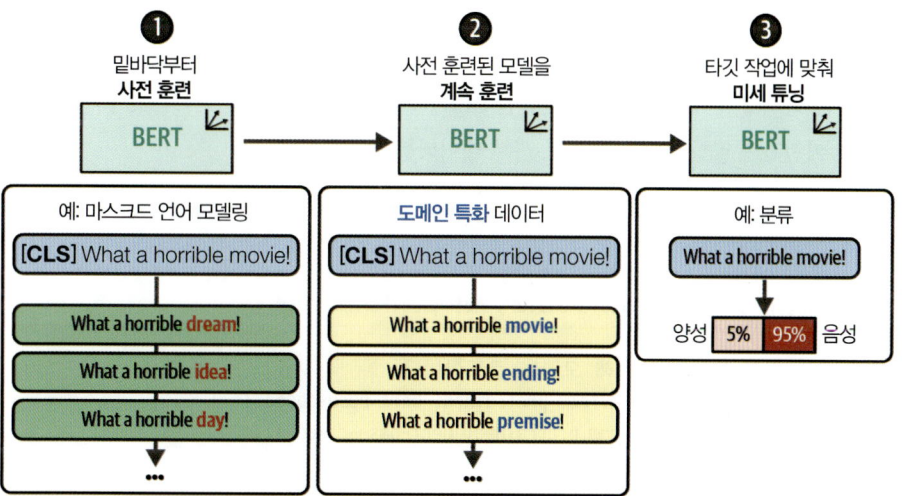

그림 11-15 두 단계로 구성된 접근 방식 대신에, 타깃 작업에서 미세 튜닝하기 전에 사전 훈련된 모델을 계속 훈련하는 단계를 추가할 수 있습니다. 마스크가 단계 1에서는 추상적인 개념으로 채워졌고 단계 2에서는 영화에 특화된 개념으로 채워졌습니다.

밑바닥부터 전체 모델을 사전 훈련할 필요 없이 분류를 위해 미세 튜닝하기 전에 사전 훈련을 계속 이어가면 됩니다. 모델이 특정 도메인과 특정 조직의 용어에 적응하는 데 유용합니다. [그림 11-16]에 한 회사가 채택한 모델의 계보에 대한 예시가 나타나 있습니다.

---

[10] Sun et al. (2019). How to Fine-Tune BERT for text classification? In Lecture notes in computer science (pp. 194-206). https://doi.org/10.1007/978-3-030-32381-3_16

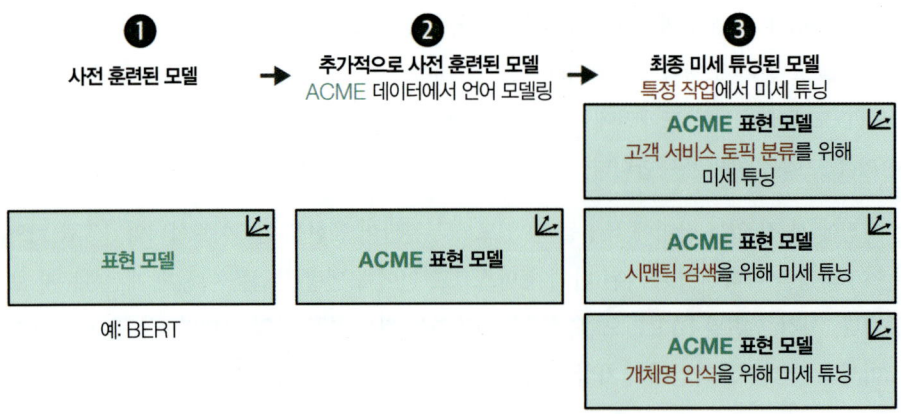

그림 11-16 구체적인 사용 사례를 보여 주는 세 단계 접근 방식

이 예에서는 단계 2에 해당하는 사전 훈련된 BERT 모델을 계속 사전 훈련하는 방법을 알아보겠습니다. 이전과 동일하게 로튼 토마토 리뷰 데이터를 사용합니다.

마스크드 언어 모델링을 위해 지금까지 사용했던 "bert-base-cased" 모델을 로드합니다.

```python
from transformers import AutoTokenizer, AutoModelForMaskedLM

# 마스크드 언어 모델링을 위해 모델을 로드합니다.
model = AutoModelForMaskedLM.from_pretrained("bert-base-cased")
tokenizer = AutoTokenizer.from_pretrained("bert-base-cased")
```

원본 문장을 토큰화해야 합니다. 또한 지도 학습 작업이 아니므로 레이블을 삭제합니다.

```python
def preprocess_function(examples):
    return tokenizer(examples["text"], truncation=True)

# 데이터를 토큰화합니다.
tokenized_train = train_data.map(preprocess_function, batched=True)
tokenized_train = tokenized_train.remove_columns("label")
tokenized_test = test_data.map(preprocess_function, batched=True)
tokenized_test = tokenized_test.remove_columns("label")
```

이전에는 DataCollatorWithPadding을 사용해 입력에 동적으로 패딩을 추가했습니다.

여기에서는 DataCollatorForLanguageModeling을 사용해 토큰 마스킹을 수행하겠습니다. 이를 위해 사용되는 방법은 일반적으로 두 가지로 토큰 마스킹과 전체 단어 마스킹입니다. 토큰 마스킹에서는 문장에 있는 토큰의 15%를 랜덤하게 마스킹합니다. 따라서 한 단어의 일부분이 마스킹될 가능성이 있습니다. 단어 전체를 마스킹하려면 [그림 11-17]에서처럼 전체 단어 마스킹을 적용합니다.

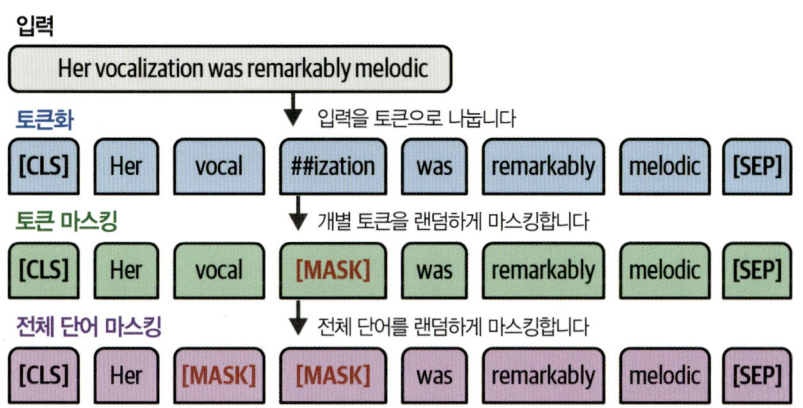

그림 11-17 랜덤하게 토큰을 마스킹하는 여러 가지 방법

일반적으로 전체 단어를 예측하는 것은 토큰을 예측하는 것보다 더 복잡한 경향이 있습니다. 훈련 중에 더 정확한 표현을 학습해야 하기 때문에 모델의 성능을 더 높입니다. 하지만 수렴하는 데 더 오랜 시간이 걸립니다. 이 예제에서는 빠른 수렴을 위해 DataCollatorForLanguageModeling을 사용해 토큰 마스킹을 사용하겠습니다. 하지만 DataCollatorForLanguageModeling을 DataCollatorForWholeWordMask로 바꾸어 전체 단어 마스킹을 사용할 수 있습니다. 마지막으로 문장에서 마스킹될 토큰의 확률(mlm_probability)을 15%로 지정합니다.

```
from transformers import DataCollatorForLanguageModeling

# 토큰 마스킹
data_collator = DataCollatorForLanguageModeling(
    tokenizer=tokenizer,
    mlm=True,
    mlm_probability=0.15
)
```

그다음 하이퍼파라미터를 설정하고 마스크드 언어 모델링 작업을 수행할 Trainer 객체를 만듭니다.

```
# 훈련 매개변수
training_args = TrainingArguments(
    "model",
    learning_rate=2e-5,
    per_device_train_batch_size=16,
    per_device_eval_batch_size=16,
    num_train_epochs=10,
    weight_decay=0.01,
    save_strategy="epoch",
    report_to="none"
)

# Trainer 객체 생성
trainer = Trainer(
    model=model,
    args=training_args,
    train_dataset=tokenized_train,
    eval_dataset=tokenized_test,
    processing_class=tokenizer,
    data_collator=data_collator
)
```

몇 가지 매개변수에 대해 설명해 보죠. 작업이 길어지지 않도록 10 에포크 동안 훈련합니다. 학습률과 가중치 감쇠가 모델을 미세 튜닝하는 데 도움이 되는지 실험해 보겠습니다.

훈련 루프를 시작하기 전에 사전 훈련된 토크나이저를 먼저 저장합니다. 토크나이저는 훈련 과정에서 업데이트되지 않으므로 훈련이 끝난 후에 저장할 필요가 없습니다. 하지만 모델은 훈련이 끝난 후 저장합니다.

```
# 사전 훈련된 토크나이저를 저장합니다.
tokenizer.save_pretrained("mlm")

# 모델을 훈련합니다.
trainer.train()

# 업데이트된 모델을 저장합니다.
model.save_pretrained("mlm")
```

mlm 폴더에 업데이트된 모델이 저장됩니다. 모델의 성능을 평가하려면 다양한 작업에서 모델을 미세 튜닝해야 합니다. 하지만 이 경우에는 마스킹 작업을 통해 로튼 토마토 데이터로 수행한 사전 훈련이 도움이 되었는지 확인할 수 있습니다.

사전 훈련하기 전의 원본 모델을 로드합니다. 그다음 "What a horrible [MASK]!" 문장을 사용해 모델이 "[MASK]" 위치에 올 단어를 예측합니다.

```python
from transformers import pipeline

# 모델을 로드하고 예측을 만듭니다.
mask_filler = pipeline("fill-mask", model="bert-base-cased")
preds = mask_filler("What a horrible [MASK]!")

# 결과를 출력합니다.
for pred in preds:
    print(f">>> {pred['sequence']}")
```

```
>>> What a horrible idea!
>>> What a horrible dream!
>>> What a horrible thing!
>>> What a horrible day!
>>> What a horrible thought!
```

출력을 보면 'idea', 'dream', 'day' 같은 개념적인 단어로 채워졌는데 이는 확실히 타당한 결과입니다. 이제 업데이트된 모델이 무엇을 예측하는지 알아보죠.

```python
# 모델을 로드하고 예측을 만듭니다.
mask_filler = pipeline("fill-mask", model="mlm")
preds = mask_filler("What a horrible [MASK]!")

# 결과를 출력합니다.
for pred in preds:
    print(f">>> {pred['sequence']}")
```

```
>>> What a horrible movie!
>>> What a horrible film!
>>> What a horrible mess!
```

```
>>> What a horrible comedy!
>>> What a horrible story!
```

'movie', 'film', 'mess' 등의 단어는 원본 모델에 비해 이 모델이 우리가 주입한 데이터에 편향되었음을 잘 보여 줍니다.

다음 단계는 이 장의 시작 부분에서 했던 것처럼 분류 작업에서 모델을 미세 튜닝하는 것입니다. 다음처럼 모델을 로드하여 수행할 수 있습니다.

```
from transformers import AutoModelForSequenceClassification

# 분류를 위해 미세 튜닝합니다.
model = AutoModelForSequenceClassification.from_pretrained("mlm", num_labels=2)
tokenizer = AutoTokenizer.from_pretrained("mlm")
```

11.4 개체명 인식

이 절에서 사전 훈련된 모델을 개체명 인식^{named-entitiy recognition} (NER) 작업을 위해 미세 튜닝하는 과정을 자세히 알아보겠습니다. 이 작업은 전체 문서를 분류하는 것이 아니라 사람이나 위치 등이 포함된 개별 토큰이나 단어를 분류합니다. 민감한 데이터가 있을 때 익명화하는 작업에 특별히 도움이 됩니다.

개체명 인식은 이 장의 초반에 살펴본 분류 예제와 비슷한 점이 많습니다. 핵심적인 차이는 데이터 전처리와 분류에 있습니다. 전체 문서가 아니라 개별 단어를 분류하는 데 초점을 맞추려면 세분화된 구조를 고려하도록 데이터를 전처리해야 합니다. [그림 11-18]은 단어 수준의 분류 작업을 시각적으로 보여 줍니다.

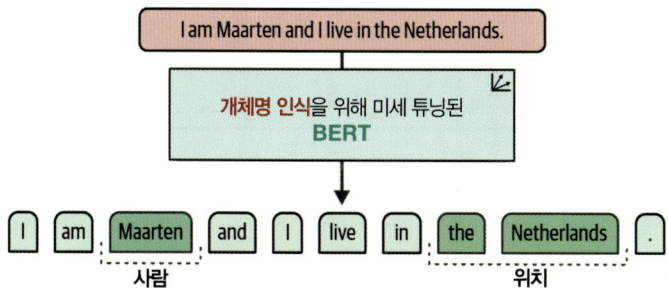

그림 11-18 개체명 인식을 위해 BERT 모델을 미세 튜닝하면 사람이나 위치와 같은 개체명을 감지할 수 있습니다.

사전 훈련된 BERT 모델을 미세 튜닝하는 작업은 문서 분류 작업에서 보았던 것과 구조가 비슷합니다. 하지만 분류 방식에는 근본적인 차이가 있습니다. 토큰 임베딩을 집계하거나 풀링하는 식이 아니라 모델이 시퀀스에 있는 개별 토큰에 대해 예측을 만듭니다. 단어 수준 분류 작업은 전체 단어를 분류하는 것이 아니라 이런 단어를 구성하는 토큰을 분류한다는 점이 중요합니다. [그림 11-19]는 이런 토큰 수준 분류를 보여 주고 있습니다.

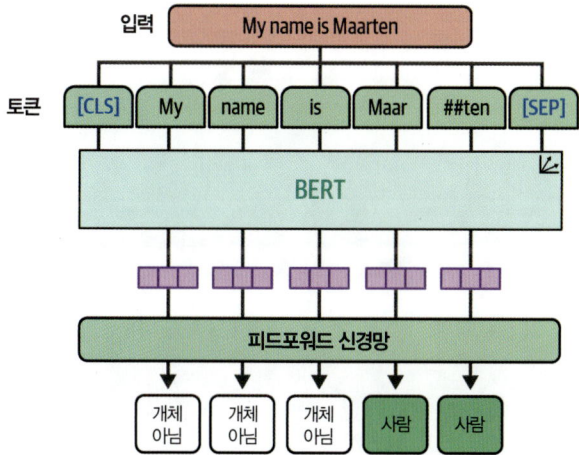

그림 11-19 BERT 모델을 미세 튜닝하여 단어나 전체 문장이 아니라 개별 토큰을 분류합니다.

11.4.1 개체명 인식을 위해 데이터 준비하기

이 예제에서 CoNLL-2003 데이터셋[11]의 영어 버전을 사용하겠습니다. 이 데이터셋은 여러 종류

---

11 Sang and Fien (2003), Introduction to the CONLL-2003 shared Task: Language-Independent Named Entity Recognition. arXiv.org. https://arxiv.org/abs/cs/0306050

의 개체명(사람, 조직, 위치, 기타, 개체 아님)을 가지고 있고 약 14,000개의 훈련 샘플로 구성됩니다.

```
# CoNLL-2003 데이터셋
dataset = load_dataset("conll2003", trust_remote_code=True)
```

> TIP 이 예제에 사용할 데이터셋을 조사하는 동안 공유하고 싶은 것이 몇 가지 있습니다. wnut_17은 감지하기가 더 어려운 새롭고 흔하지 않은 개체를 대상으로 하는 작업입니다. 또한 tner/mit_movie_trivia와 tner/mit_restaurant는 재미있는 데이터셋입니다. tner/mit_movie_trivia는 배우, 줄거리, 사운드트랙과 같은 개체를 감지하는 데이터셋이고, tner/mit_restaurant는 편의시설, 음식, 요리법과 같은 개체를 감지하는 데 사용됩니다.[12]

샘플을 통해 데이터 구조를 확인해 보죠.

```
example = dataset["train"][848]
example
```

```
{'id': '848',
 'tokens': ['Dean',
  'Palmer',
  'hit',
  'his',
  '30th',
  'homer',
  'for',
  'the',
  'Rangers',
  '.'],
 'pos_tags': [22, 22, 38, 29, 16, 21, 15, 12, 23, 7],
 'chunk_tags': [11, 12, 21, 11, 12, 12, 13, 11, 12, 0],
 'ner_tags': [1, 2, 0, 0, 0, 0, 0, 0, 3, 0]}
```

이 데이터셋은 문장에 있는 각 단어에 레이블을 제공합니다. 이 레이블은 **ner_tags** 키에서 찾을 수 있으며 다음과 같은 개체 중 하나입니다.

---

[12] Liu, J. et al. (2013). Asgard: A portable architecture for multilingual dialogue systems. IEEE International Conference on Acoustics Speech and Signal Processing, 8386-8390. *https://doi.org/10.1109/icassp.2013.6639301*

```python
label2id = {
    "O": 0, "B-PER": 1, "I-PER": 2, "B-ORG": 3, "I-ORG": 4,
    "B-LOC": 5, "I-LOC": 6, "B-MISC": 7, "I-MISC": 8
}
id2label = {index: label for label, index in label2id.items()}
label2id
```

```
{'O': 0,
 'B-PER': 1,
 'I-PER': 2,
 'B-ORG': 3,
 'I-ORG': 4,
 'B-LOC': 5,
 'I-LOC': 6,
 'B-MISC': 7,
 'I-MISC': 8}
```

이런 개체는 사람(PER), 조직(ORG), 위치(LOC), 기타 개체(MISC), 개체 아님(O)과 같은 범주로 구분됩니다. 개체마다 B(시작) 또는 I(중간)와 같은 접두사가 붙습니다. 이어진 두 토큰이 동일한 구의 일부분이면 이 구의 시작은 B가 되고 그 뒤의 토큰은 I가 붙습니다. 이는 두 토큰이 하나의 개체에 속해 있으며 독립된 개체가 아님을 보여 줍니다.

이런 예가 [그림 11-20]에 나타나 있습니다. 이 그림에서 'Dean'이 구의 시작이고 'Palmer'가 끝이므로 'Dean Palmer'가 한 사람이며 'Dean'과 'Palmer'가 개별적인 사람이 아님을 알 수 있습니다.[13]

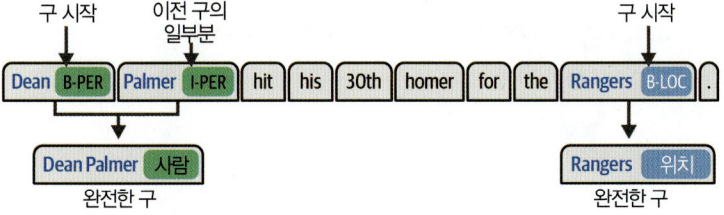

그림 11-20 동일한 개체를 나타내는 구의 시작과 끝을 표시함으로써 전체 구가 의미하는 개체를 인식할 수 있습니다.

---

13 옮긴이_ 딘 팔머는 텍사스 레인저스 출신의 메이저리그 야구 선수입니다.

이 데이터는 토큰이 아니라 단어로 분할되었습니다. 토큰으로 나누기 위해 이 장에서 사용했던 사전 훈련된 모델인 bert-base-cased의 토크나이저를 사용하겠습니다.

```python
from transformers import AutoModelForTokenClassification

# 토크나이저를 로드합니다.
tokenizer = AutoTokenizer.from_pretrained("bert-base-cased")

# 모델을 로드합니다.
model = AutoModelForTokenClassification.from_pretrained(
    "bert-base-cased",
    num_labels=len(id2label),
    id2label=id2label,
    label2id=label2id
)
```

토크나이저가 샘플을 어떻게 처리하는지 살펴보죠.

```python
# 개별 토큰을 부분토큰으로 나눕니다.
token_ids = tokenizer(example["tokens"], is_split_into_words=True)["input_ids"]
sub_tokens = tokenizer.convert_ids_to_tokens(token_ids)
sub_tokens
```

```
['[CLS]',
 'Dean',
 'Palmer',
 'hit',
 'his',
 '30th',
 'home',
 '##r',
 'for',
 'the',
 'Rangers',
 '.',
 '[SEP]']
```

이 토크나이저는 2장과 3장에서 배운 대로 [CLS] 토큰과 [SEP] 토큰을 추가했습니다. 단어 'homer'는 토큰 'home'과 '##r'로 다시 나뉘었습니다. 이 데이터는 토큰 수준이 아니라 단어 수준에서 레이블이 할당되었기 때문에 이렇게 나누면 약간 문제가 됩니다. 이 문제는 토큰화 도중에 부분토큰과 이에 해당하는 레이블을 정렬하여 해결할 수 있습니다.

사람에 해당하는 B-PER 레이블이 있는 단어 'Maarten'을 생각해 보죠. 이 단어를 토크나이저에 전달하면 'Ma', '##arte', '##n'으로 분할합니다. 모든 토큰에 B-PER를 지정할 수는 없습니다. 그렇게 되면 세 토큰이 모두 독립적인 사람으로 간주되기 때문입니다. 개체가 토큰으로 분할될 때마다 첫 번째 토큰은 B(시작)로 시작하고 이어지는 토큰은 I(중간)로 시작해야 합니다.

따라서 'Ma'는 구의 시작을 의미하는 B-PER가 되고, '##arte'와 '##n'은 구에 속한 토큰을 의미하는 I-PER가 됩니다. 이런 정렬 과정이 [그림 11-21]에 나타나 있습니다.

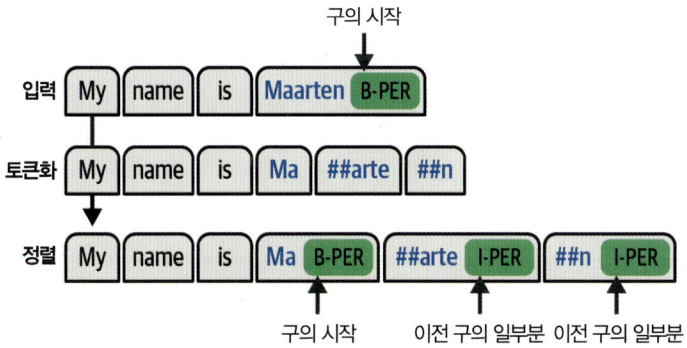

그림 11-21 토큰화된 입력에 레이블을 부여하는 정렬 처리 과정

입력을 토큰으로 나누고 토큰을 업데이트된 레이블로 정렬하는 `align_labels` 함수를 만듭니다.

```python
def align_labels(examples):
    token_ids = tokenizer(
        examples["tokens"],
        truncation=True,
        is_split_into_words=True
    )
    labels = examples["ner_tags"]

    updated_labels = []
```

```python
    for index, label in enumerate(labels):

        # 토큰을 해당 단어에 매핑합니다.
        word_ids = token_ids.word_ids(batch_index=index)
        previous_word_idx = None
        label_ids = []
        for word_idx in word_ids:

            # 새로운 단어의 시작
            if word_idx != previous_word_idx:

                previous_word_idx = word_idx
                updated_label = -100 if word_idx is None else label[word_idx]
                label_ids.append(updated_label)

            # 특수 토큰은 -100
            elif word_idx is None:
                label_ids.append(-100)

            # 레이블이 B-XXX이면 I-XXX로 바꿉니다.
            else:
                updated_label = label[word_idx]
                if updated_label % 2 == 1:
                    updated_label += 1
                label_ids.append(updated_label)

        updated_labels.append(label_ids)

    token_ids["labels"] = updated_labels
    return token_ids

tokenized = dataset.map(align_labels, batched=True)
```

예제 코드를 보면 [CLS]와 [SEP] 토큰을 위해 추가적인 레이블(-100)이 추가되었습니다.

```
# 원본 레이블과 업데이트된 레이블
print(f"원본 레이블: {example["ner_tags"]}")
print(f"업데이트된 레이블: {tokenized["train"][848]["labels"]}")
```

```
원본 레이블: [1, 2, 0, 0, 0, 0, 0, 0, 3, 0]
업데이트된 레이블: [-100, 1, 2, 0, 0, 0, 0, 0, 0, 3, 0, -100]
```

토큰화를 하고 레이블을 정렬했으므로 평가 지표를 정의해 보죠. 이것도 지금까지 했던 것과 다릅니다. 문서당 하나의 예측을 만드는 것이 아니라 토큰에 대한 예측, 즉 문서당 여러 개의 예측을 만듭니다.

허깅 페이스의 `evaluate` 패키지를 사용해 토큰 수준에서 성능을 평가할 수 있는 `compute_metrics` 함수를 만들겠습니다.[14]

```python
import evaluate

# seqeval을 로드합니다.
seqeval = evaluate.load("seqeval")

def compute_metrics(eval_pred):
    # 예측을 만듭니다.
    logits, labels = eval_pred
    predictions = np.argmax(logits, axis=2)

    true_predictions = []
    true_labels = []

    # 문서 수준 반복
    for prediction, label in zip(predictions, labels):

      # 토큰 수준 반복
      for token_prediction, token_label in zip(prediction, label):

        # 특수 토큰은 무시합니다.
        if token_label != -100:
          true_predictions.append([id2label[token_prediction]])
          true_labels.append([id2label[token_label]])

    results = seqeval.compute(
    predictions=true_predictions, references=true_labels
)
    return {"f1": results["overall_f1"]}
```

---

[14] 옮긴이_ seqeval 패키지(https://github.com/chakki-works/seqeval)는 시퀀스 레이블링 작업(개체명 인식, 품사 태깅)을 평가하기 위한 파이썬 프레임워크입니다. 코랩을 사용하는 경우 `!pip install seqeval` 명령으로 패키지를 먼저 설치해 주세요.

11.4.2 개체명 인식을 위해 미세 튜닝하기

이제 거의 준비가 다 되었습니다. `DataCollatorWithPadding` 대신에 토큰 수준에서 분류를 수행하는 `DataCollatorForTokenClassification`을 사용합니다.

```python
from transformers import DataCollatorForTokenClassification

# 토큰 분류 DataCollator
data_collator = DataCollatorForTokenClassification(tokenizer=tokenizer)
```

모델을 로드했으므로, 나머지 단계는 이 장에서 보았던 여타 훈련 과정과 비슷합니다. 훈련 매개변수를 정의하고 `Trainer` 객체를 만들어 모델을 훈련합니다.

```python
# 훈련 매개변수
training_args = TrainingArguments(
    "model",
    learning_rate=2e-5,
    per_device_train_batch_size=16,
    per_device_eval_batch_size=16,
    num_train_epochs=1,
    weight_decay=0.01,
    save_strategy="epoch",
    report_to="none"
)

# Trainer 객체 생성
trainer = Trainer(
    model=model,
    args=training_args,
    train_dataset=tokenized["train"],
    eval_dataset=tokenized["test"],
    processing_class=tokenizer,
    data_collator=data_collator,
    compute_metrics=compute_metrics,
)
trainer.train()
```

그다음 모델을 평가합니다.

```
# 테스트 데이터에서 모델을 평가합니다.
trainer.evaluate()
```

마지막으로 모델을 저장하고 추론을 위해 파이프라인으로 감싸겠습니다. 이렇게 하면 특정 데이터를 입력하여 추론 중에 무슨 일이 일어나는지, 출력이 만족스러운지 직접 조사할 수 있습니다.

```
from transformers import pipeline

# 미세 튜닝된 모델을 저장합니다.
trainer.save_model("ner_model")

# 미세 튜닝된 모델로 추론을 수행합니다.
token_classifier = pipeline(
    "token-classification",
    model="ner_model",
)
token_classifier("My name is Maarten.")
```

```
[{'entity': 'B-PER',
  'score': 0.99534035,
  'index': 4,
  'word': 'Ma',
  'start': 11,
  'end': 13},
 {'entity': 'I-PER',
  'score': 0.9928328,
  'index': 5,
  'word': '##arte',
  'start': 13,
  'end': 17},
 {'entity': 'I-PER',
  'score': 0.9954301,
  'index': 6,
  'word': '##n',
  'start': 17,
  'end': 18}]
```

'My name is Maarten'이란 문장에서 단어 'Maarten'의 부분토큰이 사람으로 올바르게 분류되었습니다!

11.5 요약

사전 훈련된 표현 모델을 분류 작업에서 미세 튜닝하는 여러 방법을 살펴보았습니다. 사전 훈련된 BERT 모델을 미세 튜닝하는 방법과 이 예제를 확장하여 모델의 특정 층을 동결하는 방법도 알아보았습니다.

퓨샷 분류 기법인 SetFit을 실험해 보았습니다. 레이블이 있는 적은 양의 데이터를 사용해 사전 훈련된 임베딩 모델과 분류 헤드를 미세 튜닝했습니다. 적은 수의 데이터 포인트만 사용해서 이 장의 초반에 살펴본 모델과 비슷한 성능을 냈습니다.

그다음 추가적인 사전 훈련 개념을 다루었습니다. 사전 훈련된 BERT 모델을 시작점으로 사용해 다른 데이터에서 훈련을 계속합니다. 마스크드 언어 모델링을 사용해 표현 모델을 만들 뿐만 아니라 사전 훈련된 모델을 계속 훈련할 수 있습니다.

마지막으로 비정형 텍스트에서 사람이나 장소 같은 특정 개체를 식별하는 작업인 개체명 인식을 살펴보았습니다. 이전 예제와 비교하면 이 분류 작업은 문서 수준이 아니라 단어 수준에서 수행됩니다.

다음 장에서 생성 언어 모델의 미세 튜닝에 대해 계속 알아보겠습니다. 지시를 잘 따르게 하여 사람의 선호도에 맞추도록 세 단계에 걸쳐 생성 모델을 미세 튜닝하는 방법을 배우겠습니다.

12장
생성 모델 미세 튜닝하기

이 장에서는 사전 훈련된 텍스트 생성 모델을 미세 튜닝하는 방법을 살펴보겠습니다. 이런 미세 튜닝 단계는 고품질 모델을 만드는 데 핵심적이며 모델을 특정 동작에 적응시키기 위한 중요한 도구입니다. 다시 말해 미세 튜닝을 통해 모델을 특정 데이터셋이나 도메인에 적응시킬 수 있습니다.

이 장을 통해 텍스트 생성 모델을 미세 튜닝하는 가장 대표적인 방법인 **지도 학습 미세 튜닝**supervised fine-tuning(SFT)과 **선호도 튜닝**preference tuning을 소개합니다. 사전 훈련된 생성 모델을 미세 튜닝하여 더 효과적인 애플리케이션 도구로 만드는 혁신적인 잠재력을 탐구하겠습니다.

12.1 LLM 훈련의 세 단계

고품질 LLM을 만드는 과정은 사전 훈련, 지도 학습 미세 튜닝, 선호도 튜닝 세 단계로 이루어집니다. 각 단계를 살펴보겠습니다.

12.1.1 언어 모델링

고품질 LLM을 만드는 첫 번째 단계는 하나 이상의 대규모 텍스트 데이터셋에서 사전 훈련하는 것입니다(그림 12-1). 훈련하는 동안 텍스트에 있는 다음 토큰을 예측하면서 언어적, 의미론적 표현을 정확하게 학습합니다. 3장과 11장에서 보았듯이 이는 언어 모델링이라 하며 자기 지도 학습 방법입니다.

이를 통해 **베이스** 모델을 만듭니다. 종종 **사전 훈련된 모델**pretrained model 또는 **파운데이션 모델** foundation model이라 부릅니다. 베이스 모델은 훈련 과정을 통해 얻는 핵심 결과물이지만 최종 사용자가 활용하기는 어렵습니다. 그렇기 때문에 다음 단계가 중요합니다.

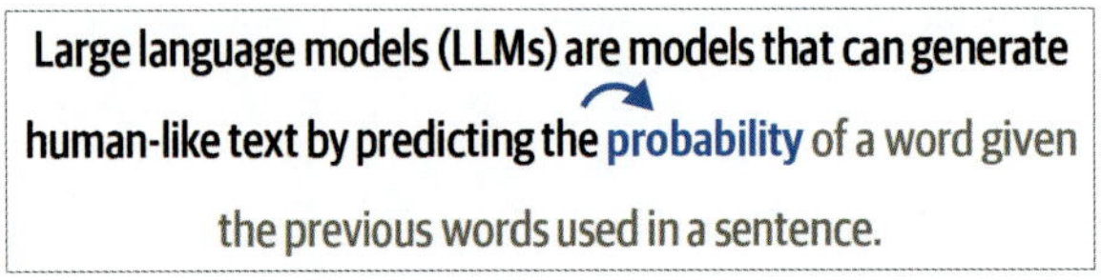

> Large language models (LLMs) are models that can generate human-like text by predicting the *probability* of a word given the previous words used in a sentence.

그림 12-1 언어 모델링에서 LLM은 입력을 기반으로 다음 토큰을 예측하는 것이 목표입니다. 이 과정은 레이블이 없이 수행됩니다.

12.1.2 미세 튜닝 1(지도 학습 미세 튜닝)

LLM이 사람의 지시에 잘 반응하고 따른다면 더 유용할 것입니다. 사람은 모델에게 뉴스 기사를 작성하라고 요청하면 모델이 기사를 생성할 거라 기대합니다. 가령 (베이스 모델이 그럴 수 있듯이) 다른 명령을 나열하지 않을 것입니다.

지도 학습 미세 튜닝으로 베이스 모델을 지시에 따르게 적응시킬 수 있습니다. 이 미세 튜닝 과정을 통해 베이스 모델의 파라미터가 지시 수행과 같은 타깃 작업에 더 잘 맞도록 업데이트됩니다. 사전 훈련된 모델처럼 다음 토큰 예측을 사용해 훈련되지만 다음 토큰만 예측하는 것이 아니라 사용자의 입력을 기반으로 훈련을 수행합니다(그림 12-2).

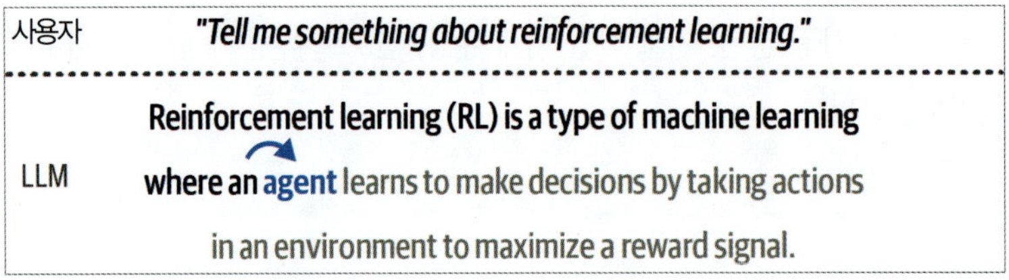

사용자	*"Tell me something about reinforcement learning."*
LLM	Reinforcement learning (RL) is a type of machine learning where an *agent* learns to make decisions by taking actions in an environment to maximize a reward signal.

그림 12-2 지도 학습 미세 튜닝 과정에서 LLM은 추가적인 레이블을 가진 입력을 기반으로 다음 토큰을 예측하는 것이 목표입니다. 여기서 레이블은 사용자의 입력입니다.

지도 학습 미세 튜닝은 분류와 같은 다른 작업에도 사용될 수 있지만 베이스 생성 모델을 지시(또는 채팅) 모델로 만드는 데 많이 사용됩니다.

12.1.3 미세 튜닝 2(선호도 튜닝)

마지막 단계는 모델의 품질을 더 향상시키며 AI 안정성과 사람의 선호도에 맞는 행동을 하도록 만듭니다. 이를 선호도 튜닝이라고 부릅니다. 선호도 튜닝은 미세 튜닝의 한 형태이며 이름에서 알 수 있듯이 우리가 전달하는 데이터에 의해 정의되는 선호도에 모델의 출력을 맞춥니다.[1] 지도 학습 미세 튜닝에서처럼 원본 모델의 성능을 향상시킬 수 있지만 훈련 과정에서 출력에 대한 선호도를 추출하는 부가적인 이득이 있습니다. [그림 12-3]은 이 세 단계가 훈련되지 않은 구조에서 시작하여 선호도 튜닝된 LLM으로 끝나는 과정을 보여 줍니다.

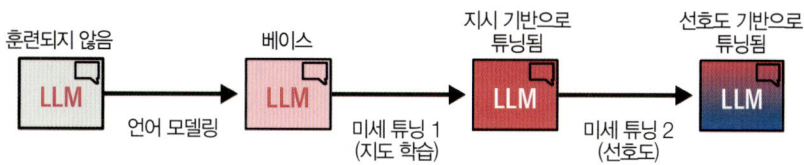

그림 12-3 고품질 LLM을 만드는 세 단계

이 장에서는 대규모 데이터셋에서 사전 훈련된 베이스 모델을 사용해 앞에서 언급한 두 개의 전략으로 미세 튜닝하는 방법을 살펴보겠습니다. 각각의 방법을 실제로 적용하기 전에 이론적인 토대를 먼저 갖추도록 하겠습니다.

12.2 지도 학습 미세 튜닝

모델을 대규모 데이터셋에서 사전 훈련하는 목적은 언어와 언어의 의미를 재현하는 것입니다. [그림 12-4]에서 보듯이 이 과정에서 모델은 입력 문장을 완성하는 방법을 배웁니다.

---

1 옮긴이_ 이 과정을 정렬(alignment)이라고 부릅니다.

그림 12-4 베이스 모델 또는 사전 훈련된 LLM은 다음 단어를 예측하도록 훈련됩니다.

모델은 지시를 따르도록 훈련되지 않았으며 질문에 대답하는 것이 아니라 질문을 완성하려고 합니다(그림 12-5).

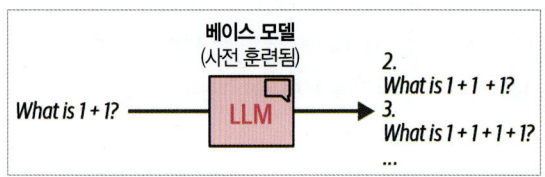

그림 12-5 베이스 모델은 지시를 따르는 것이 아니라 다음 단어 예측을 수행합니다. 심지어 새로운 질문을 만들 수도 있습니다.

이런 베이스 모델을 미세 튜닝을 통해 지시 수행과 같은 특정 사용 사례에 적응시킬 수 있습니다.

12.2.1 전체 미세 튜닝

가장 일반적인 미세 튜닝 과정은 전체 미세 튜닝full fine-tuning입니다. LLM의 사전 훈련과 비슷하게 이 과정은 타깃 작업에 맞도록 모델의 모든 파라미터를 업데이트합니다. 반면 사전 훈련 과정은 레이블이 없는 대용량 데이터셋에서 수행되지만, 우리는 레이블이 있는 작은 데이터를 사용한다는 점에서 다릅니다(그림 12-6).

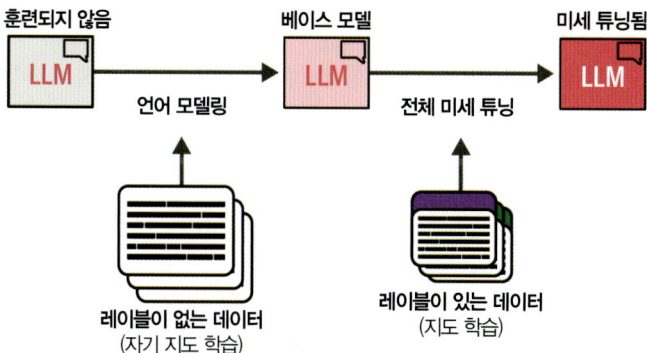

그림 12-6 언어 모델링(사전 훈련)과 비교해 보면 전체 미세 튜닝은 레이블이 있는 작은 데이터셋을 사용합니다.

전체 미세 튜닝을 위해 레이블이 있는 어떤 데이터도 사용할 수 있습니다. 따라서 도메인에 특화된 표현을 학습하기 위한 훌륭한 기술이기도 합니다. LLM을 지시에 따르게 하려면 질문-응답 데이터가 필요합니다. [그림 12-7]에서 보듯이 이런 데이터는 사용자의 질문과 이에 상응하는 답변으로 구성됩니다.

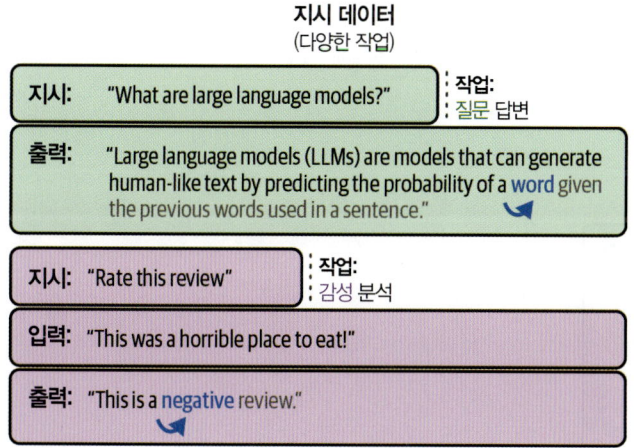

그림 12-7 사용자의 지시와 이에 상응하는 답변으로 구성된 지시 데이터. 지시에는 다양한 작업이 포함될 수 있습니다.

전체 미세 튜닝 동안에 모델이 입력(지시)을 받아 다음 토큰 예측 작업을 출력(응답)에 적용합니다. 따라서 새로운 질문을 생성하는 것이 아니라 지시를 따를 것입니다.

12장 생성 모델 미세 튜닝하기　**413**

12.2.2 파라미터 효율적인 미세 튜닝

모델의 모든 파라미터를 업데이트하는 것은 성능을 크게 향상시킬 가능성이 있지만 몇 가지 단점이 있습니다. 훈련 비용이 많이 들며, 훈련 속도가 느리고, 많은 저장 공간이 필요합니다. 이런 문제를 해결하기 위해 매우 높은 계산 효율로 사전 훈련된 모델을 미세 튜닝하는 방법인 파라미터 효율적인 미세 튜닝$^{parameter-efficient\ fine-tuning}$(PEFT)이 등장했습니다.

어댑터

어댑터^{adapter}는 많은 PEFT 기반 기법의 핵심 구성 요소입니다. 이 방법은 트랜스포머 안에 일련의 모듈식 구성 요소를 추가합니다. 이 요소를 미세 튜닝하여 모델의 가중치를 수정하지 않고도 특정 작업에서 모델의 성능을 향상시킬 수 있습니다. 이런 방법으로 시간과 계산량을 크게 절약할 수 있습니다.

어댑터 방법은 〈Parameter-efficient transfer learning for NLP〉(https://oreil.ly/C8IOs) 논문[2]에 소개되었습니다. 한 작업에서 BERT 파라미터의 3.6%만 미세 튜닝하여 모델의 가중치를 모두 미세 튜닝했을 때의 성능에 맞먹는 결과를 얻었습니다. 저자들은 GLUE 벤치마크에서 전체 미세 튜닝으로 얻은 성능의 0.4% 안에 도달했습니다. 논문은 [그림 12-8]처럼 트랜스포머 블록의 어텐션 층과 피드포워드 신경망 다음에 어댑터를 추가하는 구조를 제안했습니다.

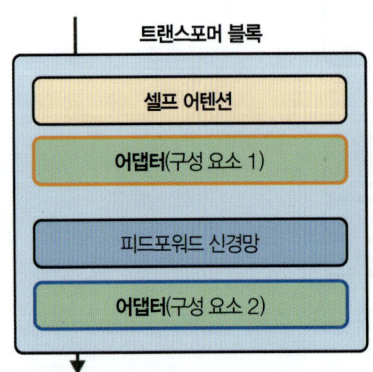

그림 12-8 어댑터는 미세 튜닝할 수 있는 적은 양의 가중치를 신경망의 특정 위치에 추가합니다. 모델의 대부분 가중치는 동결됩니다.

---

[2] Houlsby et al. (2019). Parameter-Efficient Transfer Learning for NLP. arXiv.org. https://arxiv.org/abs/1902.00751

하지만 하나의 트랜스포머 블록을 수정하는 것으로 충분하지 않으므로 [그림 12-9]에서 보듯이 이런 구성 요소는 모델의 모든 블록에 포함됩니다.

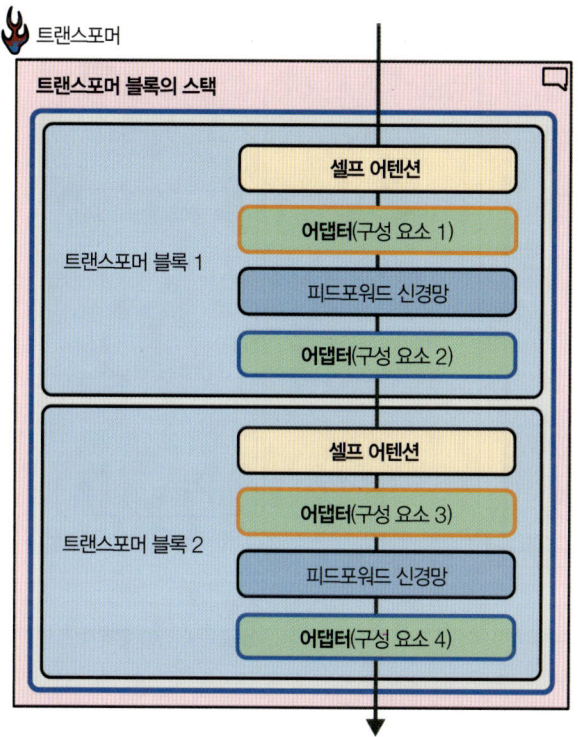

그림 12-9 어댑터는 모델에 있는 여러 트랜스포머 블록에 추가될 수 있습니다.

모델에 있는 모든 어댑터를 보면 [그림 12-10]과 같이 개별적인 어댑터들을 모델의 모든 블록에 걸쳐 있는 하나의 어댑터 집합으로 볼 수 있습니다. 어댑터 1은 의학 텍스트 분류에 특화되고, 어댑터 2는 개체명 인식에 특화될 수 있습니다. 어댑터 허브$^{\text{Adapter Hub}}$(https://oreil.ly/XraXg)에서 이런 전문화된 어댑터를 다운로드할 수 있습니다.

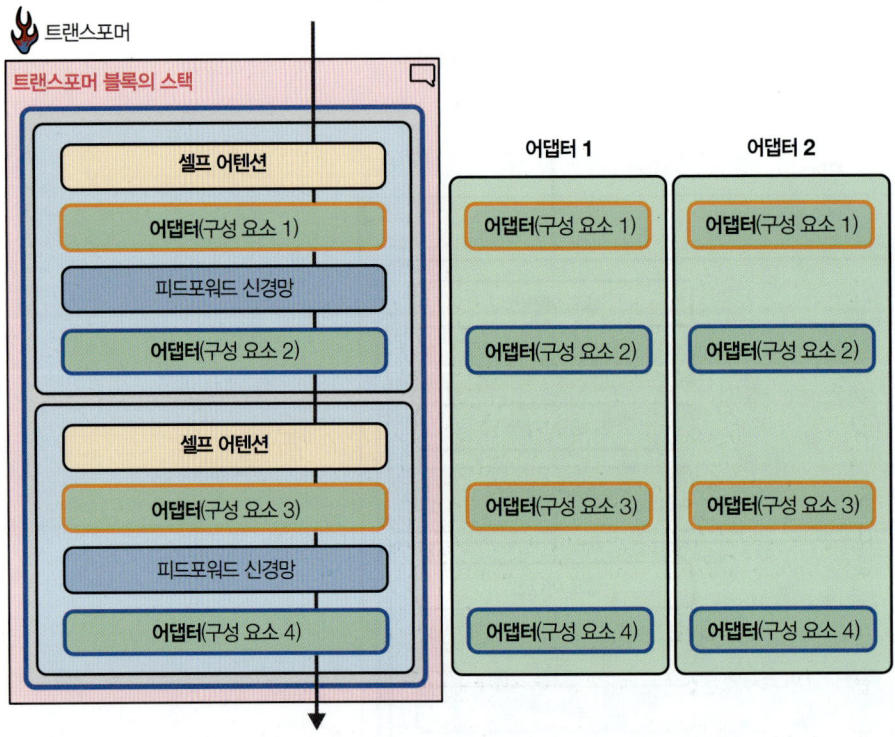

그림 12-10 (동일한 모델 구조와 가중치를 공유한다면) 특정 작업에 특화된 어댑터들을 같은 신경망 안에서 서로 교체할 수 있습니다.

〈AdapterHub: A framework for adapting transformers〉(https://oreil.ly/opyb6) 논문[3]은 어댑터 공유를 위한 중앙 저장소로 어댑터 허브를 소개합니다. 많은 초기 어댑터들은 주로 BERT 구조에 초점을 맞추었습니다. 최근에 〈LLaMA-Adapter: Efficient fine-tuning of language models with zero-init attention〉(https://oreil.ly/FJk1Q)과 같은 논문[4]에서 이 개념을 텍스트 생성용 트랜스포머 모델에 적용했습니다.

---

3 Pfeiffer et al. (2020). AdapterHub: a framework for adapting transformers. arXiv.org. https://arxiv.org/abs/2007.07779
4 Zhang et al. (2023). LLaMA-Adapter: Efficient Fine-tuning of Language Models with Zero-init Attention. arXiv.org. https://arxiv.org/abs/2303.16199

LoRA

어댑터의 대안으로 LoRA$^{\text{low-rank adaptation}}$[5]가 소개되었으며 이 글을 쓰는 시점에 효과적인 PEFT 기법으로 널리 사용되고 있습니다. LoRA는 (어댑터와 같이) 적은 수의 파라미터만 업데이트 하는 기법입니다. [그림 12-11]에 나타나 있듯이 이 방법은 모델에 층을 추가하는 것이 아니라 베이스 모델의 일부분만 미세 튜닝합니다.

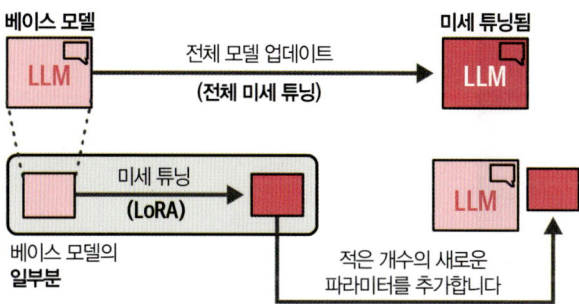

그림 12-11 LoRA는 베이스 LLM에서 별도로 유지할 수 있는 적은 수의 파라미터를 미세 튜닝합니다.

어댑터처럼 베이스 모델의 작은 부분만 업데이트하면 되기 때문에 훨씬 빠르게 미세 튜닝할 수 있습니다. 먼저 원본 LLM에 있는 큰 행렬을 작은 행렬로 근사하는 파라미터 부분집합을 만듭니다. 그다음 원본 행렬 대신 작은 행렬을 미세 튜닝합니다. [그림 12-12]에 나와 있는 10×10 행렬을 예로 들어 보죠.

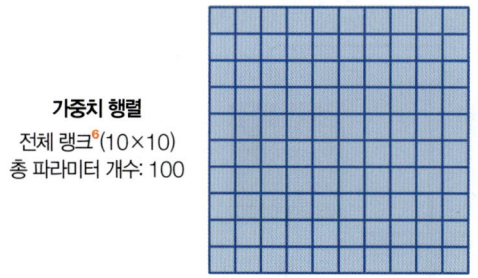

가중치 행렬
전체 랭크[6] (10×10)
총 파라미터 개수: 100

그림 12-12 LLM의 성능 병목 지점 중 하나는 대규모 가중치 행렬입니다. 이런 가중치 행렬은 행렬 하나에 1억 5천만 개 파라미터가 담길 수 있으며 트랜스포머 블록마다 있습니다.

---

[5] Hu et al. (2021). LORA: Low-Rank adaptation of Large Language Models. arXiv.org. *https://arxiv.org/abs/2106.09685*
[6] 옮긴이_ 랭크는 행렬에서 선형독립인 행 또는 열의 최대 개수입니다.

두 개의 작은 행렬을 곱하여 10×10 행렬을 만들 수 있습니다. [그림 12-13]에서 보듯이 (10×10이므로) 100개의 가중치 대신 (10+10이므로) 20개의 가중치만 있으므로 매우 효율적입니다.

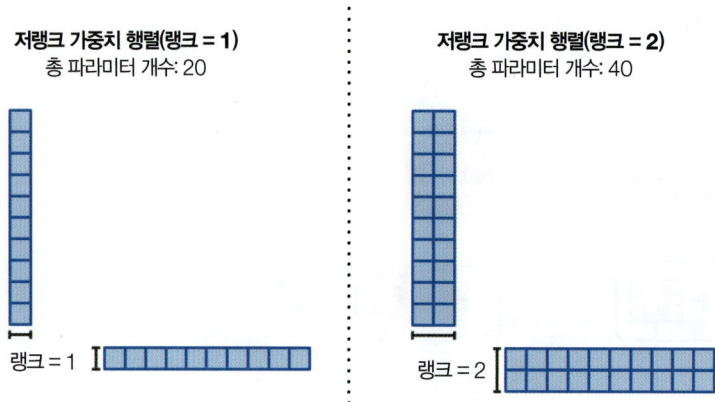

그림 12-13 큰 가중치 행렬을 두 개의 작은 행렬로 분해하면 효율적으로 미세 튜닝할 수 있는 압축된 저랭크$^{low-rank}$ 버전의 행렬이 만들어집니다.

훈련하는 동안 전체 가중치가 아니라 이 작은 행렬만 업데이트하면 됩니다. 그다음 [그림 12-14]에 나타나 있듯이 업데이트된 행렬(작은 행렬)과 (동결된) 원본 행렬을 결합합니다.

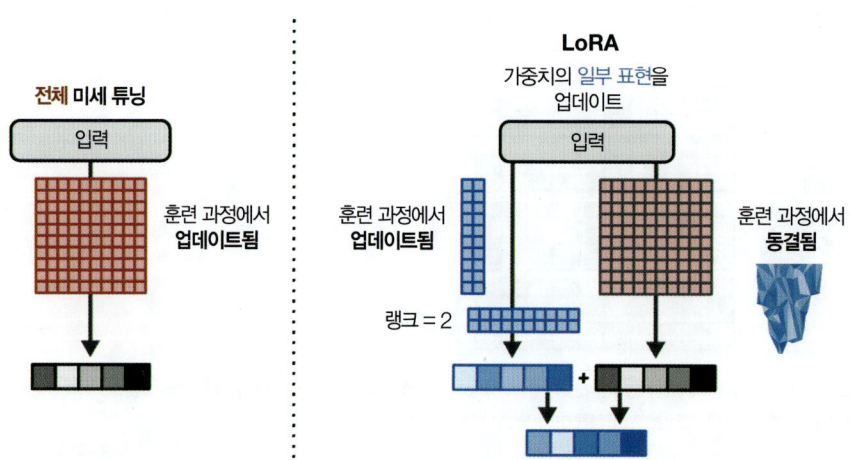

그림 12-14 전체 미세 튜닝과 달리, LoRA는 훈련 과정에서 원본 가중치의 일부 표현을 업데이트하는 것이 목표입니다.

하지만 성능이 떨어지지 않을까요? 네, 그렇습니다. 그런데 어떤 경우에 이런 트레이드-오프가 타당할까요?

⟨Intrinsic dimensionality explains the effectiveness of language model fine-tuning⟩(https://oreil.ly/Th2m-)과 같은 논문[7]은 언어 모델의 내재적 차원이 매우 낮다는 것을 보였습니다. 즉 대규모 LLM의 행렬도 근사할 수 있는 낮은 랭크를 찾을 수 있다는 의미입니다. 예를 들어 GPT-3와 같은 1,750억 파라미터의 모델은 96개의 트랜스포머 블록 안에 각각 12,288×12,288 크기의 가중치 행렬을 가집니다. 이 행렬의 파라미터 개수가 1억 5천만 개입니다. 이 행렬을 랭크 8인 행렬로 성공적으로 분해할 수 있다면 두 개의 12,288×8 크기 행렬만 필요하므로 블록마다 98K 파라미터만 있으면 됩니다. LoRA 논문에서 설명한 것처럼 이를 통해 속도, 저장 공간, 컴퓨팅을 크게 절약하게 됩니다(https://oreil.ly/k9U5V).

베이스 모델에서 미세 튜닝할 부분을 선택할 수 있다는 점에서 작은 이 표현은 매우 유연합니다. 예를 들어 각 트랜스포머 층에서 쿼리와 값 가중치 행렬만 미세 튜닝할 수 있습니다.

모델 압축을 통한 (더) 효율적인 훈련

모델의 원본 가중치를 작은 행렬로 투영하기 전에 메모리 요구량을 줄여 LoRA를 더 효율적으로 만들 수 있습니다. LLM의 가중치는 특정 정밀도의 수치 값입니다. float64나 float32 같은 여러 개의 비트로 표현됩니다. [그림 12-15]에서 보듯이 어떤 값을 나타내기 위한 비트 양을 줄인다면 정확도가 낮아집니다. 하지만 비트 수를 줄인다면 모델의 메모리 요구량도 적어집니다.

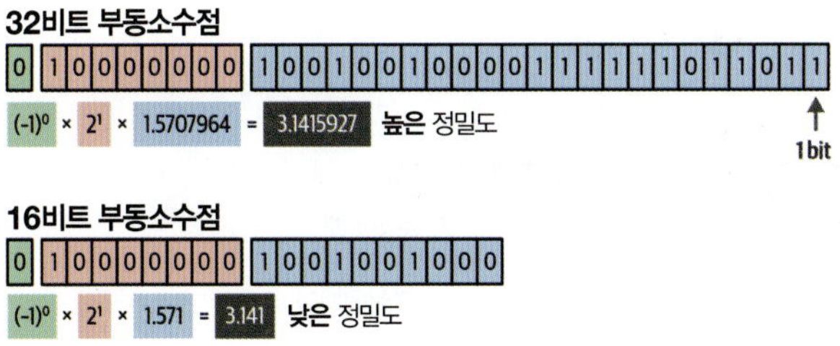

32비트 부동소수점

| 0 | 1 | 0 | 0 | 0 | 0 | 0 | 0 | 1 | 0 | 0 | 1 | 0 | 0 | 1 | 0 | 0 | 0 | 0 | 1 | 1 | 1 | 1 | 1 | 1 | 0 | 1 | 1 | 0 | 1 | 1 |

$(-1)^0$ × 2^1 × 1.5707964 = 3.1415927 높은 정밀도
↑
1bit

16비트 부동소수점

| 0 | 1 | 0 | 0 | 0 | 0 | 0 | 0 | 1 | 0 | 0 | 1 | 0 | 0 | 1 | 0 | 0 | 0 |

$(-1)^0$ × 2^1 × 1.571 = 3.141 낮은 정밀도

그림 12-15 32비트 부동소수점과 16비트 부동소수점 표현으로 나타낸 파이(π) 값. 비트 수가 절반으로 줄어 정확도가 낮아졌습니다.

---

[7] Aghajanyan et al. (2020). Intrinsic dimensionality explains the effectiveness of language model Fine-Tuning. arXiv. org. https://arxiv.org/abs/2012.13255

양자화quantization는 원본 가중치 값을 정확히 나타내면서 비트 수를 줄이는 것이 목적입니다. 하지만 [그림 12-16]에서 보듯이 높은 정밀도의 값을 낮은 정밀도의 값으로 매핑할 때 높은 정밀도 값 여러 개가 낮은 정밀도 값 하나로 동일하게 표현될 수 있습니다.

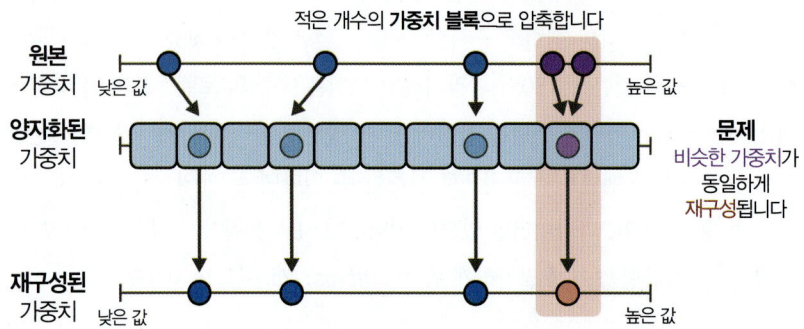

그림 12-16 서로 가까이에 위치한 양자화된 가중치가 동일한 가중치로 재구성되므로 차이가 사라집니다.

LoRA의 양자화 버전인 QLoRA 저자들은 원본 가중치와 크게 차이 나지 않도록 높은 비트의 값을 낮은 정밀도로 바꾸거나 그 반대로 바꾸는 방법을 찾았습니다.[8]

저자들은 블록 단위 양자화blockwise quantization를 사용해 높은 정밀도 값의 특정 블록을 낮은 정밀도 값으로 매핑합니다. 높은 정밀도를 낮은 정밀도로 바로 매핑하는 대신 비슷한 가중치를 양자화할 수 있는 추가 블록을 만듭니다. [그림 12-17]에서 보듯이 이로 인해 값을 낮은 정밀도로 정확하게 표현할 수 있게 됩니다.

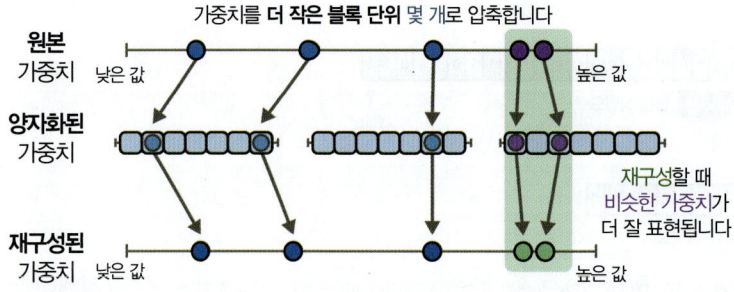

그림 12-17 블록 단위 양자화는 양자화 블록을 사용해 낮은 정밀도에서 가중치를 정확하게 표현할 수 있습니다.

---

[8] Dettmers et al. (2023). QLORA: Efficient Finetuning of Quantized LLMS. arXiv.org. https://arxiv.org/abs/2305.14314

신경망의 좋은 성질 중 하나는 일반적으로 가중치가 -1과 1 사이에서 정규 분포를 따른다는 것입니다. 이 성질 덕분에 [그림 12-18]에 나타나 있듯이 원본 가중치를 상대적인 밀도에 따라 구간별로 낮은 비트에 매핑할 수 있습니다.[9] 이런 가중치 매핑은 가중치의 상대적인 빈도를 고려한다는 점에서 더 효율적입니다. 이상치로 인한 문제도 감소합니다.

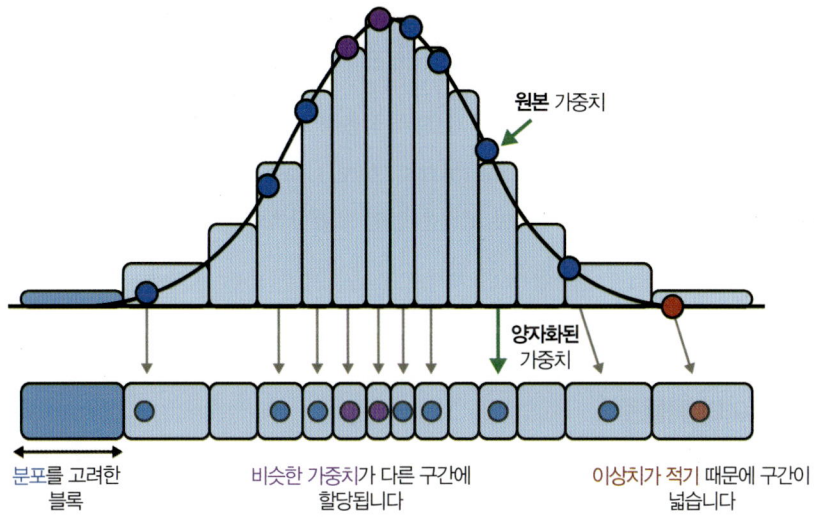

그림 12-18 분포를 고려한 블록을 사용하면 서로 가까이 놓인 값이 양자화된 값 하나로 동일하게 표현되는 것을 방지할 수 있습니다.

블록 단위 양자화를 사용하면 LLM의 성능을 약간만 손해 보면서 높은 정밀도의 값을 낮은 정밀도의 값으로 정확하게 표현할 수 있습니다. 결과적으로 16비트 부동소수점 표현을 겨우 4비트만 사용한 정규화된 부동소수점 표현으로 바꿀 수 있습니다. 4비트 표현은 LLM 훈련 중에 메모리 요구량을 크게 줄여 줍니다. 일반적으로 LLM 양자화는 추론에도 도움이 됩니다. 양자화된 LLM의 크기가 작아 VRAM이 덜 필요하기 때문입니다.

이중 양자화 double quantization[10]와 페이지 기반 옵티마이저 paged optimizer[11] 같이 이를 더 최적화하는

---

[9] 옮긴이_ 이를 분포를 고려한 양자화(distribution-aware quantization)라고도 합니다.
[10] 옮긴이_ 이중 양자화는 양자화 스케일 인자(양자화 상수)도 양자화하는 기법입니다. nested quantization이라고도 부릅니다. 양자화 스케일 인자와 구체적인 양자화 공식에 대해서는 『트랜스포머를 활용한 자연어 처리』(한빛미디어, 2022) 8장을 참고하세요.
[11] 옮긴이_ 페이지 기반 옵티마이저는 일반적인 CPU-디스크 간의 페이징 기법과 비슷하게 옵티마이저 상태를 GPU-CPU 간에 페이지 단위로 전송하여 메모리 부족을 피하는 기법입니다.

방법이 있으며 이는 앞서 언급한 QLoRA 논문(*https://oreil.ly/U1DSq*)에서 볼 수 있습니다. 양자화에 대한 자세한 자료와 그래프는 저자의 블로그(*https://oreil.ly/GituX*)를 참고하세요.

12.3 QLoRA를 사용한 지시 기반 튜닝

QLoRA의 작동 방식을 살펴보았으니 배운 것을 실전에 적용해 보죠! 이 절에서는 완전한 오픈소스이고 Llama의 소규모 버전인 TinyLlama(*https://oreil.ly/mGO7A*)를 QLoRA 방법으로 지시에 따르도록 미세 튜닝하겠습니다. 이 모델은 언어 모델링으로 훈련된 베이스 모델(또는 사전 훈련된 모델)이며 아직 지시를 따를 수 있는 능력이 없습니다.

12.3.1 지시 데이터 템플릿

LLM이 지시를 따르게 하려면 채팅 템플릿 형태의 지시 데이터를 준비해야 합니다. [그림 12-19]에서 보듯이 이 채팅 템플릿은 LLM이 생성한 것과 사용자가 생성한 것을 구분합니다.

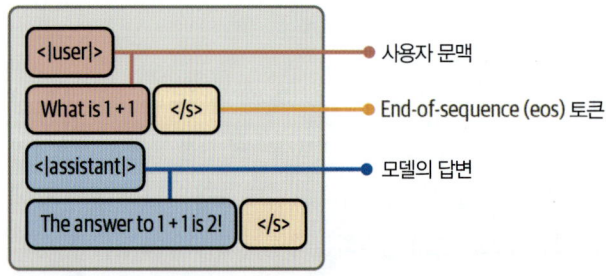

그림 12-19 이 장에서 사용할 채팅 템플릿

TinyLlama(*https://oreil.ly/rROj4*)의 채팅 버전이 사용하는 템플릿 포맷을 이 예제를 위해 사용하겠습니다. 데이터로는 UltraChat 데이터셋[12]의 일부분을 사용합니다. 이 데이터셋

---

12 Ding et al. (2023). Enhancing chat language models by scaling high-quality instructional conversations. arXiv.org. https://arxiv.org/abs/2305.14233

(https://oreil.ly/6S290)은 원본 UltraChat 데이터셋을 필터링하여 사용자와 LLM의 대화 약 20만 건을 담고 있습니다.

이 대화에 채팅 템플릿을 적용하기 위해 format_prompt 함수를 만듭니다.[13]

```python
from transformers import AutoTokenizer
from datasets import load_dataset

# 채팅 템플릿을 사용하기 위해 토크나이저를 로드합니다.
template_tokenizer = AutoTokenizer.from_pretrained(
    "TinyLlama/TinyLlama-1.1BChat-v1.0"
)

def format_prompt(example):
    """TinyLlama의 <|user|> 템플릿으로 프롬프트를 포매팅합니다"""

    # 채팅 템플릿 구성
    chat = example["messages"]
    prompt = template_tokenizer.apply_chat_template(chat, tokenize=False)

    return {"text": prompt}

# 데이터를 로드하고 TinyLlama 템플릿을 적용합니다.
dataset = (
    load_dataset("HuggingFaceH4/ultrachat_200k", split="test_sft")
      .shuffle(seed=42)
      .select(range(3_000))
)
dataset = dataset.map(format_prompt).remove_columns(['messages'])
```

훈련 시간을 줄이기 위해 3,000개 문서만 선택합니다. 더 정확한 결과를 얻고 싶다면 이 값을 증가시키세요.

"text" 열에 템플릿이 적용된 프롬프트가 담겼습니다.

```python
# 프롬프트 예시
print(dataset["text"][2576])
```

---

[13] 옮긴이_ 코랩을 사용하는 경우 !pip install datasets 명령으로 패키지를 먼저 설치하세요.

```
<|user|>
Given the text: Knock, knock. Who's there? Hike.
Can you continue the joke based on the given text material "Knock, knock. Who's
there? Hike"?</s>
<|assistant|>
Sure! Knock, knock. Who's there? Hike. Hike who? Hike up your pants, it's cold
outside!</s>
<|user|>
Can you tell me another knock-knock joke based on the same text material "Knock,
knock. Who's there? Hike"?</s>
<|assistant|>
Of course! Knock, knock. Who's there? Hike. Hike who? Hike your way over here and
let's go for a walk!</s>
```

12.3.2 모델 양자화

데이터를 준비했으므로 모델을 로드해 보죠. QLoRA의 Q, 즉 양자화를 적용할 차례입니다. bitsandbytes 패키지(*https://oreil.ly/B_etl*)를 사용해 사전 훈련된 모델을 4비트 표현으로 압축하겠습니다.[14]

BitsAndBytesConfig에 양자화 형식을 정의할 수 있습니다. QLoRA 논문에서 사용한 단계를 따라 모델을 4비트(load_in_4bit), 정규화된 부동소수점 표현(bnb_4bit_quant_type), 이중 양자화(bnb_4bit_use_double_quant) 방식으로 로드합니다.[15]

```
import torch
from transformers import AutoModelForCausalLM, AutoTokenizer, BitsAndBytesConfig

model_name = "TinyLlama/TinyLlama-1.1B-intermediate-step-1431k-3T"

# 4비트 양자화 설정 - QLoRA의 Q단계
bnb_config = BitsAndBytesConfig(
    load_in_4bit=True,  # 4비트 정밀도 모델 로드
    bnb_4bit_quant_type="nf4",  # 양자화 종류
    bnb_4bit_compute_dtype="float16",  # 계산을 위한 텐서 dtype
```

---

14 옮긴이_ 코랩을 사용하는 경우 !pip install bitsandbytes 명령으로 bitsandbytes 패키지를 설치해 주세요.
15 옮긴이_ 8비트 양자화를 수행하려면 load_in_8bit=True로 지정합니다. bnb_4bit_quant_type의 기본값은 4비트 부동소수점 양자화 방식인 "fp4"입니다. bnb_4bit_compute_dtype의 기본값은 torch.float32입니다.

```
    bnb_4bit_use_double_quant=True,  # 이중 양자화 적용
)

# 모델을 로드하고 GPU에서 훈련합니다.
model = AutoModelForCausalLM.from_pretrained(
    model_name,
    device_map="auto",

    # 일반적인 SFT에서는 다음을 삭제하세요.
    quantization_config=bnb_config,
)
model.config.use_cache = False

# LLaMA 토크나이저 로드
tokenizer = AutoTokenizer.from_pretrained(model_name, trust_remote_code=True)
tokenizer.pad_token = "<PAD>"
tokenizer.padding_side = "left"
```

이 양자화는 원본 가중치의 정밀도 대부분을 유지하면서 모델의 크기를 줄입니다. 양자화를 하지 않았을 때 약 4GB VRAM이 필요한 반면 이제 이 모델을 로드하는 데 1GB VRAM 정도만 사용합니다. 미세 튜닝하는 동안 더 많은 VRAM이 필요하므로 1GB VRAM으로 충분하지 않을 수는 있습니다.

12.3.3 LoRA 설정

그다음 허깅 페이스의 `peft` 라이브러리(https://oreil.ly/ci5pl)로 LoRA 설정을 구성해야 합니다. 이는 미세 튜닝 과정의 하이퍼파라미터에 해당됩니다.

```
from peft import LoraConfig, prepare_model_for_kbit_training, get_peft_model

# LoRA 설정
peft_config = LoraConfig(
    lora_alpha=128,  # LoRA 스케일링
    lora_dropout=0.1,  # LoRA 층의 드롭아웃
    r=64,  # 랭크
    bias="none",
    task_type="CAUSAL_LM",
    target_modules=  # 대상 층
```

```
        ["k_proj", "gate_proj", "v_proj", "up_proj", "q_proj", "o_proj", "down_proj"]
)

# 훈련을 위한 모델 준비
model = prepare_model_for_kbit_training(model)
model = get_peft_model(model, peft_config)
```

언급할 만한 매개변수가 몇 가지 있습니다.

- r: 압축된 행렬의 랭크입니다(그림 12-13). 이 값을 증가시키면 압축된 행렬의 크기도 커집니다. 따라서 덜 압축되고 표현 성능도 향상됩니다. 일반적인 범위는 4에서 64 사이입니다.
- lora_alpha: 원본 가중치에 추가되는 변화량을 제어합니다.[16] 원본 모델의 지식과 새로운 작업에 대한 지식 사이의 균형을 조절합니다. 경험적으로 r 크기의 두 배로 지정합니다.
- target_modules: 어댑터를 지정할 층을 지정합니다.

이런 매개변수로 실험해 보면 동작하는 것과 그렇지 않은 것을 직관적으로 이해하는 데 도움이 됩니다. 세바스찬 라쉬카(Sebastian Raschka)의 'Ahead of AI'(https://oreil.ly/xKkYD)에서 LoRA 미세 튜닝에 대한 추가적인 정보를 볼 수 있습니다.

> **NOTE**
> 이 예제는 모델을 미세 튜닝하는 효율적인 형식을 보여 줍니다. 완전한 미세 튜닝을 수행하고 싶다면 모델을 로드할 때 `quantization_config` 매개변수를 제거하고 `peft_config` 생성을 건너뛰세요. 이를 삭제하면 'QLoRA를 사용한 인스트럭션 튜닝'에서 '완전한 미세 튜닝'이 됩니다.

12.3.4 훈련 설정

마지막으로 11장에서 했던 것처럼 훈련 매개변수를 설정해야 합니다.[17]

```
from trl import SFTConfig

output_dir = "./results"
```

---

16 옮긴이_ LoRA 행렬에 lora_alpha/r를 곱한 후 원본 행렬에 더합니다.
17 옮긴이_ trl(http://hf.co/docs/trl)은 이 장에서 설명하는 SFT, PPO, DPO 기법으로 미세 튜닝하기 위해 허깅 페이스에서 제공하는 라이브러리입니다. 코랩을 사용하는 경우 !pip install trl 명령으로 trl 패키지를 설치해 주세요.

```
# 훈련 매개변수
training_arguments = SFTConfig(
    output_dir=output_dir,
    per_device_train_batch_size=2,
    gradient_accumulation_steps=4,
    optim="paged_adamw_32bit",
    learning_rate=2e-4,
    lr_scheduler_type="cosine",
    num_train_epochs=1,
    logging_steps=10,
    fp16=True,
    gradient_checkpointing=True,
    dataset_text_field="text",
    max_length=512
)
```

주목할 만한 매개변수는 다음과 같습니다.

- num_train_epochs: 훈련 반복 횟수. 이 값을 높이면 성능이 저하되는 경향이 있으므로 일반적으로 이를 낮게 지정합니다.[18]
- learning_rate: 각 반복에서 가중치 업데이트를 위한 스텝 크기. QLoRA 저자들은 (330억 개 매개변수 이상의) 대규모 모델에서 큰 학습률이 잘 동작한다는 것을 발견했습니다.
- lr_scheduler_type: 스케줄러 타입을 지정합니다. "cosine"으로 지정하면 동적으로 학습률을 조정하기 위한 코사인 기반의 스케줄러를 사용합니다. 이 스케줄러는 0에서 시작하여 지정한 값에 도달할 때까지 학습률을 선형적으로 증가시킵니다. 그다음 코사인 함수 값을 따라 학습률을 감소시킵니다.
- optim: QLoRA 논문에서 사용된 페이지 기반 옵티마이저를 지정합니다.

이런 매개변수를 최적화하는 것은 어려운 작업이며 가이드라인도 없습니다. 실험을 통해 특정 데이터셋, 모델 크기, 타깃 작업에 가장 잘 맞는 값을 찾아야 합니다.

> **NOTE**
>
> 이 절이 지시 기반 튜닝^{instruction tuning}에 대해 설명하고 있지만, QLoRA를 사용하여 지시 기반으로 튜닝된 모델을 미세 튜닝할 수도 있습니다. 예를 들어 채팅 모델을 미세 튜닝하여 특정 SQL 코드를 생성하거나 특정 포맷에 맞는 JSON 출력을 만들 수 있습니다. (적절한 쿼리-응답 항목이 있는) 데이터를 가지고 있다면 QLoRA는 기존의 채팅 모델을 사용 사례에 더 잘 맞는 모델로 변경시킬 수 있는 훌륭한 기법입니다.

---

18 옮긴이_ SFTConfig의 부모 클래스인 transformers 패키지의 TrainingArguments 클래스 매개변수 num_train_epochs 기본값이 3.0입니다.

12.3.5 훈련

모델과 매개변수를 모두 준비했으니 미세 튜닝을 시작할 수 있습니다. SFTTrainer를 로드하고 간단히 trainer.train()을 호출하면 됩니다.

```python
from trl import SFTTrainer

# 지도 미세 튜닝 매개변수 지정
trainer = SFTTrainer(
    model=model,
    train_dataset=dataset,
    processing_class=tokenizer,
    args=training_arguments,

    # 일반적인 SFT에서는 다음을 삭제하세요.
    peft_config=peft_config,
)

# 모델 훈련
trainer.train()

# QLoRA 가중치 저장
trainer.model.save_pretrained("TinyLlama-1.1B-qlora")
```

훈련하는 동안 `logging_steps`에 지정한 대로 10 스텝마다 손실이 출력됩니다. 구글 코랩에서 무료로 제공하는 Tesla T4 GPU를 사용한다면 훈련하는 데 약 한 시간이 걸립니다. 커피 한 잔 할 시간입니다!

12.3.6 가중치 병합

QLoRA 가중치를 훈련한 후 이를 사용하려면 원본 가중치와 병합해야 합니다. 가중치를 병합하기 위해 양자화된 4비트가 아니라 16비트로 모델을 다시 로드합니다.

```python
from peft import AutoPeftModelForCausalLM

model = AutoPeftModelForCausalLM.from_pretrained(
    "TinyLlama-1.1B-qlora",
    low_cpu_mem_usage=True,
```

```
        device_map="auto",
)

# LoRA와 베이스 모델을 병합합니다.
merged_model = model.merge_and_unload()
```

어댑터와 베이스 모델을 병합한 후 앞서 정의한 프롬프트 템플릿을 사용해 모델을 실행할 수 있습니다. 훈련 과정에서 토크나이저가 업데이트되지는 않으므로 앞서 로드한 토크나이저를 다시 사용할 수 있습니다.

```
from transformers import pipeline

# 사전에 정의된 프롬프트 템플릿을 사용합니다.
prompt = """<|user|>
Tell me something about Large Language Models.</s>
<|assistant|>
"""

# 지시 기반으로 튜닝된 모델을 실행합니다.
pipe = pipeline(task="text-generation", model=merged_model, tokenizer=tokenizer)
print(pipe(prompt)[0]["generated_text"])
```

> Large Language Models (LLMs) are artificial intelligence (AI) models that learn language and understand what it means to say things in a particular language. They are trained on huge amounts of text...

출력을 보면 베이스 모델에서는 가능하지 않았던 사용자의 지시를 모델이 잘 따르고 있음을 볼 수 있습니다.

12.4 생성 모델 평가

생성 모델을 평가하는 것은 매우 어렵습니다. 매우 다양한 사용 사례에서 생성 모델이 사용되기 때문에 하나의 지표로 판단하는 것이 위험합니다. 전문적인 모델과 달리 생성 모델은 수학 문제를 푼다고 해서 코딩 질문도 해결한다는 보장이 없습니다.

동시에 이런 모델을 평가하는 것은 특히 일관성이 중요한 제품 환경에서 결정적입니다. 확률적인 속성 때문에 생성 모델은 일관된 출력을 보장하지 않습니다. 따라서 강력한 평가 방법이 필요합니다.

이 절에서 몇 가지 일반적인 평가 방법을 살펴보겠습니다. 하지만 현재로서는 최적 표준$^{golden\ standard}$이 부족하다는 점을 유념하세요.

12.4.1 단어 수준 지표

생성 모델을 비교하기 위한 지표의 한 종류는 단어 수준$^{word-level}$ 평가입니다. 전통적인 이 기법은 참조 데이터셋과 생성된 텍스트를 토큰 수준에서 비교합니다. 대표적인 단어 수준 지표에는 혼잡도^{perplexity}[19], ROUGE[20], BLEU[21], BERTScore[22]가 있습니다.[23]

주목할 만한 지표는 언어 모델이 텍스트를 얼마나 잘 예측하는지 측정하는 혼잡도입니다. 입력 텍스트가 주어지면 모델은 다음에 올 토큰의 가능성을 예측합니다. 혼잡도에서는 다음 토큰에 높은 확률을 부여할 때 모델이 잘 동작한다고 가정합니다. 다시 말해 모델이 잘 작성된 문서를 만났을 때 혼란스러워해서는 안 됩니다.

[그림 12-20]에 나타나 있듯이 입력 'When a measure becomes a'가 주어졌을 때 모델에게 다음 단어로 'target'이 올 확률을 요청합니다.

그림 12-20 다음 단어 예측은 많은 LLM의 핵심 기능입니다.

---

19 Jelinek et al. (1977). Perplexity—a measure of the difficulty of speech recognition tasks. The Journal of the Acoustical Society of America, 62(S1), S63. *https://doi.org/10.1121/1.2016299*

20 Lin, C. (2004). ROUGE: a package for automatic evaluation of summaries. ACL Anthology. *https://aclanthology.org/W04-1013/*

21 Papineni, K. et al. (2002). BLEU: A method for automatic evaluation of machine translation. In Proceedings of the 40th Annual Meeting of the Association for Computational Linguistics (pp. 311–318). Association for Computational Linguistics. *https://doi.org/10.3115/1073083.1073135*

22 Zhang, T. et al. (2019). BERTScore: Evaluating Text Generation with BERT. arXiv.org. *https://arxiv.org/abs/1904.09675*

23 옮긴이_ ROUGE, BLEU에 대한 자세한 설명은 『트랜스포머를 활용한 자연어 처리』(한빛미디어, 2022) 6장을 참고하세요.

혼잡도와 그 외 단어 수준 지표가 모델의 신뢰도를 이해하는 데 유용하지만 완벽하지는 않습니다. 일관성, 유창성, 창의성 또는 생성된 텍스트의 정확성을 고려하지 않습니다.

12.4.2 벤치마크

생성 언어 모델을 평가하고 작업을 이해하는 일반적인 방법은 유명한 공개 벤치마크를 사용하는 것입니다. 이런 벤치마크로는 MMLU[24], GLUE[25], TruthfulQA[26], GSM8k[27], HellaSwag[28]가 있습니다. 이런 벤치마크는 기본적인 언어 이해뿐만 아니라 수학 문제 같이 복잡한 분석이 필요한 답변에 관한 정보를 제공합니다.

일부 모델은 자연어 작업 이외에 프로그래밍 같은 영역에 특화되어 있습니다. 이런 모델은 HumanEval[29] 같은 벤치마크로 평가되는 경향이 있습니다. 이 벤치마크는 모델이 풀어야 할 도전적인 프로그래밍 작업으로 구성되었습니다. [표 12-1]에 생성 모델을 위한 공개 벤치마크를 요약했습니다.

표 12-1 생성 모델을 위한 공개 벤치마크

벤치마크	설명	링크
MMLU	MMLU(Massive Multitask Language Understanding) 벤치마크는 분류, 질문 답변, 감성 분석을 포함해 57개의 작업에서 모델을 테스트함	https://oreil.ly/nrG_g
GLUE	GLUE(General Language Understanding Evaluation) 벤치마크는 다양한 난이도의 언어 이해 작업으로 구성됨	https://oreil.ly/LV_fb
TruthfulQA	TruthfulQA는 모델이 생성한 텍스트의 진실성을 측정함	https://oreil.ly/i2Brj

---

[24] Hendrycks et al. (2020). Measuring massive multitask language understanding. arXiv.org. https://arxiv.org/abs/2009.03300

[25] Wang, A. et al. (2018). GLUE: a Multi-Task benchmark and analysis platform for natural language understanding. arXiv.org. https://arxiv.org/abs/1804.07461

[26] Lin, S. et al. (2021). TruthfulQA: Measuring How models mimic human falsehoods. arXiv.org. https://arxiv.org/abs/2109.07958

[27] Cobbe et al. (2021). Training verifiers to solve math word problems. arXiv.org. https://arxiv.org/abs/2110.14168

[28] Zellers et al. (2019). HellaSwag: Can a machine really finish your sentence? arXiv.org. https://arxiv.org/abs/1905.07830

[29] Chen, M. et al. (2021). Evaluating large language models trained on code. arXiv.org. https://arxiv.org/abs/2107.03374

벤치마크	설명	링크
GSM8k	GSM8k 데이터셋은 초등학교 수준의 서술형 수학 문제를 담고 있음. 사람이 작성한 다양한 언어의 문제로 구성됨	https://oreil.ly/oOBXY
HellaSwag	HellaSwag는 상식 추론을 평가하기 위한 도전적인 과제임. 모델이 답변하는 객관식 문제로 구성됨. 문제마다 네 개 중 하나의 답을 선택할 수 있음	https://oreil.ly/aDvBP
HumanEval	HumanEval 벤치마크는 164개의 프로그래밍 문제를 기반으로 생성된 코드를 평가하는 데 사용됨	https://oreil.ly/dlJIX

벤치마크는 다양한 작업에서 모델이 얼마나 잘 수행되는지 이해하기 위한 좋은 방법입니다. 공개 벤치마크의 단점은 모델이 이런 벤치마크에서 최상의 답변을 내기 위해 과대적합될 수 있다는 것입니다. 또한 벤치마크가 여전히 광범위하기 때문에 매우 구체적인 사용 사례를 대변하지 못할 수 있습니다. 마지막으로 일부 벤치마크는 강력한 GPU로 오랜 시간(몇 시간 이상) 계산해야 하므로 반복하기 어렵다는 단점이 있습니다.

12.4.3 리더보드

벤치마크가 다양하고 많으므로 어떤 벤치마크가 모델에 잘 맞는지 선택하기가 어렵습니다. 그래서 모델이 릴리스될 때마다 얼마나 잘 수행되는지 확인하기 위해 여러 벤치마크에서 평가할 것입니다.

이를 위해 여러 벤치마크를 포함한 리더보드가 개발되었습니다. 대표적인 리더보드는 Open LLM Leaderboard(https://oreil.ly/azQmW)입니다. 이 글을 쓰는 시점에 HellaSwag, MMLU, TruthfulQA, GSM8k를 포함해 여섯 개의 벤치마크가 담겼습니다. 벤치마크 데이터셋에 과대적합되지 않았다고 가정하면 리더보드 맨 위에 있는 모델이 일반적으로 최상의 모델로 간주됩니다. 하지만 이런 리더보드는 공개 벤치마크를 포함하기 때문에 리더보드에 과대적합될 위험이 있습니다.[30]

---

[30] 옮긴이_ 흥미로운 리더보드 중 하나는 다양한 LLM의 인터페이스를 하나의 API로 통합해서 제공하는 오픈라우터(OpenRouter)의 토큰 트래픽 랭킹(https://openrouter.ai/rankings)입니다. 이 글을 쓰는 시점에 사람들이 가장 많이 사용하는 모델은 클로드(Claude) 3.7 소넷(Sonnet)입니다.

12.4.4 자동 평가

생성된 출력을 평가하는 데 중요한 한 요소는 텍스트의 품질입니다. 예를 들어 두 모델이 동일하게 질문에 대해 정확한 답을 생성했더라도 답변을 유도한 방법이 다를 수 있습니다. 이는 최종 답변뿐만 아니라 답변의 구성에서도 그렇습니다. 마찬가지로 두 개의 요약이 비슷할 수 있지만 하나가 다른 하나보다 훨씬 짧을 수 있습니다. 이런 성질은 좋은 요약에 중요합니다.

최종 답변의 정확도를 넘어 생성된 텍스트의 품질을 평가하기 위해 LLM-as-a-judge[31]가 소개되었습니다. 별도의 LLM이 다른 LLM의 품질을 판단하는 것이 핵심입니다. 이 방법의 흥미로운 변종은 쌍별pairwise 비교입니다. 여기에서는 두 개의 다른 LLM이 질문에 대한 답을 생성하고 세 번째 LLM이 어느 답변이 더 좋은지 평가합니다.

이 방법을 사용하면 개방형 질문을 자동으로 평가할 수 있습니다. 주요 장점은 LLM이 향상됨에 따라 출력의 품질을 평가하는 능력도 증대된다는 것입니다. 다른 말로 하면 이 평가 방법은 이 분야와 함께 성장합니다.

12.4.5 사람 평가

벤치마크가 중요하지만 일반적으로 평가의 최적 표준은 사람의 평가로 간주됩니다. LLM이 다양한 벤치마크에서 높은 점수를 얻었더라도 특정 도메인의 작업에서는 수행 성과가 저조할 수 있습니다. 또한 벤치마크는 사람의 선호도를 완전히 반영하지 못하며, 이전에 논의된 모든 방법은 이에 대한 프록시일 뿐입니다.

사람 기반 평가의 좋은 예는 Chatbot Arena (`https://oreil.ly/GoCH-`)[32]입니다. 이 리더보드에 접속하면 (익명의) LLM 두 개가 보입니다. 질문이나 프롬프트를 입력하면 두 모델에게 모두 전달되고 두 모델의 출력을 받게 됩니다. 그다음 어느 출력이 더 좋은지 선택할 수 있습니다. 이 과정을 통해 마음에 드는 익명의 모델에게 투표할 수 있습니다. 투표를 한 후에 어떤 모델이 어떤 텍스트를 생성했는지 볼 수 있습니다.

이 글을 쓰는 시점에 이 방법을 통해 800,000개 이상의 투표가 만들어져 리더보드가 구성되었

---

31 Zheng et al. (2023). Judging LLM-as-a-Judge with MT-Bench and Chatbot Arena. arXiv.org. `https://arxiv.org/abs/2306.05685`

32 Chiang et al. (2024). Chatbot Arena: an open platform for evaluating LLMs by human preference. arXiv.org. `https://arxiv.org/abs/2403.04132`

습니다. 이 투표의 승리 비율을 기반으로 상대적인 LLM의 수준을 계산합니다. 예를 들어 낮은 순위의 LLM이 높은 순위의 LLM을 이긴다면 순위가 크게 바뀝니다. 체스에서는 이를 엘로 평점 시스템[Elo rating system][33]이라고 합니다.

따라서 이 방법은 크라우드소싱 투표를 사용하는데 이 투표는 LLM의 품질을 이해하는 데 도움이 됩니다. 하지만 다양한 사용자의 의견을 집계한 것이므로 여러분의 사용 사례와 관련이 없을 수 있습니다.

결론적으로 LLM을 평가하는 하나의 완벽한 방법이란 존재하지 않습니다. 언급한 모든 방법과 벤치마크가 제한적이지만 중요한 평가 관점을 제공합니다. 여러분이 의도한 사용 사례를 기반으로 LLM을 평가하는 것이 좋습니다. 코딩의 경우 GSM8k보다 HumanEval을 사용하는 것이 더 합리적입니다.

하지만 무엇보다 중요한 것은 여러분이 최상의 평가자라는 점입니다. LLM이 여러분의 사용 사례에 잘 맞는지 결정하는 것은 여러분 자신이기 때문에 사람 평가가 가장 신뢰할 수 있는 방법입니다. 이 장에서 소개된 예제에서처럼 직접 모델을 테스트하고 질문을 던져 보세요. 이 책의 저자들은 아랍어(제이)와 네덜란드어(마르턴)를 사용하는데 새로운 모델을 만날 때마다 모국어로 질문을 던지곤 합니다.

이 주제에 대한 마지막 조언은 인용으로 대신하겠습니다.

> 측정 지표가 목표가 되면 더 이상 좋은 지표가 아니다.
>
> — 굿하트 법칙[Goodhart's Law][33]

LLM 맥락에서 특정 벤치마크를 사용할 때 결과에 상관없이 해당 벤치마크에 최적화하려고 합니다. 예를 들어 문법적으로 정확한 문장 생성을 최적화하는 데만 초점을 맞추면 모델은 'This is a sentence'란 한 문장을 출력하는 것만 학습할 수 있습니다. 문법이 맞지만, 모델이 언어를 어느 정도 이해했는지에 관해서는 아무것도 나타내지 않습니다. 따라서 모델이 특정 벤치마크에서 뛰어날 수 있지만 이 능력은 다른 유용한 기능을 희생하여 얻은 것일 수 있습니다.

---

[33] 옮긴이_ 엘로 평점 시스템에 대한 자세한 내용은 위키백과 문서(https://bit.ly/41ZMfGM)를 참고하세요.
[34] Strathern, M. (1997). 'Improving ratings': audit in the British University system. Cambridge Core. https://doi.org/10.1002/(SICI)1234-981X(199707)5:3

12.5 선호도 튜닝/정렬/RLHF

모델이 지시를 따를 수 있다 해도, 다양한 시나리오에서 기대하는 동작에 맞추는 최종 훈련 단계를 통해 더 향상시킬 수 있습니다. 예를 들어 'What is an LLM?'이라고 물었을 때, 부가 설명 없는 'It is a large language model'이란 답변보다 LLM의 내부 구조를 설명하는 대답을 선호합니다. 다른 답변보다 특정 답변을 더 선호하는 (사람의) 기호를 어떻게 LLM의 출력에 주입할 수 있을까요?

[그림 12-21]에서 보듯이 LLM은 프롬프트를 받고 텍스트를 생성한다는 점을 기억하세요.

그림 12-21 LLM은 입력 프롬프트를 받아 텍스트를 생성합니다.

사람(선호도 평가자)에게 모델의 생성 품질을 평가하도록 요청할 수 있습니다. 4와 같은 어떤 점수를 할당했다고 가정해 보죠(그림 12-22).

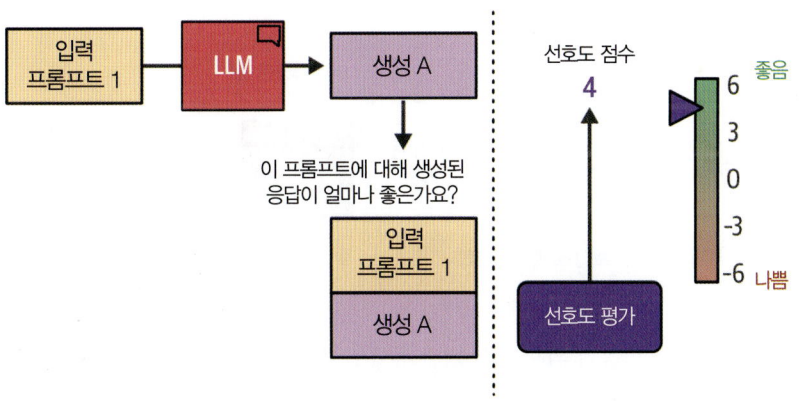

그림 12-22 선호도 평가자(사람 등)를 사용해 생성 품질을 평가합니다.

[그림 12-23]은 이 점수를 기반으로 모델을 업데이트하는 선호도 튜닝 단계를 보여 줍니다.

- 이 점수가 높다면 이런 종류의 응답을 더 많이 생성하도록 모델을 업데이트합니다.
- 이 점수가 낮다면 이런 생성을 하지 않도록 모델을 업데이트합니다.

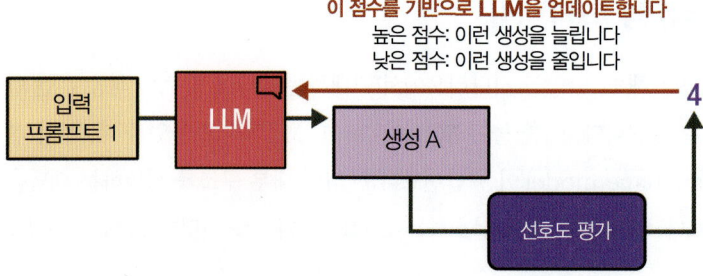

그림 12-23 선호도 튜닝 방법은 평가 점수를 기반으로 LLM을 업데이트합니다.

항상 그렇듯이 훈련 샘플이 많이 필요합니다. 그렇다면 선호도 평가를 자동화할 수 있을까요? 네, 보상 모델이라 부르는 다른 모델을 훈련하여 자동화할 수 있습니다.

12.6 보상 모델을 사용한 선호도 평가 자동화

선호도 평가를 자동화하려면 선호도 튜닝 단계 이전에 [그림 12-24]와 같이 보상 모델reward model을 훈련하는 단계가 필요합니다.

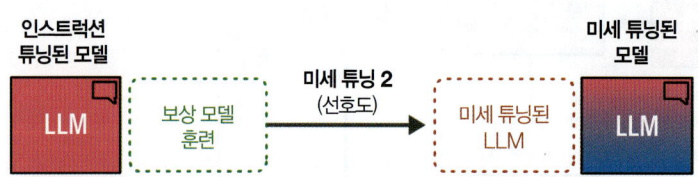

그림 12-24 LLM을 미세 튜닝하기 전에 보상 모델을 훈련합니다.

[그림 12-25]는 보상 모델을 만들기 위해 지시 기반 튜닝 모델을 복사하여 텍스트를 생성하는 것이 아니라 단일 점수를 출력하도록 수정하는 과정을 보여 줍니다.

그림 12-25 언어 모델링 헤드를 품질 분류 헤드로 바꾸어 LLM을 보상 모델로 만듭니다.

12.6.1 보상 모델의 입력과 출력

보상 모델은 프롬프트와 생성 결과를 제공했을 때 해당 프롬프트에 대해 생성된 응답의 선호도/품질을 나타내는 숫자를 하나 출력합니다. 이것이 보상 모델의 작동 방식입니다. [그림 12-26]은 이 숫자를 출력하는 보상 모델을 보여 줍니다.

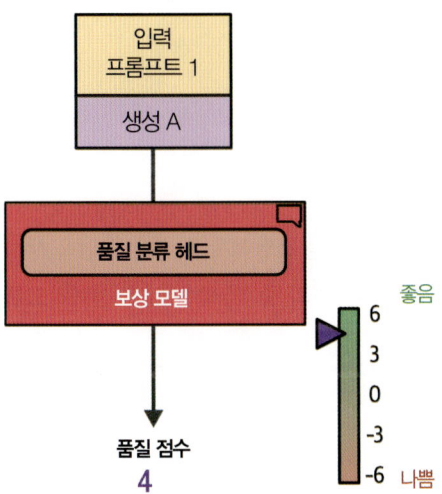

그림 12-26 사람의 선호도로 훈련된 보상 모델을 사용해 품질 점수를 생성합니다.

12.6.2 보상 모델 훈련

보상 모델을 바로 사용할 수는 없습니다. 먼저 적절한 점수를 생성하도록 훈련해야 합니다. 모델 학습에 필요한 선호도 데이터셋을 준비해 보죠.

보상 모델 훈련 데이터셋

선호도 데이터셋은 일반적으로 훈련 샘플 하나에 프롬프트 하나, 승인된 생성 결과 하나, 거부된 생성 결과 하나가 들어 있습니다. (주의: 생성이 무조건 좋거나 나쁘다는 의미가 아닙니다. 두 생성 결과가 모두 좋을 수 있지만 하나가 다른 하나보다 더 좋아야 합니다). [그림 12-27]은 두 개의 훈련 샘플이 들어 있는 선호도 훈련 세트를 보여 줍니다.

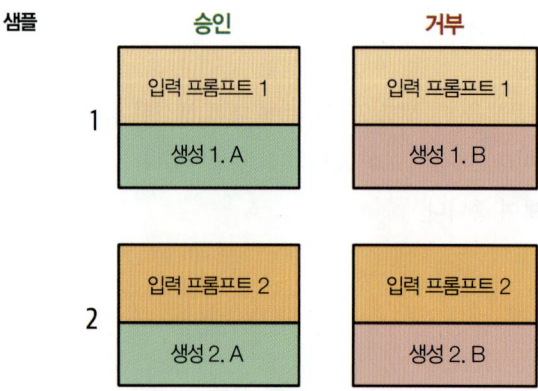

그림 12-27 선호도 튜닝 데이터셋은 프롬프트와 승인된 생성, 거부된 생성으로 구성됩니다.

선호도 데이터를 생성하는 한 가지 방법은 LLM에게 프롬프트를 전달해서 두 개의 응답을 생성하게 하는 것입니다. [그림 12-28]에서 보듯이 사람에게 두 결과 중 더 좋은 것을 선택하도록 요청할 수 있습니다.

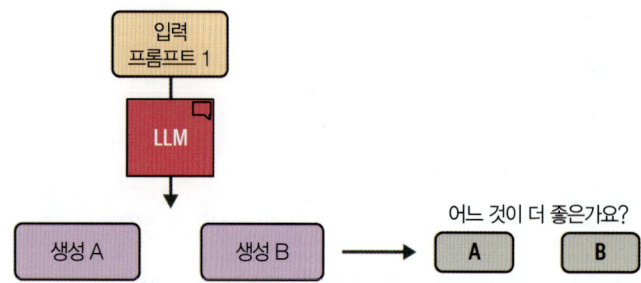

그림 12-28 두 개의 응답을 생성하고 사람에게 어느 것이 더 좋은지 묻습니다.

보상 모델 훈련 단계

선호도 훈련 데이터셋이 준비되었으니 보상 모델을 훈련할 수 있습니다.

보상 모델을 사용해 다음 단계를 수행합니다.

1. 승인된 생성에 점수를 매깁니다.
2. 거부된 생성에 점수를 매깁니다.

[그림 12-29]는 훈련 목표를 보여 줍니다. 승인된 생성이 거부된 생성보다 높은 점수를 얻도록 합니다.

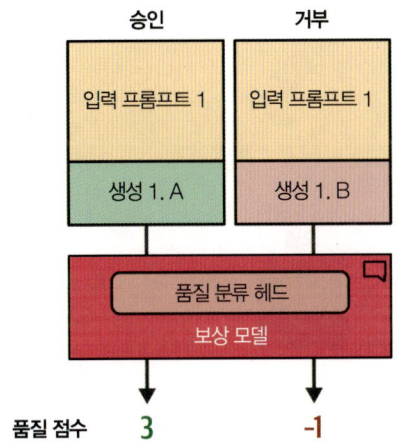

그림 12-29 보상 모델의 목적은 프롬프트에 대해 생성된 응답의 품질 점수를 평가하는 것입니다.

[그림 12-30]에서처럼 모든 것을 합치면 선호도 튜닝을 위한 세 단계가 구성됩니다.

1. 선호도 데이터 수집
2. 보상 모델 훈련
3. 보상 모델을 사용해 (선호도 평가자로 동작하는) LLM 미세 튜닝

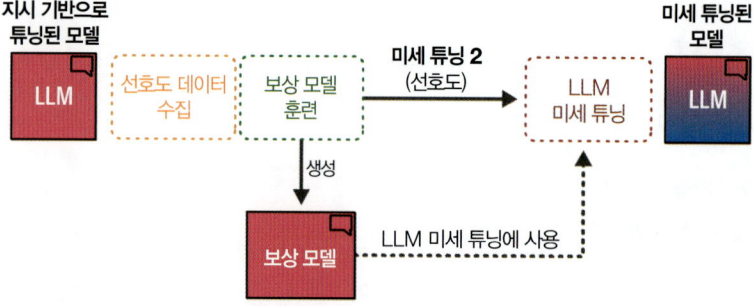

그림 12-30 선호도 튜닝의 세 단계: 선호도 데이터 수집, 보상 모델 훈련, LLM 미세 튜닝

보상 모델은 추가적으로 확장하거나 개발할 수 있는 훌륭한 아이디어입니다. 예를 들어 Llama 2는 두 개의 보상 모델을 훈련합니다. 하나는 유용성 점수를 매기고 다른 하나는 안정성 점수를 매깁니다(그림 12-31).

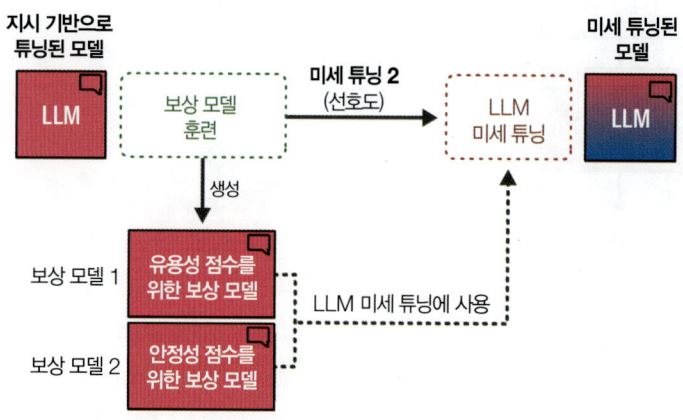

그림 12-31 여러 개의 보상 모델을 사용해 점수를 매길 수 있습니다.

훈련된 보상 모델로 LLM을 미세 튜닝하는 방법은 일반적으로 PPO[Proximal Policy Optimization][35]입니다. PPO는 지시 기반으로 튜닝된 LLM을 최적화하는 데 널리 사용되는 강화학습 기법으로, 기대하는 보상에서 LLM이 크게 빗나가지 않도록 합니다. 2022년 11월에 릴리스된 ChatGPT를 훈련하는 데도 사용되었습니다(https://oreil.ly/T5f2h).

---

[35] Schulman et al. (2017). Proximal Policy Optimization Algorithms. arXiv.org. https://arxiv.org/abs/1707.06347

12.6.3 비보상 모델 훈련

PPO의 단점은 보상 모델과 LLM을 둘 다 훈련해야 하는 복잡한 방법이라는 것입니다. 이로 인해 필요보다 비용이 많이 들 수 있습니다.

DPO[Direct Preference Optimization][36]는 PPO의 대안으로 강화학습 방법을 사용하지 않습니다. 생성 품질을 평가하는 데 보상 모델을 사용하는 대신 LLM이 스스로 수행하게 합니다. [그림 12-32]에 나타나 있듯이 LLM의 복사본을 참조 모델로 사용해 승인된 생성과 거부된 생성의 품질에서 참조 모델과 훈련 가능한 모델 간의 차이를 판단합니다.

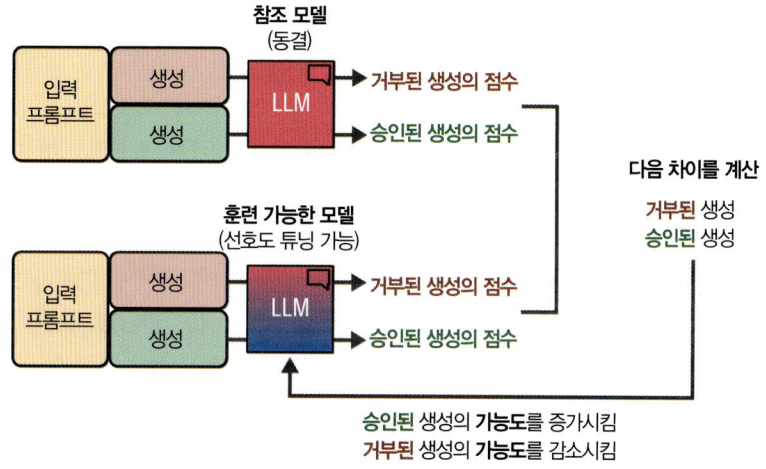

그림 12-32 LLM 자체를 보상 모델로 사용해 동결된 모델과 훈련 가능한 모델의 출력을 비교합니다.

훈련 과정에서 참조 모델과 훈련 가능 모델의 차이를 추적함으로써 거부된 생성 대비 승인된 생성의 가능도를 최적화할 수 있습니다.

이 차이와 관련 점수를 계산하기 위해 거부된 생성과 승인된 생성의 로그 확률을 두 모델에서 추출합니다. [그림 12-33]에 나타나 있듯이 이 과정은 토큰 수준에서 수행되며, 참조 모델과 훈련 가능 모델 사이의 차이를 계산하기 위해 확률을 합칩니다.

---

36 Rafailov et al. (2023). Direct Preference Optimization: Your Language Model is Secretly a Reward Model. arXiv.org. https://arxiv.org/abs/2305.18290

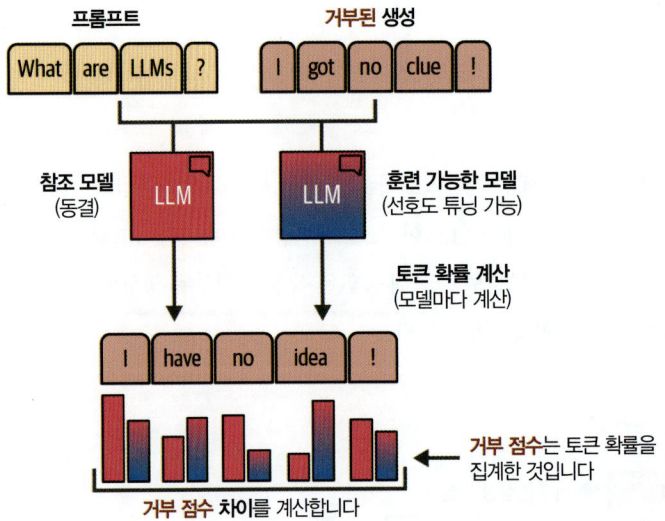

그림 12-33 토큰 수준에서 생성 텍스트의 확률로 점수를 계산하여 참조 모델과 훈련 가능 모델 사이의 확률 차이를 최적화합니다. 승인된 생성도 동일한 과정을 따릅니다.

이 점수를 사용해 승인된 생성을 만드는 데 더 확신하고 거부된 생성을 만드는 데 덜 확신하도록 훈련 가능 모델의 파라미터를 최적화할 수 있습니다. 논문 저자들은 PPO에 비해 DPO가 훈련 과정에서 더 안정적이고 정확함을 밝혔습니다. DPO가 안정적이므로 이를 사용해 인스트럭션 튜닝된 모델을 선호도 튜닝하는 데 사용하겠습니다.

12.7 DPO를 사용한 선호도 튜닝

허깅 페이스 도구를 사용하면 선호도 튜닝은 약간의 차이가 있을 뿐 앞서 다룬 지시 기반 튜닝과 매우 비슷합니다. 여기서도 TinyLlama를 사용하겠지만 지시 기반으로 튜닝된 버전을 사용하겠습니다(https://oreil.ly/bkVF1). 이 모델은 완전한 미세 튜닝을 적용한 후 DPO로 추가적으로 정렬한 모델입니다. 앞서 지시 기반으로 튜닝한 모델에 비해 이 LLM은 훨씬 큰 데이터셋에서 훈련되었습니다.

이 절에서 DPO를 사용해 이 모델을 어떻게 추가적으로 정렬할 수 있는지 알아보겠습니다.

12.7.1 정렬 데이터에 템플릿 적용하기

각각의 프롬프트마다 승인된 생성과 거부된 생성을 담고 있는 데이터셋을 사용하겠습니다. 이 데이터셋(*https://oreil.ly/sttRF*)은 일부 ChatGPT로 생성했으며 어떤 출력을 승인하고 거부해야 하는지를 점수로 나타냈습니다.

```python
from datasets import load_dataset

def format_prompt(example):
    """TinyLlama의 <|user|> 템플릿을 사용해 프롬프트를 구성합니다"""

    # 템플릿 포맷팅
    system = "<|system|>\n" + example["system"] + "</s>\n"
    prompt = "<|user|>\n" + example["input"] + "</s>\n<|assistant|>\n"
    chosen = example["chosen"] + "</s>\n"
    rejected = example["rejected"] + "</s>\n"

    return {
        "prompt": system + prompt,
        "chosen": chosen,
        "rejected": rejected,
    }

# 데이터셋에 템플릿을 적용하고 비교적 짧은 대답을 선택합니다.
dpo_dataset = load_dataset(
    "argilla/distilabel-intel-orca-dpo-pairs", split="train"
)
dpo_dataset = dpo_dataset.filter(
    lambda r:
        r["status"] != "tie" and
        r["chosen_score"] >= 8 and
        not r["in_gsm8k_train"]
)
dpo_dataset = dpo_dataset.map(
    format_prompt, remove_columns=dpo_dataset.column_names
)
dpo_dataset
```

추가적으로 필터링을 적용해 데이터 크기를 원래 13,000개 샘플에서 약 6,000개 샘플로 줄입니다.

12.7.2 모델 양자화

베이스 모델을 로드하고 앞에서와 동일한 LoRA 설정을 사용하겠습니다. 이전처럼 훈련에 필요한 VRAM을 줄이기 위해 모델을 양자화합니다.

```python
from peft import AutoPeftModelForCausalLM
from transformers import BitsAndBytesConfig, AutoTokenizer

# 4비트 양자화 설정 - QLoRA의 Q단계
bnb_config = BitsAndBytesConfig(
    load_in_4bit=True,  # 4비트 정밀도 모델 로드
    bnb_4bit_quant_type="nf4",  # 양자화 종류
    bnb_4bit_compute_dtype="float16",  # 계산을 위한 텐서 dtype
    bnb_4bit_use_double_quant=True,  # 이중 양자화 적용
)

# LoRA와 베이스 모델을 합칩니다.
model = AutoPeftModelForCausalLM.from_pretrained(
    "TinyLlama-1.1B-qlora",
    low_cpu_mem_usage=True,
    device_map="auto",
    quantization_config=bnb_config,
)
merged_model = model.merge_and_unload()

# LLaMA 토크나이저를 로드합니다.
model_name = "TinyLlama/TinyLlama-1.1B-intermediate-step-1431k-3T"
tokenizer = AutoTokenizer.from_pretrained(model_name, trust_remote_code=True)
tokenizer.pad_token = "<PAD>"
tokenizer.padding_side = "left"
```

그다음 이전과 동일한 LoRA 설정으로 DPO 훈련을 수행합니다.

```python
from peft import LoraConfig, prepare_model_for_kbit_training, get_peft_model

# LoRA 설정
peft_config = LoraConfig(
    lora_alpha=128,  # LoRA 스케일링
    lora_dropout=0.1,  # LoRA 층의 드롭아웃
    r=64,  # 랭크
    bias="none",
```

```
        task_type="CAUSAL_LM",
        target_modules=  # 대상 층
            ["k_proj", "gate_proj", "v_proj", "up_proj", "q_proj", "o_proj", "down_proj"]
)

# 훈련을 위해 모델을 준비합니다.
model = prepare_model_for_kbit_training(model)
model = get_peft_model(model, peft_config)
```

12.7.3 훈련 설정

간단하게 하기 위해 훈련 매개변수를 하나만 제외하고 이전과 동일한 것으로 사용하겠습니다. (두 시간이 걸리는) 에포크 하나를 실행하는 대신 예시를 위해 200번의 스텝만 실행합니다. 또한 `warmup_ratio` 매개변수를 추가하여 초기 10%의 스텝 동안 학습률을 0에서부터 `learning_rate` 값까지 증가시킵니다. 시작할 때 (즉, 워밍업 기간 동안) 학습률을 작게 유지함으로써, 학습률이 커지기 전에 모델이 데이터에 적응하여 유해한 발산으로 이어지지 않을 수 있습니다.

```
from trl import DPOConfig

output_dir = "./results"

# 훈련 매개변수
training_arguments = DPOConfig(
    output_dir=output_dir,
    per_device_train_batch_size=2,
    gradient_accumulation_steps=4,
    optim="paged_adamw_32bit",
    learning_rate=1e-5,
    lr_scheduler_type="cosine",
    max_steps=200,
    logging_steps=10,
    fp16=True,
    gradient_checkpointing=True,
    warmup_ratio=0.1,
    beta=0.1,
    max_prompt_length=512,
    max_length=512
)
```

12.7.4 훈련

모델과 매개변수를 모두 준비했으니 미세 튜닝을 시작해 보죠.

```
from trl import DPOTrainer

# DPOTrainer 객체를 만듭니다.
dpo_trainer = DPOTrainer(
    model,
    args=training_arguments,
    train_dataset=dpo_dataset,
    processing_class=tokenizer,
    peft_config=peft_config
)

# DPO로 모델을 미세 튜닝합니다.
dpo_trainer.train()

# 어댑터를 저장합니다.
dpo_trainer.model.save_pretrained("TinyLlama-1.1B-dpo-qlora")
```

두 번째 어댑터를 만들었으므로 두 어댑터를 베이스 모델과 순차적으로 합칩니다.

```
from peft import PeftModel

# LoRA와 베이스 모델을 합칩니다.
model = AutoPeftModelForCausalLM.from_pretrained(
    "TinyLlama-1.1B-qlora",
    low_cpu_mem_usage=True,
    device_map="auto",
)
sft_model = model.merge_and_unload()

# DPO LoRA와 SFT 모델을 합칩니다.
dpo_model = PeftModel.from_pretrained(
    sft_model,
    "TinyLlama-1.1B-dpo-qlora",
    device_map="auto",
)
dpo_model = dpo_model.merge_and_unload()
```

SFT+DPO 조합은 모델이 기본적인 채팅을 수행하도록 먼저 미세 튜닝을 하고 그다음에 사람의 선호도에 맞춰 답변하도록 정렬하는 훌륭한 방법입니다. 하지만 두 번의 훈련 루프를 실행하고 잠재적으로 두 번에 걸쳐 파라미터를 수정해야 하는 비용이 발생합니다.

DPO가 등장한 후로 선호도 정렬에 대한 새로운 기법들이 개발되었습니다. 주목할 것은 SFT와 DPO를 한 번의 훈련 과정으로 결합한 ORPO$^{\text{Odds Ratio Preference Optimization}}$[37]입니다. 두 개의 훈련 루프를 없애 훈련 과정을 단순화하면서 QLoRA를 사용할 수 있습니다.

12.8 요약

사전 훈련된 LLM을 미세 튜닝하는 여러 단계를 살펴보았습니다. LoRA 기법을 통해 PEFT를 사용해 미세 튜닝을 수행했습니다. 모델과 어댑터의 파라미터에 필요한 메모리 제약을 줄이는 기법인 양자화로 LoRA를 확장하는 방법을 설명했습니다.

여기서 살펴본 미세 튜닝은 두 단계로 구성됩니다. 첫 번째 단계에서는 사전 훈련된 LLM에서 지시 데이터로 지도 학습 미세 튜닝을 수행했습니다. 이를 지시 기반 튜닝이라 부릅니다. 채팅 형태의 동작을 수행하면서 지시를 잘 따르는 모델을 만듭니다.

두 번째 단계에서는 정렬 데이터에서 미세 튜닝하여 모델을 더 향상시켰습니다. 이 데이터는 어떤 종류의 답변이 다른 답변보다 선호되는지를 나타냅니다. 선호도 튜닝이라 부르는 이 과정은 사람의 선호도를 앞서 훈련한 지시 기반 튜닝 모델에 주입합니다.

전체적으로 이 장에서는 사전 훈련된 LLM을 미세 튜닝하는 두 개의 주요 단계와 더 정확하고 유용한 출력을 만드는 방법을 배웠습니다.

---

[37] Hong et al. (2024). ORPO: Monolithic Preference Optimization without Reference Model. arXiv.org. *https://arxiv.org/abs/2403.07691*

마치며

대규모 언어 모델의 세계를 탐험하는 이 놀라운 여정에 동참해 준 모든 분들께 감사드립니다. 언어 처리에 혁명을 일으킨 이 강력한 모델을 배우려는 여러분의 노력에 찬사를 보냅니다.

이 책을 통해 LLM이 어떻게 동작하는지 살펴보았습니다. 간단한 챗봇부터 검색 엔진처럼 복잡한 시스템까지 다양한 애플리케이션을 만드는 데 어떻게 사용하는지도 알아보았습니다. 분류, 생성, 언어 표현과 같이 특정 작업을 위해 사전 훈련된 LLM을 미세 튜닝하는 여러 방법도 보았습니다. 이런 기법을 통달하면 LLM의 잠재력을 이끌어 내고 LLM의 능력을 활용하여 혁신적인 솔루션을 만들 수 있을 것입니다. 이런 지식을 바탕으로 시대를 앞서서 이 분야의 발전에 적응할 수 있을 것입니다.

책을 마치면서 여기서 탐험한 LLM은 시작에 불과하다는 점을 강조하고 싶습니다. 앞으로 훨씬 더 많은 흥미로운 연구가 등장할 것이므로 이 분야의 발전을 계속 주시하는 것이 좋습니다. 이 책의 저장소에도 꾸준히 새로운 자료를 추가하고 있으니 관심 있게 지켜보세요.[1]

이 책을 읽고 LLM을 다양한 애플리케이션에 어떻게 사용할 수 있는지, LLM이 어떻게 산업을 변화시킬 잠재력이 있는지 이해했기를 바랍니다.

이 책의 가이드를 따라 여러분은 흥미로운 LLM 세상을 항해하고 빠르게 발전하는 이 분야에서 의미 있는 기여를 하리라 믿습니다.

---

1 옮긴이_ 원서 저장소의 bonus 폴더를 참고하세요.

찾아보기

ㄱ

감성 분석　137
개체명 인식 (NER)　44, 398
검색　307
검색 시스템　29
계산 그래프　101
골드 데이터셋　361
관련성 점수　118
구글 코랩　53
그래픽 카드　52
그룹 쿼리 어텐션　125
근거 기반 생성　291
기계 번역　36

ㄴㄷ

네거티브 샘플링　91
뉴클리어스 샘플링　204
다층 퍼셉트론　106
단어 임베딩　33
단어 토큰　68
대규모 언어 모델 (LLM)　27, 46, 49
대조 학습　308, 338, 387
대조 훈련　88
대조적 설명　338
대화 버퍼　245, 255
대화 요약　245, 255
도메인 적응　371
독점 모델　27
동결　141
드롭아웃　106
디코더　36, 39
디코더 기반 모델　45
디코더 블록　39
디코딩　36
디코딩 전략　106

ㄹ

랭체인　56, 233
로지스틱 회귀　141
로짓　203
로터리 위치 임베딩 (RoPE)　129
로튼 토마토 데이터셋　138, 375
리랭커　188, 264
리랭킹　264, 280
리버스 엔지니어링　213

ㅁ

마스크드 언어 모델링　43, 392
마스킹　41, 157
마이크로소프트　55
머신러닝　28
멀티 쿼리 어텐션　126
멀티 쿼리 RAG　296
멀티 헤드 어텐션　42
멀티 홉 RAG　297
멀티모달　51, 301
메타　53, 55
모순　342, 350
문맥 길이　47, 109
문맥 내 학습　213
문맥 윈도　47
문맥 임베딩　37
문서 임베딩　168
문자 토큰　70
미드저니　83
미세 튜닝　47, 50, 51, 140
미스트랄　320
밀집 검색　264, 266

ㅂ

바이 인코더　341, 361
바이트 토큰　70

찾아보기

배치 내 네거티브 353, 356
베이스 모델 50, 140
벡터 데이터베이스 278, 294
보간 115
보상 모델 436
부분단어 30
부분단어 토큰 69
부분단어 토큰화 68
분류 44
분류기 141
불용어 179
블록 단위 양자화 420
비전 트랜스포머 (ViT) 302
빙 AI 290

ㅅ

사전 훈련 43, 50
사전 훈련된 모델 50, 410
사후 훈련 50
샘플링 전략 59
생성 307
생성 모델 44
생성 언어 모델 138
샴 신경망 341
선호도 데이터 161
선호도 튜닝 160, 409, 411, 435, 442
센텐스 트랜스포머 181, 283
센트로이드 167
셀프 어텐션 39, 121
소프트 시각 프롬프트 318
소프트맥스 121
소프트맥스 함수 107, 203
수반 342, 350
순환 신경망 (RNN) 36
스킵그램 91
스테이블 디퓨전 83, 307

슬라이딩 윈도 89
슬라이딩 윈도 어텐션 123
시각 질문 답변 327
시맨틱 검색 35, 44, 51, 62, 263, 266
시퀀스 36
시퀀스-투-시퀀스 46
시퀀스-투-시퀀스 모델 155
시퀀스-투-시퀀스 작업 157
신경망 32
실버 데이터셋 361

ㅇ

앤트로픽 54
앵커 문장 354
양자화 57, 234, 420, 444
어댑터 414
어댑터 허브 415
어텐션 37
어텐션 가중치 38, 121
어텐션 점수 121
어텐션 층 106, 114, 116
어텐션 헤드 118
어휘 검색 272
어휘사전 31, 103
언어 모델링 50
언어 모델링 헤드 103
언어 인공 지능 (Language AI) 27, 28
에이전트 255
에이전트 RAG 297
엔티티 추출 137
엘로 평점 시스템 434
역전파 101
오픈 모델 54
오픈 소스 모델 27
오픈AI 53, 150
온도 107, 203

완성 모델 46
원샷 프롬프트 214
위치 임베딩 42, 129
윈도 대화 버퍼 255
유니그램 언어 모델 74
유니코드 70
음성 샘플 90
의도 감지 137
이미지 캡셔닝 321
이상치 172
이중 양자화 421
이지 네거티브 356
인간 선호 및 피드백 기반 미세 튜닝 116
인공 지능 (AI) 28
인스트럭트 모델 46
인코더 36, 39
인코더 기반 모델 42, 44
인코더 블록 39
인코딩 36
임베딩 32, 335
임베딩 모델 140, 148, 336

자기 일관성 222
자기회귀 모델 102
자기회귀적 36
자연어 처리 (NLP) 28
자연어 추론 (NLI) 342
잔차 연결 128
잠재 디리클레 할당 176
잠재 의미 분석 181
잡음-대조 추정 91
재현율 146
적응형 사전 훈련 371
전이 학습 43
전체 미세 튜닝 412

정렬 411
정밀도 146
정방향 계산 101
정보 검색 (IR) 284
정확도 146
제로샷 151
제로샷 분류 154, 307
제로샷 프롬프트 214
제로샷 CoT 222
제미나이 290
제약 샘플링 228
존 매카시 28
중립 350
증식 SBERT 360, 361
지도 분류 208
지도 학습 140
지도 학습 미세 튜닝 (SFT) 409
지시 207, 211
지시 기반 튜닝 427
지시 기반 프롬프트 208
지시 데이터 160, 413, 422
지시 튜닝 116

차원 축소 167, 169
채팅 모델 46
챗봇 46
추천 시스템 88, 93
추출적 텍스트 요약 83
층 정규화 42, 128

ㅋ

커먼 크롤 45
코사인 유사도 153, 349
코히어 54, 150, 268
쿼리 46

찾아보기

쿼리 라우팅 297
쿼리 재작성 296
크로스 인코더 72, 284, 340, 361
클러스터 165
클러스터링 165
클로즈드 소스 53
키와 값 캐시 111
키워드 매칭 263

탐색적 데이터 분석 165
탐욕적 검색 107
탐욕적 디코딩 107
텍스트 분류 137
텍스트 임베딩 86
텐서플로 허브 181
토크나이저 57, 62, 80
토큰 30
토큰 ID 67
토큰화 30, 62
토픽 176
토픽 모델링 62, 166, 176
투영 행렬 119
트랜스포머 39, 100
트랜스포머스 56

파라미터 32
파라미터 효율적인 미세 튜닝 (PEFT) 414
파운데이션 모델 410
패치 304
퍼플렉시티 290
페르소나 211
페이지 기반 옵티마이저 421, 427
편향 52
표현 모델 31, 44, 188

표현 언어 모델 138
퓨샷 분류 384
퓨샷 프롬프트 214
프롬프트 46, 100, 155, 199
프롬프트 엔지니어링 51, 155, 199, 205
프롬프트 체인 216
프롬프트 템플릿 238
플래시 어텐션 127
피드포워드 신경망 39
피드포워드 층 114

하드 네거티브 356
허깅 페이스 55
허깅 페이스 파이프라인 181
허깅 페이스 허브 57, 141
혼동 행렬 146
혼잡도 430
환각 209, 263
희소 어텐션 123

A

accuracy 146
adapter 414
Adapter Hub 415
adaptive pretraining 371
agent 255
AgentExecutor 260
ALBERT 142
alignment 411
all-mpnet-base-v2 87
anchor sentence 354
Annoy 278
Anthropic 54
API 54
artificial intelligence (AI) 28
attention 37
attention head 118
Attention is all you need 39
attention layer 106, 114, 116
attention score 121
attention weight 38, 121
Augmented SBERT 360, 361
AutoModelForCausalLM 58, 99, 201
AutoModelForMaskedLM 394
AutoModelForSequenceClassification 376
AutoPeftModelForCausalLM 444
AutoProcessor 321
autoregressive 36
autoregressive model 102
AutoTokenizer 58, 99, 201, 376, 394

B

backpropagation 101
backward pass 101
bag-of-words 30
base model 50, 140

BERT 42, 67, 72, 140, 142, 344, 361
BERTopic 166, 177, 182
BERTScore 430
bi-encoder 341, 361
Bidirectional Encoder Representations from Transformers 42
Bing AI 290
bitsandbytes 424
BitsAndBytesConfig 424, 444
BLEU 430
BLIP-2 316
Blip2ForConditionalGeneration 321
blockwise quantization 420
BM25 272
BoW 30, 178
BPE 67, 73, 75, 76, 77, 78
byte pair encoding 67

C

c-TF-IDF 179
cased 72
CBOW 91
centroid 167
chain-of-thought 219
chat mode 46
chatbot 46
Chatbot Arena 433
ChatGPT 27, 47, 160, 316
ChatOpenAI 259
classification_report 145
Claude 54
CLIP 307
CLIPModel 311
CLIPProcessor 311
CLIPTokenizerFast 311
closed source 53

찾아보기

cluster 165
clustering 165
Cohere 54, 150, 268
Command R 55
Common Crawl 45
completion model 46
confusion matrix 146
CoNLL-2003 데이터셋 399
context length 47, 109
context window 47
contradiction 342, 350
contrastive explanation 338
contrastive learning 308, 338, 387
contrastive training 88
conversation buffer 245, 255
conversation summary 245, 255
ConversationBufferMemory 246
ConversationBufferWindowMemory 249
ConversationSummaryMemory 251
convert_ids_to_tokens 311
cosine similarity 153, 349
cosine_similarity 151, 154
CoT 219
CountVectorizer 179
create_react_agent 261
cross-encoder 72, 284, 340, 361
CrossEncoder 362
CT 366

D

DALL·E 83
DataCollator 376
DataCollatorForLanguageModeling 395
DataCollatorForTokenClassification 406
DataCollatorWithPadding 377
datamapplot 196

datasets 139
DBSCAN 172
DeBERTa 142
DeBERTaV3 84
decode 64, 65
decoding 36
decoding strategy 106
DeepSeek 48
DenoisingAutoEncoderLoss 369
dense retrieval 264, 266
dimensionality reduction 167
Direct Preference Optimization 441
DistilBERT 142
do_sample 59, 203
domain adaptation 371
double quantization 421
DPO 441, 442
DPOConfig 445
DPOTrainer 446
dropout 106
DSPy 234
DuckDuckGoSearchResults 260

E

easy negative 356
Elo rating system 434
embedding 32, 335
embedding model 140, 148, 336
EmbeddingSimilarityEvaluator 345
encoding 36
entailment 342, 350
entity extraction 137
evaluate 383, 405
Evaluator 345
exploratory data analysis 165
extractive text summarization 83

F1 점수 146
FAISS 278, 294
fastText 98
feedforward layer 114
feedforward neural network 39
find_topics 185
fine-tuning 47, 50, 51, 140
Flair 181
Flan-T5 74, 158
flash attention 127
forward pass 101
foundation model 410
from_pretrained 58
full fine-tuning 412

Galactica 77
Gemini 290
Gemma 48
generate 64
generative model 44
Generative Pre-trained Transformer 27
Gensim 88, 181
get_topic 184
get_topic_info 183
GGUF 229, 234
GloVe 88, 340
GLUE 343, 431
gold dataset 361
Google Colab 53
GPL 366
GPT 45, 67
GPT-2 27, 45, 70, 73
GPT-3 45, 124
GPT-3.5 47, 160

GPT-4 53, 75
gpt-4o-mini 163
GPT2Tokenizer 323
GPU 52
greedy decoding 107
greedy search 107
grounded generation 291
grouped-query attention 125
GSM8k 431, 434

hallucination 209, 263
hard negative 356
Haystack 234
HDBSCAN 172
HellaSwag 431
Hugging Face 55
Hugging Face Hub 57, 141
HuggingFaceEmbeddings 294
HumanEval 431, 434

Idefics 2 320
image captioning 321
in-batch negative 353, 356
in-context learning 213
InfoNCE 353
Information Retrieval (IR) 284
instruct model 46
instruction 207, 211
instruction data 160, 413, 422
instruction tuning 427
instruction-based prompting 208
intent detection 137
interpolation 115

찾아보기 **455**

찾아보기

J K

John McCarthy 28
k-평균 171, 184
k-means 171, 184
KeyBERTInspired 190
KeyDataset 145
keyword matching 263
KoboldCpp 56
kv cache 111

L

LangChain 56, 233
langchain_openai 259
language artificial intelligence (Language AI) 27, 28
large language model (LLM) 27, 46, 49
latent Dirichlet allocation 176
latent semantic analysis 181
layer normalization 42, 128
lexical search 272
Llama 55, 123
Llama 2 53, 78, 125, 316, 440
Llama 3 125
llama-cpp-python 229, 293
llama.cpp 56, 293
LlamaCpp 236
LLaVA 320
LLM 51, 100
LLM-as-a-judge 298, 433
LLMChain 243
LM 헤드 103
LM Studio 56
load_dataset 350
LogisticRegression 150
logit 203
LoRA 417
LoraConfig 425
low-rank adaptation 417

M

machine learning 28
Mamba 48
MAP 285
MarginMSE 349
masked language modeling 43, 392
masking 41, 157
matplotlib 175
max_new_tokens 58
MaximalMarginalRelevance 192
mean average precision 285
Meta 53, 55
metric 171
Microsoft 55
Midjourney 83
min_cluster_size 173
min_dist 171
MIRACL 283
Mistral 55
MMLU 431
MMR 191
MNLI 343
MNR 손실 349, 353
Model2Vec 181
monoBERT 284
most_similar 96
MPNet 87
MTEB 리더보드 143, 168, 293, 348
multi-head attention 42
multi-layer perceptron 106
multimodal 51, 301

N

n_components 171
named_parameters 380
named-entitiy recognition (NER) 44, 398
natural language inference (NLI) 342
natural language processing (NLP) 28
nDCG 289
nDCG@10 283
negative sample 90
negative sampling 91
neural network 32
nltk 367
noise-contrastive estimation 91
NTXentLoss 353
nucleus sampling 204
NVIDIA 58

O

Odds Ratio Preference Optimization 447
Open LLM Leaderboard 432
OpenAI 161, 195
OpenCLIP 310
ORPO 447
outlier 172

P

paged optimizer 421, 427
pandas 95
parameter 32
parameter-efficient fine-tuning (PEFT) 414
patch 304
PCA 170
peft 425, 444
PeftModel 446
Perplexity 290
persona 211
Phi 55
Phi-3 78, 202, 238
Phi-3-mini 57
Pinecone 278
pipeline 58, 99, 143, 201
positional embedding 42, 129
post-training 50
PPO 440
precision 146
preference tuning 160, 409, 411, 435, 442
pretrained model 50, 410
pretraining 43, 50
Principal Component Analysis 170
projection matrix 119
prompt 46, 100, 199, 155
prompt engineering 51, 155, 199, 205
PromptTemplate 241
Proximal Policy Optimization 440

Q

Q-포머 317
Q-Former 317
QLoRA 420
quantization 57, 234, 420, 444
query 46
Querying Transformer 317

R

RAG 35, 51, 82, 263, 265
Ragas 298
ReAct 256
Reasoning and Acting 256
recall 146
recurrent neural network (RNN) 36
reduce_outliers 184
relevance score 118

찾아보기

ReLU 129
representation model 31, 44, 188
request 95
rerank 72, 281
reranker 188, 264
reranking 264, 280
residual connection 128
retrieval augmented generation 35
retrieval system 29
RetrievalQA 295
return_full_text 58
reverse engineering 213
reward model 436
RMS 정규화 128
RMSNorm 128
RoBERT 142
RoBERTa 70
rotary positional embedding (RoPE) 129
ROUGE 430
RWKV 48

S

SBERT 340, 342, 361
self-attention 39, 121
self-consistency 222
semantic search 35, 44, 51, 62, 263, 266
sentence-BERT 342
sentence-transformers 87, 149, 181, 315, 340
SentencePiece 74
SentenceTransformer 87, 149, 315
SentenceTransformers 387
sentiment analysis 137
sequence 36
sequence-to-sequence 46
SetFit 385
SetFitModel 389

SetFitTrainer 389
SFTConfig 427
SFTTrainer 428
Siamese 341
silver dataset 361
SimCSE 366
skip-gram 91
sliding window 89
sliding window attention 123
soft visual prompt 318
SoftmaxLoss 345
Spacy 181
sparse attention 123
Stable Diffusion 83, 307
StarCoder2 76
stop word 179
STSB 345
subword 30
subword tokenization 68
supervised classification 208
supervised fine-tuning (SFT) 409
SwiGLU 129

T

T5 156
temperature 107, 203
text-generation-webui 56
Text-to-Text Transfer Transformer 156
text2text-generation 158
TextGeneration 194
TF-IDF 138, 179
TinyLlama 422, 442
token 30
tokenization 30, 62
tokenizer 57, 62, 80
top_p 204

topic   176
topic modeling   62, 166, 176
ToT   223
Trainer   376, 406
TrainingArguments   378
transfer learning   43
Transformer   39, 100
transformers   56, 57, 201
tree-of-thought   223
trl   426, 445
Truncated SVD   181
TruthfulQA   431
TSDAE   366
TSVD   181
Twitter-RoBERTa-base   143

UltraChat 데이터셋   423
UMAP   170
uncased   72
Uniform Manifold Approximation and Projection   170
unigram language model   74

video random-access memory   52
Vision Transformer (ViT)   302
visual question answering   327
VRAM   52

Weaviate   278
word2vec   32, 88, 89, 96, 339
WordPiece   67, 72
zero-shot   151

[CLS]   43, 72, 312
[MASK]   72, 157
[PAD]   72
[SEP]   72
[UNK]   72
%%timeit   112
⟨/s⟩   77
⟨|assistant|⟩   78, 202
⟨|endoftext|⟩   73, 75, 76, 78
⟨|fim_middle|⟩   75
⟨|fim_prefix|⟩   75
⟨|fim_suffix|⟩   75
⟨|system|⟩   78
⟨|user|⟩   78, 202
⟨fim_middle⟩   76
⟨fim_pad⟩   76
⟨fim_prefix⟩   76
⟨fim_suffix⟩   76
⟨pad⟩   75, 77
⟨s⟩   66, 77
⟨unk⟩   74
⟨work⟩   77